U0070694

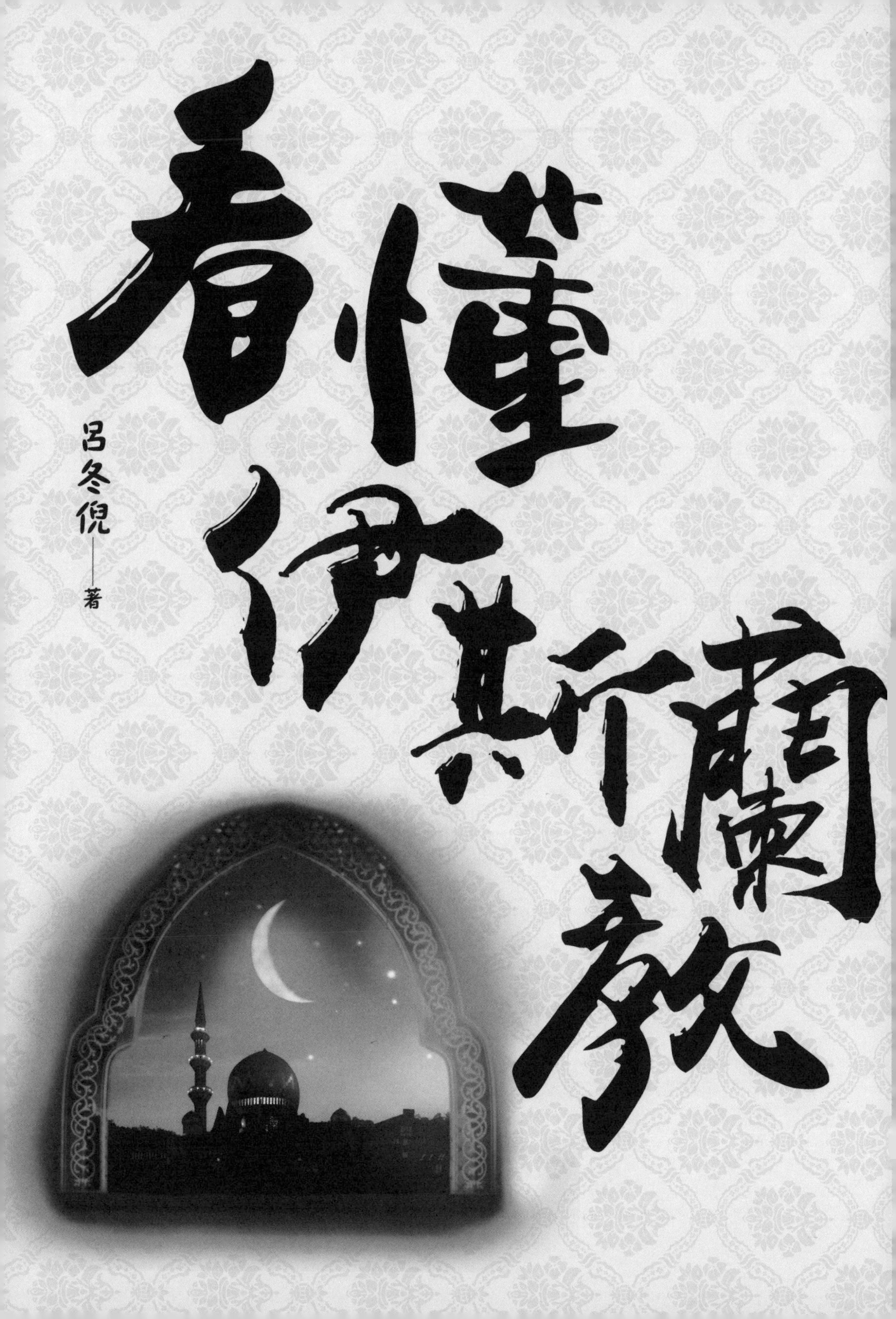
看懂伊斯蘭教
呂冬倪——著

前言

當我的第一本拙作《看懂心經》再版，接下來的《看懂禪機》和《看懂證道歌》也有不錯的銷售成績，我就發下一個誓願：我要把我這三十幾年來，對於各大宗教的研究心得，寫成一套「看懂宗教系列叢書」，來和「有緣的讀者們」分享。

我的心願是，希望讓「讀者們」用最短的時間，看懂各大宗教的教義和內涵，讓「讀者們」可以從中選擇自己喜歡的宗教來信仰。在當今世界的政治、經濟和氣候環境，越來越惡劣的情況下，選擇一個讓自己的心靈安心的宗教來信仰，是非常重要的事情。

於是，我花了一年八個月的時間，剛好是在「新冠疫情的期間」，陸續完成《看懂猶太教》、《看懂基督教》、《看懂伊斯蘭教》、《看懂道家》、《看懂道教》、《看懂印度佛教》、《看懂中國及藏傳佛教》、《看懂一貫道》和《看懂北海老人全書》等書，總計九本探討「猶太教」、「基督教」、「伊斯蘭教」、「道家」、「道教」、「印度佛教」、「中國佛教」、「藏傳佛教」和「一貫道」這些宗教的教義和內涵。

這一本《看懂伊斯蘭教》，除了簡介「伊斯蘭教」之外，主要是探討《古蘭經》的內涵。

記得在三十年前，當時我剛接觸到「基督教」的《舊約聖經》和《新約聖經》，瀏覽過後，我突然有一個念頭：「既然上帝『耶和華』就是『阿拉』，那『伊斯蘭教』的《古蘭經》內容，到底在寫什麼？和《舊約聖經》及《新約聖經》有什麼不同？」

在好奇心的驅使之下，我到「高雄市區」的「各大書局」，去尋找《古蘭經》，想買一本回家閱讀。結果，居然沒有一家書局在賣《古蘭經》。後來，我想在「清眞寺」裡，或許可以買得到，我就跑到「高雄清眞寺」去拜訪。

到了「高雄清眞寺」，我說明來意，有一位「陳教長」出來接見我。「陳教長」人非常和善，很親切的帶領我到「會客室」。「陳教長」對我說，《古蘭經》是「非賣品」，而且讀誦《古蘭經》之前，必須「小淨」。

「小淨」，指的是用水洗淨身體的某些部位，以達清潔並進行某些宗教活動，但是也可在進行非宗教活動之前進行，以保持潔淨。

「伊斯蘭教」在進行每日「五次的禮拜」前，必須進行「小淨」。「小淨」用水清洗手、口、鼻孔、胳膊、頭、足等處，是「伊斯蘭教淨禮」的重要環節。

根據傳統，以及對於《古蘭經》第五十六章七十九節「只有純潔者才得撫摸那經本」的經文解讀，「穆斯林」認爲他們在接觸《古蘭經》之前必須進行淨禮，他們通常把《古蘭經》存放在一個「特殊的盒子」裡，並把它放在「家裡」或「清眞寺裡」的特殊位置，以表示高度重視。

聽完「陳教長」的解說，我才明白爲什麼我在「各大書局」裡，找不到《古蘭經》，原來《古蘭經》是「非賣品」。不過，「陳教長」還是送給我許多本介紹「伊斯蘭教」的書籍，眞的是非常感謝他。

如今，「網路世界」發達，《古蘭經》也可以在「網路」上查閱，我才可以一窺《古蘭經》的經文內容。

「陳教長」和藹可親的身影和話語，至今仍然令我難忘，真是一個「道地的修道人」，令人敬仰。所以，我發現不管哪個宗教，只要眞正有心「信仰修行」的人，身上都會散發出「善良的正能量」。

最後，「讀者們」可以掃描本書背面的QR Code，或者上網瀏覽我設立的《看懂系列叢書網頁》，可以獲得更多的資訊，網址如下：https://www.kandonbook.com/

呂冬倪

二〇二三年七月寫於 澳洲．布里斯本．家中

導讀

這本《看懂伊斯蘭教》，總共有四大單元，深入探討「伊斯蘭教」的內涵，以及「穆罕默德」傳奇的一生。

這四大單元探討的重點如下：

（一）第一單元：探討「猶太教」和「伊斯蘭教」的關係，兩者的「相同之處」和「恩怨」，以及爲什麼「猶太人」不承認「穆罕默德」是個「先知」？

（二）第二單元：探討「伊斯蘭教」的《古蘭經》內容，包括：安拉（上帝「耶和華」）創造「天地萬物」、創造「七層天」、用「泥土」和「精液」創造「人類」、「易卜劣斯（撒但）」的由來、否認「原罪」、阿丹（亞當）兩個兒子的故事、「努哈（挪亞）」方舟、易卜拉欣（亞伯拉罕）、魯特（羅得）、優素福（約瑟）、穆薩（摩西）與「出埃及記」、「以色列人」拜「金牛犢」、禁止「拜偶像」、「以色列人」在曠野漂泊四十年、達五德（大衛）、素萊曼（所羅門）、宰凱裡雅（葉哈雅（施洗約翰）之父）、麥爾彥（聖母馬利亞）、葉哈雅（施洗約翰）、爾撒（耶穌）、否認「三位一體」論、穆罕默德傳奇的一生、「天房」是什麼？「穆斯林」不可以吃「豬肉」、《討拉特》和《引支勒》、「伊斯蘭教」的「聖戰」、「伊斯蘭教」的「樂園（天堂）」、「伊斯蘭教」的「火獄」、背叛「上帝」的「猶太人」、「上帝」批判「猶太教徒」和「基督教徒」、篡改「經文」、《古蘭經》的殘忍「刑罰」等等。

（三）第三單元：探討「伊斯蘭教」的歷史，包括：「阿拉伯人」的起源、七世紀初的「阿拉伯世界」、「穆罕默德」時期、「四大哈里發」時期、「哈里發」時代結束、「倭瑪亞王朝」時期、「阿拔斯王朝」時期、「阿拉伯帝國」的滅亡等等。

（四）第四單元：探討「伊斯蘭教」的派別，包括：「伊斯蘭教」為什麼有這麼多「教派」？「遜尼派」和「什葉派」有什麼區分、「台灣」的「伊斯蘭教」簡介。

目錄

第二單元 「伊斯蘭教」的《古蘭經》

第三單元 「伊斯蘭教」的歷史

第四單元 「伊斯蘭教」的派別 623

第一單元 「猶太教」和「伊斯蘭教」的關係

一、「猶太教」和「伊斯蘭教」的關係

「猶太教」和「伊斯蘭教」有密切的關係，兩個宗教都自認爲是源自於「亞伯拉罕」的宗教，因此也都屬於「亞伯拉罕諸教」。兩個宗教都是「一神論」的宗教，「伊斯蘭教」稱「猶太人」爲「有經者」，這是「猶太人」描述自身和《妥拉（摩西五經）》以及其他「猶太教經典」之間關係的詞語。

各個宗教對「有經者」的定義不同，「猶太教」的「有經者」只限「猶太人」自己。在「伊斯蘭教」指的是「受啟示者」，常指「亞伯拉罕諸教」的信徒，包括「猶太人」和「基督徒」。「有經者」的特徵是「信仰唯一眞神與神創論」、共同的先知，如「亞伯拉罕、摩西」和「相信世界末日、死後復活、審判、天使、撒旦、天堂、地獄」等。

許多「猶太人」也認爲「伊斯蘭教」遵守「挪亞七律」，因此也是屬於「上帝」的「義人（信神的人）」。當七世紀「伊斯蘭教」興起，並且在「阿拉伯半島」擴展時，「猶太人」和「伊斯蘭教」開始互動。「伊斯蘭教」的一些核心價值及理論是源自「猶太教」，而「伊斯蘭文化」也大幅影響在「伊斯蘭」世界的「猶太人」。

「猶太教」和「伊斯蘭教」的關係，可以追溯到「亞伯拉罕」的時代。「亞伯拉罕」有二個同父異母兒子，他的妾侍「夏甲」生下大兒子「以實瑪利」，他的元配妻子「撒拉」生下小兒子「以撒」。

大兒子「以實瑪利」是「伊斯蘭教（回教）」創始人「穆罕默德」的先祖，所以「伊斯蘭教」尊稱「亞伯拉罕」爲「先知」。

小兒子「以撒」是「基督教」創始人「耶穌」的先祖，所以「基督教」也尊稱「亞伯拉罕」爲「先知」。

所以，「亞伯拉罕」就成爲「猶太教」、「基督教」和「伊斯蘭教」等宗教的共同「先知」，這三大教派又被稱爲「亞伯拉罕諸教」。因此，當今世界三大宗教，「猶太教」、「基督教」和「伊斯蘭教」的恩怨情仇，居然都源自於「亞伯拉罕」的家族史，這是非常奇特罕見的事情。

我們繼續往下看，在《舊約聖經》裡，是如何記載這段「亞伯拉罕（亞伯蘭）」家族的恩怨情仇史。這段過程的經文，從《舊約聖經》創世記第十一章第二十九節開始，到第二十一章第二十一節。本書的〈第二單元　猶太教的歷史〉的〈三、以色列人的始祖亞伯拉罕〉裡，已經陳述過，這裡不再贅述經文。

這裡簡單敘述故事的內容：「亞伯蘭（後來改名爲『亞伯拉罕』）」的妻子名叫「撒萊」，「撒萊」是「亞伯蘭」同父異母的妹妹。「撒萊」有一個「使女」名叫「夏甲」，是埃及人。「撒萊」不能生育，於是叫「亞伯蘭」跟他的「使女」同房。「亞伯蘭」與「夏甲」同房，「夏甲」就懷了孕，生了一個兒子「以實瑪利（Ishmael）」。

因爲，「夏甲」在生下「以實瑪利」後，母以子爲貴，就輕視主母「撒萊」，「撒萊」便虐待

「夏甲」和「以實瑪利」，更要求「亞伯蘭」趕走「夏甲」母子倆。不久，「撒萊」又在上帝「耶和華」的預言下老來生子，爲「亞伯蘭」生下另一個兒子「以撒（Isaac）」。

後來，「以實瑪利」住在曠野，成爲「弓箭手」，受上帝「耶和華」應許成爲大國的祖先。日後的「阿拉伯人」卽爲「以實瑪利」的後代，而「猶太人」則是「以撒」的後代。

上帝「耶和華」不只疼愛「亞伯蘭」，還和「亞伯蘭」立約。立約之後，上帝「耶和華」幫「亞伯蘭」改名字爲「亞伯拉罕（Abraham）」，意思是「多國之父」。

「以實瑪利」是使女「夏甲」的兒子，「以撒」是神應許「亞伯拉罕」的兒子，他要繼承「亞伯拉罕」的產業，很顯然上帝「耶和華」這樣的安排，一定會造成這兩個「兒子」之間的仇恨。

「亞伯拉罕」的妻子「撒萊」，看到她使女「夏甲」的兒子「以實瑪利」，戲笑她的兒子「以撒」，就要求「亞伯拉罕」逐出「夏甲」和「以實瑪利」。這導致了「以實瑪利」的內心對「以撒」的怨恨。

上帝「耶和華」預言「以實瑪利」的後代子孫「阿拉伯人」，必住在「衆弟兄」的「東邊」，也就是「以色列」的「東邊」，這些信仰「伊斯蘭教」的國家。

可是，上帝「耶和華」還預言說：「他（以實瑪利）的手要攻打人、人的手也要攻打他。」可見，上帝「耶和華」老早就知道，後代的「猶太人」和「阿拉伯人」會是「世仇」，世世代代，打打殺殺，沒完沒了。

二、「猶太教」與「伊斯蘭教」相同之處

在很多方面上，「伊斯蘭教」比「基督教」更接近「猶太教」，和「猶太教」有許多相同之處，例如：「共同的上帝」、「共同的祖先亞伯拉罕（易卜拉欣）」、「共同的聖地耶路撒冷」、「反對把先知神化」、「徹底地禁絕偶像崇拜」、「沒有對於供奉天使或聖人的儀式」、「認爲基督教三位一體的教義和耶穌是上帝的說法違反一神教信條」、「禁食豬肉」、「行割禮」、「一夫多妻制」、「都奉信天使是上帝的僕人」、「有著類似的魔鬼觀念」、「都不贊成原罪的概念」、「都將同性戀視爲犯罪」等。

三、爲什麼「猶太人」不承認「穆罕默德」是「先知」？

「穆罕默德」在初期傳教時受挫，所以他很希望得到「麥地那（該城位於今日沙烏地阿拉伯西部麥地那省的核心地帶）」當地人的支持，尤其是「猶太人」。因爲，「穆罕默德」認爲「猶太人」的信仰和他們的經典，對於自己所傳播的宗教而言，應當產生更大的同情和了解，也希望「猶太人」能夠接受「阿拉伯先知」的主張。

因此，爲了與「猶太人」交好，「穆罕默德」採納了「猶太教」的一些宗教習慣，包括：「贖罪日的齋戒」，以及「向耶路撒冷方向朝拜」，並將「耶路撒冷」當作自己的「聖城」。

但是，「猶太人」拒絕承認「穆罕默德」是「先知」，甚至還對「穆罕默德」在傳「伊斯蘭教」的過程當中，對「伊斯蘭教」早期教法的不完整性，予以針對性的辯駁和反對。

「麥地那」的「猶太人」不相信「穆罕默德」，因爲他未能滿足當「先知」的條件。對「猶太

人」來說，接受了「假先知」，就等於拒絕他們從上帝「耶和華」曾經行「大神蹟」，把「先祖百姓」從「埃及」的奴役裡拯救出來，而上帝「耶和華」蹟」。然而，幸運的是由於當時「猶太人」的實力較小，而且內部分裂，在「麥地那」也沒有紮下根基，所以「猶太人」的反對最終失敗了。

而「穆罕默德」也知道這些「猶太人」不會眞心支持自己，於是又放棄了「猶太教」的習慣，並把「朝拜的方向」，從「耶路撒冷」改爲「麥加」，並且眞正建立了「阿拉伯民族色彩」的「伊斯蘭教」。

四、「猶太教」和「伊斯蘭教」的恩怨

「穆斯林」仇恨「猶大人」，這段歷史久遠而且複雜，主要原因有三個：

（一）追溯到「亞伯拉罕」的二個兒子「以撒」和「以實瑪利」

如前面所說，「亞伯拉罕」的妾，使女「夏甲」生下大兒子「以實瑪利」。「亞伯拉罕」的妻子「撒萊」，生下小兒子「以撒」。因爲，「以撒」是正宮的兒子，他要繼承「亞伯拉罕」的產業。後來，「撒萊」要求「亞伯拉罕」逐出「夏甲」和「以實瑪利」，這導致了「以實瑪利」的內心對「以撒」有怨恨。

（二）「伊斯蘭教」的《聖訓》教導「穆斯林」憎恨「猶太人」

「猶太人」拒絕承認「穆罕默德」是「先知」，這讓「穆罕默德」非常不滿，非常憎恨「猶太人」，也教導「穆斯林」憎恨「猶太人」。這一點由「伊斯蘭教」的《聖訓》，就可以看出端倪。

《聖訓》是「伊斯蘭教」先知「穆罕默德」的「言行錄」，由後人所編。《聖訓》形成於八至九世紀，其主要內容是「先知」對教義、律例、制度、禮儀及日常生活各種問題的意見主張，也包括他的「行爲準則」和「道德規範」。

《布哈里聖訓》是「伊斯蘭教遜尼派」的六大《聖訓》集之一（《布哈里聖訓實錄》、《穆斯林聖訓實錄》、《艾布·達吾德聖訓集》、《提爾密濟聖訓集》、《奈薩儀聖訓集》、《伊本·馬哲聖訓集》），記載著先知「穆罕默德」生前的言行。大部分的「遜尼派穆斯林」認爲這部《聖訓》是最重要的經典，是僅次於《古蘭經》之後，最具權威的經典。

●《伊斯蘭教聖訓》第七十八篇 服飾：

◎「阿伊莎」和「阿卜杜拉·本·阿拔斯」兩個人傳述：「使者」在臨終時，常把一件衣服遮在自己的臉上。當他感到煩悶時，他就揭掉說：「願『安拉』詛咒『猶太教徒』和『基督徒』，他們以自己的『使者』的墳墓作爲『禮拜堂』。」「使者」是在警告「聖門弟子們」要小心，別仿效那些人！

●《伊斯蘭教聖訓》第五十七篇 吉哈德：

◎「阿卜杜拉·本·歐麥爾」傳述：「安拉」的「使者」說：「你們將與『猶太人』作戰，直至他們當中的一個人藏在『石頭』後面，『石頭』將會說：『喂！主的僕人啊！在我後面藏有一個猶太人，快來殺掉他吧！』」

◎「艾布·胡萊賴」傳述：「安拉」的「使者」說：「末日不會成立，直至你們與『猶太人』作戰，連後面藏有『猶太人』的『石頭』都會說：『喂！穆斯林！我後面藏有一個『猶太人』，

快來殺掉他吧！』」

●《伊斯蘭教聖訓》第四十二篇 耕種：

◎「伊本．歐麥爾」傳述：他說：「『歐麥爾』把『猶太人』和『基督教徒』從『希賈茲地方』驅逐了出去。當年，『安拉』的『使者』取得『海白爾』後，『海白爾』就歸『安拉』、『安拉』的『使者』及『穆斯林』大衆了。『使者』想從此地驅逐『猶太人』時，『猶太人』要求『使者』答應他們居住在此耕種田地，每年的收成一半歸他們，一半歸『使者』。『使者』就對他們說：『那你們就住著吧，什麼時候讓你們走再通知你們。』於是，『猶太人』就一直住在那兒，直到『歐麥爾』執政時期，他把他們遷到『泰瑪』和『艾裡哈』地區了。」

（三）近代「以色列」的建國

其實，在「中東歷史」的幾千年中，「猶太人」和「穆斯林」大致上是和平共處的。

仇恨的主要原因，產生於「近代」。在「第二次世界大戰」之後，「聯合國」將「以色列」的一部分土地，劃給了「猶太人」，當時那裡居住的「巴勒斯坦人」，主要是信仰「伊斯蘭教」的「阿拉伯人」。大部分「阿拉伯人」強烈抗議「以色列」占有那片領土。

於是，「阿拉伯國家」如：約旦、敘利亞、沙特阿拉伯、伊拉克和埃及，聯合起來攻打「以色列」，試圖將他們從那塊土地上趕出去。但是，他們被「以色列」徹底打敗。自此以後，「以色列」與相鄰的「阿拉伯國家」之間，存在著極大的敵意。

在歷史上，「猶太教徒」曾經迫害過「基督教徒」，在「基督教」成爲「羅馬帝國」的國教後，「基督教徒」也反過來迫害「猶太教徒」。

但是到了近代，「猶太教」和「基督教」之間相互承認。公元一九六五年，「梵蒂岡教廷」在「第二次梵蒂岡會議」上，正式赦免了「猶太人」的罪行，並就歷史上的「迫害行爲」，向「猶太教」道歉。

「伊斯蘭教」與「猶太教」，在歷史上相處得還算不錯，如果不是因爲近代「以色列建國問題」，兩者之間並沒有直接的矛盾，但是因爲「巴勒斯坦」和「耶路撒冷」的問題，現在產生水火不容的的矛盾。

而「伊斯蘭教」與「基督教」的矛盾，則是和兩教的「擴張衝突」有關係。「基督教」與「猶太教」和解以後，成爲「猶太教」的支持者，支持「猶太人」的「復國主義」，因此與「伊斯蘭教」更加對立，造成日後「恐怖主義」的崛起。

第二單元 「伊斯蘭教」的《古蘭經》

「伊斯蘭教」的經名《古蘭經》，是由阿拉伯語「Quran」翻譯過來的。《古蘭經》中所記載的教義以及內容，是「穆罕默德」承襲以前「一神信仰（猶太教和基督教）」的內涵，並且稍作改革而來的，所以與其講「穆罕默德創立了伊斯蘭教」，倒不如說是他「改革了一神信仰」，才是一個更正確的說法。

《古蘭經》是對當時「一神信仰」的改革，同時《古蘭經》也是對當時「社會制度」的改革，因為當時的社會出現了異狀。因此，《古蘭經》的教義，才會與《聖經》有所出入。

《古蘭經》的內容與「猶太教」的《舊約聖經》，以及「基督教」的《新約聖經》經典記載的主要故事，有相同之處。但是，有些只是概括論述，有些則加以引申詳述，有時會提供額外的資料，以及對事件加以評價和解釋。

《古蘭經》的內容與《舊約聖經》，以及《新約聖經》不同，《古蘭經》的「撰寫者」，把自身定位為一部「指導性的典籍」，因此很少詳盡的記載「神諭」的具體指示，以及相關的「歷史事件」，經常強調事件當中的價值觀，而不是本身的故事性。

《古蘭經》中還大量的記敘了「穆罕默德」之前的許多歷史人物和故事，例如：人類的祖先「阿丹（亞當）」的故事、「努哈（挪亞）方舟」的故事、「易卜拉欣（亞伯拉罕）奉子祭祀」的故事和

「易卜拉欣（亞伯拉罕）搗毀偶像」的故事等等。

初次閱讀《古蘭經》，「讀者」會覺得「不知所云」，不曉得內容在說什麼？一大堆不認識的人名。經文的文體，是「無組織的體裁」，經文的內容，好像有時候會突然引用一段《舊約聖經》的故事，但是，由於「讀者」不認識人名，所以會有「似曾相識」和「似懂非懂」的感覺。

專家說《古蘭經》是用「散文體」所寫成，是一種「阿拉伯文學」的「詩歌」，是一種新奇美妙的「散文文體」，既不依照韻律，又不以若干押韻的短節來表達一個意義。每節能表達一個獨立意義，終了時，剛好是「讀者」在氣勢和感情上需要停頓之處。「阿拉伯人」認爲《古蘭經》是詩歌、是咒語、是卜辭。

我研究《古蘭經》許久，最後發現一般人會看不懂的原因，歸納有三點：

⑴沒有讀過《舊約聖經》及《新約聖經》，不知道經文裡面的人物和故事。

⑵不知道《古蘭經》裡所說的人物，就是《舊約聖經》及《新約聖經》裡所說的人物，因爲名字的翻譯不同，例如：易卜拉欣（亞伯拉罕）、穆薩（摩西）、爾撒（耶穌）、阿丹（亞當）、努哈（挪亞）、易卜劣斯（撒但）等等。

⑶《古蘭經》「散文體」的經文，不知道哪裡要分段？

針對這三點原因，我用三個方法來解決：

⑴將《古蘭經》分成四十個重點來說明。

⑵簡述這四十個重點，都源自於《舊約聖經》及《新約聖經》裡的哪個章節。

⑶將《古蘭經》裡所說的人物，人名後面加上「括號」，說明這個人物就是《舊約聖經》及《新

約聖經》裡所說的人物。

如此，就可以幫助「讀者們」看懂《古蘭經》，到底在說些什麼？

一、安拉（上帝「耶和華」）創造「天地萬物」

爲什麼上帝「耶和華」的名字，要改做「安拉」、「阿拉」或「眞主」呢？其實只是語言翻譯的不同。事實上，「安拉」並不是《古蘭經》裡面神的名字，而是直譯「阿拉伯文」「Allah」，「Allah」翻成英文，就是「The God（上帝）」的意思。

《古蘭經》是承襲「一神信仰」的，也就是說，《古蘭經》裡面的「神（安拉）」，其實也就是《舊約聖經》及《新約聖經》裡，所說的上帝「耶和華」。因此，上帝「耶和華」和「安拉」是同一位神。

《舊約聖經》的第一章「創世記」，一開始便記錄上帝「耶和華」在空虛混沌之中，用六天的時間創造天地萬物，先後創造了光、大氣、旱地、植物、天體和動物。

第六天，上帝「耶和華」按照「自己的形像」，造「亞當」和他的妻子「夏娃」，將他們安置在「伊甸園」，讓他們治理全地。上帝「耶和華」對於一切的創造非常滿意，訂定第七日爲「安息日」，歇了他一切的工作。

在《古蘭經》裡，對上帝「耶和華」創造天地萬物，有不同角度的描述。

● **《古蘭經》第二章 黃牛（巴格勒）：**

2:21. 衆人啊！你們的主，創造了你們，和你們以前的人，你們當崇拜他，以便你們敬畏。

2:22. 他以「大地」爲你們的「席」，以「天空」爲你們的「幕」，並且從「雲中」降下「雨水」，而借「雨水」生許多「果實」，做你們的給養，所以你們不要明知故犯地「眞主（上帝『耶和華』）」樹立匹敵。

●《古蘭經》第七章 高處（艾耳拉弗）：

7:54. 你們的主確是「眞主（上帝『耶和華』）」，他在六日內創造了「天地」，然後，升上寶座，他使黑夜追求白晝，而遮蔽它；他把「日月」和「星宿」造成順從他的命令的。眞的，創造和命令只歸他主持。多福哉眞主——全世界的主！

●《古蘭經》第十六章 蜜蜂（奈哈勒）：

奉至仁至慈的「眞主（上帝『耶和華』）」之名

16:1. 「眞主（上帝『耶和華』）」的命令必定來臨，所以你們不必要求其早日實現，讚頌「眞主（上帝『耶和華』）」超絕萬物，他超乎他們所用以配他的。

16:2. 他使「天神（天使）們」奉他的命令，偕同精神，降臨他所意欲的「僕人」，說：「你們應當警告世人說：除我之外，絕無應受崇拜的，所以你們應當敬畏我。」

16:3. 他憑「眞理」創造了「天地」，他超乎他們所用以配他的。

16:4. 他用「精液」創造了「人」，而「人」卻突然變成了（他的）明顯的對手。

16:5. 他創造了「牲畜」，你們可以其毛和皮禦寒，可以其乳和肉充饑，還有許多益處。

16:6. 你們把「牲畜」趕回家或放出去吃草的時候，「牲畜」對於你們都有光彩。

16:7. 「牲畜」把你們的貨物馱運到你們須經困難才能到達的地方去。你們的主確是至仁的，確是至慈的。

16:8. 他創造馬、騾、驢，以供你們騎乘，以作你們的裝飾。他還創造你們所不知道的東西。

16:9. 「眞主（上帝『耶和華』）」負責指示正道的責任。有些道路是偏邪的，假若他意欲，他必將你們全體引入正道。

16:10. 他從「雲中」降下「雨水」，你們可以用做飲料，你們賴以放牧的樹木因之而生長。

16:11. 他爲你們而生產莊稼、油橄欖、椰棗、葡萄和各種果實。對於能思維的民衆，此中確有一種跡象。

16:12. 他爲你們而制服了「晝夜」和「日月」，「群星」都是因他的意旨而被制服的；對於能理解的民衆，此中確有許多跡象。

16:13. （他又爲你們而制服）他所爲你們創造於大地的各色物品，對於能記取教誨的民衆，此中確有一種跡象。

16:14. 他制服「海洋」，以便你們漁取其中的鮮肉，做你們的食品；或採取其中的珠寶，做你們的裝飾。你看船舶在其中破浪而行，以便你們尋求他的恩惠，以便你們感謝。

16:15. 他在「大地」上安置許多「山嶽」，以免大地動盪，而你們不得安居。他開闢許多「河流」和「道路」，以便你們遵循正路。

16:16. 他設立許多「標誌」，他們借助那些「標誌」和「星宿」而遵循正路。

二、安拉（上帝「耶和華」）創造「七層天」

在「猶太教」的《塔木德》裡，說明宇宙的上半部分，是由「七層天」所組成。

另外，在《以諾書》裡，有描述「天堂」的等級。《以諾書》是啟示文學之一，內容記載了在「大洪水」之前，「以諾」與上帝「耶和華」同行三百年，所見到的異象。《以諾書》分成《以諾一書》、《以諾二書》和《以諾三書》三本。但是，大部分的「基督教會」以及現代的「猶太教會」都視為《偽經》或《次經》。

「以諾」是個《聖經》人物，為「亞當」的第三個兒子「塞特」的子孫。是「雅列」之子，「瑪土撒拉」的父親，「諾亞」的曾祖父，請見《創世紀》第五章。在「伊斯蘭教」中，他也被稱為「易德立斯（以諾）」，也被視為「伊斯蘭教」中的「先知」。

●《舊約聖經》創世記：

5:23「以諾」共活了三百六十五歲。

5:24「以諾」與　神同行、　神將他取去、他就不在世了。

在《以諾書》第二卷，描述「以諾」通過了「十個天堂」的等級制度。「以諾」在「第十層天」與上帝「耶和華」面對面的對談，途中經過「第三層天」的「伊甸園」。

「基督教」在《新約聖經》中，並未提及「七個天」的概念。然而，在《哥林多後書》中，使徒「保羅」有明確提到了「第三層天」。

●《新約聖經》哥林多後書：

12:1我（保羅）自誇固然無益、但我是不得已的．如今我要說到主的顯現和啟示。

12:2 我認得一個在「基督」裡的人、他前十四年被提到「第三層天」上去．或在身內、我不知道．或在身外、我也不知道．只有 神知道。

12:3 我認得這人、或在身內、或在身外、我都不知道．只有 神知道。

12:4 他被提到樂園裡、聽見隱祕的言語、是人不可說的。

「三層天」是上帝「耶和華」寶座之處，「第一層天」是「空氣層」，「第二層天」是「太空層」，「第三層天」是神「駕行」之處，是屬於「神靈的天界」那層。

●《新約聖經》詩篇：

68:33 歌頌那自古駕行在「諸天」以上的主．他發出聲音、是極大的聲音。

●《新約聖經》申命記：

10:14 看哪、天和「天上的天」、地和地上所有的、都屬「耶和華」你的 神。

在「伊斯蘭教」的《古蘭經》和《聖訓》裡，提到「天堂」分爲七個等級，稱爲「七層天」。

據傳「穆罕默德」於公元六二二年的某一天晚上，由大天使「吉卜利勒（加百列）」陪同，乘「仙馬」騰空，由「麥加」飛至「耶路撒冷」，在「今遠寺」的一塊岩石上「登霄（升天）」，遨遊「七層天」，見過「古代衆先知」和「天園（天堂）」等情景。

●《古蘭經》第17章 夜行（伊斯拉）：

奉至仁至慈的眞主之名

17:1. 讚美「眞主（上帝『耶和華』）」，超絕萬物，他在一夜之間，使他的僕人（穆罕默德），從「禁寺行」到「遠寺」。我在「遠寺」的四周降福，以便我昭示他我的一部分跡象。「眞主（上帝『耶和華』）」確是全聰的，確是全明的。

在《布哈里聖訓》和《穆斯林聖訓》中，都提到「穆罕默德」每到一層「天園（天堂）」就見到一位「古代先知」，「升霄（升天）」到「第七層天園」時，「眞主（上帝『耶和華』）」默示他令「穆斯林」每晝夜禮「五十番拜功」。先知「穆薩（摩西）」建議他祈求「眞主（上帝『耶和華』）」減免拜數，經過數次苦求，「眞主（上帝『耶和華』）」允准減少至每晝夜，「穆斯林」所能履行的「五番天命拜功」。

●《布哈里聖訓實錄》第八篇禮拜：

8:349「艾奈斯（穆罕默德的入門弟子）」傳述：「艾布．宰爾」經常說，「安拉（上帝「耶和華」））」的「使者（穆罕默德）」說：「我在『麥加』時，我的房頂被揭開了，大天使『吉卜利勒（加百列）』下來破開了我的胸口後，用滲滲泉水洗了它。然後，他端來裡面盛有滿溢的智慧和信仰的金盆，把智慧和信仰統統裝進我的胸腔裡，然後又讓我的胸口復原了。」

接著，他拉著我的手帶我向「近天（天堂）」上升。待到「近天（天堂）」時，大天使「吉卜利勒（加百列）」就對「近天（天堂）」的「管理者」說：「請打開門吧！」

管理「近天（天堂）」的「天使」問道：「是何人？」

「吉卜利勒（加百列）」回答道：「是『吉卜利勒（加百列）』。」

「管理天使」又問道：「還有人跟你一起來嗎？」

「吉卜利勒（加百列）」說：「是的，和我偕同而來者是『穆罕默德』使者。」

「管理天使」問：「他已被差派爲『使者』了嗎？」

「吉卜利勒（加百列）」天使回答說：「是的。」

當門被打開，我們上到「近天（天堂）」時，忽然發現一位坐著的人，在他的左右二邊各有一片黑壓壓的（人群）。當他看右邊時就喜形於色，當他看左邊時就哭泣不已。他說：「歡迎你，良善的使者和虔誠之子。」

我問「吉卜利勒（加百列）」天使道：「這是何人？」

他說：「這是人祖『亞當』，他左右的那些黑壓壓的（人群）就是他的後代的靈魂。在他右邊的是『天園（天堂）』的居民，而在他左邊的則是『火獄』的居民。故，當他看右邊時，就喜上眉梢，當他向左邊看時，就愁苦哭泣。」

然後，我們就上到「第二層天」。「吉卜利勒（加百列）」天使對「看管天使」說：「請你打開門吧。」

「看管的天使」說了跟「第一層的看管天使」一樣的話，然後，「天門」就被打開了。

又，傳述人「艾奈斯（穆罕默德的入門弟子）」說：「『艾布．宰爾』說：『「使者（穆罕默德）」在「諸天」裡遇見了「阿丹（亞當）、易德立斯（以諾）、穆薩（摩西）、爾撒（耶穌）、易卜拉欣（亞伯拉罕）」諸位「使者」，但並確定他們的位置是怎樣的，儘管「使者（穆罕默德）」談到在「近天（天堂）」裡遇見了「阿丹（亞當）」，而在「六層天」裡遇見了「易卜拉欣（亞伯拉罕）」。』」

「艾奈斯（穆罕默德的入門弟子）」接著傳述：「當『吉卜利勒（加百列）』天使帶我（使者穆

罕默德）見到『易德立斯（以諾）』時，他說：『歡迎你，虔誠的使者，善良的兄弟。』」

我（使者穆罕默德）問「吉卜利勒（加百列）」天使道：「這是何人？」

大天使說：「是『易德立斯（以諾）』使者。」

接著，我就遇見了「穆薩（摩西）」，他說：「歡迎你，虔誠的使者和善良的兄弟。」

我問大天使道：「這是何人？」

他說：「這就是『穆薩（摩西）』使者。」

再接著，我遇到的人是「爾撒（耶穌）」使者，他說：「歡迎你，虔誠的使者，善良的兄弟。」

我問大天使道：「這是哪位？」

大天使說：「這就是『爾撒（耶穌）』使者。」

最後，我遇上的是「易卜拉欣（亞伯拉罕）」使者，他說：「歡迎你，虔誠的使者，善良之子。」

我問大天使道：「這是何人？」

大天使說：「這就是『易卜拉欣（亞伯拉罕）』使者。」

又，「伊本．希哈布（是一位阿拉伯法學家和傳統主義者，被認爲是聖訓文學的先驅。）」說：「『伊本．哈茲姆（伊斯蘭教哲學家、教義學家、教法學家）』告訴我，『伊本．阿拔斯（伊斯蘭教經注學家、聖訓傳述家，穆罕默德的堂弟和弟子）』和『艾布．哈拜』二人都曾傳述說：『接著，大天使「吉卜利勒（加百列）」帶著我（使者穆罕默德）繼續向上升，直到一高處，在此我聽到了筆唰唰的書寫聲。』」

又，「伊本·哈茲姆（伊斯蘭教哲學家、教義學家、教法學家）」和「艾奈斯（穆罕默德的入門弟子）」傳述：「『使者（穆罕默德）』說：『「安拉（上帝「耶和華」）」給我的「烏瑪（民族）」規定了「五十番主命拜功」，我就受命返回，歸途遇到「穆薩（摩西）」使者，他問我：『主給你的「烏瑪（民族）」責成了什麼？』

我回答說：『主爲我的「烏瑪（民族）」責成了「五十番主命拜功」。』

「穆薩（摩西）」使者說：「快回到『養主（上帝「耶和華」）』那裡請求減少，因你的『烏瑪（民族）』沒有能力完成這些！」

我聽了「穆薩（摩西）」使者的話就返回去了，主就減了一半。我回來對「穆薩（摩西）」使者說：「主減了一半。」

「穆薩（摩西）」使者說：「趕快回到『養主（上帝「耶和華」）』那裡請求減少數量，你的『烏瑪（民族）』也無能力完成這些。」

就這樣，我又回去了，主又減掉了一半。我再次到「穆薩（摩西）」使者那兒，他說：「你再回去向『養主（上帝「耶和華」）』請求減少『拜功』的數量吧，你的『烏瑪（民族）』確實無能力完成這些。」

我再次回去了，主說：「『五番的拜功』等於『五十番的回賜』，在我這兒所說過的不能再改變了。」

就這樣，我回到「穆薩（摩西）」使者那兒，他建議說：「你再回到主那兒請求減少。」

我說：「對於向主再次請求減少拜功，我已十分赧顏。」

大天使就帶著我到了「西德熱─門特哈」（無極林，極境的酸棗樹），其樹五光十色，難以言宣。接著，我就步入了「天園（天堂）」，那裡到處都是用「珠寶」裝飾的，就連土也是「麝香」。

以上就是在《布哈里聖訓》中，提到「穆罕默德」到「七層天」的過程。

在「審判日」之後，「七層天」不是「死者」的最終目的地，而是與地球不同的地區，由「天使」守護，居住著依靠「善行（齋戒、聖戰、朝覲、慈善）」居住的靈魂，其中最高層的「天堂」，最接近上帝「耶和華」。

「七層天」的七個「天堂」，由不同的材料所組成，「伊斯蘭先知」居住在每個「天堂」中：

(1)第一層天：由「水」所構成，是「亞當」和「夏娃」，以及每顆星星的「天使」的家。

(2)第二層天：由「白色珍珠」所製成，是「葉哈雅（施洗約翰）」和「爾撒（耶穌）」的家。

(3)第三層天：由「鐵」或者「珍珠」或「其他耀眼的石頭」所製成，是「優素福（約瑟）」就住在那裡。

(4)第四層天：由「黃銅」或者「白金」所製成，是「易德立斯（以諾）」就住在那裡。

(5)第五層天：由「銀」製成，「哈倫（亞倫）」在這個天堂進行審判。有時候，「火地獄」的「守護者」，會被分配到這個地方。

(6)第六層天：由「黃金」或者「石榴石」和「紅寶石」所組成，「穆薩（摩西）」就住在這裡。

(7)第七層天：由凡人無法理解的「神聖之光」或者「祖母綠」所組成，「易卜拉欣（亞伯拉罕）」是那裡的居民。

「七層天」有七個大門，「天神（天使）」們從每道門進去見他們，會以「平安」或「祝你們平安」的問候語向進入天堂的人問好。

●《古蘭經》第十三章 雷霆（賴爾得）：

13:23. 他們的祖先、妻子和後裔中的善良者，都將進入樂園。衆「天神（天使）」從每道門進去見他們。

13:24.（說）：「祝你們平安！這是你們因堅忍而得的報酬，後世的善果眞優美。」

在《古蘭經》裡，其它提到「七層天」的經文如下：

●《古蘭經》第二章 黃牛（巴格勒）：

2:29. 他已爲你們創造了大地上的一切事物，復經營諸天，完成了「七層天」。他對於萬物是全知的。

●《古蘭經》第十七章 夜行（伊斯拉）：

17:44.「七層天」和「大地」，以及萬有，都讚頌他超絕萬物，無一物不讚頌他超絕萬物。但你們不瞭解他們的讚頌。他確是容忍的，確是至赦的。

●《古蘭經》第七十八章 消息（奈白易）：

78:12. 我曾在你們上面建造了「七層堅固的天」。

●《古蘭經》第四十一章 奉綏來特：

41:12. 他在「兩日內」創造了「七層天」，他以他的命令啓示「各天的居民」，他以衆星點綴最低的天，並加以保護。那是萬能的、全知的主的預定。

●《古蘭經》第六十五章 離婚（特拉格）：

65:12.「眞主（上帝「耶和華」創造了「七層天」，和「同樣層數的大地」，「天命」通過「七層天」而下降，以便你們知道，「眞主（上帝『耶和華』）」對於萬事是全能的，「眞主（上帝『耶和華』）」是周知萬物的。

●《古蘭經》第六十七章 國權（姆勒克）：

奉至仁至慈的眞主之名

65:3. 他創造了「七層天」，你在「至仁主（上帝「耶和華」）」的所造物中，不能看出一點參差。你再看看！你究竟能看出甚麼缺陷呢？

三、安拉（上帝「耶和華」）用「泥土」和「精液」創造「人類」

我們都知道《舊約聖經》裡，有一段上帝「耶和華」用「地上的塵土」造人的故事。

●《舊約聖經》創世記：

2:7 「耶和華」 神用「地上的塵土」造人、將「生氣」吹在他「鼻孔」裡、他就成了有靈的活人、名叫「亞當」。

然而，在《古蘭經》裡，至少有五十節的經文，明確的說明「眞主（上帝『耶和華』）」創造人類的過程。但是，這些經文分散在整本《古蘭經》裡，而且就像此經的很多內容那樣，許多主題都是重複了一遍又一遍。

在《舊約聖經》裡，說上帝「耶和華」用「地上的塵土」造人；在《古蘭經》裡，也提到「眞主（上帝『耶和華』）」用「泥土」造人。

●《古蘭經》第三章 **儀姆蘭的家屬（阿黎儀）**：

3:59. 在「眞主（上帝『耶和華』）」看來，「爾撒（耶穌）」確是像「阿丹（亞當）」一樣的。他用「土」創造「阿丹（亞當）」，然後他對他說：「有」，他就有了。

●《古蘭經》第十一章 **呼德**：

11:61. 我確已派遣「賽莫德人（古代阿拉伯的民族）」的弟兄「撒立哈（先知）」去教化他們，他說：「我的宗族啊！你們應當崇拜『眞主（上帝「耶和華」）』，除他外，絕無應受你們崇拜的。他用『地上的土』創造你們，並使你們在大地上居住，故你們應當向他求饒，然後歸依他。我的主確是臨近的，確是有求必應的。」

●《古蘭經》第十七章 **夜行（伊斯拉）**：

17:61. 當時我曾對衆「天神（天使）」說：「你們應當向『阿丹（亞當）』叩頭。」他們就向他叩頭，但「易卜劣斯（撒但）」除外。他說：「你用『泥土』造成的，我怎能向他叩頭呢！」

●《古蘭經》第三十章 **羅馬人（魯姆）**：

30:20. 他的一種跡象是：他用「泥土」創造你們，然後，你們立刻成爲「人類」，散布各方。

●《古蘭經》第三十二章 **叩頭（賽直德）**：

32:7. 他精製他所創造的萬物，他最初用「泥土」創造人。

●《古蘭經》第三十八章 **薩德**：

38:71. 當時，你的主曾對衆「天神（天使）」說：「我必定要用『泥土』創造一個人。

38:72.當我把他造出來，並將我的『精神』吹入他的體內的時候，你們當爲他而倒身叩頭。」
38:73.衆「天神（天使）」全體一同叩頭。
38:74.惟「易卜劣斯（撒但）」自大，他原是「不通道（不信神）」者。
38:75.主說：「『易卜劣斯（撒但）』啊！你怎麼不肯對我親手造的人叩頭呢？你自大呢？還是你本是高尚的呢？」
38:76.他說：「我比他高貴；你用『火』造我，用『泥』造他。」
38:77.主說：「你從『樂園（伊甸園）』中出去吧！你確是被放逐的。
38:78.你必遭我的棄絕，直到『報應日』。」

《古蘭經》不僅提到「眞主（上帝『耶和華』）」用「泥土」造人，還進一步說明這種「泥土」是「黑色的成形的黏土」。

● **《古蘭經》第十五章 石穀（希只爾）**：

15:26.我確已用「黑色的成形的黏土」創造了人。
15:27.以前，我曾用「烈火」創造了「精靈」。
15:28.當時，你的主曾對「天神（天使）」們說：「我必定要用『黑色的黏土』塑造人像而創造人。
15:29.當我把它塑成，而且把『我的精神』吹入他的『塑像』的時候，你們應當對他俯伏叩頭。」
15:30.隨後，「天神（天使）」們一同叩頭。

15:31. 唯獨「易卜劣斯（撒但）」不肯叩頭。

15:32. 主說：「『易卜劣斯（撒但）』啊！你怎麼不叩頭呢？」

15:33. 他說：「你用『黑色黏土』塑成『人像』而創造的人，我不該向他叩頭。」

《古蘭經》還進一步說明，這種「黑色的黏土」是「泥土的精華」，起初「真主（上帝『耶和華』）」先創造出「肉團」、「骨骼」、「肌肉」和「骨骼」，再組合成「人形」。

●《古蘭經》第二十三章 信士（慕米農）：

23:12. 我確已用「泥土的精華」創造人。

23:13. 我把「肉團」造成「骨骼」，然後，我使「肌肉」附著在「骨骼」上，然後我把他造成「別的生物」。願真主降福，他是最善於創造的。

23:15. 此後，你們必定死亡。

不但如此，令人驚訝的是，《古蘭經》還更進一步說明，「真主（上帝『耶和華』）」先用「泥土」，再用「混合的精液、精水」，再用一塊「凝血、血塊」，再用完整的和不完整的「肉團」，然後才變成一個「完整的男子」。

「人類的外型」做好了，再輸入預定的「發育的程式」。那「精液」是從「脊柱」和「肋骨」之間發出的。

《古蘭經》描述的造人過程，假如用另一種場景來看待，也非常符合。那就是「外星人」的「耶和華指揮官」，下令「外星科學家」，在「生物實驗室」造人的畫面。

●《古蘭經》第十六章 蜜蜂（奈哈勒）：

16:4. 他用「精液」創造了人，而人卻突然變成了（他的）明顯的「對手」。

●《古蘭經》第十八章 山洞（凱海府）：

18:37. 他的朋友以辯駁的態度對他說：「你不信造物主嗎？他創造你，先用『泥土』，繼用『精液』，然後使你變成一個完整的男子。

●《古蘭經》第二十二章 朝覲（哈只）：

22:5. 衆人啊！如果你們對於「復活（末日）」的事還在懷疑之中，那末，我確已創造了你們，先用「泥土」，繼用一小滴「精液」，繼用一塊「凝血」，繼用完整的和不完整的「肉團」，以便我對你們闡明（道理）。我使我所意欲的（胎兒）在「子宮」裡安居一個定期，然後，我使你們出生爲「嬰兒」，然後（我讓你們活著），以便你們達到「成年」。你們中有「夭折的」；有「複返於最劣的年紀的」，以便他在有「知識」之後，什麼也不知道。你看「大地」是不毛的，當我使「雨水」降於「大地」的時候，它就「活動」和「膨脹」，而且生出各種美麗的「植物」。

●《古蘭經》第二十五章 準則（弗爾幹）：

25:54. 他就是用「精水」創造人，使人成爲「血族」和「姻親」的。你的主是全能的。

●《古蘭經》第三十五章 創造者（法頹爾）：

35:11. 「眞主（上帝『耶和華』）」創造你們，先用「泥土」，繼用「精液」，然後，使你們成爲「配偶」。任何女人的「懷孕」和「分娩」，無一件不是他所知道的；增加「長命者的壽數」，減少「短命者的年齡」，無一件不記錄在《天經（舊約聖經）》中；那對「眞主

（上帝『耶和華』）」是容易的。

●**《古蘭經》第三十六章 雅辛：**

36:77.難道人還不知道嗎？我曾用「精液」創造他，而他忽然變成坦白的「抗辯者」。

●**《古蘭經》第四十章 赦宥者（阿斐爾）：**

40:67.他創造了你們，先用「泥土」，繼用「精液」，繼用「血塊」，然後使你們出生爲「嬰兒」，然後讓你們「成年」，然後讓你們變成「老人」——你們中有「夭折的」——然後，讓你們活到一個定期，以便你們明理。

●**《古蘭經》第五十三章 星宿（奈智姆）：**

53:45.他曾創造「配偶」——「男性」的與「女性」的——

53:46.是以射出的「精液」；

●**《古蘭經》第五十六章 大事（瓦格爾）：**

56:58.你們告訴我吧！你們所射的「精液」。

56:59.究竟是你們把它造成「人」呢？還是我把它造成「人」呢？

●**《古蘭經》第七十五章 復活（格雅邁）：**

75:37.難道他不曾是被射出「精液」嗎？

75:39.他用「精液」造化兩性，「男的」和「女的」。

75:40.難道那樣的「造化者」不能使死人復活嗎？

●**《古蘭經》第七十六章 人（印薩尼）：**

奉至仁至慈的眞主之名

76:1. 人確實經歷一個時期，不是一件可以紀念的事物。

76:2. 我確已用「混合的精液」創造人，並加以試驗，將他創造成聰明的。

●《古蘭經》第七十七章 天使（姆爾賽拉特）：

77:20. 難道我沒有用「薄弱的精液」創造你們嗎？

77:21. 我把它放在一個堅固的「安息之所」。

●《古蘭經》第八十章 皺眉（阿百塞）：

80:17. 該死的人！他是何等的忘恩！

80:18.「眞主（上帝『耶和華』）」曾用什麼創造他的呢？

80:19. 是用「精液」。他曾創造他，並預定他「發育的程式」。

●《古蘭經》第八十六章 啟明星（塔里格）：

86:5. 人應當想一想，他自己是用什麼造成的？

86:6. 他是射出的「精液」造成的。

86:7. 那「精液」是從「脊柱」和「肋骨」之間發出的。

四、「易卜劣斯（撒但）」的由來

在《舊約聖經》裡，有提到魔鬼「撒但」。但是，並沒有說明「撒但」的來歷。在《古蘭經》裡，「撒但」的阿拉伯名字，翻譯做「易卜劣斯（撒但）」，而且有簡述說明「易卜劣斯（撒但）」

的由來。在「約翰．彌爾頓」所著作的《失樂園》裡，卻有詳細的說明「易卜劣斯（撒但）」的由來。

《失樂園》（Paradise Lost）是十七世紀英國詩人「約翰．彌爾頓」以《舊約聖經》創世紀爲基礎，所創作的史詩，文體爲「無韻詩」，出版於一六六七年。

《失樂園》內容，取材於《舊約聖經》，講述「人類墮落」的故事：墮落天使「撒但」誘惑「亞當」和「夏娃」犯罪，導致他們被逐出「伊甸園」。

根據《失樂園》的敍述，天使長「路西法（撒但）」在未墮落之前，由於過度的驕傲而忘記他是一個「天使」的身分，意圖與上帝「耶和華」同等。

有一天，上帝「耶和華」帶「聖子」巡遊天界，讓衆「天使」向「聖子基督」下跪參拜。「路西法（撒但）」因爲不滿上帝「耶和華」讓他向「聖子基督」下跪，就率領天界三分之一的「天使」於天界北境起兵叛變，「路西法（撒但）」極端驕傲和自信他可以推翻上帝「耶和華」。

不過，「路西法（撒但）」和他的「天使」軍隊都失敗了，經過三天的天界劇戰，「路西法（撒但）」的叛軍被「聖子基督」擊潰，在渾沌中墜落了九個晨昏才落到「地獄」。「路西法」和他的「天使」軍隊，因而被放逐，並且失去了過去所擁有的榮耀，結果被逐出「天堂」，墮落成魔鬼「撒但」。

「路西法（撒但）」在「地獄」重新建立一個新世界，在那裡他成爲了「魔王撒但」，而跟隨他的「墮落天使們」則成爲「惡魔」。

此後，上帝「耶和華」創造了「新天地」和「人類」。「路西法（撒但）」爲了復仇兼奪取「新天地」，乃化爲「蛇」潛入「伊甸園」，引誘「夏娃」食用了禁忌的「知善惡樹」的果實，再利用她引誘「亞當」也犯下了這違抗上帝「耶和華」的罪。

於是「路西法（撒但）」如願使上帝「耶和華」的新受造物「人類」一同墮落，而且爲「諸惡魔」開啟了通往這個「新世界」的大門，自此以後，「罪、病、老、死」終於遍布在地面。

有趣的是，《失樂園》是敘述「路西法（撒但）」違背上帝「耶和華」的命令，不願意向「聖子基督」下跪。後來，「路西法（撒但）」就率領天界三分之一的「天使」於天界北境起兵叛變，想要推翻上帝「耶和華」。結果，「路西法（撒但）」和他的「天使」軍隊失敗了，被「聖子基督」擊潰，掉落到「地獄」，墮落成魔鬼「撒但」。

而《古蘭經》是敘述「易卜劣斯（撒但）」違背「眞主（上帝『耶和華』）」的命令，不肯向「阿丹（亞當）」叩頭，所以觸怒「眞主（上帝『耶和華』）」，把「易卜劣斯（撒但）」趕出「伊甸園」。

另外，《古蘭經》還提到，「易卜劣斯（撒但）」是「眞主（上帝『耶和華』）」用「烈火」製造出來的，「易卜劣斯（撒但）」原本是屬於「精靈（鬼）」的種類。

● **《古蘭經》第二章 黃牛（巴格勒）：**

2:29. 他已爲你們創造了大地上的一切事物，復經營「諸天」，完成了「七層天」。他對於萬物是全知的。

2:30. 當時，你的主對衆「天神（天使）」說：「我必定在『大地』上設置一個『代理人』。」他們說：「我們贊你超絕，我們贊你清淨，你還要在『大地』上設置『作惡』和『流血者』

嗎？」他說：「我知道你們所不知道的。」

2:31. 他將萬物的名稱，都教授「阿丹（亞當）」，然後以萬物昭示衆「天神（天使）」，說：「你們把這些事物的名稱告訴我吧，如果你們是誠實的。」

2:32. 他們說：「贊你超絕，除了你所教授我們的『知識』外，我們毫無『知識』，你確是全知的，確是至睿的。」

2:33. 他說：「『阿丹（亞當）』啊！你把這些事物的名稱告訴他們吧。」當他把那些事物的名稱告訴他們的時候，眞主說：「難道我沒有對你們說過嗎？我的確知道『天地』的『幽玄（天機）』，我的確知道你們所表白的，和你們所隱諱的。」

2:34. 當時，我對衆「天神（天使）」說：「你們向『阿丹（亞當）』叩頭吧！」他們就叩頭，惟有易卜劣斯（撒但）不肯，他自大，他原是「不信道（不信神）」的。

2:35. 我說：「『阿丹（亞當）』啊！你和你的妻子同住『樂園』吧！你們倆可以任意吃園裡所有豐富的食物，你們倆不要臨近這棵樹；否則，就要變成『不義（不信神）』的人。」

2:36. 然後，「惡魔（撒但）」使他們倆爲那棵樹而犯罪，遂將他們倆人從所居的「樂園」中誘出。我說：「你們互相仇視下去吧。大地上有你們暫時的住處和享受。」

2:37. 然後，「阿丹（亞當）」奉到從主降示的幾件誡命，主就恕宥了他。主確是至宥的，確是至慈的。

2:38. 我說：「你們都從這裡（伊甸園）下去吧！我的引導如果到達你們，那末，誰遵守我的引導，誰在將來沒有恐懼，也不愁。」

●《古蘭經》第七章 高處（艾耳拉弗）：

7:11. 我確已創造你們，然後使你們成形，然後對衆「天神（天使）」說：「你們向『阿丹（亞當）』叩頭。」他們就向他叩頭，唯獨「易卜劣斯（撒但）」沒有叩頭。

7:12. 主說：「當我命令你叩頭的時候，你爲什麼不叩頭呢？」他說：「我比他優越，你『用火造我』，『用泥造他』。」

7:13. 主說：「你從這裡（伊甸園）下去吧！你不該在這裡（伊甸園）自大。你出去吧！你確是卑賤的！」

7:14. 他說：「求你寬待我，直到人類『復活之日（末日）』。」

7:15. 主說：「你必定是被寬待的。」

7:16. 他說：「由於你使我迷誤，我必定在你的正路上伺候他們。

7:17. 你不至於發現他們大半是感謝的。」

7:18. 主說：「你被貶責地，被棄絕地從這裡出去吧！他們中凡是順從你的，我必以你和他們一起充滿『火獄』。」

7:19. 「『阿丹（亞當）』啊！你和你的妻子同住樂園吧，你們可以隨意吃園裡的食物。但不要臨近這棵樹；否則，就要變成『不義（不信神）』者。」

7:20. 但「惡魔（撒但）」教唆他倆，以致爲他倆顯出他倆被遮蓋的「陰部」。他說：「你倆的主禁你們倆吃這棵樹的果實，只爲不願你倆變成『天神（天使）』，或永生不滅。」

7:21. 他對他倆盟誓說：「我確是忠於你倆的。」

7:22. 他用欺騙的手段使他倆墮落。當他倆嘗了那棵樹的果實的時候，他倆的「陰部」便對自己現露出來了，他倆只好用園裡的「樹葉」遮蓋自己的「陰部」。他倆的主喊叫他倆說：「難道我沒有禁止你倆吃那棵樹的果實嗎？難道我沒有對你倆說過，『惡魔（撒但）』確是你倆的『明敵』嗎？」

7:23. 他倆說：「我們的主啊！我們已自欺了，如果你不赦宥我們，不慈憫我們，我們必定變成『虧折者（損失虧耗的人）』。」

7:24. 主說：「你們互相仇視地下去吧。大地上有你們暫時的住處和享受。」

7:25. 主說：「你們將在『大地』上生活，將在『大地』上死亡，將從地下被取出來。」

7:26. 「阿丹（亞當）」的子孫啊！我確已爲你們而創造遮蓋「陰部」的「衣服」和「修飾的衣服」，「敬畏的衣服」尤爲優美。這是屬於「眞主（上帝『耶和華』）」的跡象，以便他們覺悟。

7:27. 「阿丹（亞當）」的子孫啊！絕不要讓「惡魔（撒但）」考驗你們。猶如他把你們的「始祖父母」的衣服脫下，而揭示他倆自己的「陰部」，然後把他倆誘出「樂園」。他和他的部下，的確能看見你們；而你們卻不能看見他們。我確已使「惡魔（撒但）」成爲「不通道（不信神）」者的盟友。

● **《古蘭經》第十五章 石穀（希只爾）：**

15:26. 我確已用「黑色的成形的黏土」創造了「人」。

15:27. 以前，我曾用「烈火」創造了「精靈（鬼）」。

15:28. 當時，你的主曾對「天神（天使）」們說：「我必定要用『黑色的黏土』塑造『人像』而創造人。

15:29. 當我把它塑成，而且把『我的精神』吹入他的『塑像』的時候，你們應當對他俯伏叩頭。」

15:30. 隨後，「天神（天使）」們一同叩頭。

15:31. 唯獨「易卜劣斯（撒但）」不肯叩頭。

15:32. 主說：「『易卜劣斯（撒但）』啊！你怎麼不叩頭呢？」

15:33. 他說：「你用『黑色黏土』塑成『人像』而創造的人，我不該向他叩頭。」

15:34. 主說：「你從這裡出去吧。因爲你確是被放逐的。

15:35. 你必遭詛咒，直到『報應日』。」

15:36. 他說：「我的主啊！求你對我緩刑，直到人類『復活之日（末日）』。」

15:37. 主說：「你確是被緩刑。」

15:39. 他說：「我的主啊！你已判定我是迷誤的，所以我誓必在『大地』上以『罪惡』誘惑他們，我必定要使他們一同迷誤。

15:40. 除非他們中你所選拔的『僕人』。」

15:41. 主說：「這是我應當維持的正路。

15:42. 我的『僕人』，你對他們絕無權力，除非那些順從你的迷誤者。

15:43. 『火獄』必定是他們全體的約定的地方。

15:44.『火獄』有『七道門』，每道門將收容他們中被派定的一部分人。
15:45.『敬畏者』們必定在一些『樂園』和『源泉』之間。
15:46.你們平平安安地進入『樂園』吧！」
15:47.我清除他們胸中的怨恨，他們將成爲弟兄，在高榻上相對而坐。
15:48.他們在那裡不感覺疲乏，他們絕不被逐出。
15:49.你告訴我的「僕人」們，我確是至赦的，至慈的；
15:50.我的「刑罰」確是痛苦的。

● 《古蘭經》第十七章 夜行（伊斯拉）：

17:61.當時我曾對衆「天神（天使）」說：「你們應當向『阿丹（亞當）』叩頭。」他們就向他叩頭，但「易卜劣斯（撒但）」除外。他說：「你用『泥土』造成的，我怎能向他叩頭呢！」
17:62.他說：「你告訴我吧，這就是你使他超越我的人嗎？如果你寬限我到『復活日（末日）』，我誓必根絕他的後裔，但少數人除外。」
17:63.「眞主（上帝『耶和華』）」說：「你去吧！他們中凡順從你的，『火獄』必定是他們和你的充分的報酬。
17:64.你可以用你的聲音去恫嚇他們中你所能恫嚇的人；你可以統率你的『騎兵』和『步兵』，去反對他們；你可以和他們同享他們的『財產』和『兒女』；你可以許給他們任何東西——『惡魔（撒但）』只許給他們妄想——

17:65.我的『僕人』，你對他們沒有任何權柄，你的主足爲『監護者』。」

●《古蘭經》第十八章 山洞（凱海府）：

18:50.當時我對衆「天神（天使）」說：「你們應當向『阿丹（亞當）』叩頭。」他們都叩了頭，但「易卜劣斯（撒但）」除外。他本是「精靈（鬼）」，所以違背他的主的命令。他和他的子孫，是你們的仇敵，你們卻舍我而以他們爲保護者嗎？「不義者（不信神的人）」的倒行逆施眞惡劣！

●《古蘭經》第二十章 塔哈：

20:115.以前，我確已囑咐「阿丹（亞當）」，而他忘記我的囑咐，我未發現他有任何決心。

20:116.當時我對衆「天神（天使）」說：「你們當向『阿丹（亞當）』叩頭。」他們就叩頭，但「易卜劣斯（撒但）」除外。

20:117.我說：「『阿丹（亞當）』啊！這確是你的仇敵，也確是你的妻子的仇敵，絕不要讓他把你倆逐出『樂園』，以免你們辛苦。

20:118.你在『樂園』裡必不饑餓，必不裸露。

20:119.必不口渴，必不感炎熱。」

20:120.嗣後，「惡魔（撒但）」誘惑他說：「『阿丹（亞當）』啊！我指示你『長生樹』，和『不朽園』好嗎？」

20:121.他倆就吃了那棵樹的果實，他倆的「陰部」就對他倆顯露了，他倆就以園裡的「樹葉」遮蔽身體。「阿丹（亞當）」違背了他們的主，因而迷誤了。

20:122. 嗣後，他的主挑選了他，饒恕了他，引導了他。
20:123. 他說：「你倆都從『樂園』降下去！你們將互相仇視。如果正道從我降臨你們，那末，誰遵循我的正道，誰不會迷誤，也不會倒楣。
20:124. 誰違背我的教誨，誰必過窘迫的生活，『復活日（末日）』我使他在盲目的情況下被集合。」
20:125. 他將說：「我的主啊！我本來不是盲目的，你爲什麼使我在盲目的情況下被集合呢？」
20:126. 主將說：「事實是這樣的，我的跡象降臨你，而你遺棄它，你今天也同樣地被遺棄了。」
20:127. 凡行爲過分而且不信主的跡象者，我都要給他同樣的報酬。後世的刑罰，確是更嚴厲的，確是更常存的。

● **《古蘭經》第二十六章 衆詩人（抒爾拉）**：
26:91. 「火獄」將被陳列在「邪惡者」的面前。
26:92. 將要向他們說：「你們以前舍『眞主（上帝「耶和華」）』而崇拜的，如今在哪裡呢？
26:93. 他們能助你們呢？還是他們能自助呢？
26:94. 將被投入『火獄』中的，是他們和迷誤者。
26:95. 以及『易卜劣斯（撒但）』的一些部隊。」
26:96. 他們在「火獄」中爭辯著說：
26:97. 「指『眞主（上帝「耶和華」）』發誓，以前，我們確實在明顯的迷誤中。」

● **《古蘭經》第三十四章 賽伯邑**：

34:20.「易卜劣斯（撒但）」確已發現他對他們的猜測是正確的，因爲他們都追隨他；只有一夥「信士」除外。

34:21.他對他們所以有權力者，只爲我要辨別誰是信仰後世的，誰是懷疑後世的。你的主，是萬物的「監護者」。

●《古蘭經》第三十八章 薩德：

38:71.當時，你的主曾對衆「天神（天使）」說：「我必定要用『泥土』創造一個人。

38:72.當我把他造出來，並將『我的精神』吹入他的體內的時候，你們當爲他而倒身叩頭。」

38:73.衆「天神（天使）」全體一同叩頭。

38:74.惟「易卜劣斯（撒但）」自大，他原是「不通道（不信神）」者。

38:75.主說：「『易卜劣斯（撒但）』啊！你怎麼不肯對我親手造的人叩頭呢？你自大呢？還是你本是高尚的呢？」

38:76.他說：「我比他高貴；你『用火造我』，『用泥造他』。」

38:77.主說：「你從『樂園』中出去吧！你確是被放逐的。

38:78.你必遭我的棄絕，直到『報應日』。」

38:79.他說：「我的主啊！求你寬待我到人類『復活之日（末日）』。」

38:80.主說：「你必定被寬待。

38:81.直到『復活（末日）』時來臨之日。」

38:82.他說：「以你的尊榮發誓，我必將他們全體加以誘惑。

38:83.惟不誘惑你的純潔的『僕人』。」

38:84.他說：「我的話確是『眞理』，我只說『眞理』；

38:85.我必以你和『人類』中順從你的，同齊充滿『火獄』。」

五、否認「原罪」

「原罪」是部分「基督教」「基本教義派」的「神學家」，所提倡的「神學理論」，其他的「亞伯拉罕宗教」如「猶太教（但是「哈雷迪猶太教」認可）」與「伊斯蘭教」則沒有「原罪」一說。

「原罪」的定義，一般而言是指《希伯來聖經》記載的第一個男人「亞當」和第一個女人「夏娃」，在「伊甸園」嘗禁果後，犯了「罪」，而被迫離開「伊甸園」。上帝「耶和華」懲罰了「亞當」和「夏娃」，並使他們及其「後代子孫」都帶有「祖先背負的原罪」。

但是，《古蘭經》並沒有提到「後代子孫」都應該「背負祖先的原罪」。而且，在《古蘭經》當中，「眞主（上帝『耶和華』）」是饒恕「亞當」以及「夏娃」的。大部分「猶太教」的宗派不相信人有「原罪」，除了少部分「猶太教正統派」。但是，相信「祖先的罪惡」會對「後世的人」造成影響，例如「崇拜偶像」。

「天主教」認爲人有「原罪」，在教宗「若望·保祿二世」出版的《天主教教理》上說：「（亞當和夏娃的）後代也缺乏原始的聖德和義德。這種缺乏就稱爲『原罪』。『原罪』的後果，就是使人性的力量變得脆弱，又要受無知、痛苦及死亡之困擾，而且傾向於罪惡（這種傾向稱爲『私慾偏情』）。」

「基督教」對於「原罪」的看法，不同的「基督教」學派，有不同的理解，對「原罪」也有不同的解釋。

反對「原罪論」的「基督徒」認為，「原罪」對人是不公平的，特別是從未聽過上帝「耶和華」和「基督教」信仰的人，但是上帝「耶和華」卻是公平的，所以不可能會有「原罪」出現。

贊成「原罪論」的「基督徒」認為，人有「原罪」，「原罪」的存在，將「人類」和上帝「耶和華」隔絕，使人類終生受苦，不得解脫。《聖經》裡雖然沒有出現過「原罪」的字眼。但是，《聖經》對「原罪」這個概念，卻有清楚的表達。

●**《新約聖經》羅馬書：**

5:12 這就如罪是從一人入了世界、死又是從罪來的、於是死就臨到眾人、因為眾人都犯了罪。

●**《新約聖經》羅馬書：**

5:17 若因一人的過犯、死就因這一人作了王、何況那些受「洪恩」又蒙所賜之義的、豈不更要因「耶穌基督」一人在生命中作王麼。

5:18 如此說來、因一次的過犯、眾人都被定罪、照樣、因一次的「義行」、眾人也就被「稱義得生命」了。

5:19 因一人的悖逆、眾人成為「罪人」、照樣、因一人的順從、眾人也成為義了。

所以，人自從出生的那一刻起，就有「罪性」，這種「罪性」是無法消除的，而且是一代傳給一代，永無停止，這就是「原罪」。而「原罪」的由來，是來自人類的祖先「亞當」和「夏娃」。要得到「救贖」，只有靠「耶穌基督」，相信「耶穌基督」為「救主」和上帝「耶和華」的兒子。

既然人因爲「原罪」而受「罪」的控制，就甘願作「罪」的奴隸嗎？當然不是，使徒「保羅」告訴我們，只要我們信「耶穌基督」，祂就會釋放我們，叫我們得以自由，不再做「罪的奴隸」。

●《新約聖經》羅馬書：

7:25感謝 神、靠著我們的「主耶穌基督」就能脫離了。這樣看來、我以內心順服 「神的律」，我肉體卻順服「罪的律」了。

「東正教會」認爲，人的「原罪」是人在世界上處境的啟示。按照《舊約聖經》的記述，「亞當」和「夏娃」受造於「天主」時，除了具有「人性」，還分享「天主」的「超性」，能直接與「天主」溝通。後來，「亞當」和「夏娃」背叛「天主」，失去「樂園」，失去與「天主」共融的幸福，也造成後來「人類」普遍與「天主」隔離的處境，失落了「超性」，也就是「原罪」。

「人類」生來就缺少「超性生命」，與後天的「罪過」不同。後天的「罪過」可因「教化」而受到糾正。「原罪」是先天的，喪失的是「超性生命」，必須由「天主」的主動赦免。這就是聖子「耶穌基督」降世，救贖人類的道理。凡信「基督」，接受「洗禮」的人，就是重新與「天主」和好，得享永生永福。

另外，「東正教會」對於「罪惡」的觀念，不同於「西方教會」，認爲「罪惡」不是一條條被記錄下來的「債務」，而是如同「靈魂上的疾病」，而「基督」如同「醫生」一樣，醫治人類，而不是如同「債主」一樣，勾銷「債務人」的欠帳。

「伊斯蘭教」不認爲人類有所謂的「原罪」，「穆斯林」認爲「人類」的始祖「阿丹（亞當）」和「好娃（夏娃）」違背「阿拉」的旨意食用禁果，並不是「罪」，只是犯了錯誤，而且在他們向

「眞主（上帝『耶和華』）」悔過後，「眞主（上帝『耶和華』）」已經原諒了他們。

●**《古蘭經》第二章 黃牛（巴格勒）**：

2:35. 我說：「『阿丹（亞當）』啊！你和你的『妻子』同住『樂園』吧！你們倆可以任意吃園裡所有豐富的食物，你們倆不要臨近這棵樹；否則，就要變成『不義（不信神）』的人。」

2:36. 然後，「惡魔（撒但）」使他們倆爲那棵樹而犯罪，遂將他們倆人從所居的樂園中誘出。我說：「你們互相仇視下去吧。大地上有你們暫時的住處和享受。」

2:37. 然後，「阿丹（亞當）」奉到從主降示的幾件誡命，主就「恕宥（ㄧㄡˋ，原諒、寬恕）」了他。主確是「至宥（ㄧㄡˋ，原諒、寬恕）」的，確是至慈的。

●**《古蘭經》第十七章 夜行（伊斯拉）**：

17:15. 誰遵循正道，誰自受其益；誰誤入迷途，誰自受其害。一個負罪者，不負他人的罪。派遣使者之前，我不懲罰（任何人）。

●**《古蘭經》第二十章 塔哈**：

20:117. 我說：「『阿丹（亞當）』啊！這確是你的仇敵，也確是你的『妻子』的仇敵，絕不要讓他把你倆逐出『樂園』，以免你們辛苦。

20:118. 你在『樂園』裡必不饑餓，必不裸露。

20:119. 必不口渴，必不感炎熱。」

20:120. 嗣後，「惡魔（撒但）」誘惑他說：「『阿丹（亞當）』啊！我指示你『長生樹』，和『不朽園』好嗎？」

20:121.他倆就吃了那棵樹的果實，他倆的「陰部」就對他倆顯露了，他倆就以園裡的「樹葉」遮蔽身體。「阿丹（亞當）」違背了他們的主，因而迷誤了。

20:122.嗣後，他的主挑選了他，「饒恕了他」，引導了他。

20:123.他說：「你倆都從『樂園』降下去！你們將互相仇視。如果正道從我降臨你們，那末，誰遵循我的正道，誰不會迷誤，也不會倒楣。

20:124.誰違背我的教誨，誰必過窘迫的生活，復活日（末日）我使他在盲目的情況下被集合。」

● **《古蘭經》第三十五章 創造者（法頹爾）**：

35:18.一個「負罪者」，不再負別人的罪；一個「負重罪者」，如果叫別人來替他負罪，那末，別人雖是他的「近親」，也不能替他擔負一絲毫。你只能警告在祕密中敬畏主，且謹守「拜功者」。洗滌身心者，只爲自己而洗滌。「眞主（上帝『耶和華』）」是唯一的歸宿。

● **《古蘭經》第五十三章 星宿（奈智姆）**：

53:36.難道沒有人告訴過他「穆薩（摩西）」的經典。

53:37.和履行誡命的「易卜拉欣（亞伯拉罕）」的經典中所記載的事情嗎？

53:38.一個「負罪者」，不負別人的罪。

53:39.各人只得享受自己的勞績。

六、阿丹（亞當）兩個兒子的故事

●《古蘭經》第五章 筵席（馬以代）：

5:27. 你當如實地對他們講述「阿丹（亞當）」的兩個兒子的故事。當時，他們倆各獻一件供物，這個的供物被接受了，那個的供物未被接受。那個說：「我必殺你。」這個說：「『眞主（上帝「耶和華」）』只接受『敬畏者』的供物。

5:28. 如果你伸手來殺我，我絕不伸手去殺你；我的確畏懼『眞主（上帝「耶和華」）』——全世界的主。

5:29. 我必定要你擔負殺我的罪責，和你原有的罪惡，你將成爲『火獄』的居民。這是『不義（不信神）者』的報酬。」

5:30. 他的私欲攛掇他殺他的弟弟。故他殺了他之後，變成了「虧折（損失虧耗的人）的人」。

5:31. 「眞主（上帝『耶和華』）」使一隻「烏鴉」來掘地，以便指示他怎樣掩埋他弟弟的屍體。他說：「傷哉！我怎不能像這隻『烏鴉』那樣，把我弟弟的屍體掩埋起來呢？」於是，他變成悔恨的人。

5:32. 因此，我對「以色列」的後裔以此爲定制：除因「復仇」或「平亂」外，凡枉殺一人的，如殺衆人；凡救活一人的，如救活衆人。我的衆「使者」。確已昭示他們許多跡象。此後，他們中許多人，在地方上確是過分的。

5:33. 敵對「眞主（上帝『耶和華』）」和「使者」，而且擾亂地方的人，他們的報酬，只是處以死刑，或釘死在「十字架」上，或把手腳交互著割去，或驅逐出境。這是他們在今世所受的淩辱；他們在後世，將受重大的刑罰。

「阿丹（亞當）」的兩個兒子是指「該隱」與「亞伯」，他們是「阿丹（亞當）」和「夏娃」所生下的兩個兒子。「該隱」是「農民」，他的弟弟「亞伯」是一個「牧羊人」。「該隱」是人類史上，第一個謀殺他人的人類，「亞伯」是第一個死去的人類。古代和現代的「評論家」通常認爲，「該隱」殺人的動機是「嫉妒」和「憤怒」。雖然「該隱」和「亞伯」的故事，在《古蘭經》中出現，但是僅指出他們是「阿丹（亞當）」的兒子，沒有提到兩人的名字。

下面就還原這起「謀殺案」的經過。

● **《舊約聖經》創世記：**

4:1 有一日、那人（亞當）和他妻子「夏娃」同房、「夏娃」就懷孕、生了「該隱」、（就是「得」的意思）便說、「耶和華」使我得了一個男子。

4:2 又生了「該隱」的兄弟「亞伯」。「亞伯」是「牧羊的」・「該隱」是「種地的」。

4:3 有一日、「該隱」拿「地裡的出產」爲「供物」獻給「耶和華」。

4:4 「亞伯」也將他「羊群中頭生的」、和「羊的脂油」獻上・「耶和華」看中了「亞伯」和他的「供物」。

4:5 只是看不中「該隱」和他的「供物」・「該隱」就大大的發怒、變了臉色。

4:6 「耶和華」對「該隱」說、你爲甚麼發怒呢、你爲甚麼變了臉色呢？

4:7 你若行得好、豈不蒙悅納、你若行得不好、罪就伏在門前・他必戀慕你、你卻要制伏他。

4:8 「該隱」與他兄弟「亞伯」說話、二人正在田間、「該隱」起來打他兄弟「亞伯」、把他殺了。

4:9「耶和華」對「該隱」說、你兄弟「亞伯」在那裡．他說、我不知道、我豈是看守我兄弟的嗎？

4:10「耶和華」說、你作了甚麼事呢、你兄弟的血、有聲音從地裡向我哀告。

4:11 地開了口、從你手裡接受你兄弟的血．現在你必從這地受咒詛。

4:12 你種地、地不再給你效力．你必流離飄蕩在地上。

4:13「該隱」對「耶和華」說、我的刑罰太重、過於我所能當的。

4:14 你如今趕逐我離開這地、以致不見你面．我必流離飄蕩在地上、凡遇見我的必殺我。

4:15「耶和華」對他說、凡殺「該隱」的必遭報七倍。「耶和華」就給「該隱」立一個記號、免得人遇見他就殺他。

4:16 於是「該隱」離開「耶和華」的面、去住在「伊甸」東邊「挪得之地」。

4:17「該隱」與妻子同房、他妻子就懷孕、生了「以諾」、「該隱」建造了一座城、就按著他兒子的名將那城叫作「以諾」。

七、「努哈（挪亞）」方舟

「挪亞方舟」是《舊約聖經》創世記裡，一個很有名的故事。「挪亞」有一個妻子和三個兒子。他三個兒子的名字叫做閃、含和雅弗。每個兒子都娶了妻子。所以，「挪亞」一家共有八個人。

上帝「耶和華」要降大雨毀滅整個世界，祂吩咐「挪亞」造一隻巨大的「方舟」，「方舟」要分成三層，裡面要有很多房間給「挪亞」的家人和動物居住，有些房間用來存放人和動物所需的糧食。「挪亞」和他的兒子們，聽從上帝「耶和華」的吩咐，開始建造「方舟」。但其他人卻嘲笑「挪亞」一家，並且繼續做壞事。雖然「挪亞」告訴他們上帝「耶和華」快要毀滅惡人了，他們卻不相信。

以下的《古蘭經》經文，是在述說「挪亞方舟」的故事，故事內容大小異，不同之處，下面會討論到。

● **《古蘭經》第十一章 呼德：**

11:36.「努哈（挪亞）」奉到「啟示」說：「你的『宗族』中除已歸信者外，絕不會再有人歸信你，故你不要爲他們的行爲而悲傷。

11:37.你應當在我的監視下，依我的『啟示』而『造船』。你不要爲『不義的人們』而祈禱我，他們必定要被淹死。」

11:38.他正在造船。他的「宗族」中的「貴族們」每逢從他面前走過，都嘲笑他，他說：「如果你們嘲笑我們，我們也必定要像你們嘲笑我們一樣嘲笑你們。

11:39.你們將來就知道誰要受淩辱的懲罰，誰要遭永久的懲治。」

11:40.等到我的命令來臨而「洪水」從地面湧出的時候，我說：「你把每種動物各拿一對放在船裡，並使你的家屬——除已被判決者外——和通道（信神）的人們一起上船去。」只有少數人同他一起「通道（信神）」。

11:41.他說：「你們上船去吧！這只船的航行和停船都是奉『眞主（上帝「耶和華」）』之名

的。我的主確是至赦的，確是至慈的。」

11:42. 那只船載著他們航行于山嶽般的波濤之間。「努哈（挪亞）」喊叫他兒子——那時他遠在船外——說：「我的孩子啊！你來和我們一道乘船吧！你不要同『不通道（信神）』的人們在一起。」

11:43. 他兒子說：「我要到一座山上去躲避洪水。」他說：「今天，除『眞主（上帝「耶和華」）』所憐憫的人外，絕沒有任何人能保護別人不受『眞主（上帝「耶和華」）』的懲罰。」波濤隔開了他們倆，他就被淹死了。

11:44. 有人說：「地啊！汲乾你上面的水吧！雲啊！散開吧！」於是「洪水」退去了，事情就被判決了。船停舶在「朱迭山」上。有人說：「『不義的人們』已遭毀滅了。」

11:45. 「努哈（挪亞）」祈禱他的主說：「我的主啊！我的兒子是我的親人，你的諾言是眞實的，你是最公正的判決者。」

11:46. 主說：「『努哈（挪亞）』啊！他的確不是你的家屬，他是作惡的，你不要向我祈求你所不知道的事情。我勸你不要自居於愚人之列。」

11:47. 他說：「我的主啊！我求庇於你，以免我向你祈求我所不知道的事情，如果你不饒恕我，不憐憫我，我就變成爲虧折（損失虧耗的人）的人了。」

11:48. 有人說：「『努哈（挪亞）』啊！你下船吧！從我發出的平安和幸福，將要降臨你和與你同船的人的部分後裔。他們的另一部分後裔，我將使他們享受，然後，他們將遭受從我發出的痛苦的懲罰。」

● 《古蘭經》第二十六章 眾詩人（抒爾拉）：

26:105.「努哈（挪亞）」的宗族曾否認「使者」。

26:106.當時，他們的弟兄「努哈（挪亞）」對他們說：「你們怎麼不敬畏『眞主（上帝「耶和華」）』呢？

26:107.我對於你們確是一個忠實的『使者』。

26:108.故你們應當敬畏『眞主（上帝「耶和華」）』，應當服從我。

26:109.我不爲傳達使命而向你們索取任何報酬；我的報酬，只由全世界的主負擔。

26:110.故你們應當敬畏『眞主（上帝「耶和華」）』，應當服從我。」

26:111.他們說：「一些最卑賤的人追隨你，我們怎能信仰你呢？」

26:112.他說：「我不知道他們做了什麼事。

26:113.我的主負責清算他們，假若你們知道。

26:114.我絕不能驅逐『信士』，

26:115.我只是一個直率的『警告者』。」

26:116.他們說：「『努哈（挪亞）』啊！如果你不停止（宣傳），你就必遭辱罵。」

26:117.他說：「我的主啊！我的『宗族』的確否認我。

26:118.求你在我與他們之間進行裁判，求你拯救我和與我同在一起的『信士』們。」

26:119.我就拯救了他，以及在滿載的船中與他共濟的人。

26:120.隨後我溺殺了其餘的人。

26:121.此中確有一個跡象，但他們大半「不通道（不信神）」。

26:122.你的主，確是萬能的，確是至慈的。

●《古蘭經》第五十四章 月亮（改買爾）：

54:9. 在他們之前，「努哈（挪亞）」的「宗族」否認過，他們否認過我的僕人，他們說：「這是一個瘋人。」他曾被喝斥。

54:10.故他祈禱他的主說：「我確是被壓迫的，求你相助吧！」

54:11.我就以傾注的「雨水」開了許多「天門」。

54:12.我又使「大地」上的「泉源」湧出；「雨水」和「泉水」，就依既定的情狀而匯合。

54:13.我使他乘坐一只用「木板」和「釘子」製造的「船」上。

54:14.在我的眷顧之下飄流，以報答被人否認者。

《古蘭經》所述說的「挪亞方舟」故事，有兩處和《舊約聖經》不同：

《舊約聖經》說只有「挪亞」的家人，一家八口進入「方舟」避難；但是，《古蘭經》卻說，除了「挪亞」的家人之外，還有「外人」也進入「方舟」內避難。而且，「挪亞」還有一個兒子不上「方舟」，最後被「洪水」淹死。不同之處如下：

●《古蘭經》第十一章 呼德：

11:40.等到我的命令來臨而「洪水」從地面湧出的時候，我說：「你把每種動物各拿一對放在船裡，並使你的家屬——除已被判決者外——和通道（信神）的人們一起上船去。」只有少數人同他一起「通道（信神）」。

11:41. 他說：「你們上船去吧！這只船的航行和停舶都是奉『眞主（上帝「耶和華」）』之名的。我的主確是至赦的，確是至慈的。」

11:42. 那只船載著他們航行于山嶽般的波濤之間。「努哈（挪亞）」喊叫他兒子——那時他遠在船外——說：「我的孩子啊！你來和我們一道乘船吧！你不要同『不通道（信神）』的人們在一起。」

11:43. 他兒子說：「我要到一座山上去躲避洪水。」他說：「今天，除『眞主（上帝「耶和華」）』所憐憫的人外，絕沒有任何人能保護別人不受『眞主（上帝「耶和華」）』的懲罰。」波濤隔開了他們倆，他就被淹死了。

●《古蘭經》第二十六章 衆詩人（抒爾拉）：

26:117. 他說：「我的主啊！我的『宗族』的確否認我。

26:118. 求你在我與他們之間進行裁判，求你拯救我和與我同在一起的『信士』們。」

26:119. 我就拯救了他，以及在滿載的船中與他共濟的人。

26:120. 隨後我溺殺了其餘的人。

我們再閱讀《舊約聖經》的經文，讀者們就可以了解兩部經典的不同之處。

●《舊約聖經》創世記：

6:5 「耶和華」見人在地上「罪惡」很大、終日所思想的盡都是惡。

6:6 「耶和華」就後悔造人在地上、心中憂傷。

6:7 「耶和華」說、我要將所造的人、和走獸、並昆蟲、以及空中的飛鳥、都從地上除滅、因爲我造他們後悔了。

6:8 惟有「挪亞」在「耶和華」眼前蒙恩。

6:9 「挪亞」的後代、記在下面。「挪亞」是個「義人（信神的人）」、在當時的世代是個「完全人」．「挪亞」與　神同行。

6:10 「挪亞」生了三個兒子、就是「閃、含、雅弗」。

6:11 「世界」在　神面前敗壞．地上滿了強暴。

6:12 神觀看「世界」、見是敗壞了．凡有血氣的人、在地上都敗壞了行爲。

6:13 神就對「挪亞」說、凡有血氣的人、他的盡頭已經來到我面前、因爲地上滿了他們的強暴、我要把他們和地一併毀滅。

6:14 你要用「歌斐木」造一隻「方舟」、分一間一間的造、裡外抹上「松香」。

6:15 「方舟」的造法乃是這樣、要長三百肘、寬五十肘、高三十肘。

6:16 「方舟」上邊要留「透光處」、高一肘．「方舟」的門要開在旁邊．「方舟」要分上、中、下三層。

6:17 看哪、我要使「洪水」氾濫在地上、毀滅天下、凡地上有血肉、有氣息的活物、無一不死。

6:18 我卻要與你立約、你同你的妻、與兒子、兒婦、都要進入方舟。

6:19 凡有血肉的「活物」、每樣兩個、「一公一母」、你要帶進「方舟」、好在你那裡保全生命。

6:20 「飛鳥」各從其類、「牲畜」各從其類、地上的「昆蟲」各從其類、每樣兩個、要到你那裡、好保全生命。

6:21你要拿各樣食物積蓄起來、好作你和他們的食物。

6:22「挪亞」就這樣行・凡　神所吩咐的、他都照樣行了。

7:1「耶和華」對「挪亞」說、你和你的「全家」都要進入「方舟」、因爲在這世代中、我見你在我面前是「義人（信神的人）」。

7:2凡「潔淨的畜類」、你要帶「七公七母」・「不潔淨的畜類」、你要帶「一公一母」。

7:3空中的「飛鳥」、也要帶「七公七母」、可以留種、活在全地上。

7:4因爲再過七天、我要降雨在地上「四十晝夜」、把我所造的各種活物、都從地上除滅。

7:5「挪亞」就遵著「耶和華」所吩咐的行了。

7:6當「洪水」氾濫在地上的時候、「挪亞」整「六百歲」。

7:7「挪亞」就同他的妻、和兒子、兒婦、都進入方舟、躲避洪水。

7:8「潔淨的畜類」、和「不潔淨的畜類」、「飛鳥」並地上一切的「昆蟲」、

7:9都是一對一對的、有公有母、到「挪亞」那裡進入「方舟」、正如　神所吩咐「挪亞」的。

7:10過了那七天、「洪水」氾濫在地上。

7:11當「挪亞」六百歲、二月十七日那一天、大淵的泉源、都裂開了、天上的窗戶、也敞開了。

7:12「四十晝夜」降大雨在地上。

7:13正當那日、「挪亞」和他三個兒子、閃、含、雅弗、並挪亞的妻子、和三個兒婦、都進入「方舟」。

7:14 他們和百獸、各從其類、一切牲畜、各從其類、爬在地上的昆蟲、各從其類、一切禽鳥、各從其類、都進入「方舟」。
7:15 凡有血肉、有氣息的「活物」、都一對一對的到「挪亞」那裡、進入「方舟」。
7:16 凡有血肉進入「方舟」的、都是有公有母、正如　神所吩咐「挪亞」的・「耶和華」就把他關在「方舟」裡頭。
7:17 「洪水」氾濫在地上四十天、水往上長、把「方舟」從地上漂起。
7:18 水勢浩大、在地上大大的往上長、「方舟」在水面上漂來漂去。
7:19 水勢在地上極其浩大、天下的高山都淹沒了。
7:20 水勢比山高過十五肘、山嶺都淹沒了。
7:21 凡在地上有血肉的動物、就是飛鳥、牲畜、走獸、和爬在地上的昆蟲、以及所有的人都死了。
7:22 凡在旱地上、鼻孔有氣息的生靈都死了。
7:23 凡地上各類的活物、連人帶牲畜、昆蟲、以及空中的飛鳥、都從地上除滅了、只留下挪亞和那些與他同在「方舟」裡的。
7:24 水勢浩大、在地上共「一百五十天」。
8:1　神記念「挪亞」、和「挪亞方舟」裡的一切走獸牲畜・　神叫風吹地、水勢漸落。
8:2　「淵源」和「天上的窗戶」、都閉塞了、天上的大雨也止住了。
8:3　從地上漸退・過了「一百五十天」、水就漸消。

8:4 七月十七日、「方舟」停在「亞拉臘山」上。
8:5 水又漸消、到十月初一日、山頂都現出來了。
8:6 過了四十天、「挪亞」開了「方舟」的窗戶。
8:7 放出一隻「烏鴉」去、那「烏鴉」飛來飛去、直到地上的水都乾了。
8:8 他又放出一隻「鴿子」去、要看看水從地上退了沒有。
8:9 但遍地上都是水、「鴿子」找不著落腳之地、就回到「方舟挪亞」那裡、「挪亞」伸手把「鴿子」接進「方舟」來。
8:10 他又等了七天、再把「鴿子」從「方舟」放出去。
8:11 到了晚上、「鴿子」回到他那裡、嘴裡叼著一個新擰下來的「橄欖葉子」、「挪亞」就知道地上的水退了。
8:12 他又等了七天、放出「鴿子」去、「鴿子」就不再回來了。
8:13 到「挪亞」六百零一歲、正月初一日、地上的水都乾了・「挪亞」撤去「方舟」的蓋觀看、便見地面上乾了。
8:14 到了二月二十七日、地就都乾了。
8:15 神對「挪亞」說。
8:16 你和你的妻子、兒子、兒婦、都可以出「方舟」。
8:17 在你那裡凡有血肉的「活物」、就是飛鳥、牲畜、和一切爬在地上的昆蟲、都要帶出來、叫他在地上多多滋生、大大興旺。

8:18 於是「挪亞」和他的妻子、兒子、兒婦、都出來了。
8:19 一切走獸、昆蟲、飛鳥、和地上所有的動物、各從其類、也都出了「方舟」。
8:20 「挪亞」爲「耶和華」築了一座壇、拿各類「潔淨的牲畜」、飛鳥、獻在壇上爲「燔祭」。
8:21 「耶和華」聞那「馨香之氣」、就心裡說、我不再因人的緣故咒詛地、（人從小時心裡懷著惡念）也不再按著我纔行的、滅各種的「活物」了。
8:22 地還存留的時候、稼穡、寒暑、冬夏、晝夜、就永不停息了。

八、易卜拉欣（亞伯拉罕）

（一）簡介「易卜拉欣（亞伯拉罕）」

「易卜拉欣」是「伊斯蘭教」的「先知」，即《舊約聖經》裡的「亞伯拉罕」。「易卜拉欣（亞伯拉罕）」是「阿宰爾」的兒子、先知「易斯馬儀（以實瑪利）」是他的長子，「易斯哈格（以撒）」爲次子。「易卜拉欣（亞伯拉罕）」被視爲「衆先知之父」、「眞主（上帝「耶和華」）的朋友」。

由於「伊斯蘭教」、「基督教」和「猶太教」都尊崇「易卜拉欣（亞伯拉罕）」，因此這三教有時被統稱爲「亞伯拉罕諸教」。

《古蘭經》多次提及「易卜拉欣（亞伯拉罕）」，根據《古蘭經》的描述，「易卜拉欣（亞伯拉罕）」是所有「信士」的「精神父親」。他是「正義之士」，不是「多神教徒」，不是「基督徒」，也不是「猶太教徒」。以下的《古蘭經》經文是對「易卜拉欣（亞伯拉罕）」的敍述。

●《古蘭經》第二十二章 朝覲（哈只）：

22:78. 你們應當爲「眞主（上帝『耶和華』）」而眞實地奮鬥。他揀選你們，關於宗教的事，他未曾以任何煩難爲你們的義務，你們應當遵循你們的祖先「易卜拉欣（亞伯拉罕）」的宗教，以前「眞主（上帝『耶和華』）」稱你們爲「穆斯林（伊斯蘭教的信徒）」，在這部經典裡他也稱你們爲「穆斯林（伊斯蘭教的信徒）」，以便「使者（使徒）」爲你們作證，而你們爲世人作證。你們當謹守「拜功（禮拜）」，完納「天課（宗教賦稅、慈善施捨、財產潔淨）」，信託「眞主（上帝『耶和華』）」；他是你們的主宰，主宰眞好！助者眞好！

「亞伯拉罕」的原名是「亞伯蘭」，上帝「耶和華」不只疼愛「亞伯蘭」，還和「亞伯蘭」立約，「亞伯蘭」是全人類，第一個和上帝「耶和華」立下約定的人。立約之後，上帝「耶和華」幫「亞伯蘭」改名字爲「亞伯拉罕」，意思是「多國之父」。

「易卜拉欣（亞伯拉罕）」是上帝「耶和華」最喜愛的信徒，但是上帝「耶和華」卻對「易卜拉欣（亞伯拉罕）」了一個大玩笑。

「亞伯拉罕」的元配妻子「撒拉」，到老都不能生育，爲了讓「亞伯拉罕」有後代，不得已將「使女」埃及人「夏甲」給了丈夫爲妾。「夏甲」生下大兒子「以實瑪利」。

沒想到「亞伯拉罕」有一個兒子之後，上帝「耶和華」居然讓已經九十歲的「撒拉」懷孕，生下小兒子「以撒」。

大兒子「以實瑪利」是「伊斯蘭教（回教）」創始人「穆罕默德」的先祖，所以「伊斯蘭教」尊稱「亞伯拉罕」爲「先知」。

小兒子「以撒」是「基督教」創始人「耶穌」的先祖，所以「基督教」也尊稱「亞伯拉罕」爲「先知」。

所以，「亞伯拉罕」就成爲「猶太教」、「基督教」和「伊斯蘭教」等宗教的共同「先知」，這三大教派又被稱爲「亞伯拉罕諸教」。因此，當今世界三大宗教，「猶太教」、「基督教」和「伊斯蘭教」的恩怨情仇，居然源自於「亞伯拉罕」的家族史，這是上帝「耶和華」的「傑作」。

假如，上帝「耶和華」早點讓「亞伯拉罕」的元配妻子「撒拉」懷孕，生下「以撒」，就沒有「亞伯拉罕」納「夏甲」爲妾，生下「以實瑪利」的事情，也就沒有「伊斯蘭教」的成立，也就沒有今天「基督教」和「伊斯蘭教」的恩怨情仇史。

有關「易卜拉欣（亞伯拉罕）」的事蹟，在《古蘭經》主要提到三件事情：「易卜拉欣（亞伯拉罕）」的妻子不能生育、「易卜拉欣（亞伯拉罕）」獻祭兒子和「易卜拉欣（亞伯拉罕）」的父親「拜偶像」。

（一）「易卜拉欣（亞伯拉罕）」的妻子不能生育

●《古蘭經》第十一章 呼德：

11:69. 我的衆「使者（天使）」確已帶著喜訊降臨，他們說：「祝你平安！」他說：「祝你們平安。」他很快就拿來一隻「烤犢」來。

11:70. 當他看見他們不伸手去取「犢肉」的時候，他認爲他們是奇怪的，他對他們覺得有點害怕。他們說：「你不要害怕，我們確是被派到『魯特（羅得）』的宗族去的。」

11:71.他的妻子站在一旁笑了。我就以「易司哈格（以撒）」和在「易司哈格（以撒）」之後的「葉爾孤白（雅各）」向她報喜。

11:72.她說：「咄咄怪事，我這個『老太婆』還會生孩子嗎？這是我『龍鍾的丈夫』。這確是一件奇事！」

11:73.他們說：「難道你對『眞主（上帝「耶和華」）』的命令感到驚訝嗎？願『眞主（上帝「耶和華」）』的憐憫和幸福降臨你們全家，他確是可贊的，確是光榮的。」

11:74.當畏懼離開「易卜拉欣（亞伯拉罕）」，而喜訊降臨他的時候，他爲「魯特（羅得）」的宗族而與我的衆「使者（天使）」爭論。

11:75.「易卜拉欣（亞伯拉罕）」確是寬仁的，確是慈悲的，確是悔悟的。

11:76.「『易卜拉欣（亞伯拉罕）』啊！你避開這爭論吧！你的主的命令確已來臨了，不可抵禦的懲罰必定降臨他們。」

● **《古蘭經》第十四章 易卜拉欣（亞伯拉罕）**：

14:35.當時「易卜拉欣（亞伯拉罕）」說：「我的主啊！求你使這個地方變成安全的，求你使我和我的子孫，遠離『偶像崇拜』。

14:36.我的主啊！『偶像』們確已使許多人迷誤。誰順從我，他確是我的同道；誰違抗我，那末，你是至赦的，是至慈的。

14:37.我們的主啊！我確已使我的『部分後裔』住在一個沒有莊稼的山谷裡，住在你的『禁房』附近——我們的主啊！——以便他們謹守『拜功（禮拜）』，求你使一部分人的心依戀他們，求你以一部分果實供給他們，以便他們感謝。

14:38. 我們的主啊！你必定知道我們所隱諱的和我們所表白的。天地間沒有什麼事物能瞞過『眞主（上帝「耶和華」）』。

14:39. 一切讚頌，全歸『眞主（上帝「耶和華」）』！他在我老邁的時候，賞賜我『易司馬儀（以實瑪利）』和『易司哈格（以撒）』。我的主確是聽取祈禱的。

14:40. 我的主啊！求你使我和一部分後裔謹守『拜功（禮拜）』。我們的主啊！求你接受我的祈禱。

14:41. 我們的主啊！求你在『清算實現之日（末日）』饒恕我和我的雙親和『信士』們。」

●《古蘭經》第十五章 石穀（希只爾）：

15:51. 你應當對他們敘述「易卜拉欣（亞伯拉罕）」客人們的故事。

15:52. 當時，他們進去見他，說：「祝你平安。」他說：「我們確是畏懼你們的。」

15:53. 他們說：「你不要畏懼，我們的確以一個聰明的『男孩』向你報喜。」

15:54. 他說：「我已老邁，你們還向我報喜嗎？你們以什麼向我報喜呢？」

15:55. 他們說：「我們憑眞理而向你報喜，所以你不要絕望。」

●《古蘭經》第五十一章 播種者（達理雅特）：

51:24. 關於「易卜拉欣（亞伯拉罕）」受優待賓客的故事，已來臨了嗎？

51:25. 當時，他們進去見他，他們說：「祝你平安！」他說：「祝你們平安！」他想這些是「生客」。

51:26.於是他悄悄地走到他的家屬那裡，拿來一頭「肥嫩的牛犢」。
51:27.他把那「牛犢」送到客人面前，說：「你們怎麼不吃呢！」
51:28.他為他們而心懷恐懼。他們說：「你不要恐懼。」他們以一個「有學識的兒童」向他報喜。
51:29.他的女人便喊叫著走來，她打自己的臉，說：「我是一個不能生育的老婦人。」

「讀者們」看完這四段經文，一定會覺得不知所云，這就《古蘭經》「散文體式」經文的特色。你沒有讀過《舊約聖經》的故事，你就無法了解《古蘭經》到底在說什麼？

我們來看《舊約聖經》的故事，是怎麼寫的，看完後「讀者們」再回頭讀這三段經文，「讀者們」就懂了《古蘭經》在說什麼？

● **《舊約聖經》創世記：**

16:1 「亞伯蘭」的妻子「撒萊」不給他生兒女．「撒萊」有一個使女名叫「夏甲」、是「埃及人」。
16:2 「撒萊」對「亞伯蘭」說、「耶和華」使我不能生育、求你和我的「使女」同房、或者我可以因他得孩子。（「得孩子」原文作「被建立」）「亞伯蘭」聽從了「撒萊」的話。
16:3 於是「亞伯蘭」的妻子「撒萊」、將「使女」埃及人「夏甲」給了丈夫為妾．那時「亞伯蘭」在「迦南」已經住了十年。
16:4 「亞伯蘭」與「夏甲」同房、「夏甲」就懷了孕．他見自己有孕、就小看他的「主母」。
16:5 「撒萊」對「亞伯蘭」說、我因你受屈、我將我的「使女」放在你懷中、他見自己有了孕就小看我、願「耶和華」在你我中間判斷。
16:6 「亞伯蘭」對「撒萊」說、「使女」在你手下、你可以隨意待他・「撒萊」苦待他、他就從「撒萊」面前逃走了。
16:7 「耶和華」的「使者」在曠野、「書珥」路上的水泉旁遇見他。
16:8 對他說、「撒萊」的使女「夏甲」、你從那裡來、要往那裡去・「夏甲」說、我從我的主母「撒萊」面前逃出來。
16:9 「耶和華」的「使者」對他說、你回到你「主母」那裡、服在他手下。
16:10 又說、我必使你的「後裔」極其繁多、甚至不可勝數。
16:11 並說、你如今懷孕要生一個兒子、可以給他起名叫「以實瑪利」、因爲「耶和華」聽見了你的苦情。（「以實瑪利」就是　「神聽見」的意思）
16:12 他爲人必像「野驢」・他的手要攻打人、人的手也要攻打他、他必住在衆弟兄的東邊。
16:13 「夏甲」就稱那對他說話的「耶和華」爲看顧人的　神・因而說、在這裡我也看見那看顧我的麼。
16:14 所以這井名叫「庇耳拉海萊」・這井正在「加低斯」、和「巴列」中間。
16:15 後來「夏甲」給「亞伯蘭」生了一個兒子・「亞伯蘭」給他起名叫「以實瑪利」。
16:16 「夏甲」給「亞伯蘭」生「以實瑪利」的時候、「亞伯蘭」年「八十六歲」。
17:1 「亞伯蘭」年「九十九歲」的時候、「耶和華」向他顯現、對他說、我是全能的　神、你當在我面前作「完全人」。

17:2 我就與你立約、使你的「後裔」極其繁多。

17:3 「亞伯蘭」俯伏在地、　神又對他說。

17:4 我與你立約、你要作「多國的父」。

17:5 此以後、你的名不再叫「亞伯蘭」、要叫「亞伯拉罕」、因爲我已立你作「多國的父」。

17:6 我必使你的「後裔」極其繁多、國度從你而立、君王從你而出。

17:7 我要與你並你世世代代的「後裔」堅立我的約、作永遠的約、是要作你和你「後裔」的神。

17:8 我要將你現在寄居的地、就是「迦南全地」、賜給你和你的「後裔」、永遠爲業・我也必作他們的　神。

17:9 神又對「亞伯拉罕」說、你和你的「後裔」必世世代代遵守我的約。

17:10 你們所有的男子、都要受「割禮」、這就是我與你、並你的「後裔」所立的約、是你們所當遵守的。

17:11 你們都要受「割禮」・（受「割禮」原文作「割陽皮」十四二十三二十四二十五節同）這是我與你們立約的證據。

17:12 你們世世代代的男子、無論是家裡生的、是在你「後裔」之外用銀子從外人買的、生下來第八日、都要受「割禮」。

17:13 你家裡生的、和你用銀子買的、都必須受「割禮」・這樣、我的約就立在你們肉體上、作永遠的約。

17:14但不受「割禮」的男子、必從民中剪除、因他背了我的約。
17:15神又對「亞伯拉罕」說、你的妻子「撒萊」、不可再叫「撒萊」、他的名要叫「撒拉」。
17:16我必賜福給他、也要使你從他得一個兒子、我要賜福給他、他也要作「多國之母」、必有百姓的君王從他而出。
7:17「亞伯拉罕」就俯伏在地喜笑、心裡說、「一百歲」的人、還能得孩子麼·「撒拉」已經「九十歲」了、還能生養麼。
17:18「亞伯拉罕」對　神說、但願「以實瑪利」活在你面前。
17:19神說、不然、你妻子「撒拉」要給你生一個兒子、你要給他起名叫「以撒」、我要與他堅定所立的約、作他「後裔」永遠的約。
17:20至於「以實瑪利」、我也應允你、我必賜福給他、使他昌盛極其繁多、他必生「十二個族長」、我也要使他成爲大國。
17:21到明年這時節、「撒拉」必給你生「以撒」、我要與他堅定所立的約。
17:22神和「亞伯拉罕」說完了話、就離開他上升去了。
17:23正當那日、「亞伯拉罕」遵著　神的命、給他的兒子「以實瑪利」和家裡的一切男子、無論是在家裡生的、是用銀子買的、都行了「割禮」。
17:24「亞伯拉罕」受「割禮」的時候、年「九十九歲」。
17:25他兒子「以實瑪利」受割禮的時候、年「十三歲」。
17:26正當那日、「亞伯拉罕」和他兒子「以實瑪利」、一同受了「割禮」。

17:27 家裡所有的人、無論是在家裡生的、是用銀子從外人買的、也都一同受了「割禮」。

●**《舊約聖經》創世記：**

18:1 「耶和華」在「幔利橡樹」那裡、向「亞伯拉罕」顯現出來・那時正熱、「亞伯拉罕」坐在帳棚門口。

18:2 舉目觀看、見有三個人在對面站著・他一見、就從帳棚門口跑去迎接他們、俯伏在地。

8:3 說、我主、我若在你眼前蒙恩、求你不要離開僕人往前去。

18:4 容我拿點水來、你們洗洗腳、在樹下歇息歇息。

18:5 我再拿一點餅來、你們可以加添心力、然後往前去、你們既到僕人這裡來、理當如此。他們說、就照你說的行罷。

18:6 「亞伯拉罕」急忙進帳棚見「撒拉」說、你速速拿三「細亞細麵」調和作餅。

18:7 「亞伯拉罕」又跑到牛群裡、牽了一隻又嫩又好的「牛犢」來、交給僕人、僕人急忙預備好了。

18:8 「亞伯拉罕」又取了奶油和奶、並預備好的「牛犢」來、擺在他們面前、自己在樹下站在旁邊、他們就喫了。

18:9 他們問「亞伯拉罕」說、你妻子「撒拉」在那裡、他說、在帳棚裡。

18:10 三人中有一位說、到明年這時候、我必要回到你這裡、你的妻子「撒拉」必生一個兒子・「撒拉」在那人後邊的帳棚門口、也聽見了這話。

18:11 「亞伯拉罕」和「撒拉」年紀老邁、「撒拉」的「月經」已斷絕了。

18:12「撒拉」心裡暗笑、說、我既已衰敗、我主也老邁、豈能有這喜事呢。
18:13「耶和華」對「亞伯拉罕」說、「撒拉」為甚麼暗笑、說、我既已年老、果真能生養嗎。
18:14「耶和華」豈有難成的事麼．到了日期、明年這時候、我必回到你這裡、「撒拉」必生一個兒子。
18:15「撒拉」就害怕、不承認、說、我沒有笑．那位說、不然、你實在笑了。

●《舊約聖經》創世記：

21:1「耶和華」按著先前的話、眷顧「撒拉」、便照他所說的給「撒拉」成就。
21:2 當「亞伯拉罕」年老的時候、「撒拉」懷了孕．到 神所說的日期、就給「亞伯拉罕」生了一個兒子。
21:3「亞伯拉罕」給「撒拉」所生的兒子起名叫「以撒」。
21:4「以撒」生下來第八日、「亞伯拉罕」照著 神所吩咐的、給「以撒」行了「割禮」。
21:5 他兒子「以撒」生的時候、「亞伯拉罕」年「一百歲」。
21:6「撒拉」說、 神使我喜笑、凡聽見的必與我一同喜笑。
21:7 又說、誰能預先對「亞伯拉罕」說、「撒拉」要乳養嬰孩呢、因為在他年老的時候、我給他生了一個兒子。
21:8 孩子漸長、就斷了奶．「以撒」斷奶的日子、「亞伯拉罕」設擺豐盛的筵席。
21:9 當時、「撒拉」看見埃及人「夏甲」給「亞伯拉罕」所生的兒子戲笑。
21:10 就對「亞伯拉罕」說、你把這「使女」、和他「兒子」趕出去、因為這「使女的兒子」、

不可與我的兒子「以撒」、一同承受產業。
21:11「亞伯拉罕」因他兒子的緣故很憂愁。
21:12神對「亞伯拉罕」說、你不必爲這「童子」和你的「使女」憂愁、凡「撒拉」對你說的話、你都該聽從．因爲從「以撒」生的、纔要稱爲你的「後裔」。
21:13至於「使女的兒子」、我也必使他的「後裔」成立一國、因爲他是你所生的。
21:14「亞伯拉罕」清早起來、拿餅和一皮袋水、給了「夏甲」、搭在他的肩上、又把孩子交給他、打發他走．「夏甲」就走了、在「別是巴」的曠野走迷了路。
21:15皮袋的水用盡了、「夏甲」就把孩子撇在小樹底下。
21:16自己走開約有一箭之遠、相對而坐、說、我不忍見孩子死、就相對而坐、放聲大哭。
21:17神聽見「童子」的聲音． 神的「使者（天使）」從天上呼叫「夏甲」說、「夏甲」、你爲何這樣呢、不要害怕、 神已經聽見「童子」的聲音了。
21:18起來、把「童子」抱在懷中、（「懷」原文作「手」）我必使他的「後裔」成爲大國。
21:19神使「夏甲」的眼睛明亮、他就看見一口水井、便去將皮袋盛滿了水、給「童子」喝。
21:20神保佑「童子」、他就漸長、住在曠野、成了「弓箭手」。
21:21他住在「巴蘭的」曠野、他母親從「埃及地」給他娶了一個妻子。

（三）「易卜拉欣（亞伯拉罕）」獻祭兒子

● **《古蘭經》第二章　黃牛（巴格勒）：**

2:122.「以色列」的後裔啊！你們應當銘記我所施於你們的恩典，並銘記我曾使你們超越世人。

2:124.當時，「易卜拉欣（亞伯拉罕）」的主用若干「誡命」試驗他，他就實踐了那些「誡命」。他說：「我必定任命你爲衆僕人的師表。」「易卜拉欣（亞伯拉罕）」說：「我的一部分後裔，也得爲人師表嗎？」他說：「我的任命，不包括『不義（不信神）』的人們。」

《古蘭經》的這段經文說：「當時，『易卜拉欣（亞伯拉罕）』的主用若干『誡命』試驗他，他就實踐了那些『誡命』。」

上帝「耶和華」用什麼「誡命」來試驗「易卜拉欣（亞伯拉罕）」對祂的忠心，在《古蘭經》並沒有說明，必須讀《舊約聖經》才知道。原來，上帝「耶和華」對「易卜拉欣（亞伯拉罕）」下達的「誡命」，居然是「考驗人性」的「獻祭兒子」。

●《舊約聖經》創世記：

22:1 這些事以後、 神要試驗「亞伯拉罕」、就呼叫他說、「亞伯拉罕」、他說、我在這裡。

22:2 神說、你帶著你的兒子、就是你「獨生的兒子」、你所愛的「以撒」、往「摩利亞地」去、在我所要指示你的山上、把他獻爲「燔祭」。

22:3 「亞伯拉罕」清早起來、備上驢、帶著兩個僕人和他兒子「以撒」、也劈好了「燔祭」的柴、就起身往 神所指示他的地方去了。

22:4 到了第三日、「亞伯拉罕」舉目遠遠的看見那地方。

22:5 「亞伯拉罕」對他的僕人說、你們和驢在此等候、我與「童子」往那裡去拜一拜、就回到你們這裡來。

22:6「亞伯拉罕」把「燔祭」的柴放在他兒子「以撒」身上、自己手裡拿著火與刀・於是二人同行。

22:7「以撒」對他父親「亞伯拉罕」說、父親哪。「亞伯拉罕」說、我兒、我在這裡。「以撒」說、請看、火與柴都有了、但「燔祭」的「羊羔」在哪裡呢。

22:8「亞伯拉罕」說、我兒、 神必自己預備作「燔祭」的「羊羔」・於是二人同行。

22:9他們到了 神所指示的地方、「亞伯拉罕」在那裡築壇、把柴擺好、捆綁他的兒子「以撒」、放在壇的柴上。

22:10「亞伯拉罕」就伸手拿刀、要殺他的兒子。

22:11「耶和華」的「使者（天使）」從天上呼叫他說、「亞伯拉罕、亞伯拉罕」、他說、我在這裡。

22:12「天使」說、你不可在這「童子」身上下手、一點不可害他・現在我知道你是敬畏 神的了、因為你沒有將你的兒子、就是你獨生的兒子、留下不給我。

22:13「亞伯拉罕」舉目觀看、不料、有一隻「公羊」、兩角扣在稠密的小樹中、「亞伯拉罕」就取了那隻「公羊」來、獻為「燔祭」、代替他的兒子。

22:14「亞伯拉罕」給那地方起名叫「耶和華以勒」、（意思就是「耶和華必預備」）直到今日人還說、在「耶和華」的山上必有預備。

22:15「耶和華」的「使者（天使）」第二次從天上呼叫「亞伯拉罕」說。

22:16「耶和華」說你既行了這事、不留下你的兒子、就是你獨生的兒子、我便指著自己起誓說。

2:17 論福、我必賜大福給你、論子孫、我必叫你的子孫多起來、如同天上的星、海邊的沙、你子孫必得著仇敵的城門。

22:18 並且地上萬國都必因你的後裔得福、因爲你聽從了我的話。

許多「伊斯蘭教」的「評註者」認爲，「易卜拉欣（亞伯拉罕）」獻祭的是「易司馬儀（以實瑪利）」，有的「評註者」，則認爲是「易司哈格（以撒）」，兩派「評注者」們對《古蘭經》的看法並不一致。

不過，《古蘭經》確實有說「易卜拉欣（亞伯拉罕）」獻祭了「易司哈格（以撒）」。

● **《古蘭經》第三十七章　列班者（薩法特）：**

37:100.我的主呀！求你賞賜我一個善良的兒子。

37:101.我就以一個寬厚的「兒童」向他報喜。

37:102.當他長到能幫著他操作的時候，他說：「我的『小子』啊！我確已夢見我宰你爲犧牲。你考慮一下！你究竟是什麼意見？」他說：「我的父親啊！請你執行你所奉的命令吧！如果『眞主（上帝「耶和華」）』意欲，你將發現我是堅忍的。」

37:103.他們倆既已順服「眞主（上帝『耶和華』）」，而他使他的兒子側臥著。

37:104.我喊叫說：「易卜拉欣（亞伯拉罕）啊！」

37:105.你確已證實那個夢了。我必定要這樣報酬行善的人們。

37:106.這確是明顯的考驗。

37:107. 我以一個偉大的犧牲贖了他。
37:108. 我使他的令名，永存于後代。
37:109.「祝『易卜拉欣（亞伯拉罕）』平安！」
37:110. 我要這樣報酬行善者。
37:111. 他確是我的「通道（信神）」的「僕人」。
37:112. 我以將爲「先知」和「善人」的「易司哈格（以撒）」向他報喜。
37:113. 我降福于他和「易司哈格（以撒）」。他們倆的子孫中，將有「行善者」和「公然自暴自棄者」。

（四）「易卜拉欣（亞伯拉罕）」的父親拜偶像。

根據《古蘭經》的記載，「易卜拉欣（亞伯拉罕）」是一名「一神論者」。「易卜拉欣（亞伯拉罕）」打碎了在「國王神殿」裡外所擺設的「偶像」，號召人們崇拜「眞主（上帝『耶和華』）」。

「易卜拉欣（亞伯拉罕）」大聲疾呼，苦勸他的「父親」和「宗族」不要崇拜偶像，應該要崇拜「眞主（上帝『耶和華』）」。

「易卜拉欣（亞伯拉罕）」和「不信道（不信神）」的人起了一番辯論，「易卜拉欣（亞伯拉罕）」說他的主可以使太陽從東方升起，要求「不信道（不信神）」的人的衆神們使太陽從西邊升起），贏得勝利後被處以火刑，但「眞主（上帝『耶和華』）」的奇蹟使他在火中毫髮無傷。

● **《古蘭經》第二章　黃牛（巴格勒）：**

2:258. 難道你沒有看見那個人嗎？「眞主（上帝『耶和華』）」把「國權」賞賜他，故他與「易卜拉欣（亞伯拉罕）」爭論他的主。當時，「易卜拉欣（亞伯拉罕）」說：「我的主能使死者生，能使生者死。」他說：「我也能使死者生，能使生者死。」「易卜拉欣（亞伯拉罕）」說：「『眞主（上帝『耶和華』）」的確能使「太陽」從東方升起，你使它從西方升起吧。」那個「不信道（不信神）」的人，就啞口無言了。「眞主（上帝『耶和華』）」不引導「不義（不信神）」的民衆。

2:259. 難道你沒有看見那個人嗎？他經過一個荒涼的頹廢的城市，他說：「『眞主（上帝「耶和華」）』怎樣使這個已死的城市復活呢？「故『「眞主（上帝「耶和華』）』使他在死亡的狀態下逗留了一百年，然後使他復活。」他說：「你逗留了多久？」他說：「我逗留了一日，或不到一日。」他說：「不然，你已逗留了一百年。你看你的飲食，沒有腐敗。你看你的驢子。我要以你爲世人的跡象。你看這些『骸骨』，我怎樣配合他，怎樣以肉套在它的上面。」當他明白這件事的時候，他說：「我知道『眞主（上帝「耶和華』）』對於萬事是全能的。」

2:260. 當時，「易卜拉欣（亞伯拉罕）」說：「我的主啊！求你昭示我你怎樣使死人復活。」「眞主（上帝『耶和華』）」說：「難道你不信嗎？」他說：「不然，（我要求實驗）以便我的心安定。」「眞主（上帝『耶和華』）」說：「你取四隻鳥，使它們傾向你，然後，在每座山上安置它們中的一部分，然後，你叫喚它們，它們就飛到你的面前來。你當知道『眞主（上帝「耶和華」）』是萬能的，是至睿的。」

● 《古蘭經》第十九章　麥爾彥（聖母瑪利亞）：

19:41. 你應當在這部經典裡提及「易卜拉欣（亞伯拉罕）」，他原是一個虔誠的人，又是一個「先知」。

19:42. 當時他對他父親說：「我的父親啊！你爲何崇拜那既不能聽，又不能見，對於你又沒有任何裨益的東西呢？

19:43. 我的父親啊！沒有降臨你的知識，確已降臨我了；你順從我吧，我要指示你一條正路。

19:44. 我的父親啊！你不要崇拜『惡魔』，『惡魔』確是違抗至仁主的。

19:45. 我的父親啊！我的確怕你遭受從至仁主發出的刑罰，而變成『惡魔』的朋友。」

19:46. 他說：「你厭惡我的主宰嗎？『易卜拉欣（亞伯拉罕）』啊！如果你不停止，我誓必辱罵你。你應當遠離我一個長時期。」

19:47. 他說：「祝你平安！我將爲你向我的主求饒，他對我確是仁慈的。

19:48. 我將退避你們，以及你們舍『眞主（上帝「耶和華」）』而祈禱的。我將祈禱我的主，我或許不爲祈禱我的主而變爲薄命的人。」

19:49. 他既退避他們，以及他們舍「眞主（上帝『耶和華』）」而祈禱的，我就賞賜他「易司哈格（以撒）」和「葉爾孤白（雅各）」，我使他倆成爲「先知」。

19:50. 我把我的恩惠賞賜他們，我使他們享有眞實的、崇高的聲望。

● **《古蘭經》第三十七章　列班者（薩法特）**：

37:83. 他的「宗派」中，確有「易卜拉欣（亞伯拉罕）」。

37:84. 當時，他帶著健全的心靈，來見他的主。

37:85. 當時，他對他的「父親」和「宗族」說：「你們崇拜什麼？

37:86. 難道你們欲舍『眞主（上帝「耶和華」）』而悖謬地崇拜許多『神靈』嗎？

37:87. 你們對全世界的主，究竟作什麼猜測？」

37:88. 他看一看「星宿」

37:89. 「我勢必要害病。」

37:90. 他們就背離了他。

37:91. 他就悄悄地走向他們的衆「神靈」，他說：「你們怎麼不吃東西呢？

37:92. 你們怎麼不說話呢？」

37:93. 他就悄悄以右手打擊他們。

37:94. 衆人就急急忙忙地來看他。

37:95. 他說：「你們崇拜自己所雕刻的『偶像』嗎？

37:96. 『眞主（上帝「耶和華」）』創造你們，和你們的行爲。」

37:97. 他們說：「你們應當爲他而修一個『火爐』，然後，將他投在『烈火』中。」

37:98. 他們欲謀害他，而我卻使他們變成占下風的。

37:99. 他說：「我果然要遷移到我的主所啟示我的地方去，他將指導我。

37:100. 我的主呀！求你賞賜我一個善良的兒子。」

37:101. 我就以一個寬厚的兒童向他報喜。

●《古蘭經》第四十三章　金飾（助赫魯弗）：

43:26.當時，「易卜拉欣」對他的「父親」和「宗族」說：「我與你們所崇拜的，確是沒有關係的。

43:27.惟創造我的主則不然，他必定要引導我。」

43:28.他將這句話留贈他的後裔，以便他們悔悟。

●《古蘭經》第六十章 受考驗的婦人（慕姆太）：

60:4.「易卜拉欣（亞伯拉罕）」和他的「教徒」，是你們的好模範。當時，他們曾對自己的「宗族」說：「我們對於你們，和你們舍『眞主（上帝「耶和華」）』而崇拜的，確是無干的，我們不承認你們。我們彼此間的仇恨，永遠存在。直到你們只信仰『眞主（上帝「耶和華」）』。」但「易卜拉欣（亞伯拉罕）」對他「父親」所說的話，不可做你們的模範。他曾說：「我必定爲你求饒，我不能爲你抵禦『眞主（上帝「耶和華」）』的一些刑罰。」他們曾說：「我們的主啊！我們只信託你，我們只依歸你，只有你是最後的歸宿。

60:5.我們的主啊！求你不要讓『不通道（不信神）』的人迫害我們。我們的主啊！求你赦宥我們，你確是萬能的，確是至睿的。」

60:6.「易卜拉欣（亞伯拉罕）」和他的「教徒」，對於你們希望會見「眞主（上帝『耶和華』）」和「末日者」，確是好模範。「背叛者」，無損於「眞主（上帝『耶和華』）」，因爲「眞主（上帝『耶和華』）」確是無求的，確是可頌的。

60:7.「眞主（上帝『耶和華』）」或許在你們和你們「所仇視的人」之間造化友誼，「眞主

（上帝『耶和華』）」是全能的；「眞主（上帝『耶和華』）」是至赦的，是至慈的。

60:8. 未曾爲你們的「宗教」而對你們作戰，也未曾把你們從「故鄉」驅逐出境者，「眞主（上帝『耶和華』）」並不禁止你們憐憫他們，公平待遇他們。「眞主（上帝『耶和華』）」確是喜愛「公平者」的。

60:9. 他只禁止你們結交曾爲你們的「宗教」而對你們作戰，曾把你們從「故鄉」驅逐出境，曾協助別人驅逐你們的人。誰與他們結交，誰是「不義者（不信神的人）」。

（五）其他談論到關於「易卜拉欣（亞伯拉罕）」的經文

● 《古蘭經》第二章　黃牛（巴格勒）：

2:125. 當時，我以「天房（克爾白，天堂禮拜寺）」爲衆人的「歸宿地」和「安寧地」。你們當以「易卜拉欣（亞伯拉罕）」的「立足地」爲「禮拜處」。我命「易卜拉欣（亞伯拉罕）」和「易司馬儀（以實瑪利）」說：「你們倆應當爲旋繞致敬者、虔誠住守者、鞠躬叩頭者，清潔我的房屋。」

2:126. 當時，「易卜拉欣（亞伯拉罕）」說：「我的主啊！求你使這裡變成安寧的地方，求你以各種糧食供給這裡的居民——他們中信『眞主（上帝「耶和華」）』和『末日』的人。」他說：「『不信道者（不信神的人）』，我將使他暫時享受，然後強逼他去受『火刑』。那結果眞惡劣！」

2:127. 當時，「易卜拉欣（亞伯拉罕）」和「易司馬儀（以實瑪利）」樹起「天房（克爾白，天堂禮拜寺）」的基礎，他們倆祈禱說：「我們的主啊！求你接受我們的敬意，你確是全聽的，確是全知的。

2:128. 我們的主啊！求你使我們變成你的兩個『順民』，並從我們的後裔中造成歸順你的民族，求你昭示我們『朝覲（到麥加去朝拜）』的儀式，求你恕宥我們，你確是至宥的，確是至慈的。

2:129. 我們的主啊！求你在他們中間派遣一個同族的『使者（使徒）』，對他們宣讀你的啟示，教授他們《天經（舊約聖經）》和智慧，並且薰陶他們。你確是萬能的，確是至睿的。」

2:130. 除「妄自菲薄者」外，誰願鄙棄「易卜拉欣（亞伯拉罕）」的宗教呢？在今世，我確已揀選了他；在後世，他必居於善人之列。

2:131. 當時，他的主對他說：「你歸順吧。」他說：「我已歸順全世界的主了。」

2:132. 「易卜拉欣（亞伯拉罕）」和「葉爾孤白（雅各）」都曾以此囑咐自己的兒子說：「我的兒子們啊！『眞主（上帝「耶和華」）』確已爲你們揀選了這個宗教，所以你們除非成了歸順的人不可以死。」

2:133. 當「葉爾孤白（雅各）」臨死的時候，你們在場嗎？當時，他對他的兒子們說：「我死之後，你們將崇拜甚麼？」他們說：「我們將崇拜你所崇拜的，和你的祖先『易卜拉欣（亞伯拉罕）』、『易司馬儀（以實瑪利）』、『易司哈格（以撒）』所崇拜的——獨一的主宰——我們只歸順他。」

2:134. 那是已逝去的民族，他們得享受他們的行爲的報酬，你們得享受你們的行爲的報酬，你們對他們的行爲不負責任。

2:135. 他們說：「你們應當變成『猶太教徒』和『基督教徒』，你們才能獲得正道。」你說：「不然，我們遵循崇奉正教的『易卜拉欣（亞伯拉罕）』的宗教，他不是以『以物配主（崇拜偶像）』者。

2:136. 你們說：「我們信我們所受的啟示，與『易卜拉欣（亞伯拉罕）』、『易司馬儀（以實瑪利）』、『易司哈格（以撒）』、『葉爾孤白（雅各）』和各支派所受的啟示，與『穆薩（摩西）』和『爾撒（耶穌）』受賜的經典，與衆『先知』受主所賜的經典；我們對他們中任何一個，都不加以歧視，我們只順『眞主（上帝「耶和華」）』。」

2:137. 如果他們像你們一樣「信道（信神）」，那末，他們確已遵循正道了；如果他們背棄正道，那末，他們只陷於反對中；「眞主（上帝『耶和華』）」將替你們抵禦他們。他確是全聽的，確是全知的。

2:138. 你們當保持「眞主（上帝『耶和華』）」的「洗禮」，有誰比眞主施洗得更好呢？「我們只崇拜他。」

2:139. 你說：「難道你們和我們爭論『眞主（上帝「耶和華」）』嗎？其實，他是我們的主，也是你們的主；我們將受我們的行爲的報酬，你們也將受你們的行爲的報酬；我們只是忠於他的。」

2:140. 難道你們說過「『易卜拉欣（亞伯拉罕）』、『易司馬儀（以實瑪利）』、『易司哈格（以撒）』、『葉爾孤白（雅各）』和各支派，都是『猶太教徒』，或『基督教徒』嗎？」你說：「你們更有知識呢？還是『眞主（上帝「耶和華」）』更有知識呢？自己手中有從『眞主（上帝「耶和華」）』降示的證據，而加以隱諱的人，有誰比他還『不義（不信神）』呢？『眞主（上帝「耶和華」）』絕不忽視你們的行爲。」

2:141. 那是已逝去的民族，他們得享受他們的行爲的報酬，你們也得享受你們的行爲的報酬，你們對他們的行爲不負責任。

● **《古蘭經》第三章　儀姆蘭的家屬（阿黎儀）：**

3:33. 「眞主（上帝『耶和華』）」確已揀選「阿丹（亞當）」、「努哈（挪亞）」、「易卜拉欣（亞伯拉罕）」的後裔，和「儀姆蘭（聖母瑪麗亞的父親）」的後裔，而使他們超越世人。

● **《古蘭經》第三章　儀姆蘭的家屬（阿黎儀）：**

3:65. 信奉《天經（舊約聖經）》的人啊！你們爲什麼和我們辯論「易卜拉欣（亞伯拉罕）」（的宗教）呢？《討拉特（希伯來聖經、塔納赫、舊約聖經）》和《引支勒（四福音書）》是在他棄世之後才降示的。難道你們不瞭解嗎？

3:66. 你們這等人，自己知道的事，固然可以辯論；怎麼連自己所不知道的事，也要加以辯論呢？「眞主（上帝『耶和華』）」知道，你們確不知道。

3:67. 「易卜拉欣（亞伯拉罕）」既不是「猶太教徒」，也不是「基督教徒」。他是一個崇信正教、歸順「眞主（上帝『耶和華』）」的人，他不是「以物配主（崇拜偶像）」的人。

3:68. 與「易卜拉欣（亞伯拉罕）」最親密的，確是順從他的人，和這個「先知」，和「通道（信神）」的人。「眞主（上帝『耶和華』）」是「信士」們的保佑者。

● **《古蘭經》第三章　儀姆蘭的家屬（阿黎儀）：**

3:84. 你說：「我們確信『眞主（上帝「耶和華」）』，確信我們所受的啟示，與『易卜拉欣（亞伯拉罕）』，『易司馬儀（以實瑪利）』，『易司哈格（以撒）』，『葉爾孤白（雅各）』和各支派所受的啟示，與『穆薩（摩西）』，『爾撒（耶穌）』和衆『先知』所受賜於他們的主的經典，我們對於他們中的任何一人，都不加以歧視，我們只歸順他。」

3:85. 舍「伊斯蘭教」尋求「別的宗教」的人，他所尋求的宗教，絕不被接受，他在後世，是虧折（損失虧耗）的。

●**《古蘭經》第三章　儀姆蘭的家屬（阿黎儀）**：

3:97. 其中有許多明證，如「易卜拉欣（亞伯拉罕）」的立足地；凡入其中的人都得安寧。凡能旅行到「天房（克爾白，天堂禮拜寺）」的，人人都有爲「眞主（上帝『耶和華』）」而「朝覲（到麥加去朝拜）」「天房（克爾白，天堂禮拜寺）」的義務。「不通道（不信神）」的人（無損于「眞主（上帝『耶和華』）」，因爲「眞主（上帝『耶和華』）」確是無求於全世界的。

●**《古蘭經》第四章　婦女（尼薩儀）**：

4:54. 難道他們嫉妒別人享受「眞主（上帝『耶和華』）」所賜的恩惠嗎？我確已賞賜「易卜拉欣（亞伯拉罕）」的後裔《天經（舊約聖經）》和智慧，我又賞賜他們一個廣大的國土。

●**《古蘭經》第四章　婦女（尼薩儀）**：

4:125. 全體歸順「眞主（上帝『耶和華』）」，且樂善好施，並遵守崇正的「易卜拉欣（亞伯拉罕）」的宗教，宗教方面，有誰比他更優美呢？「眞主（上帝『耶和華』）」曾把「易卜拉欣（亞伯拉罕）」當做「至交（最知心的朋友）」。

● **《古蘭經》第四章　婦女（尼薩儀）：**

4:163. 我確已啟示你，猶如我啟示「努哈（挪亞）」和在他之後的衆「先知」一樣，也猶如我啟示「易卜拉欣（亞伯拉罕）」、「易司馬儀（以實瑪利）」、「易司哈格（以撒）」、「葉爾孤白（雅各）」各支派，以及「爾撒（耶穌）」、「安優蔔（約伯）」、「優努斯（約拿）」、「哈倫（亞倫）」、「素萊曼（所羅門）」一樣。我以《宰逋卜（《大衛詩篇）》賞賜「達五德（大衛）」。

● **《古蘭經》第六章　牲畜（艾奈阿姆）：**

6:86. （我曾引導）「易司馬儀（以實瑪利）」、「艾勒．葉賽（以利亞）」、「優努斯（約拿）」和「魯特（羅得）」，我曾使他們超越世人。

● **《古蘭經》第六章　牲畜（艾奈阿姆）：**

6:161. 你說：「我的主已指引我一條正路，即正教，崇正的『易卜拉欣（亞伯拉罕）』的宗教。他不是『以物配主（崇拜偶像）』的人。」

● **《古蘭經》第九章　懺悔（討白）：**

9:70. 在他們以前逝去的民族，有「努哈（挪亞）」的宗族，「阿德人（古代的阿拉伯部落）」和「賽莫德人（古代阿拉伯的民族）」，「易卜拉欣（亞伯拉罕）」的宗族，「麥德彥（古代阿拉伯部落）」的居民和被傾覆的城市的居民，難道那些人的消息沒有來臨他們嗎？那些人的使者們昭示他們許多明證，故眞主不致于虧枉他們，但他們自欺了。

●《古蘭經》第十六章　蜜蜂（奈哈勒）：

16:120.「易卜拉欣（亞伯拉罕）」原來是一個表率，他服從「眞主（上帝『耶和華』）」，信奉正教，而且不是「以物配主（崇拜偶像）」的。

16:121.他原是感謝主恩的，主挑選了他，並將他引上了正路。

16:122.在今世，我曾以幸福賞賜他，在後世，他必定居於善人之列。

16:123.「你應當遵守信奉正教的「易卜拉欣（亞伯拉罕）」的宗教，他不是「以物配主（崇拜偶像）」的。」

16:124.「安息日」是那些爲之而爭論的人所應當遵守的定制。「復活日（末日）」，你的主必判決他們所爭論的是非。

●《古蘭經》第十九章　麥爾彥（聖母瑪利亞）：

19:54.你應當在這部經典裡提及「易司馬儀（以實瑪利）」，他確是重然諾的，他是「使者（使徒）」，又是「先知」。

19:55.他以「拜功（禮拜）」和「天課（宗教賦稅、慈善施捨、財產潔淨）」命令他的家屬，他在他的主那裡是可喜的。

●《古蘭經》第三十三章　同盟軍（艾哈薩布）：

33:7.當日，我與衆「先知」訂約，與你和「努哈（挪亞）」、「易卜拉欣（亞伯拉罕）」、「穆薩（摩西）」、「麥爾彥（聖母馬利亞）」之子「爾撒（耶穌）」訂約，我與他們訂莊嚴的盟約。

●《古蘭經》第三十八章　薩德：

38:48.你當記憶「易司馬儀（以實瑪利）」、「艾勒・葉賽（以利亞）」、「助勒基福勒（先知）」，他們都是純善的。

●《古蘭經》第八十七章　至尊（艾爾拉）：

87:18.這確是載在古經典中的。

87:19.載在「易卜拉欣（亞伯拉罕）」和「穆薩（摩西）」的經典中的。

九、魯特（羅得）

（一）《舊約聖經》裡的「羅得」

「魯特（羅得）」，是《希伯來聖經》記載的人物，是「摩押人」和「亞捫人」的始祖。「魯特（羅得）」是「以色列人」始祖「易卜拉欣（亞伯拉罕）」的「侄子」，是「易卜拉欣（亞伯拉罕）」兄弟「哈蘭」的兒子。

●《舊約聖經》創世記：

12:5　「亞伯蘭（亞伯拉罕）」將他妻子「撒萊」、和姪兒「羅得」、連他們在「哈蘭」所積蓄的財物、所得的人口、都帶往「迦南地」去．他們就到了「迦南地」。

●《舊約聖經》創世記：

11:27「他拉」的後代、記在下面・「他拉」生「亞伯蘭（亞伯拉罕）」、「拿鶴」、「哈蘭」・「哈蘭」生「羅得」。

有關「魯特（羅得）」最早事蹟的記載，源於《創世記》第十二第五節，「亞伯蘭（亞伯拉罕）」接受上帝「耶和華」的吩咐，離開他原居的「吾珥」，舉家前往「迦南地」去，姪兒「羅得」也隨同前往。然而由於當地出現「饑荒」，他們被迫從「迦南地」到「埃及」暫住。

● **《舊約聖經》創世記：**

12:4 「亞伯蘭（亞伯拉罕）」就照著上帝「耶和華」的吩咐去了．「羅得」也和他同去．「亞伯蘭（亞伯拉罕）」出「哈蘭」的時候、年七十五歲。

12:5 「亞伯蘭（亞伯拉罕）」將他妻子「撒萊」、和「姪兒羅得」、連他們在「哈蘭」所積蓄的財物、所得的人口、都帶往「迦南地」去．他們就到了「迦南地」。

12:6 「亞伯蘭（亞伯拉罕）」經過那地、到了「示劍」地方「摩利橡樹」那裡．那時「迦南人」住在那地。

12:7 「耶和華」向「亞伯蘭（亞伯拉罕）」顯現、說、我要把這地賜給你的後裔．「亞伯蘭（亞伯拉罕）」就在那裡爲向他顯現的「耶和華」築了一座壇。

12:8 從那裡他又遷到「伯特利」東邊的山、支搭帳棚．西邊是「伯特利」、東邊是「艾」．他在那裡又爲「耶和華」築了一座壇、求告「耶和華」的名。

12:9 後來「亞伯蘭（亞伯拉罕）」又漸漸遷往「南地」去。

12:10 那地遭遇「饑荒」、因「饑荒」甚大、「亞伯蘭（亞伯拉罕）」就下「埃及」去、要在那裡暫居。

後來，「魯特（羅得）」與「亞伯蘭（亞伯拉罕）」漸漸富有起來，並移至「迦南」的「南地」

居住。他們過著遊牧的生活，而且擁有很多牲畜，以致當地無法容納他們，他們的牧人經常發生衝突。

「亞伯蘭（亞伯拉罕）」顧及他與「魯特（羅得）」間的親戚關係，遂向「魯特（羅得）」提出分開各自發展。最後，「魯特（羅得）」選擇了靠近「所多瑪」與「蛾摩拉」一帶的平原「亞伯蘭（亞伯拉罕）」則住在「迦南地」。他們分開後，「魯特（羅得）」漸漸移到「所多瑪」居住。

● **《舊約聖經》創世記：**

13:1 「亞伯蘭（亞伯拉罕）」帶著他的妻子與「魯特（羅得）」、並一切所有的、都從「埃及」上「南地」去。

13:2 「亞伯蘭（亞伯拉罕）」的金、銀、牲畜極多。

13:3 他從「南地」漸漸往「伯特利」去、到了「伯特利」和「艾」的中間、就是從前支搭帳棚的地方。

13:4 也是他起先築壇的地方·他又在那裡求告「耶和華」的名。

13:5 與「亞伯蘭（亞伯拉罕）」同行的「魯特（羅得）」、也有牛群、羊群、帳棚。

13:6 那地容不下他們、因為他們的財物甚多、使他們不能同居。

13:7 當時「迦南人」、與「比利洗人」、在那地居住·「亞伯蘭（亞伯拉罕）」的牧人、和「魯特（羅得）」的「牧人」相爭。

13:8 「亞伯蘭（亞伯拉罕）」就對「魯特（羅得）」說、你我不可相爭、你的「牧人」和我的「牧人」也不可相爭、因為我們是「骨肉」。（原文作「弟兄」）

13:9 遍地不都在你眼前麼·請你離開我、你向左、我就向右、你向右、我就向左。

13:10「魯特（羅得）」舉目看見「約但河」的全平原、直到「瑣珥」、都是滋潤的、那地在「耶和華」未滅「所多瑪、蛾摩拉」以先、如同「耶和華」的園子、也像「埃及地」。

13:11 於是「魯特（羅得）」選擇「約但河」的全平原、往東遷移·他們就彼此分離了。

13:12「亞伯蘭（亞伯拉罕）」住在「迦南地」、「魯特（羅得）」住在平原的城邑、漸漸挪移帳棚、直到「所多瑪」。

13:13「所多瑪人」在「耶和華」面前罪大惡極。

沒多久，由於「所多瑪」和「蛾摩拉」發生戰亂，「魯特（羅得）」與他的家財一併被擄走。「亞伯蘭（亞伯拉罕）」知道後，立即率領數百人前往救援，成功救出「魯特（羅得）」一家。

由於「所多瑪」與「蛾摩拉」是兩個沉溺於罪惡的城市，上帝「耶和華」決定要毀滅這兩座城市，並且差派兩位「天使」前往營救「魯特（羅得）」一家人。「所多瑪城」的人不曉得這兩位是「天使」，只知道兩個英俊的美男子到「魯特（羅得）」的家裡，竟然要求「魯特（羅得）」交出兩人，任由他們擺布。

「魯特（羅得）」只好說：「諸君，請你們不要作這等惡事。我有兩個女兒，還是處女，可以任憑各位玩弄，惟請諸君不要對我的貴客動手。」正當所有人打算一擁而上，兩位「天使」立即把「魯特（羅得）」拉進屋內，並施展法術，讓眾人無法進入屋內。

「天使」告訴「魯特（羅得）」一家，上帝「耶和華」打算毀滅「所多瑪」與「蛾摩拉」，並囑咐他們一家立即離開，逃往「瑣珥」。

「魯特（羅得）」的「女婿」並不相信「天使」所說的話，因此最終只有「魯特（羅得）」、他的妻子及兩名女兒離開。「天使」叮囑他們往山上跑，更不可以在逃命時停留站住以及回頭看。上帝「耶和華」從天上降「硫磺及火」，把「所多瑪、蛾摩拉」及附近的一切都毀滅，可是「魯特（羅得）」的妻子並沒有遵從「天使」的吩咐，在逃命時回頭一看，立即變作了一根「鹽柱」。

● 《舊約聖經》創世記：

18:16 三人就從那裡起行、向「所多瑪」觀看、「亞伯拉罕」也與他們同行、要送他們一程。

18:17 「耶和華」說、我所要作的事、豈可瞞著「亞伯拉罕」呢。

18:18 「亞伯拉罕」必要成爲強大的國、地上的萬國都必因他得福。

18:19 我眷顧他、爲要叫他吩咐他的衆子、和他的眷屬、遵守我的道、秉公行義、使我所應許「亞伯拉罕」的話都成就了。

18:20 「耶和華」說、「所多瑪」和「蛾摩拉」的罪惡甚重、聲聞於我。

18:21 我現在要下去、察看他們所行的、果然盡像那達到我耳中的聲音一樣麼．若是不然、我也必知道。

18:22 二人轉身離開那裡、向「所多瑪」去、但「亞伯拉罕」仍舊站在「耶和華」面前。

● 《舊約聖經》創世記：

19:1 那兩個「天使」晚上到了「所多瑪」．「羅得」正坐在「所多瑪城」門口．看見他們、就起來迎接、臉伏於地下拜。

19:2 說、我主阿、請你們到僕人家裡洗洗腳、住一夜、清早起來再走．他們說、不、我們要在街上過夜。

19:3 「羅得」切切的請他們、他們這纔進去到他屋裡．羅得為他們預備筵席、烤無酵餅、他們就喫了。

19:4 他們還沒有躺下、「所多瑪」城裡各處的人、連老帶少、都來圍住那房子。

19:5 呼叫「羅得」說、今日晚上到你這裡來的人在哪裡呢．把他們帶出來、任我們所為。

19:6 「羅得」出來、把門關上、到眾人那裡。

19:7 說、眾弟兄請你們不要作這惡事。

19:8 我有兩個女兒、還是「處女」、容我領出來任憑你們的心願而行、只是這兩個人既然到我舍下、不要向他們作甚麼。

19:9 眾人說、退去罷．又說、這個人來寄居、還想要作官哪．現在我們要害你比害他們更甚、眾人就向前擁擠「羅得」、要攻破房門。

19:10 只是那二人伸出手來、將「羅得」拉進屋去、把門關上。

19:11 並且使門外的人、無論老少、眼都昏迷．他們摸來摸去、總尋不著房門。

19:12 二人對「羅得」說、你這裡還有甚麼人麼．無論是女婿、是兒女、和這城中一切屬你的人、你都要將他們從這地方帶出去。

9:13 我們要毀滅這地方、因為城內罪惡的聲音、在「耶和華」面前甚大、「耶和華」差我們來、要毀滅這地方。

19:14 「羅得」就出去、告訴娶了他女兒的女婿們、（「娶了」或作「將要娶」）說、你們起來離開這地方、因爲「耶和華」要毀滅這城・他女婿們卻以爲他說的是戲言。

19:15 天明了、「天使」催逼羅得說、起來、帶著你的妻子、和你在這裡的兩個女兒出去、免得你因這城裡的罪惡、同被剿滅。

19:16 但「羅得」遲延不走・二人因爲「耶和華」憐恤「羅得」、就拉著他的手、和他妻子的手、並他兩個女兒的手、把他們領出來、安置在城外。

19:17 領他們出來以後、就說、逃命罷・不可回頭看、也不可在平原站住、要往山上逃跑、免得你被剿滅。

19:18 「羅得」對他們說、我主阿、不要如此。

19:19 你「僕人」已經在你眼前蒙恩、你又向我顯出莫大的慈愛、救我的性命、我不能逃到山上去、恐怕這災禍臨到我、我便死了。

19:20 看哪、這座城又小又近、容易逃到、這不是一個小的麼・求你容我逃到那裡、我的性命就得存活。

19:21 「天使」對他說、這事我也應允你、我不傾覆你所說的這城。

19:22 你要速速的逃到那城、因爲你還沒有到那裡我不能作甚麼。因此那城名叫「瑣珥」。

（「瑣珥」就是「小」的意思）

19:23 「羅得」到了「瑣珥」、日頭已經出來了。

19:24 當時「耶和華」將「硫磺與火」、從天上「耶和華」那裡、降與「所多瑪」和「蛾摩拉」。

19:25 把那些城、和全平原、並城裡所有的居民、連地上生長的、都毀滅了。

19:26「羅得」的妻子在後邊回頭一看、就變成了一根「鹽柱」。

19:27「亞伯拉罕」清早起來、到了他從前站在「耶和華」面前的地方、

19:28 向「所多瑪」、和「蛾摩拉」、與平原的全地觀看．不料、那地方煙氣上騰、如同燒火一般。

19:29 當 神毀滅平原諸城的時候、他記念「亞伯拉罕」、正在傾覆「羅得」所住之城的時候、就打發「羅得」從傾覆之中出來。

此事過後，「魯特（羅得）」為免被人知道他們是來自「所多瑪」，於是遷離「瑣珥」，到了附近的山裡與「兩名女兒」居於山洞內。「兩名女兒」為免絕後，決定親自懷孕，於洞內兩晚間，先後灌醉父親「魯特（羅得）」，後與其行房，而「魯特（羅得）」本人因為醉醺醺的，不曉得與「兩個女兒」兩晚間，做過什麼事。「大女兒」後來生下兒子「摩押」，即「摩押人」的始祖；「小女兒」則生下兒子「便亞米」，即「亞捫人」的始祖。

●《舊約聖經》創世記：

19:30「羅得」因為怕住在「瑣珥」、就同他兩個女兒從「瑣珥」上去住在山裡．他和兩個女兒住在一個洞裡。

19:31「大女兒」對「小女兒」說、我們的「父親」老了、地上又無人按著世上的常規、進到我們這裡。

19:32 來、我們可以叫「父親」喝酒、與他同寢．這樣、我們好從他存留「後裔」。

19:33 於是那夜他們叫「父親」喝酒、「大女兒」就進去和他「父親」同寢・他幾時躺下、幾時起來、「父親」都不知道。

19:34 第二天、「大女兒」對「小女兒」說、我昨夜與「父親」同寢、今夜我們再叫他喝酒、你可以進去與他同寢・這樣、我們好從「父親」存留「後裔」。

19:35 於是那夜他們又叫「父親」喝酒、「小女兒」起來與他「父親」同寢・他幾時躺下、幾時起來、「父親」都不知道。

19:36 這樣、「羅得」的兩個女兒、都從他「父親」懷了孕。

19:37 「大女兒」生了兒子、給他起名叫「摩押」、就是現今「摩押人」的始祖。

19:38 「小女兒」也生了兒子、給他起名叫「便亞米」、就是現今「亞捫人」的始祖。

「摩西」在帶領族人「出埃及」時，雖然「摩押人」與「亞捫人」是犯了亂倫的後代，並且阻擋了回歸的隊伍，但是上帝「耶和華」仍然要求「摩西」避免攻打自己的親族。

因此，使得「摩西」與「族人」經歷在曠野繞了四十年的苦難，多次瀕臨饑荒與危險的滅亡邊緣，「摩西」更因此一再受到「族人」的質疑與責難，讓「摩西」受盡遵守上帝「耶和華」指示的考驗，才進入上帝「耶和華」的應許之地。「摩押人」與「亞捫人」，雖然未與親族互戰而滅亡，最後仍終歸走向敗亡。

（二）《古蘭經》裡的「魯特」

上面是《舊約聖經》對「魯特（羅得）」一生事蹟的描述，但是「穆斯林」並不完全接受《舊約聖經》故事的部分細節，我們再接下來看《古蘭經》是怎麼寫的。

「眞主（上帝『耶和華』）」命令「魯特（羅得）」前往「所多瑪」與「蛾摩拉」（《古蘭經》並未指出地名），勸戒當地人信仰獨一的「眞主（上帝『耶和華』）」，並且停止淫蕩和暴力的行爲。

「穆斯林」經常引述「魯特（羅得）」的故事，用來強調禁止「雞姦」，即「同性戀」。《古蘭經》和《聖經》都說「魯特（羅得）」的宗族根本不理睬他。後來，「眞主（上帝『耶和華』）」毀滅「所多瑪」與「蛾摩拉」，連「魯特（羅得）」的妻子也一殺害。

「眞主（上帝『耶和華』）」派遣「魯特（羅得）」前去教化「所多瑪」與「蛾摩拉」的居民。「魯特（羅得）」勸他們停止使「眞主（上帝『耶和華』）」不悅的罪行，但他們嘲笑他，威脅放逐他。

於是，「眞主（上帝『耶和華』）」準備毀滅「所多瑪」和「蛾摩拉」，這兩個罪惡的城市，派遣「三位天使」去執行毀滅任務，但是《舊約聖經》寫的是「兩位天使」。最後，「眞主（上帝『耶和華』）」降下「陶石」般的「雨點」襲擊他們。

三位「使者（天使）」顯現在「魯特（羅得）」面前。「魯特（羅得）」很了解「所多瑪」居民的惡行，深怕不能保護他們；他說：「這是一個艱難的日子。」

「所多瑪居民」前去捉拿這三位「天使」，「魯特（羅得）」試著勸「所多瑪居民」停止強迫對方發生性行爲，願把自己的女兒嫁給「他們（所多瑪居民）」。但是，他們說：「你確實知道我們的慾望。」最後，「他們必將徬徨於自己的癲狂之中」。

「魯特（羅得）」無力保護這三位「天使」，此時這三位「天使」向他顯現他們的「天使」身分，表示他們是「眞主（上帝『耶和華』）」派來懲治「所多瑪居民」的。他們要「魯特（羅得）」在夜間離開「所多瑪」，而且不可回頭觀看。

他們告訴「魯特（羅得）」，他的「妻子」因爲罪行深重而不被允許離開。但是，在《舊約聖經》裡，「魯特（羅得）」的「妻子」是一起逃走的。

「魯特（羅得）」懷著對「眞主（上帝『耶和華』）」的信心，帶領「家人」，除了他的「妻子」以外，與「信他的人」在夜間離開「所多瑪」。但是，在《舊約聖經》裡，只有「魯特（羅得）」一家人逃跑得救，並沒有「信他的人」一起逃跑得救。「魯特（羅得）」的「妻子」和「努哈（挪亞）」的「妻子」一樣，將入「火獄」。

早晨來臨時，「眞主（上帝『耶和華』）」使那個「市鎭（所多瑪）」天翻地覆，使預定的連續的「陶石」像「雨點」般地降落在他們身上。「眞主（上帝『耶和華』）」毀滅了他們，「你們嘗試我的刑罰和警告吧！」

《古蘭經》提到這個事件時說：「對於能『考察者』，此中確有許多跡象。」並且提醒人們不可忽略前人的遭遇：「你們的確朝夕經過他們的遺蹟，難道你們不了解嗎？」

以下就整理出《古蘭經》的相關經文，讀者就會發現，同一個事件，散落在各章節裡，難怪《古蘭經》很難看懂。

● **《古蘭經》第六章 牲畜（艾奈阿姆）：**

6:83. 這是我的證據，我把它賞賜「易卜拉欣（亞伯拉罕）」，以便他駁斥他的宗族，我將我所意欲的人提升若干級。你的主，確是至睿的，確是全知的。

6:84. 我賞賜他「易司哈格（以撒）」和「葉爾孤白（雅各）」，個人我都加以引導。以前，我曾引導「努哈（挪亞）」，還引導過他的後裔「達五德（大衛）」、「素萊曼（所羅門）」、「安優蔔（約伯）」、「優素福（約瑟）」、「穆薩（摩西）」、「哈倫（亞倫）」，我這樣報酬行善的人。

6:85. （我曾引導）「宰凱裡雅（撒迦利亞）」、「葉哈雅（施洗約翰）」、「爾撒（耶穌）」和「易勒雅斯（以利雅）」，他們都是善人。

6:86. （我曾引導）「易司馬儀（以實瑪利）」、「艾勒．葉賽（以利亞）」、「優努斯（約拿）」和「魯特（羅得）」，我曾使他們超越世人。

6:87. （我曾引導）他們的一部分祖先、後裔和弟兄，我曾揀選他們，並指示他們正路。

6:88. 這是「眞主（上帝『耶和華』）」的正道，他以它引導他所欲引導的僕人。假若他們「以物配主（崇拜偶像）」，那末，他們的善功必定變成無效的。

6:89. 這等人，我曾把《天經（舊約聖經）》智慧和預言賞賜他們。如果這些人不信這些事物，那末，我就把這些事物委託一個對於它們不會不信的民衆。

● 《古蘭經》第七章　高處（艾耳拉弗）：

7:80. （我確已派遣）「魯特（羅得）」，當時他對他的「宗族」說：「你們怎麼做那種醜事呢？在你們之前，全世界的人沒有一個做過這種事的。

7:81. 你們一定要舍婦女而以『男人』滿足『性欲』，你們確是過分的民衆。」

7:82. 他的「宗族」唯一的答覆是說：「你們把他們逐出城外，因爲他們確是純潔的民衆！」

7:83. 我拯救了他和他的「信徒」，沒有拯救「他的女人」，她是和其餘的人同受刑罰的。

7:84. 我曾降大雨去傷他們，你看看犯罪者的結局是怎樣的。

●《古蘭經》第十一章 呼德：

11:77. 當我的衆「使者（天使）」來到「魯特（羅得）」家的時候，他爲「使者（天使）」們陷入難境，他無力保護他們，他說：「這是一個艱難的日子。」

11:78. 他的「宗族」倉猝地到他的家裡來，他們向來是作惡的。他說：「我的『宗族』啊！這些是我的女兒，她們對於你們是更純潔的。你們應當敬畏『眞主（上帝「耶和華」）』，你們對於我的客人們不要使我丟臉。難道你們當中沒有一個精神健全的人嗎？」

11:79. 他們說：「你確已知道我們對於你的女兒們沒有任何權利。你確實知道我們的欲望。」

11:80. 他說：「但願我有能力抵抗你們，或退避到一個堅強的支柱。」

11:81. 他們說：「『魯特（羅得）』啊！我們確是你的主的『使者（天使）』，他們絕不能傷及你。你應當帶著你的『家屬』在『五更』出行——你們中的任何人都不要回頭看——但你的『妻子』除外，她將與他們同遭毀滅。他們約定的時間是早晨，難道早晨不是臨近的嗎？」

11:82. 當我的命令降臨的時候，我使那個「市鎭（所多瑪）」天翻地覆，我使預定的連續的「陶石」像「雨點」般地降落在他們身上。

11:83. 那些「陶石」是在你的主那裡打上標記的，它並非遠離「不義者（不信神的人）」的。

●《古蘭經》第十五章 石穀（希只爾）：

15:56.他說：「除『迷誤者』外，誰會絕望于『眞主（上帝「耶和華」）』的恩惠呢？」

15:57.他說：「使者（天使）們啊！你們有什麼差事呢？」

15:58.他們說：「我們奉派去懲治一群犯罪的民衆。

15:59.『魯特（羅得）』的家族除外，我們確要把他們全都救出來。

15:60.但他的『妻子』除外，我們已預定她和其餘的人同受刑罰。」

15:61.當「使者（天使）」們來到「魯特（羅得）」的家裡的時候。

15:62.他說：「你們確是一些陌生的人。」

15:63.他們說：「不然；我們把他們一向爭論的（刑罰）帶來給你了。

15:64.我們把『眞理』帶來給你了，我們確是誠實的。

15:65.你應當帶著你的『家族』在深夜出行，你要跟在他們的後面，你們中的任何人也不要回頭看。你們應當往前走，一直走到你們奉命到達的地方。」

15:66.我啟示他這個判決：就是這等人，在早晨將被根除。

15:67.城裡的居民欣然而來。

15:68.他說：「這些是我的客人，你們不要淩辱我。

15:69.你們應當敬畏『眞主（上帝「耶和華」）』，你們不要差辱我。」

15:70.他們說：「難道我們沒有禁止你與世人往來嗎？」

15:71.他說：「這些是我的女兒，如果你們要幹什麼。」

15:72.指你的壽命發誓，他們必將彷徨於自己的癲狂之中。

15:73. 吶喊聲在日出時襲擊了他們。
15:74. 我使那個「市鎮（所多瑪）」天翻地覆，並使「陶石」像「雨點」般降落在他們身上。
15:75. 對於能「考察者」，此中確有許多跡象。

●《古蘭經》第二十六章　衆詩人（抒爾拉）：

26:160.「魯特（羅得）」的「宗族」，曾否認「使者（天使）」。
26:161. 當日，他們的弟兄「魯特（羅得）」曾對他們說：「你們怎麼不敬畏呢？
26:162. 我對於你們確是一個忠實的『使者（天使）』。
26:163. 故你們應當敬畏『眞主（上帝「耶和華」）』，應當服從我。
26:164. 我不爲傳達使命而向你們索取任何報酬；我的報酬，只歸全世界的主負擔。
26:165. 你們怎麼要與衆人中的男性『交接（性交）』。
26:166. 而捨棄你們的主所爲你們創造的妻子呢？其實，你們是犯罪的民衆。」
26:167. 他們說：「『魯特（羅得）』啊！如果你不停止，你必遭放逐。」
26:168. 他說：「我的確痛恨你們的行爲。
26:169. 我的主啊！求你拯救我和我的家屬，使我們脫離他們的行爲。」
26:170. 我就拯救了他和他的全家。
26:171. 只有一個「老婦人」除外，她屬於留下的人。
26:173. 我降雨去傷他們，被警告者所遭的雨災，眞惡劣！
26:174. 在此中確有一個跡象，但他們大半不是「通道（信神）」的。

26:175.你的主確是萬能的，確是至慈的。

●《古蘭經》第二十七章　螞蟻（奈木勒）：

27:53.我曾拯救了「通道（信神）」而且敬畏的人們。

27:54.（我曾遣）「魯特（羅得）」，當日，他對他的「宗族」說：「你們怎麼明目張膽地幹醜事呢？

27:55.你們務必要捨『女人』而以『男人』滿足『性欲』嗎？不然，你們是無知識的民眾。」

27:56.他們說：「你們把『魯特（羅得）』的『信徒』逐出城外，因爲他們是純潔的民眾。」這是他們唯一的答覆。

27:57.我就拯救了他和他的「信徒」，他的「妻子」除外，我已預定她和其餘的人同受刑罰。

27:58.我曾降「大雨」去傷他們。曾受警告者所遭的雨眞惡劣！

●《古蘭經》第二十九章　蜘蛛（安凱逋特）：

29:26.「魯特（羅得）」就爲他而「通道（信神）」。「易卜拉欣（亞伯拉罕）」說：「我必定遷移到我的主那裡去，他確是萬能的，確是至睿的。」

29:27.我賞賜他「易司哈格（以撒）」和「葉爾孤白（雅各）」，我以預言和《天經（舊約聖經）》賞賜他的後裔，我把他在今世的報酬賞賜他，在後世必在「善人」之列。

29:28.（我曾派遣）「魯特（羅得）」，當日，他對他的「宗族」說：「你們的確幹醜事，在你們之前，全世界的人沒有一個幹過這種醜事的。

29:29.你們務必要『將男做女』，攔路作惡，當眾宣淫嗎？」他的「宗族」說：「你把『眞主

（上帝「耶和華」）』的刑罰昭示我們吧，如果你是誠實的人。」這是他們唯一的答覆。

29:30.他說：「我的主啊！求你助我，以對抗『傷風敗俗』的人們。」

29:31.當我的「使者（天使）」帶著佳音來訪「易卜拉欣（亞伯拉罕）」的時候，他們說：「我們必定毀滅這個城市的居民。這個城市的居民，確是『不義（不信神）』的。」

29:32.他說：「『魯特（羅得）』的確在這個城市裡。」他們說：「我們知道在這個城市裡的人，我們必定要拯救他和他的信徒，他的『妻子』除外，她是和其餘的人同受刑罰的。」

29:33.當我的「使者（天使）」來訪「魯特（羅得）」的時候，他爲他們而憂愁，他無法保護他們。他們說：「你不要害怕，不要憂愁，我們必定拯救你和你的『信徒』，你的『妻子』除外，她是和其餘的人同受刑罰的。」

29:34.我必使天災從天空降於這個城市的居民，那是由於他們的放蕩。

29:35.我確已爲能瞭解的民眾而將這個城市的遺址留著做一個明顯的跡象。

29:44.「眞主（上帝『耶和華』）」本眞理而創造天地，對於「通道（信神）」的人，此中確有一種跡象。

29:45.你應當宣讀啟示你的經典，你當謹守「拜功（禮拜）」，「拜功（禮拜）」的確能防止醜事和罪惡，紀念「眞主（上帝『耶和華』）」確是一件更大的事。「眞主（上帝『耶和華』）」知道你們的做爲。

●《古蘭經》第三十七章 列班者（薩法特）：

37:133.「魯特（羅得）」確是「使者（使徒）」。

37:134.當時，我拯救了他，和他的全體信徒。
37:135.惟有一個「老婦人」和其餘的人，沒有獲得拯救。
37:137.你們的確朝夕經過他們的遺跡。
37:138.難道你們不瞭解嗎？

● 《古蘭經》第三十八章　薩德：

38:12.在他們之前，曾否認「使者（天使）」的，有「努哈（挪亞）」的「宗族」、「阿德人（古代的阿拉伯部落）」、有武力的「法老」。
38:13.「賽莫德人（古代阿拉伯的民族）」、「魯特（羅得）」的「宗族」、「茂林」的居民。這些都是黨派。
38:14.他們之中沒有一個未曾否認「使者（天使）」的，所以我的懲罰是必然的。

● 《古蘭經》第五十一章　播種者（達理雅特）：

51:30.他們說：「你的主是這樣說的他確是至睿的，確是全知的。」
51:31.他說：「諸位『使者（天使）』啊！你們有什麼差事呢？」
51:32.他們說：「我們確已奉派去懲治一群犯罪的民衆。
51:33.我們將因毀滅他們而降下『黏土』變成的『石頭』。
51:34.那是從你的主那裡為『過分者』而發出的。」
51:35.我把城裡所有的「信士」都救了出來。
51:36.我在城裡只發現一家「歸順者」。

51:37. 我曾在城裡留下一種跡象，以便畏懼痛苦的刑罰的人們用作鑑戒。

● **《古蘭經》第五十四章　月亮（改買爾）**：

54:37.「他們（所多瑪居民）」確已誘惑「他（魯特；羅得）」，叫「他（魯特；羅得）」不要保護他的「客人（天使）」，但我塗抹了他們的眼睛。你們嘗試我的刑罰和警告吧！

54:38. 一種永恆的刑罰在早晨確已襲擊了他們。

54:39. 你們嘗試我的刑罰和警告吧！

● **《古蘭經》第六十六章　禁戒（台哈列姆）**：

66:10.「眞主（上帝「耶和華」）」以「努哈（挪亞）」的「妻子」和「魯特（羅得）」的「妻子」，爲「不通道（不信神）」的人們的殷鑒，她們倆曾在我的兩個行善的僕人之下，而她們倆不忠於自己的丈夫，她們倆的丈夫，未能爲她們倆抵禦「眞主（上帝『耶和華』）」的一點刑罰。或者將說：「你們倆與衆人同入『火獄』吧！」

（三）《舊約聖經》與《古蘭經》記載的差異

根據《古蘭經》的記載，「魯特（羅得）」是一位「先知」，是「易卜拉欣（亞伯拉罕）」的「侄子」。

「魯特（羅得）」做爲「先知」，被派到「那裡（『所多瑪』與『蛾摩拉』）」警告那些居民，要求改變他們的罪惡行徑，否則神要懲罰這些城市。

《古蘭經》說，「眞主（上帝『耶和華』）」準備毀滅「所多瑪」和「蛾摩拉」，這兩個罪惡的城市，派遣「三位天使」去執行毀滅任務。但是，《舊約聖經》寫的是「兩位天使」。

《古蘭經》的記載，「使者（天使）」說：「我在城裡（所多瑪）只發現一家歸順者。」但是，《舊約聖經》卻說，「所多瑪」城內，沒有一個「義人（信神的人）」。

在《舊約聖經》裡，記載只有「羅得」與「妻子」和「兩個女兒」，一家四口一起逃出「所多瑪」，並沒有其他的人一起逃出。上帝「耶和華」從天上降「硫磺及火」，把「所多瑪、蛾摩拉」及附近的一切都毀滅，可是「羅得」的「妻子」並沒有遵從「天使」的吩咐，在逃命時回頭一看，立即變作了一根「鹽柱」。

但是，《古蘭經》卻說「魯特（羅得）」懷著對「眞主（上帝『耶和華』）」的信心，帶領「家人」，除了他的「妻子」以外，與「信他的人」在夜間離開「所多瑪」。「魯特（羅得）」的「妻子」和「努哈（挪亞）」的「妻子」一樣，將入「火獄」。

在《舊約聖經》裡，「羅得」與「兩個女兒」在他意識不清的情況下與他發生了亂倫關係，但是《古蘭經》並未提及這件事情。這一點在「伊斯蘭教」中是被否認的，因爲《古蘭經》說「魯特（羅得）」是一位「先知」，而「先知」必然擁有崇高的品德，絕對不會觸犯「眞主（上帝『耶和華』）」的律法，所以「魯特（羅得）」也不會有這樣的不道德關係。在「伊斯蘭教」裡，「魯特（羅得）」的「亂倫故事」被認爲是虛假的。

另外，「所多瑪」與「蛾摩拉」的名稱，在《古蘭經》裡並沒有被指出來。

十、優素福（約瑟）

在《舊約聖經》裡，我最喜歡的人物是「約瑟」，在衆「先知」裡，他是最善良的一位，他孝順父母、友愛兄弟、不計前嫌、寬容設計害他的「哥哥們」、盡忠職守、不被美色誘惑，他不像有的「先知」殺人不眨眼。「約瑟」一生的故事很長，但是很感人，值得慢慢品味。

《古蘭經》是「散文體」，舉例《舊約聖經》的故事都是跳來跳去，沒有系統，不按牌理出牌，沒有先讀過《舊約聖經》，是看不懂《古蘭經》的。沒想到《古蘭經》的第十二章「優素福（約瑟）」，居然很完整的描述「優素福（約瑟）」的生平，可見「猶太教」、「基督教」和「伊斯蘭教」，都很重視「優素福（約瑟）」這位善良的「先知」。

我把「優素福（約瑟）」在《舊約聖經》和《古蘭經》裡的經文，節錄整理出來，先讀《舊約聖經》的「約瑟」，再讀《古蘭經》的「優素福」，讀者會深受感動，又可以完整的了解一切事件，因爲《古蘭經》裡，有很多補充說明。

（一）《舊約聖經》裡的「約瑟」

「約瑟」是《希伯來聖經》、《舊約聖經》以及《可蘭經》中的人物，是「亞伯拉罕宗教」中的重要人物，包括「猶太教」、「基督教」及「伊斯蘭教」，都認爲他是一位重要的人物。

「約瑟」是「亞伯拉罕」的曾孫、「以撒」的孫子，「雅各」的第十一個兒子。「雅各」的同父母（「以撒」和「利百加」）的孿生兄弟「以掃」（以東）的姪子。也是「雅各」所寵愛的妻子「拉結」，所生的兩個兒子中的第一個兒子（另一個是「便雅憫」）。

「約瑟」具有「解夢」的能力，「解夢」在古代，是代表「預知未來的能力」或「隱含神的旨意」。

「約瑟」之後，被同父異母的哥哥們，因爲嫉妒他受寵，便合謀把他賣給「以實瑪利人」爲奴隸。後來，在「埃及法老王」的守衛隊長「波提乏」手下做「管家」，「波提乏」對「約瑟」十分照顧，把全家的家務事都交給了他。後來，由於「約瑟」長相俊美，「波提乏」的「妻子」欲勾引「約瑟」，「約瑟」不從，反被「波提乏」的「妻子」陷害，最後入獄。在入獄期間，他曾爲「埃及法老王」的「酒政」及「膳長」解夢，預言三天後，「酒政」被釋放，而「膳長」則被處死，最後都應驗。

隨後，「約瑟」繼續被監禁，「酒政」推薦他協助「埃及法老王」解夢後，「約瑟」在三十歲獲得「埃及法老王」任命爲「埃及」的「宰相」。「約瑟」的「解夢能力」使「埃及」能在幾年大豐收期間，爲日後的「七年大饑荒」，預先做好儲糧的準備。

後來，「迦南地區」也發生饑荒，他的十名兄長便前往「埃及」買糧，在第二次會面之時，「約瑟」曾試探兄長，後來見兄長已經改過向善，遂與他們相認。之後，「約瑟」就把家人接往「埃及」生活。

現在，我們就來閱讀《舊約聖經》，有關「約瑟」傳奇的一生。

「約瑟」的父親是「雅各」，「雅各」也有很精彩的故事，他的事蹟記載在《舊約聖經》，從第二十五章第二十六節開始描述。

「約瑟」的母親是「拉結」，她是「雅各」最愛的的妻子，可是剛開始她無法生育。後來，上帝「耶和華」顧念「拉結」，才應允了她，使她能生育，才陸續生下「約瑟」和「便雅憫」二個兒子。「拉結」的故事，記載在《舊約聖經》，從第二十九章第六節開始描述。

● **《舊約聖經》創世記：**

30:22 神顧念「拉結」、應允了他、使他能生育。
30:23 「拉結」懷孕生子、說、 神除去了我的羞恥。
30:24 就給他起名叫「約瑟」、（就是「增添」的意思）意思說、願「耶和華」再增添我一個兒子。
35:24 「拉結」所生的是「約瑟」、「便雅憫」。
「雅各」在十二個兒子當中，最疼愛「約瑟」。在「約瑟」十七歲時，「雅各」爲他製作了一件「彩衣」，這是用一種特別稀有的物料，所製成的衣物，是古代的一種「祭司服」或「王子服」。「雅各」這個「獨寵」的行爲，當然會引起其他「同父異母的哥哥們」的忌妒。

● 《舊約聖經》創世記：

37:1 「雅各」住在「迦南地」、就是他「父親（以撒）」寄居的地。
37:2 「雅各」的記略如下．「約瑟」十七歲與他哥哥們一同牧羊、他是個童子、與他父親的妾、「辟拉悉帕」的兒子們常在一處．「約瑟」將他哥哥們的惡行、報給他們的父親。
37:3 「以色列（即雅各，上帝「耶和華」幫他改的名字。）」原來愛「約瑟」過於愛他的衆子、因爲「約瑟」是他年老生的、他給「約瑟」作了一件彩衣。
37:4 「約瑟」的「哥哥們」見父親愛「約瑟」過於愛他們、就恨「約瑟」、不與他說和睦的話。
「約瑟」作了兩個夢，他把「夢境」告訴「父親」和「哥哥們」。他父親責備他，但是卻把這話存在心裡；而他的「哥哥們」卻因爲他的夢和他的話，越嫉妒他，也越恨他。

●《舊約聖經》創世記：

37:5 「約瑟」作了一夢、告訴他「哥哥們」、他們就越發恨他。

37:6 「約瑟」對他們說、請聽我所作的夢。

37:7 我們在田裡「捆禾稼」、我的「捆」起來站著、你們的「捆」來圍著我的「捆」下拜。

37:8 他的「哥哥們」回答說、難道你眞要作我們的王麼、難道你眞要管轄我們麼．他們就因爲他的夢、和他的話、越發恨他。

37:9 後來他又作了一夢、也告訴他的「哥哥們」說、看哪、我又作了一夢、夢見「太陽」、「月亮」、與「十一個星」、向我下拜。

37:10 「約瑟」將這夢告訴他「父親」、和他「哥哥們」、他「父親」就責備他說、你作的這是甚麼夢、難道我和你母親、你弟兄、果然要來俯伏在地、向你下拜麼。

37:11 他「哥哥們」都嫉妒他．他「父親」卻把這話存在心裡。

不久，「約瑟」的「哥哥們」設局將他賣給別人當奴隸，後來這夢就應驗了，就在「約瑟」被賣到「埃及」後，當上了「埃及宰相」，一人之下萬人之上，他的哥哥們都向他下拜。

●《舊約聖經》創世記：

37:12 「約瑟」的「哥哥們」往「示劍」去、放他們父親的羊。

37:13 「以色列（雅各）」對「約瑟」說、你「哥哥們」不是在「示劍」放羊麼、你來、我要打發你往他們那裡去。「約瑟」說、我在這裡。

37:14 「以色列（雅各）」說、你去看看你「哥哥們」平安不平安、群羊平安不平安、就回來報信給我・於是打發他出「希伯崙谷」、他就往「示劍」去了。

37:15 有人遇見他在田野走迷了路、就問他說、你找甚麼。

37:16 他說、我找我的「哥哥們」、求你告訴我、他們在何處放羊。

37:17 那人說、他們已經走了、我聽見他們說、要往「多坍」去・「約瑟」就去追趕他「哥哥們」、遇見他們在「多坍」。

37:18 他們遠遠的看見他、趁他還沒有走到跟前、大家就同謀要害死他。

37:19 彼此說、你看、那作夢的來了。

37:20 來罷、我們將他殺了、丟在一個坑裡、就說有惡獸把他喫了、我們且看他的夢將來怎麼樣。

37:21 「流便」聽見了要救他脫離他們的手、說、我們不可害他的性命。

37:22 又說、不可流他的血、可以把他丟在這野地的坑裡、不可下手害他・「流便」的意思是要救他脫離他們的手、把他歸還他的父親。

37:23 「約瑟」到了他「哥哥們」那裡、他們就剝了他的外衣、就是他穿的那件「彩衣」。

37:24 把他丟在坑裡・那坑是空的、裡頭沒有水。

37:25 他們坐下喫飯、舉目觀看、見有一夥「米甸」的「以實瑪利人」、從「基列」來、用駱駝馱著香料、乳香、沒藥、要帶下「埃及」去。

37:26 「猶大」對眾弟兄說、我們殺我們的兄弟、藏了他的血、有甚麼益處呢。

37:27 我們不如將他賣給「以實瑪利人」、不可下手害他、因爲他是我們的兄弟、我們的骨肉・

眾弟兄就聽從了他。
37:28 有些「米甸」的商人、從那裡經過、「哥哥們」就把「約瑟」從坑裡拉上來、講定「二十舍客勒銀子」、把「約瑟」賣給「以實瑪利人」．他們就把「約瑟」帶到「埃及」去了。
37:29 「流便」回到坑邊、見「約瑟」不在坑裡、就撕裂衣服。
37:30 回到兄弟們那裡、說、「童子」沒有了、我往那裡去纔好呢。
37:31 他們宰了一隻「公山羊」、把「約瑟」的那件「彩衣」染了血。
37:32 打發人送到他們的「父親」那裡說、我們撿了這個、請認一認、是你兒子的外衣不是。
37:33 他認得、就說、這是我兒子的外衣、有惡獸把他喫了、「約瑟」被撕碎了、撕碎了。
37:34 「雅各」便撕裂衣服、腰間圍上麻布、爲他兒子悲哀了多日。
37:35 他的兒女都起來安慰他．他卻不肯受安慰、說、我必悲哀著下陰間到我兒子那裡．「約瑟」的父親就爲他哀哭。
37:36 「米甸人」帶「約瑟」到「埃及」、把他賣給「法老」的內臣、護衛長「波提乏」。

「米甸人」帶「約瑟」到「埃及」，把他賣給「法老」的護衛長「波提乏」。雖然「波提乏」欣賞「約瑟」，讓他做他的「管家」。但是，「約瑟」的苦難還沒有結束，最後被冤枉入獄。

●《舊約聖經》創世記：

39:1 「約瑟」被帶下「埃及」去．有一個「埃及人」是「法老」的「內臣」、護衛長「波提乏」、從那些帶下他來的「以實瑪利人」手下買了他去。
39:2 「約瑟」住在他主人「埃及人」的家中．「耶和華」與他同在、他就百事順利。

39:3 他主人見「耶和華」與他同在、又見「耶和華」使他手裡所辦的盡都順利。
39:4 「約瑟」就在「主人」眼前蒙恩、伺候他「主人」、並且「主人」派他管理家務、把一切所有的都交在他手裡。
39:5 自從「主人」派「約瑟」管理家務、和他一切所有的、「耶和華」就因「約瑟」的緣故、賜福與那「埃及人」的家・凡家裡和田間一切所有的、都蒙「耶和華」賜福。
39:6 「波提乏」將一切所有的、都交在「約瑟」的手中、除了自己所喫的飯、別的事一概不知・「約瑟」原來秀雅俊美。
39:7 這事以後、「約瑟」「主人的妻」以目送情給「約瑟」、說、你與我同寢罷。
39:8 「約瑟」不從、對他「主人的妻」說、看哪、一切家務、我「主人」都不知道、他把所有的都交在我手裡。
39:9 在這家裡沒有比我大的、並且他沒有留下一樣不交給我、只留下了你、因爲你是他的「妻子」、我怎能作這大惡、得罪 神呢。
39:10 後來他天天和「約瑟」說、「約瑟」卻不聽從他、不與他同寢、也不和他在一處。
39:11 有一天、「約瑟」進屋裡去辦事、家中人沒有一個在那屋裡。
39:12 婦人就拉住他的衣裳說、你與我同寢罷・「約瑟」把衣裳丟在婦人手裡、跑到外邊去了。
39:13 婦人看見「約瑟」把衣裳丟在他手裡跑出去了、
39:14 就叫了家裡的人來、對他們說、你們看、他帶了一個「希伯來人」、進入我們家裡、要戲弄我們・他到我這裡來、要與我同寢、我就大聲喊叫。

39:15 他聽見我放聲喊起來、就把衣裳丟在我這裡、跑到外邊去了。
39:16 婦人把「約瑟」的衣裳放在自己那裡、等著他主人回家。
39:17 就對他如此如此說、你所帶到我們這裡的那希伯來僕人、進來要戲弄我。
39:18 我放聲喊起來、他就把衣裳丟在我這裡跑出去了。
39:19 「約瑟」的主人聽見他「妻子」對他所說的話、說、你的「僕人」如此如此待我、他就生氣.
39:20 把「約瑟」下在監裡、就是王的囚犯被囚的地方.於是「約瑟」在那裡坐監。
39:21 但「耶和華」與「約瑟」同在、向他施恩、使他在「司獄(獄卒;負責管理囚獄)」的眼前蒙恩。
39:22 「司獄(獄卒)」就把監裡所有的囚犯、都交在「約瑟」手下、他們在那裡所辦的事、都是經他的手。
39:23 凡在「約瑟」手下的事、「司獄(獄卒)」一概不察、因爲「耶和華」與「約瑟」同在、「耶和華」使他所作的盡都順利。

經過那麼多的波折災難，最後「約瑟」在獄中遇到「法老王」的「酒政(在法老王喝酒之前，先爲他試過酒是否有毒。)」和「膳長(負責安排法老王餐食的官)」，替他們解夢，才得到一個幫「法老王」解夢的機會，最後被「法老王」聘請他當「宰相」，幫他管理「埃及」。

● **《舊約聖經》創世記:**

40:1 這事以後、「埃及王」的「酒政」和「膳長」、得罪了他們的主「埃及王」。

40:2 「法老」就惱怒「酒政」和「膳長」這二臣。

40:3 把他們下在「護衛長」府內的監裡、就是「約瑟」被囚的地方。

40:4 「護衛長」把他們交給「約瑟」、「約瑟」便伺候他們．他們有些日子在監裡。

40:5 被囚在監之「埃及王」的「酒政」和「膳長」、二人同夜各作一夢、各夢都有講解。

40:6 到了早晨、「約瑟」進到他們那裡、見他們有愁悶的樣子。

40:7 他便問「法老」的二臣、就是與他同囚在他「主人」府裡的、說、他們今日爲甚麼面帶愁容呢。

40:8 他們對他說、我們各人作了一夢、沒有人能解．「約瑟」說、「解夢」不是出於 神麼、請你們將夢告訴我。

40:9 「酒政」便將他的夢告訴「約瑟」說、我夢見在我面前有一棵「葡萄樹」。

40:10 樹上有「三根枝子」、好像發了芽、開了花、上頭的「葡萄」都成熟了。

40:11 「法老的杯」在我手中、我就拿「葡萄」擠在「法老的杯」裡、將杯遞在他手中。

40:12 「約瑟」對他說、他所作的夢是這樣解、「三根枝子」就是「三天」。

40:13 三天之內、「法老」必提你出監、叫你官復原職、你仍要遞杯在「法老」的手中、和先前作他的「酒政」一樣。

40:14 但你得好處的時候、求你記念我、施恩與我、在「法老」面前提說我、救我出這監牢。

40:15 我實在是從「希伯來人」之地被拐來的、我在這裡也沒有作過甚麼、叫他們把我下在監裡。

40:16「膳長」見夢解得好、就對「約瑟」說、我在夢中見我頭上頂著「三筐白餅」。
40:17 極上的筐子裡、有為「法老」烤的各樣食物、有「飛鳥」來喫我頭上「筐子」裡的食物。
40:18「約瑟」說、你的夢是這樣解、「三個筐子」就是「三天」。
40:19 三天之內、「法老」必斬斷你的頭、把你掛在木頭上、必有「飛鳥」來喫你身上的肉。
40:20 到了第三天、是「法老」的生日、他為眾臣僕設擺筵席、把「酒政」和「膳長」提出監來。
40:21 使「酒政」官復原職、他仍舊遞杯在「法老」手中。
40:22 但把「膳長」挂起來、正如「約瑟」向他們所解的話。
40:23「酒政」卻不記念「約瑟」、竟忘了他。

「埃及」的「法老王」做一個奇怪的夢，到了早晨，「法老王」心裡不安、就差人召了「埃及」所有的「術士」和「博士」來，「法老王」就把所作的夢告訴他們，卻沒有人能給「法老王」圓解。

這時，「酒政」才想起「約瑟」，趕緊向「法老王」推薦「約瑟」。「酒政」居然忘了「約瑟」的幫忙，真是一個忘恩負義的人。

「約瑟」向「法老王」提出建議，應當揀選一個有聰明有智慧的人、派他治理埃及地。又派官員管理這地，當七個豐年的時候，征收埃及地的五分之一，叫他們把將來豐年一切的糧食聚斂起來，積蓄五穀，收存在各城裡作食物，歸於「法老」的手下。所積蓄的糧食，便可以防備埃及地將來的七個荒年，免得這地被饑荒所滅。

「法老王」和他的臣子們，都很佩服「約瑟」的建議。「法老王」就委派「約瑟」擔任「宰

相」。

●《舊約聖經》創世記：

41:1 過了兩年「法老」作夢・夢見自己站在河邊。

41:2 有「七隻母牛」從河裡上來、又美好、又肥壯在「蘆荻」中喫草。

41:3 隨後又有「七隻母牛」從河裡上來、又醜陋、又乾瘦、與那「七隻母牛」一同站在河邊。

41:4 這又醜陋、又乾瘦的「七隻母牛」、喫盡了那又美好、又肥壯的「七隻母牛」・「法老」就醒了。

41:5 他又睡著、第二回作夢・夢見一棵「麥子」長了「七個穗子」、又肥大、又佳美。

41:6 隨後又長了「七個穗子」、又細弱、又被「東風」吹焦了。

41:7 這「細弱的穗子」、吞了那七個又肥大又飽滿的「穗子」・「法老」醒了、不料是個夢。

41:8 到了早晨、「法老」心裡不安、就差人召了「埃及」所有的「術士」和「博士」來・「法老」就把所作的夢告訴他們、卻沒有人能給「法老」圓解。

41:9 那時「酒政」對「法老」說、我今日想起我的罪來。

41:10 從前「法老」惱怒「臣僕」、把我和「膳長」下在「護衛長」府佈的監裡。

41:11 我們二人同夜各作一夢、各夢都有講解。

41:12 在那裡同著我們有一個「希伯來」的少年人、是「護衛長」的「僕人」、我們告訴他、他就把我們的夢圓解、是按著各人的夢圓解的。

41:13 後來正如他給我們圓解的成就了・我官復原職、「膳長」被掛起來了。

41:14「法老」遂卽差人去召「約瑟」．他們便急忙帶他出監、他就剃頭、刮臉、換衣裳、進到「法老」面前。

41:15「法老」對「約瑟」說、我作了一夢沒有人能解、我聽見人說、你聽了夢就能解。

41:16「約瑟」回答「法老」說、這不在乎我、 神必將平安的話回答「法老」。

41:17「法老」對「約瑟」說、我夢見我站在河邊。

41:18有「七隻母牛」從河裡上來、又肥壯、又美好、在「蘆荻」中喫草。

41:19隨後又有「七隻母牛」上來、又軟弱、又醜陋、又乾瘦、在「埃及」遍地、我沒有見過這樣不好的。

41:20這又乾瘦、又醜陋的「母牛」、喫盡了那以先的「七隻肥母牛」。

41:21喫了以後、卻看不出是喫了、那醜陋的樣子仍舊和先前一樣．我就醒了。

41:22我又夢見一棵「麥子」、長了「七個穗子」、又飽滿、又佳美。

41:23隨後又長了「七個穗子」、枯槁細弱、被「東風」吹焦了。

41:24這些細弱的「穗子」、吞了那「七個佳美的穗子」．我將這夢告訴了「術士」、卻沒有人能給我解說。

41:25「約瑟」對「法老」說、「法老」的夢乃是一個、 神已將所要作的事指示「法老」了。

41:26「七隻好母牛」是「七年」．「七個好穗子」也是「七年」．這夢乃是一個。

41:27那隨後上來的七隻又乾瘦、又醜陋的「母牛」是「七年」、那七個虛空被「東風」吹焦的「穗子」也是「七年」．都是「七個荒年」。

41:28 這就是我對「法老」所說、 神已將所要作的事顯明給「法老」了。

41:29 「埃及」遍地必來「七個大豐年」。

41:30 隨後又要來「七個荒年」、甚至「埃及地」都忘了先前的豐收、全地必被「饑荒」所滅。

41:31 因那以後的「饑荒」甚大、便不覺得先前的「豐收」了。

41:32 至於「法老」兩回作夢、是因 神命定這事、而且必速速成就。

41:33 所以「法老」當揀選一個有聰明有智慧的人、派他治理「埃及地」。

41:34 「法老」當這樣行、又派官員管理這地・當「七個豐年」的時候、征收「埃及地」的「五分之一」。

41:35 叫他們把將來豐年一切的糧食聚斂起來、積蓄五穀、收存在各城裡作食物、歸於「法老」的手下。

41:36 所積蓄的糧食、可以防備「埃及地」將來的「七個荒年」、免得這地被「饑荒」所滅。

41:37 「法老」和他一切「臣僕」、都以這事爲妙。

41:38 「法老」對「臣僕」說、像這樣的人、有 「神的靈」在他裡頭、我們豈能找得著呢。

41:39 「法老」對「約瑟」說、 神既將這事都指示你、可見沒有人像你這樣有聰明有智慧。

41:40 你可以掌管我的家、我的民都必聽從你的話、惟獨在寶座上我比你大。

41:41 「法老」又對「約瑟」說、我派你治理「埃及全地」。

41:42 「法老」就摘下手上「打印的戒指」、戴在「約瑟」的手上・給他穿上「細麻衣」、把「金鍊」戴在他的頸項上。

41:43 又叫「約瑟」坐他的「副車」、喝道的在前呼叫說、跪下・這樣、「法老」派他治理「埃及全地」。

41:44 「法老」對「約瑟」說、我是「法老」、在「埃及全地」、若沒有你的命令、不許人擅自辦事。（原文作「動手動腳」）

「法老」又幫「約瑟」娶妻，並生下二個兒子「瑪拿西」和「以法蓮」。這二個兒子日後代替父親「約瑟」，成爲「以色列十個二支派」當中的二個支派。

●《舊約聖經》創世記：

41:45 「法老」賜名給「約瑟」、叫「撒發那忒巴內亞」・又將「安城」的祭司「波提非拉」的女兒「亞西納」、給他爲妻。「約瑟」就出去巡行「埃及地」。

41:46 「約瑟」見「埃及王法老」的時候、年三十歲・他從「法老」面前出去遍行「埃及全地」。

41:47 「七個豐年」之內、地的出產極豐極盛。（原文作「一把一把的」）

41:48 「約瑟」聚斂「埃及地」「七個豐年」一切的糧食、把糧食積存在各城裡、各城周圍田地的糧食、都積存在本城裡。

41:49 「約瑟」積蓄五穀甚多、如同海邊的沙、無法計算、因爲穀不可勝數。

41:50 「荒年」未到以前、「安城」的祭司「波提非拉」的女兒「亞西納」給「約瑟」生了兩個兒子・

41:51 「約瑟」給長子起名叫「瑪拿西」、（就是「使之忘了」的意思）因爲他說、 神使我忘了一切的困苦、和我父的全家。

41:52 他給次子起名叫「以法蓮」、（就是「使之昌盛」的意思）因爲他說、 神使我在受苦的地方昌盛。

「約瑟」的這二個兒子「瑪拿西」和「以法蓮」，代替他納入「以色列」的「十二支派」裡，這樣「約瑟」就按照應許得到了雙份的土地。所以，「以色列」的「十二支派」裡，沒有「約瑟支派」。

後來，眞如「約瑟」的解夢，「埃及」歷經七個豊收年之後，大饑荒來臨了。「雅各」和他的十一個兒子居住的「迦南地」，也面臨嚴重的「饑荒」。

●**《舊約聖經》創世記：**

41:53 「埃及地」的「七個豊年」一完。

41:54 「七個荒年」就來了、正如「約瑟」所說的．各地都有「饑荒」、惟獨「埃及全地」有糧食。

41:55 及至「埃及全地」有了「饑荒」、衆民向「法老」哀求糧食、「法老」對他們說、你們往「約瑟」那裡去、凡他所說的你們都要作。

41:56 當時「饑荒」遍滿天下、「約瑟」開了各處的倉、「糶糧（ㄊㄧㄠˋ；出售穀物）」給「埃及人」．在「埃及地」「饑荒」甚大。

41:57 各地的人都往「埃及」去、到「約瑟」那裡「糴糧（ㄉㄧˊ；買入穀物）」、因爲天下的「饑荒」甚大。

42:1 「雅各」見「埃及」有糧、就對兒子們說、你們爲甚麼彼此觀望呢。

42:2 我聽見「埃及」有糧、你們可以下去從那裡爲我們「糴糧（ㄉㄧˊ；買入穀物）」些來、使我們可以存活、不至於死。

42:3 於是「約瑟」的「十個哥哥」都下「埃及」「「糴糧（ㄉㄧˊ；買入穀物）」去了。

42:4 但「約瑟」的兄弟「便雅憫」、「雅各」沒有打發他和「哥哥們」同去、因爲「雅各」說、恐怕他遭害。

這一段經文說明，「雅各」害怕「便雅憫」像他的哥哥「約瑟」一樣被殺害，所以沒有讓「便雅憫」和「衆哥哥們」一起前去。也就是說，「雅各」已經知道「約瑟」是被「衆哥哥們」殺死的。

● **《舊約聖經》創世記：**

42:5 來「糴糧（ㄉㄧˊ；買入穀物）」的人中有「以色列（雅各）」的兒子們、因爲「迦南地」也有「饑荒」。

42:6 當時治理「埃及地」的是「約瑟」、「糶糧（ㄊㄧㄠˋ；出售穀物）」給那地衆民的就是他。「約瑟」的「哥哥們」來了、臉伏於地、向他下拜。

42:7 「約瑟」看見他「哥哥們」、就認得他們、卻裝作「生人」、向他們說些嚴厲話、問他們說、你們從那裡來．他們說、我們從「迦南地」來「糴糧（ㄉㄧˊ，買入穀物）」。

42:8 「約瑟」認得他「哥哥們」、他們卻不認得他。

42:9 「約瑟」想起從前所作的那「兩個夢」、就對他們說、你們是「奸細」、來窺探這地的虛實。

42:10 他們對他說、我主阿、不是的、「僕人們」是「糴糧（ㄉㄧˊ，買入穀物）」來的。

42:11 我們都是一個人的兒子、是誠實人、「僕人們」並不是「奸細」。

42:12 「約瑟」說、不然、你們必是窺探這地的虛實來的。

42:13 他們說、「僕人們」本是弟兄十二人、是「迦南地」一個人的兒子、頂小的現今在我們的父親那裡、有一個沒有了。

42:14 「約瑟」說、我纔說你們是「奸細」、這話實在不錯。

42:15 我指著「法老」的性命起誓、若是你們的小兄弟、不到這裡來、你們就不得出這地方、從此就可以把你們證驗出來了。

42:16 須要打發你們中間一個人去、把你們的兄弟帶來、至於你們、都要囚在這裡、好證驗你們的話眞不眞、若不眞、我指著「法老」的性命起誓、你們一定是「奸細」。

42:17 於是「約瑟」把他們都下在監裡三天。

42:18 到了第三天、「約瑟」對他們說、我是敬畏 神的、你們照我的話行、就可以存活。

42:19 你們如果是誠實人、可以留你們中間的一個人囚在監裡、但你們可以帶著糧食回去、救你們家裡的「饑荒」。

42:20 把你們的小兄弟帶到我這裡來、如此、你們的話便有證據、你們也不至於死．他們就照樣而行。

42:21 他們彼此說、我們在兄弟身上實在有罪、他哀求我們的時候、我們見他心裡的愁苦、卻不肯聽、所以這場苦難臨到我們身上。

42:22「流便」說、我豈不是對你們說過、不可傷害那孩子麼、只是你們不肯聽、所以流他血的罪向我們追討。
42:23他們不知道「約瑟」聽得出來、因爲在他們中間用「通事（家鄉話）」傳話。
42:24「約瑟」轉身退去、哭了一場、又回來對他們說話、就從他們中間挑出「西緬」來、在他們眼前把他捆綁。
42:25「約瑟」吩咐人把糧食裝滿他們的器具、把各人的銀子歸還在各人的口袋裡、又給他們路上用的食物、人就照他的話辦了。
42:26他們就把糧食馱在驢上、離開那裡去了。
42:27到了住宿的地方、他們中間有一個人打開口袋、要拿料餵驢、纔看見自己的銀子仍在口袋裡·
42:28就對弟兄們說、我的銀子歸還了、看哪、仍在我口袋裡·他們就提心吊膽、戰戰兢兢的彼此說、這是 神向我們作甚麼呢。
42:29他們來到「迦南地」他們的父親「雅各」那裡、將所遭遇的事都告訴他、說。
42:30那「地的主」對我們說嚴厲的話、把我們當作窺探那地的「奸細」。
42:31我們對他說、我們是誠實人、並不是「奸細」。
42:32我們本是弟兄十二人、都是一個父親的兒子、有一個沒有了、頂小的如今同我們的父親在「迦南地」。
42:33那「地的主」對我們說、若要我知道你們是誠實人、可以留下你們中間的一個人在我這裡、你們可以帶著糧食回去、救你們家裡的「饑荒」。

42:34 把你們的小兄弟帶到我這裡來、我便知道你們不是「奸細」、乃是誠實人·這樣、我就把你們的弟兄交給你們、你們也可以在這地作買賣。

42:35 後來他們倒口袋、不料各人的銀包都在口袋裡、他們和父親看見銀包就都害怕。

42:36 他們的父親「雅各」對他們說、你們使我喪失我的兒子·「約瑟」沒有了、「西緬」也沒有了、你們又要將「便雅憫」帶去·這些事都歸到我身上了。

42:37 「流便」對他父親說、我若不帶他回來交給你、你可以殺我的兩個兒子、只管把他交在我手裡、我必帶他回來交給你。

42:38 「雅各」說、我的兒子不可與你們一同下去·他哥哥死了、只剩下他、他若在你們所行的路上遭害、那便是你們使我白髮蒼蒼、悲悲慘慘的下「陰間」去了。

43:1 那地的「饑荒」甚大。

43:2 他們從「埃及」帶來的糧食喫盡了、他們的「父親」就對他們說、你們再去給我「糴（ㄉㄧˊ，買入穀物）」一些糧來。

43:3 「猶大」對他說、那人諄諄的誥誡我們、說、你們的兄弟若不與你們同來、你們就不得見我的面。

43:4 你若打發我們的兄弟與我們同去、我們就下去給你「糴糧（ㄉㄧˊ；買入穀物）」。

43:5 你若不打發他去、我們就不下去、因爲那人對我們說、你們的兄弟若不與你們同來、你們就不得見我的面。

43:6 「以色列（雅各）」說、你們為甚麼這樣害我、告訴那人你們還有兄弟呢。

43:7 他們回答說、那人詳細問到我們、和我們的親屬、說、你們的「父親」還在麼・你們還有兄弟麼。我們就按著他所問的告訴他、焉能知道他要說、必須把你們的兄弟帶下來呢。

43:8 「猶大」又對他父親「以色列（雅各）」說、你打發「童子」與我同去、我們就起身下去、好叫我們和你、並我們的婦人孩子都得存活、不至於死。

43:9 我為他作保、你可以從我手中追討、我若不帶他回來交在你面前、我情願永遠擔罪。

43:10 我們若沒有耽擱、如今第二次都回來了。

43:11 他們的父親「以色列（雅各）」說、若必須如此、你們就當這樣行、可以將這地、土產中最好的乳香、蜂蜜、香料、沒藥、榧子、杏仁、都取一點收在器具裡、帶下去送給那人作禮物。

43:12 又要手裡加倍的帶銀子、並將歸還在你們口袋內的銀子、仍帶在手裡・那或者是錯了。

43:13 也帶著你們的兄弟、起身去見那人。

43:14 但願全能的　神使你們在那人面前蒙憐憫、釋放你們的那弟兄和「便雅憫」回來・我若喪了兒子、就喪了罷。

43:15 於是他們拿著那禮物、又手裡加倍的帶銀子、並且帶著「便雅憫」、起身下到「埃及」站在「約瑟」面前。

43:16 「約瑟」見「便雅憫」和他們同來、就對「家宰（管家）」說、將這些人領到屋裡、要宰殺牲畜、預備筵席、因為晌午這些人同我喫飯。

43:17「家宰（管家）」就遵著「約瑟」的命去行、領他們進「約瑟」的屋裡。

43:18他們因爲被領到「約瑟」的屋裡、就害怕、說、領我們到這裡來、必是因爲頭次歸還在我們口袋裡的銀子、找我們的錯縫、下手害我們、強取我們爲奴僕、搶奪我們的驢。

43:19他們就挨進「約瑟」的「家宰（管家）」、在屋門口和他說話、

43:20說、我主阿、我們頭次下來實在是要「糴糧（ㄉㄧˊ，買入穀物）」。

43:21後來到了住宿的地方、我們打開口袋、不料各人的銀子分量足數、仍在各人的口袋內、現在我們手裡又帶回來了。

43:22另外又帶下銀子來「糴糧（ㄉㄧˊ，買入穀物）」、不知道先前誰把銀子放在我們的口袋裡。

43:23「家宰（管家）」說、你們可以放心、不要害怕、是你們的 神、和你們父親的 神、賜給你們財寶在你們的口袋裡．你們的銀子我早已收了．他就把「西緬」帶出來交給他們。

43:24「家宰（管家）」就領他們進「約瑟」的屋裡、給他們水洗腳、又給他們草料餵驢。

43:25他們就預備那禮物、等候「約瑟」「晌午（中午）」來、因爲他們聽見要在那裡喫飯。

43:26「約瑟」來到家裡、他們就把手中的禮物拿進屋去給他、又俯伏在地向他下拜。

43:27「約瑟」問他們好、又問、你們的「父親」、就是你們所說的那「老人家」平安麼．他還在麼。

43:28他們回答說、你「僕人」我們的「父親」平安、他還在．於是他們低頭下拜。

43:29「約瑟」舉目看見他同母的兄弟「便雅憫」、就說、你們向我所說那頂小的兄弟、就是這

位麼・又說、小兒阿、願　神賜恩給你。

43:30「約瑟」愛弟之情發動、就急忙尋找可哭之地、進入自己的屋裡、哭了一場。

43:31 他洗了臉出來、勉強隱忍、吩咐人擺飯。

43:32 他們就爲「約瑟」單擺了一席、爲那些人又擺了一席、也爲和「約瑟」同喫飯的「埃及人」另擺了一席・因爲「埃及人」不可和「希伯來人」一同喫飯・那原是「埃及人」所厭惡的。

43:33「約瑟」使衆弟兄在他面前排列坐席、都按著長幼的次序・衆弟兄就彼此詫異。

43:34「約瑟」把他面前的食物分出來、送給他們・但「便雅憫」所得的、比別人多五倍・他們就飲酒、和「約瑟」一同宴樂。

44:1「約瑟」吩咐「家宰（管家）」說、把糧食裝滿這些人的口袋、儘著他們的驢所能馱的、又把各人的銀子放在各人的口袋裡。

44:2 並將我的銀杯、和那少年人「糴糧（ㄉㄧˊ，買入穀物）」的銀子、一同裝在他的口袋裡・「家宰（管家）」就照「約瑟」所說的話行了。

44:3 天一亮就打發那些人帶著驢走了。

44:4 他們出城走了不遠、「約瑟」對「家宰（管家）」說、起來追那些人去、追上了就對他們說、你們爲甚麼以惡報善呢。

44:5 這不是我主人飲酒的杯麼、豈不是他占卜用的麼、你們這樣行是作惡了。

44:6「家宰（管家）」追上他們、將這些話對他們說了。

44:7 他們回答說、我主爲甚麼說這樣的話呢、你僕人斷不能作這樣的事。
44:8 你看、我們從前在口袋裡所見的銀子、尚且從「迦南地」帶來還你、我們怎能從你主人家裡偷竊金銀呢。
44:9 你僕人中、無論在誰那裡搜出來、就叫他死、我們也作我主的奴僕。
44:10 「家宰（管家）」說、現在就照你們的話行罷、在誰那裡搜出來、誰就作我的奴僕・其餘的都沒有罪。
44:11 於是他們各人急忙把口袋卸在地下、各人打開口袋。
44:12 「家宰（管家）」就搜查、從年長的起、到年幼的爲止、那杯竟在「便雅憫」的口袋裡搜出來。
44:13 他們就撕裂衣服、各人把「馱子（ㄉㄨㄛˋ，牲畜背上所負的貨物）」抬在驢上、回城去了。
44:14 「猶大」和他弟兄們來到「約瑟」的屋中、「約瑟」還在那裡、他們就在他面前俯伏於地。
44:15 「約瑟」對他們說、你們作的是甚麼事呢、你們豈不知像我這樣的人必能「占卜」嗎。
44:16 「猶大」說、我們對我主說甚麼呢・還有甚麼話可說呢・我們怎能自己表白出來呢・　神已經查出僕人的罪孽了・我們與那在他手中搜出杯來的都是我主的奴僕。
44:17 「約瑟」說、我斷不能這樣行、在誰的手中搜出杯來、誰就作我的奴僕・至於你們可以平平安安的上你們「父親」那裡去。

44:18「猶大」挨近他說、我主阿、求你容「僕人」說一句話給我主聽、不要向「僕人」發烈怒、因爲你如同「法老」一樣。
44:19我主曾問僕人們說、你們有「父親」有「兄弟」沒有。
44:20我們對我主說、我們有「父親」、已經年老、還有他老年所生的一個小孩子、他哥哥死了、他母親只撇下他一人、他「父親」疼愛他。
44:21你對「僕人」說、把他帶到我這裡來、叫我親眼看看他。
44:22我們對我主說、「童子」不能離開他「父親」、若是離開、他「父親」必死。
44:23你對「僕人」說、你們的「小兄弟」若不與你們一同下來、你們就不得再見我的面。
44:24我們上到你「僕人」我們「父親」那裡、就把我主的話告訴了他。
44:25我們的「父親」說、你們再去給我「糴（ㄉㄧˊ；買入穀物）」一些糧來。
44:26我們就說、我們不能下去、我們的「小兄弟」若和我們同往、我們就可以下去、因爲「小兄弟」若不與我們同往、我們必不得見那人的面。
44:27你「僕人」我「父親」對我們說、你們知道我的「妻子」給我生了兩個兒子。
44:28一個離開我出去了、我說、他必是被撕碎了、直到如今我也沒有見他。
44:29現在你們又要把這個帶去離開我、倘若他遭害、那便是你們使我白髮蒼蒼、悲悲慘慘的下「陰間」去了。
44:30我「父親」的命與這「童子」的命相連、如今我回到你僕人我父親那裡、若沒有童子與我們同在。

44:31 我們的父親見沒有童子、他就必死．這便是我們使你「僕人」我們的「父親」白髮蒼蒼、悲悲慘慘的下「陰間」去了。

44:32 因爲「僕人」曾向我「父親」爲這「童子」作保、說、我若不帶他回來交給父親、我便在「父親」面前永遠擔罪。

44:33 現在求你容「僕人」住下、替這「童子」作我主的奴僕、叫「童子」和他哥哥們一同上去。

44:34 若「童子」不和我同去、我怎能上去見我「父親」呢、恐怕我看見災禍臨到我「父親」身上。

「約瑟」聽完「猶大」的這一番「肺腑之言」，知道他已經「改過向善」，是應該和兄弟們相認的時候了，他就把府上的人都支開，只有「約瑟」一個人和他十一個兄弟們在場。

●《舊約聖經》創世記：

45:1 「約瑟」在左右站著的人面前、情不自禁、吩咐一聲說、人都要離開我出去．「約瑟」和弟兄相認的時候、並沒有一人站在他面前。

45:2 他就放聲大哭、「埃及人」、和「法老」家中的人都聽見了。

45:3 「約瑟」對他弟兄們說、我是「約瑟」、我的「父親」還在麼．他弟兄不能回答、因爲在他面前都驚惶。

45:4 「約瑟」又對他弟兄們說、請你們近前來、他們就近前來．他說、我是你們的兄弟「約瑟」、就是你們所賣到「埃及」的。

45:5 現在不要因爲把我賣到這裡、自憂自恨、這是　神差我在你們以先來、爲要保全生命。
45:6 現在這地的「饑荒」已經二年了、還有五年不能耕種、不能收成。
45:7 神差我在你們以先來、爲要給你們存留餘種在世上、又要大施拯救、保全你們的生命。
45:8 這樣看來、差我到這裡來的不是你們、乃是　神、他又使我如「法老」的父、作他全家的主、並「埃及全地」的「宰相」。

看到這裡，我不禁大爲動容，深受感動。當年「約瑟」差點被衆「哥哥們」設計殺害，最後被賣到「埃及」。如今，身爲「埃及」的「宰相」，他大權在握，大可叫人把衆「哥哥們」抓起來殺掉，以洩心頭大恨。可是，「約瑟」居然不計前嫌，原諒衆哥哥們，以德報怨，還惦記著他的「父親」。

在《聖經》的人物裡面，我認爲只有「約瑟」有資格被稱爲「聖人」。他心地善良，樂於助人，盡心做事，不忘報恩，不迷美色，不計前嫌，以德報怨，孝順父親，這些善良的人格特質，在《聖經》裡面，已經找不到第二個人了。

● **《舊約聖經》創世記：**

45:9 你們要趕緊上到我「父親」那裡、對他說、你兒子「約瑟」這樣說、　神使我作「全埃及的主」、請你下到我這裡來、不要耽延。
45:10 你和你我兒子、孫子、連牛群、羊群、並一切所有的、都可以住在「歌珊地」、與我相近。
45:11 我要在那裡奉養你·因爲還有五年的「饑荒」、免得你和你的眷屬、並一切所有的、都敗落了。

45:12 況且你們的眼和我兄弟「便雅憫」的眼、都看見是我親口對你們說話。

45:13 你們也要將我在「埃及」一切的榮耀、和你們所看見的事、都告訴我「父親」、又要趕緊的將我「父親」搬到我這裡來。

45:14 於是「約瑟」伏在他兄弟「便雅憫」的頸項上哭、「便雅憫」也在他的頸項上哭。

45:15 他又與衆弟兄親嘴、抱著他們哭、隨後他弟兄就和他說話。

「法老」邀請「雅各」和他的家人，移民到「埃及」與他擔任宰相的兒子「約瑟」同住。於是「雅各」帶著家族遷往「埃及」。

「以色列人」受到當時統治「埃及」的「西克索人」的優待，居住在尼羅河下游，由原來的「游牧民族」，轉變爲「農業民族」。

●《舊約聖經》創世記：

45:16 這風聲傳到「法老」的宮裡、說、「約瑟」的「弟兄們」來了．「法老」和他的臣僕都很喜歡。

45:17 「法老」對「約瑟」說、你吩咐你的「弟兄們」說、你們要這樣行、把「馱子（ㄉㄨㄛˋ，牲畜背上所負的貨物）」抬在牲口上、起身往「迦南地」去。

45:18 將你們的「父親」和你們的「眷屬」、都搬到我這裡來、我要把「埃及地」的美物賜給你們、你們也要喫這地肥美的出產。

45:19 現在我吩咐你們要這樣行、從「埃及地」帶著車輛去、把你們的孩子、和妻子、並你們的「父親」都搬來。

45:20 你們眼中不要愛惜你們的家具、因爲「埃及全地」的美物、都是你們的。

45:21 「以色列（雅各）」的兒子們就如此行、「約瑟」照著「法老」的吩咐給他們車輛、和路上用的食物。

45:22 又給他們各人一套衣服、惟獨給「便雅憫」三百銀子、五套衣服。

45:23 送給他「父親」公驢十匹、馱著「埃及」的美物、母驢十匹、馱著糧食與餅、和菜、爲他「父親」路上用。

45:24 於是「約瑟」打發他弟兄們回去、又對他們說、你們不要在路上相爭。

45:25 他們從「埃及」上去、來到「迦南地」、他們的父親「雅各」那裡。

45:26 告訴他說、「約瑟」還在、並且作「埃及全地」的「宰相」·「雅各」心裡冰涼、因爲不信他們。

45:27 他們便將「約瑟」對他們說的一切話、都告訴了他·他們父親「雅各」、又看見「約瑟」打發來接他的車輛、心就甦醒了。

45:28 「以色列（雅各）」說、罷了、罷了、我的兒子「約瑟」還在、趁我未死以先、我要去見他一面。

46:1 「以色列（雅各）」帶著一切所有的、起身來到「別是巴」、就獻祭給他父親「以撒」的神。

46:2 夜間 神在「異象」中對「以色列（雅各）」說、「雅各、雅各」·他說、我在這裡。

46:3 神說、我是 神、就是你「父親」的 神、你下「埃及」去不要害怕、因爲我必使你在那裡成爲大族。

46:4 我要和你同下「埃及」去、也必定帶你上來．「約瑟」必給你送終。（原文作「將手按在你的眼睛上」）

46:5 「雅各」就從「別是巴」起行．「以色列（雅各）」的兒子們使他們的父親「雅各」、和他們的妻子、兒女、都坐在「法老」爲「雅各」送來的車上。

46:6 他們又帶著「迦南地」所得的牲畜、貨財、來到「埃及」．「雅各」和他的一切子孫都一同來了。

46:7 「雅各」把他的兒子、孫子、女兒、孫女、並他的子子孫孫、一同帶到「埃及」。

46:28 「雅各」打發「猶大」先去見「約瑟」、請派人引路往「歌珊」去．於是他們來到「歌珊地」。

46:29 「約瑟」套車往「歌珊」去、迎接他父親「以色列（雅各）」．及至見了面、就伏在「父親」的頸項上、哭了許久。

46:30 「以色列（雅各）」對「約瑟」說、我既得見你的面、知道你還在、就是死我也甘心。

46:31 「約瑟」對他的弟兄、和他父的全家說、我要上去告訴「法老」、對他說、我的弟兄和我父的全家、從前在「迦南地」、現今都到我這裡來了。

46:32 他們本是牧羊的人、以養牲畜爲業、他們把羊群、牛群、和一切所有的都帶來了。

46:33 等「法老」召你們的時候、問你們說、你們以何事爲業。

46:34 你們要說、你的「僕人」從幼年直到如今、都以養牲畜爲業、連我們的「祖宗」也都以此爲業。這樣、你們可以住在「歌珊地」、因爲凡牧羊的都被「埃及人」所厭惡。

47:1 「約瑟」進去告訴「法老」說、我的「父親」和我的弟兄帶著羊群、牛群、並一切所有的、從「迦南地」來了、如今在「歌珊地」。

47:2 「約瑟」從他弟兄中挑出五個人來、引他們去見「法老」。

47:3 「法老」問「約瑟」的弟兄說、你們以何事爲業．他們對「法老」說、你「僕人」是牧羊的、連我們的祖宗、也是牧羊的。

47:4 他們又對「法老」說、「迦南地」的「饑荒」甚大、「僕人」的羊群沒有草喫、所以我們來到這地寄居．現在求你容「僕人」住在「歌珊地」。

47:5 「法老」對「約瑟」說、你「父親」和你弟兄到你這裡來了。

47:6 「埃及地」都在你面前、只管叫你「父親」和你弟兄住在國中最好的地、他們可以住在「歌珊地」．你若知道他們中間有甚麼能人、就派他們看管我的牲畜。

47:7 「約瑟」領他父親「雅各」進到「法老」面前、「雅各」就給「法老」祝福。

47:8 「法老」問「雅各」說、你平生的年日是多少呢。

47:9 「雅各」對「法老」說、我寄居在世的年日是一百三十歲、我平生的年日又少、又苦、不及我列祖早在世寄居的年日。

47:10 「雅各」又給「法老」祝福、就從「法老」面前出去了。

47:11 「約瑟」遵著「法老」的命、把「埃及國」最好的地、就是「蘭塞」境內的地、給他「父親」和弟兄居住、作爲產業。

47:12「約瑟」用糧食奉養他「父親」、和他弟兄、並他「父親」全家的眷屬、都是照各家的人口奉養他們。

47:13「饑荒」甚大、全地都絕了糧、甚至「埃及地」和「迦南地」的人、因那「饑荒」的緣故、都餓昏了。

7:14「約瑟」收聚了「埃及地」和「迦南地」所有的銀子、就是衆人「糴糧（ㄉㄧˊ；買入穀物）」的銀子、「約瑟」就把那銀子帶到「法老」的宮裡。

47:15「埃及地」和「迦南地」的銀子都花盡了、「埃及」衆人都來見「約瑟」說、我們的銀子都用盡了、求你給我們糧食、我們爲甚麼死在你面前呢。

47:16「約瑟」說、若是銀子用盡了、可以把你們的牲畜給我、我就爲你們的牲畜給你們糧食。

47:17於是他們把牲畜趕到「約瑟」那裡、「約瑟」就拿糧食換了他們的牛、羊、驢、馬、那一年因換他們一切的牲畜、就用糧食養活他們。

47:18那一年過去、第二年他們又來見「約瑟」說、我們不瞞我主、我們的銀子都花盡了、牲畜也都歸了我主、我們在我主眼前除了我們的身體和田地之外、一無所剩。

47:19你何忍見我們人死地荒呢．求你用糧食買我們的我們的地、我們和我們的地就要給「法老」效力．又求你給我們「種子」、使我們得以存活、不至死亡、地土也不至荒涼。

47:20於是「約瑟」爲「法老」買了「埃及」所有的地、「埃及人」因被「饑荒」所迫、各都賣了自己的田地．那地就都歸了「法老」。

47:21至於「百姓」、「約瑟」叫他們從「埃及這邊」、直到「埃及那邊」、都各歸各城。

47:22 惟有「祭司」的地、「約瑟」沒有買、因爲「祭司」有從「法老」所得的「常俸」、他們喫「法老」所給的「常俸」、所以他們不賣自己的地。

47:23 「約瑟」對「百姓」說、我今日爲「法老」買了你們、和你們的地、看哪、這裡有「種子」給你們、你們可以種地。

47:24 後來打糧食的時候、你們要把五分之一納給「法老」、四分可以歸你們作地裡的種子、也作你們和你們家口孩童的食物。

47:25 他們說、你救了我們的性命、但願我們在我主眼前蒙恩、我們就作「法老」的僕人。

47:26 於是「約瑟」爲「埃及地」定下「常例」直到今日、「法老」必得五分之一、惟獨「祭司」的地不歸「法老」。

47:27 「以色列人」住在「埃及」的「歌珊地」、他們在那裡置了產業、並且生育甚多。

47:28 「雅各」住在「埃及地」十七年、「雅各」平生的年日是一百四十七歲。

47:29 「以色列（雅各）」的死期臨近了、他就叫了他兒子「約瑟」來、說、我若在你眼前蒙恩、請你把手放在我大腿底下、用慈愛和誠實待我、請你不要將我葬在「埃及」。

47:30 我與我祖我父同睡的時候、你要將我帶出「埃及」、葬在他們所葬的地方。「約瑟」說、我必遵著你的命而行。

47:31 「雅各」說、你要向我起誓、「約瑟」就向他起了誓、於是「以色列（雅各）」在床頭上（或作「扶著杖頭」）敬拜　神。

48:1 這事以後、有人告訴「約瑟」說、你的「父親」病了・他就帶著兩個兒子「瑪拿西」和

「以法蓮」同去。

48:2 有人告訴「雅各」說、請看、你兒子「約瑟」到你這裡來了・「以色列（雅各）」就勉強在床上坐起來。

48:3 「雅各」對「約瑟」說、全能的 神曾在「迦南地」的「路斯」向我顯現、賜福與我。

48:4 對我說、我必使你生養衆多、成爲多民、又要把這地賜給你的後裔、永遠爲業。

48:5 我未到「埃及」見你之先、你在「埃及地」所生的「以法蓮」和「瑪拿西」、這兩個兒子是我的・正如「流便」和「西緬」是我的一樣。

48:6 你在他們以後所生的、就是你的、他們可以歸於他們弟兄的名下得產業。

48:7 至於我、我從「巴旦」來的時候、「拉結」死在我眼前、在「迦南地」的路上、離「以法他」還有一段路程、我就把他葬在「以法他」的路上・「以法他」就是「伯利恆」。

「以色列（雅各）」臨終前，眼睛昏花，不能看見；他要給「約瑟」的兩個兒子祝福。「約瑟」使「以法蓮」對著「以色列（雅各）」的左手；「瑪拿西」對著「以色列（雅各）」的右手。但是，「以色列（雅各）」伸出「右手」來，按在「以法蓮」的頭上（「以法蓮」是「次子」），又剪搭過「左手」來，按在「瑪拿西」的頭上（「瑪拿西」原是「長子」）。

雖然「約瑟」不喜悅，要提起他「父親」的手，要從「以法蓮」的頭上挪到「瑪拿西」的頭上。」以色列（雅各）」不肯，堅持立「以法蓮」在「瑪拿西」之前。或許「以色列（雅各）」想到當年他自己，也是以「次子」的身分，卻蒙父親將「長子」的福賜給他所致吧。

「以色列（雅各）」的預言，提到他的孫子「以法蓮」，不單立他在兄長之上，將來更在「以色列十二支派」中得尊位，並且他必昌大。這些預言後來都一一應驗了。

「以法蓮」和他的兄弟「瑪拿西」，被他們的祖父「雅各」過繼爲「嗣子」，成爲他的繼承人。因此，在《聖經》幾處論到「以色列十二支派」的經文中，也把這兩個支派列入，以取代「但支派」，或是代表「約瑟支派」。

所以當我們在論述到「以色列十二支派」興衰的時候，必須也探討「以法蓮」與「瑪拿西」這兩個支派的興衰。特別是「以法蓮支派」，它在「分裂王國時期」，曾是「北國以色列」十個支派的統治支派，因此在「以色列」史中占有相當重要的地位。

●《舊約聖經》創世記：

48:8 「以色列（雅各）」看見「約瑟」的兩個兒子、就說、這是誰。

48:9 「約瑟」對他「父親」說、這是　神在這裡賜給我的兒子．「以色列（雅各）」說、請你領他們到我跟前、我要給他們祝福。

48:10 「以色列（雅各）」年紀老邁、眼睛昏花、不能看見、「約瑟」領他們到他跟前、他就和他們親嘴、抱著他們。

48:11 「以色列（雅各）」對「約瑟」說、我想不到得見你的面、不料、　神又使我得見你的兒子。

48:12 「約瑟」把兩個兒子從「以色列（雅各）」兩膝中領出來、自己就臉伏於地下拜。

48:13 隨後「約瑟」又拉著他們兩個、「以法蓮」在他的「右手」裡、對著「以色列（雅各）」的「左手」、「瑪拿西」在他的「左手」裡、對著「以色列（雅各）」的「右手」、領他們到「以色列（雅各）」的跟前。

48:14「以色列（雅各）」伸出「右手」來、按在「以法蓮」的頭上・「以法蓮」乃是「次子」、又剪搭過「左手」來、按在「瑪拿西」的頭上、「瑪拿西」原是「長子」。

48:15他就給「約瑟」祝福、說、願我祖「亞伯拉罕」、和我父「以撒」所事奉的　神、就是一生牧養我直到今日的　神。

48:16救贖我脫離一切患難的那「使者」、賜福與這兩個「童子」、願他們歸在我的名下、和我祖「亞伯拉罕」、我父「以撒」的名下、又願他們在世界中生養衆多。

48:17「約瑟」見他父親把「右手」按在「以法蓮」的頭上、就不喜悅、便提起他父親的手、要從「以法蓮」的頭上挪到「瑪拿西」的頭上。

48:18「約瑟」對他「父親」說、我父不是這樣、這本是「長子」、求你把「右手」按在他的頭上。

48:19他「父親」不從、說、我知道、我兒、我知道、他也必成爲一族、也必昌大。只是他的兄弟將來比他還大、他兄弟的後裔要成爲多族。

48:20當日就給他們祝福、說、「以色列人」要指著你們祝福、說、願　神使你如「以法蓮」「瑪拿西」一樣・於是立「以法蓮」在「瑪拿西」以上。

48:21「以色列（雅各）」又對「約瑟」說、我要死了、但　神必與你們同在、領你們回到你們列祖之地。

48:22並且我從前用弓用刀、從「亞摩利人」手下奪的那塊地、我都賜給你、使你比衆弟兄多得一分。

49:1 「雅各」叫了他的兒子們來、說、你們都來聚集、我好把你們日後必遇的事告訴你們。

49:2 「雅各」的兒子們、你們要聚集而聽、要聽你們父親「以色列（雅各）」的話。

49:28 這一切是「以色列」的「十二支派」．這也是他們的「父親」對他們所說的話、爲他們所祝的福、都是按著各人的福分、爲他們祝福。

49:29 他又囑咐他們說、我將要歸到我列祖（原文作「本民」）那裡、你們要將我葬在「赫人以弗崙」田間的洞裡、與我祖我父在一處、

49:30 就是在「迦南地幔利」前、「麥比拉」田間的洞．那洞和田、是「亞伯拉罕」向「赫人以弗崙」買來爲業、作墳地的。

49:31 他們在那裡葬了「亞伯拉罕」和他妻子「撒拉」．又在那裡葬了「以撒」、和他妻子「利百加」．我也在那裡葬了「利亞」。

49:32 那塊田和田間的洞、原是向「赫人」買的。

49:33 「雅各」囑咐衆子已畢、就把腳收在床上、氣絕而死、歸到列祖（原文作「本民」）那裡去了。

50:1 「約瑟」伏在他「父親」的面上哀哭、與他親嘴。

50:2 「約瑟」吩咐伺候他的「醫生」、用香料薰他父親、「醫生」就用香料薰了「以色列（雅各）」。

50:3 薰尸的常例是四十天、那四十天滿了、「埃及人」爲他哀哭了七十天。

50:4 爲他哀哭的日子過了、「約瑟」對「法老」家中的人說、我若在你們眼前蒙恩、請你們報告「法老」說。

50:5 我「父親」要死的時候、叫我起誓、說、你要將我葬在「迦南地」、在我爲自己所掘的墳墓裡．現在求你讓我上去葬我「父親」、以後我必回來。

50:6 「法老」說、你可以上去、照著你「父親」叫你起的誓、將他葬埋。

50:7 於是「約瑟」上去葬他「父親」．與他一同上去的、有「法老」的「臣僕」、和「法老」家中的「長老」、並「埃及國」的「長老」。

50:8 還有「約瑟」的全家、和他的弟兄們、並他「父親」的眷屬、只有他們的婦人、孩子、和羊群、牛群、都留在「歌珊地」。

50:9 又有車輛、馬兵、和他一同上去．那一幫人甚多。

50:10 他們到了「約但河」外、「亞達」的「禾場」、就在那裡大大的號咷痛哭．「約瑟」爲他「父親」哀哭了七天。

50:11 「迦南」的居民、見「亞達禾場」上的哀哭、就說、這是「埃及人」一場大的哀哭、因此那地方名叫「亞伯麥西」、是在「約但河」東。

50:12 「雅各」的兒子們、就遵著他「父親」所吩咐的辦了。

50:13 把他搬到「迦南地」、葬在「幔利」前、「麥比拉」田間的洞裡．那洞和田、是「亞伯拉罕」向「赫人以弗崙」買來爲業作墳地的。

50:14 「約瑟」葬了他「父親」以後、就和衆弟兄、並一切同他上去葬他父親的人、都回「埃及」去了。

50:15「約瑟」的「哥哥們」見「父親」死了、就說、或者「約瑟」懷恨我們、照著我們從前待他一切的惡、足足的報復我們。

50:16他們就打發人去見「約瑟」說、你「父親」未死以先、吩咐說。

50:17你們要對「約瑟」這樣說、從前你「哥哥們」惡待你、求你饒恕他們的過犯、和罪惡．如今求你饒恕你「父親」　神之「僕人」的過犯．他們對「約瑟」說這話、「約瑟」就哭了。

50:18他的「哥哥們」又來俯伏在他面前說、我們是你的「僕人」。

50:19「約瑟」對他們說、不要害怕、我豈能代替　神呢。

50:20從前你們的意思是要害我、但　神的意思原是好的、要保全許多人的性命、成就今日的光景。

50:21現在你們不要害怕、我必養活你們、和你們的婦人、孩子．於是「約瑟」用親愛的話安慰他們。

50:22「約瑟」和他父親的眷屬、都住在「埃及」．「約瑟」活了一百一十歲。

50:23「約瑟」得見「以法蓮」第三代的子孫．「瑪拿西」的孫子「瑪吉」的兒子、也養在「約瑟」的膝上。

50:24「約瑟」對他弟兄們說、我要死了、但　神必定看顧你們、領你們從這地上去、到他起誓所應許給「亞伯拉罕」、以撒、雅各」之地。

50:25「約瑟」叫「以色列（雅各）」的子孫起誓、說、 神必定看顧你們、你們要把我的骸骨從這裡搬上去。

50:26「約瑟」死了、正一百一十歲．人用香料將他薰了、把他收殮在棺材裡、停在「埃及」。

「約瑟」的兩個兒子，「瑪拿西」和「以法蓮」，兩人日後在《舊約聖經》中，被當做兩個支派，這是因爲「雅各」支持了「約瑟」長子的名分。按照《妥拉（摩西五經）》的規定，「長子」能得到兩分產業。所以「約瑟」能得到兩個支派繼承土地的權利。這正好因「利未支派」不能繼承地土，因爲他們必須在聖殿事奉。因此，最後仍有「十二個支派」，不過「大衛王」是由「猶大支派」所出。

（二）《古蘭經》裡的「優素福」

看完《舊約聖經》裡，有關「約瑟」一生的傳奇故事之後，我們再來看《古蘭經》裡，對「約瑟」一生的描述，「讀者們」就會很清楚了，否則是看不懂的。雖然故事相同，但是仍然有許多不同之處。

在《古蘭經》裡，「約瑟」的名字，被翻譯作「優素福」。他的父親「雅各」被稱爲「葉爾孤白」，是「伊斯蘭教」的「先知」。「葉爾孤白（雅各）」被公認爲「伊斯蘭教」的「元老」，「穆斯林」相信他與他的先祖「易卜拉欣（亞伯拉罕）」和「易司哈格（以撒）」所宣揚的「一神教信仰」相同。

● **《古蘭經》第十二章 優素福（約瑟）：**

奉至仁至慈的眞主（上帝「耶和華」）之名

12:1. 艾列弗，倆目，拉儀。這些是明確的《天經（舊約聖經）》的節文。

12:2. 我確已把它降示成「阿拉伯文」的《古蘭經》，以便你們瞭解。

12:3. 我借著啟示你這部《古蘭經》而告訴你最美的故事，在這以前，你確是疏忽的。

12:4. 當時「優素福（約瑟）」對他「父親（雅各）」說：「我的『父親（雅各）』啊！我確已夢見十一顆星和太陽、月亮，我夢見他們向我鞠躬。」

12:5. 他說：「我的孩子啊！你不要把你的夢告訴你的『哥哥們』，以免他們謀害你；惡魔確是人類公開的仇敵。」

12:6. 你的主這樣揀選你，他教你「圓夢（解夢）」，他要完成對你和對「葉爾孤白（雅各）」的後裔的恩典，猶如他以前曾完成對你的祖先「易卜拉欣（亞伯拉罕）」和「易司哈格（以撒）」的恩典一樣，你的主確是全知的，確是至睿的。

12:7. 在「優素福（約瑟）」和他「哥哥們」（的故事）裡，對於詢問者確有許多跡象。

12:8. 當時，他們說：「『優素福（約瑟）』和他『弟弟（便雅憫）』，在我們的『父親（雅各）』看來，是比我們還可愛的，而我們是一個（強壯的）團體，我們的『父親（雅各）』確是在明顯的迷誤之中。」

12:9. （他們說：）「你們把『優素福（約瑟）』殺掉，或把他拋棄在荒遠的地方，你們『父親（雅各）』的慈愛，就會專歸於你們了，而你們以後還可以成爲正直的人。」

12:10. 他們當中有一個「發言人」曾說：「你們不要殺死『優素福（約瑟）』，你們可以把他投入井裡。要是你們那樣做了，一些過路的旅客會把他拾去的。」

12:11. 他們說：「我們的『父親（雅各）』啊！你對於『優素福（約瑟）』怎麼不信任我們呢？我們對於他確是懷好意的。

12:12. 明天，請你讓他和我們一同去娛樂遊戲，我們一定保護他。」

12:13. 他說：「你們把他帶走，我實在放心不下，我生怕在你們疏忽的時候，狼把他吃了。」

12:14. 他們說：「我們是一個（強壯的）團體，狼卻吃了他，那我們眞是該死了。」

12:15. 當他們把他帶走，並且一致決定把他投入井底的時候，我啟示他說：「將來你必定要把他們這件事，在他們不知不覺的時候，告訴他們。」

12:16. 傍晚，他們哭著來見他們的「父親（雅各）」。

12:17. 他們說：「我們的『父親（雅各）』啊！我們賽跑時，使『優素福（約瑟）』留守行李，不料狼把他吃了。你是絕不會相信我們的，即使我們說的是實話。」

12:18. 他們用「假血」染了「優素福（約瑟）」的襯衣，拿來給他們的「父親（雅各）」看。他說：「不然！你們的私欲慫恿你們幹了這件事；我只有很好地忍耐，對你們所敍述的事，我只能求助於『眞主（上帝「耶和華」）』！」

12:19. 旅客們來了，他們派人去汲水，他把水桶縋下井去，他說：「啊！好消息！這是一個少年。」他們祕密地把他當作貨物，「眞主（上帝『耶和華』）」是全知他們的行爲的。

12:20. 他們以廉價——可數的幾個銀幣——出賣了他，他們是不憐惜他的。

12:21. 那購買他的「埃及人」對自己的「妻子」說：「你應當優待他，他也許對我們有好處，或者我們撫養他做『義子』。」我這樣使「優素福（約瑟）」在大地上獲得地位，以便我教他「圓夢（解夢）」。「眞主（上帝『耶和華』）」對於其事務是自主的，但人們大半不知道。

12:22.當他達到壯年時，我把「智慧」和「學識」賞賜他，我這樣報酬「行善者」。

12:23.他的「女主人」，把所有的門都緊緊地關閉起來，然後，勾引他說：「快來（擁抱）我啊！」他說：「求『眞主（上帝「耶和華」）』保佑我！他是我的主，他已優待了我。『不義的人』必定不會成功。」

12:24.她確已嚮往他，他也嚮往她，要不是他看見他的主的明證。我這樣爲他排除罪惡和醜事，他確是我的一個忠實的「僕人」。

12:25.他倆爭先恐後地奔向大門。那時她已把他的「襯衣」從後面撕破了，他倆在大門口遇見她的「丈夫」，她說：「想姦汙你的『眷屬者』，他的報酬只有監禁或痛懲。」

12:26.他說：「是她勾引我。」她家裡的一個人作證說：「如果他的『襯衣』是從前面撕破的，那她說的是實話，而他是說謊的。

12:27.如果他的『襯衣』是從後面撕破的，那末她已說了謊話，而他說的是實話。」

12:28.當他看見他的「襯衣」是從後面撕破的時候，他說：「這確是你們的詭計，你們的詭計確是重大的。」

12:29.（又說）：「『優素福（約瑟）』，你避開此事吧！（我的「妻子」）你爲你的罪過而求饒吧，你原是錯誤的！」

12:30.「都城」裡的一些「婦女」說：「權貴的『妻子』勾引她的『僕人』，他迷惑了她，我們認爲她確是在明顯的迷誤之中的。」

12:31.她聽到了她們狡猾的流言蜚語，就派人去把她們邀請來，並爲她們預備了一桌席，發給她們每人一把小刀，她（對「優素福（約瑟）」）說：「你出去見見她們吧。」當她們看見他的時候，她們讚揚了他，（她們都被迷住了），以致餐刀割傷了自己的手。她們說：「啊！這不是一個凡夫，而是一位高潔的『天神（天使）』。」

12:32.她說：「這就是你們爲他而責備我的那個人。我確已勾引他，但他潔身自好。如果他再不聽從我的命令，他勢必要坐牢，他勢必成爲自甘下賤的人。」

12:33.他說：「我的主啊！我寧願坐牢，也不願回應她們的召喚。如果你不爲我排除她們的詭計，我將依戀她們，我將變成愚人。」

12:34.他的主就答應了他，並且爲他排除了她們的詭計。他確是全聽的，確是全知的。

12:35.他們看見了許多跡象之後，覺得必須把他監禁一個時期。

12:36.有兩個「青年」和他一同入獄，這個說：「我確已夢見我『榨葡萄汁（釀酒）』。」那個說：「我確已夢見我的頭上頂著一個『大餅』，『衆鳥』飛來啄食。請你替我們『圓夢（解夢）』，我們的確認爲你是行善的。」

12:37.他說：「無論誰送什麼食物給你倆之前，我能告訴你們送的是什麼。這是我的主教給我的。有一個民族不信仰『眞主（上帝「耶和華」）』，不信仰後世，我確已拋棄他們的宗教。」

12:38.我遵循我的祖先——「易卜拉欣（亞伯拉罕）」、「易司哈格（以撒）」、「葉爾孤白

（雅各）」的宗教。我們不該「以任何物（拜偶像）配眞主（上帝「耶和華」））」，這是「眞主（上帝『耶和華』）」施于我們和世人的恩惠，但世人大半不感謝。

12:39.兩位「難友」啊！是許多「渙散的主宰（其他的神）」更好呢？還是獨一萬能的「眞主（上帝『耶和華』）」更好呢？

12:40.你們捨「眞主（上帝『耶和華』）」而崇拜的，只是你們和你們的祖先所定的一些（偶像的）名稱，「眞主（上帝『耶和華』）」並未加以證實，一切判決只歸「眞主（上帝『耶和華』）」。他命令你們只崇拜他。這才是正教。但世人大半不知道。

12:41.同監的兩位朋友啊！你們倆中有一個要替他的「主人」斟酒，有一個要被釘死在「十字架」上，而「衆鳥」飛到他的頭上來吃他。你倆所詢問的事情，已被判決了。

12:42.他對兩人中預料將會獲釋的人說：「請你在你『主人』面前替我申冤。」但「惡魔」使他忘記在他「主人」面前替「優素福（約瑟）」申冤，以至他在監裡坐了幾年。

12:43.「國王」說：「我確已夢見『七頭胖黃牛』，被『七頭瘦黃牛』吃掉了，又夢見『七穗青麥子』，和『七穗乾麥子』。『侍從』們呀！你們替我『圓圓這個夢（解夢）』。如果你們是會『圓夢（解夢）』的人。」

12:44.他們說：「這是一個『噩夢』，而且我們不會『圓夢（解夢）』。」

12:45.曾被「赦宥（赦免）」並且在一個時期之後想起「優素福（約瑟）」的那個青年說：「我將告訴你們關於這個夢的意思，請你們派我去吧。」

12:46.「『優素福（約瑟）』，忠實的人呀！請你爲我們『圓圓這個夢（解夢）』，『七頭胖黃牛』，被『七頭瘦黃牛』吃掉了，又有『七穗青麥子』，和『七穗乾麥子』。我好回去告訴人們，讓他們知道這個夢的意義。」

12:47.他說：「你們要連種七年，凡你們所收穫的『麥子』，都讓它存在『穗子』上，只把你們所吃的少量的『麥子』打下來。

12:48.此後，將有『七個荒年』，來把你們所預備的『麥子』吃光了，只剩得你們所儲藏的少量『麥子』。

12:49.此後，將有一個豐年。人們在那一年中要得雨水，要『榨葡萄釀酒』。」

12:50.「國王」說：「你們帶他來見我吧！」當「使者」到來的時候，他說：「請你回去問問你的『主人』，曾經把自己的手割傷了的那些婦女，現在是怎樣的？我的主是全知她們的詭計的。」

12:51.「國王」說：「你們勾引『優素福（約瑟）』的時候，你們的實情是什麼？」她們說：「啊呀！我們不知道他有一點罪過。」權貴的「妻子」說：「現在眞相大白了，是我勾引他，他確是誠實的人。」

12:52.「這是因爲要他知道，在背地裡我並沒有不忠於他的行爲，並且要他知道，『眞主（上帝「耶和華」）』不誘導不忠者的詭計。」

12:53.（他說）：「我不自稱清白；『人性』的確是慫恿人作惡的，除非我的主所憐憫的人。我的主確是至赦的，確是至慈的。」

12:54.「國王」說：「你們帶他來見我，我要使他爲我自己所專有。」他對「國王」說話的時候，「國王」說：「今天你在我的御前確是有崇高品級的，是可以信任的人。」

12:55.他說：「請你任命我管理全國的『倉庫』，我確是一個內行的『保管者』。」

12:56.我這樣使「優素福（約瑟）」在國內獲得權力，在他所要的地方占優勢，我把我的慈恩降給我所意欲者，我不會讓行善者徒勞無酬。

12:57.後世的報酬，對於「通道（信神）」而且敬畏的人，將是更好的。

12:58.「優素福（約瑟）」的「哥哥們」來了，他們進去見他。他認出了他們，而他們卻沒有認出他。

12:59.當他以他們所需的「糧食」供給他們之後，他說：「你們把你們同父的『弟弟』帶來見我吧！難道你們不見我把足量的『糧食』給你們，而且我是最好的『東道主（接待或宴客的主人）』嗎？

12:60.如果你們不帶他來見我，你們就不能從我這裡購買一顆『糧食』，你們也不得臨近我。」

12:61.他們說：「我們要懇求他『父親（雅各）』允許我們帶他來見你，我們必定這樣做。」

12:62.他對他的「僮僕」們說：「你們把他們的財物放在他們的糧袋裡，他們回去的時候也許會認出這些財物，也許會再來一趟。」

12:63.他們回去見了他們的「父親（雅各）」，說：「我們的『父親（雅各）』啊！人家不准我們再『糴糧（ㄉㄧˊ；買入穀物）』了，請你派我們的『弟弟』和我們一同去，我們就能『糴糧（ㄉㄧˊ；買入穀物）』；我們一定把他保護好。」

12:64.他說：「對於他我能信任你們，正如以前對於他『哥哥』我信任你們一樣嗎？『眞主（上帝「耶和華」）』是最善於保護的，也是最慈愛的。」

12:65.當他們打開自己的糧袋的時候，發現他們的財物已退還他們了，他們說：「我們的『父親（雅各）』啊！我們還要求什麼呢？這是我們的財物，已退還我們了，我們要爲我們的眷屬『糴糧（ㄉㄧˊ；買入穀物）』，要保護我們的『弟弟』，我們可以多『糴（ㄉㄧˊ；買入穀物）』一馱糧，那是容易獲得的糧食。」

12:66.他說：「我不派他和你們一同去，直到你們指『眞主（上帝「耶和華」）』而和我立誓約，你們誓必帶他回來見我，除非你們全遭禍患。」當他們和他立誓約的時候，他說：「『眞主（上帝「耶和華」）』是監察我們的誓約的。」

12:67.他說：「我的孩子們，不要從一道城門進城，應當分散開，從幾道城門進去。我對於『眞主（上帝『耶和華』）』的（判決），毫無裨益於你們；一切判決只歸『眞主（上帝「耶和華」）』，我只信賴他，讓一切信賴者都只信賴他吧！」

12:68.當他們遵照他們「父親（雅各）」的命令而進城的時候，他對於「眞主（上帝『耶和華』）」的判決沒有絲毫裨益，但那是「葉爾孤白（雅各）」心中的一種希望。他已把它表白出來。他曾受我的教誨，所以他確是有知識的，但世人大半不知道。

12:69.當他們進去見「優素福（約瑟）」的時候，他擁抱他「弟弟」，他說：「我確是你『哥哥』，你不要爲他們過去的所作所爲而悲傷吧。」

12:70.當地以他們所需的糧食供給他們的時候，他（使人）把一隻酒杯放在他「弟弟」的糧袋裡，然後一個「傳喚者」傳喚說：「『隊商』啊！你們確是一夥小偷。」

12:71.他們轉回來說：「你們丟了什麼？」

12:72.他們說：「我們丟失了『國王的酒杯』；誰拿『酒杯』來還，給誰一馱糧食，我是『保證人』。」

12:73.他們說：「指『眞主（上帝「耶和華」）』發誓，你們知道，我們不是到這個地方來搗亂的，我們向來不是『小偷』。」

12:74.他們說：「『偷竊者』應受什麼處分呢？如果你們是說謊的人。」

12:75.他們說：「『偷竊者』應受的處罰，是在誰的糧袋裡搜出『酒杯』來，就把誰當做『奴僕』。我們是這樣懲罰『不義者』的。」

12:76.「優素福（約瑟）」在檢查他「弟弟」的糧袋之前，先檢查了他們的糧袋。隨後，在他「弟弟」的糧袋裡查出了那只「酒杯」。我這樣爲「優素福（約瑟）」定計。按照「國王」的法律，他不得把他「弟弟」當作「奴僕」，但「眞主（上帝『耶和華』）」意欲他那樣做。我把我所意欲者提升若干級，每個有知識的人上面，都有一個「全知者」。

12:77.他們說：「如果他偷竊，那末，他有一個『哥哥』從前就偷竊過。」「優素福（約瑟）」把這句話隱藏在心中，沒有對他們表示出來，他暗暗他說：「你們的處境是更惡劣的。『眞主（上帝「耶和華」）』是知道你們所敘述的事情的。」

12:78.他們說：「『權貴』啊！他的確有一位『龍鍾的老父』；請你以我們中的一人代替他當『奴僕』吧。我們的確認爲你是行善的。」

12:79.他說：「願『眞主（上帝「耶和華」）』保佑我們，我們只把發現其糧袋裡有『酒杯』者當做『奴僕』；否則，我們必定是『不義』的人。」

12:80.當他們對「優素福（約瑟）」絕望的時候，他們離席而祕密會議，他們的「大哥」說：「你們的『父親（雅各）』曾要求你們指『眞主（上帝「耶和華」）』發誓，難道你們不知道嗎？從前，你們曾怠慢了『優素福（約瑟）』。我絕不離開這個地方，直到『父親（雅各）』允許我，或『眞主（上帝「耶和華」）』為我而判決，他是最公正的判決者。

12:81.你們回去見『父親（雅各）』，然後對他說：我們的『父親（雅各）』啊！你的兒子確已偷竊，我們只作證我們所知道的。我們不是保證『幽玄（天機）』的。

12:82.請你問一問我們曾居住的那座市鎮和與我們同行的『隊商』吧，我們確是誠實的。」

12:83.他說：「不然！你們的私欲慫恿了你們做這件事，我只有很好的忍耐，但願『眞主（上帝「耶和華」）』把他們統統帶來給我。他確是全知的，確是至睿的。」

12:84.他不理睬他們，他說：「哀哉『優素福（約瑟）』！」他因悲傷而兩眼發白，他是壓住性子的。

12:85.他們說：「指『眞主（上帝「耶和華」）』發誓，你將念念不忘『優素福（約瑟）』，直到你變成爲憔悴的或死亡的。」

12:86.他說：「我只向『眞主（上帝「耶和華」）』訴說我的憂傷，我從『眞主（上帝「耶和華」）』那裡知道你們所不知道的。」

12:87.他說：「我的孩子們！你們去打聽『優素福（約瑟）』和他『弟弟』的消息吧。你們不要絕望于『眞主（上帝「耶和華」）』的慈恩，只有『不通道（不信神）』的人們才絕望于

『眞主（上帝「耶和華」）』的慈恩。」

12:88. 當他們進去見「優素福（約瑟）」的時候，他們說：「『權貴』啊！我們和我們的『眷屬』遭遇了災害，只帶來了一點劣質財物，請你給我們足量的『糧食』，請你施捨給我們。『眞主（上帝「耶和華」）』一定會報酬施捨者。」

12:89. 他說：「你們知道嗎？當你們是愚昧的時候，你們是怎樣對待『優素福（約瑟）』和他『弟弟』的呢？」

12:90. 他們說：「怎麼，你呀！眞是『優素福（約瑟）』嗎？」他說：「我是『優素福（約瑟）』，這是我『弟弟』，『眞主（上帝「耶和華」）』確已降恩給我們。誰敬畏而且堅忍，（誰必受報酬），因爲『眞主（上帝「耶和華」）』必不使行善者徒勞無酬。」

12:91. 他們說：「指『眞主（上帝「耶和華」）』發誓，『眞主（上帝「耶和華」）』確已從我們當中揀選了你。從前，我們確是有罪的。」

12:92. 他說：「今天對你們毫無譴責，但願『眞主（上帝「耶和華」）』饒恕你們。他是最慈愛的。

12:93. 你們把我這件『襯衣』帶回去，把它蒙在我『父親（雅各）』的臉上，他就會『恢復視力』。然後，你們把自己的『眷屬』全部帶到我這裡來吧！」

12:94. 當「隊商」出發的時候，他們的「父親（雅各）」說：「我確已聞到『優素福（約瑟）』的氣味了，要不是你們說我是『老糊塗』。」

12:95. 他們說：「指『眞主（上帝「耶和華」）』發誓，你的確還在你那舊有的迷誤之中。」

12:96.當「報喜者」來到後，他就把那件「襯衣」蒙在他的臉上，他的眼睛立卽恢復了視力。他說：「難道我沒有對你們說過嗎？我的確從眞主（上帝「耶和華」）知道你們所不知道的。」

12:97.他們說：「我們的『父親（雅各）』啊！請你爲我們求饒，我們確是有罪的。」

12:98.他說：「我將要爲你們向我的主求饒。他確是至赦的，確是至慈的。」

12:99.當他們進去見「優素福（約瑟）」的時候，他擁抱他的「雙親」，他說：「你們平安地進『埃及』吧！如果『眞主（上帝「耶和華」）』意欲。」

12:100.他請他的「雙親」坐在高座上，他們爲他而俯伏叩頭，他說：「我的『父親（雅各）』啊！這就是我以前的『夢兆』的解釋。我的主已使那個『夢兆』變成爲事實了。他確已優待我，因爲他把我從『監獄』裡釋放出來，他在『惡魔』離間我和我『哥哥們』之後，把你們從『沙漠』裡帶到這裡來。我的主，對他所意欲者確是慈愛的。他確是全知的，確是至睿的。

12:101.我的主啊！你確已賞賜我一部分政權，並教給我一些『圓夢（解夢）』的知識。天地的創造者啊！在今世和後世，你都是我的『主宰』。求你使我作爲順從者而死去，求你使我入于善人之列。」

12:102.那是一部分「幽玄（天機）」的消息，我把它啟示你。當他們用計謀決策的時候，你不在他們面前。

12:103.你雖然切望世人「通道（信神）」，但他們大半是「不通道（不信神）」的。

12:104.你不爲傳授《古蘭經》而向他們要求任何報酬。《古蘭經》只是對世人的教誨。

12:105.天地間有許多跡象，他們從旁邊走過，而不注意。

12:106.他們雖然大半信仰「眞主（上帝『耶和華』）」，但他們都是「以物配主（崇拜偶像）」的。

12:107.難道他們不怕「眞主（上帝『耶和華』）」懲罰中的大災降臨他們，或復活時在他們不知不覺之中，突然降臨他們嗎？

12:108.你說：「這是我的道，我號召人們信仰『眞主（上帝「耶和華」）』，我和隨從我的人，都是依據明證的。（我證）『眞主（上帝「耶和華」）』，超絕萬物！我不是『以物配主（崇拜偶像）』的。」

12:109.在你之前，我只派遣了城市居民中的若干男子，我啟示他們，難道他們沒有在大地上旅行，因而觀察前人的結局是怎樣的嗎？後世的住所，對於敬畏者是更好的。難道你們不理解嗎？

12:110.直到衆「使者（使徒）」絕望，而且猜想自己被欺騙的時候，我的援助才來臨他們，而我拯救了我所意欲的人。我所加於犯罪的人們的懲罰是不可抗拒的。

12:111.在他們的故事裡，對於有理智的人們，確有一種教訓。這不是僞造的訓辭，卻是證實前經，詳解萬事，嚮導「信士」，並施以慈恩的。

十一、穆薩（摩西）與「出埃及記」

（一）《舊約聖經》裡的「摩西」

「摩西」在「伊斯蘭教」稱作「穆撒」，是在《舊約聖經》的「出埃及記」中，大約在公元前十三世紀時，所記載的「猶太人」民族領袖，「猶太教徒」認爲他是「猶太教」的「創始者」。

「摩西」在「亞伯拉罕諸教（猶太教、基督教、伊斯蘭教）」裡，都被認爲是極爲重要的「先知」。按照「以色列人」的說法，《摩西五經》是由「摩西」所書寫。

「摩西」的故事，是銜接在「約瑟」之後。「約瑟」因爲幫「埃及法老王」解夢，而獲得「埃及法老王」的賞識，擔任「埃及」的「宰相」。後來，「迦南地區」也發生「饑荒」，「約瑟」就把家人接往「埃及」生活，「埃及」土地肥沃，適合畜牧，「以色列人」因此繁衍迅速。

「約瑟」高齡死後，幾十年來，「以色列人」本來過著安樂的日子，跟「埃及人」互不相干。可惜好景不常，有位不認識「約瑟」的「新埃及法老王」興起，統治了「埃及」。他認爲「以色列人」，比「埃及人」又多又強。他擔心一遇到戰爭，「以色列人」會去與「埃及」的敵人聯合，攻擊「埃及」。就想要用智謀對付「以色列人」，免得「以色列人」繁盛起來。

「新埃及法老王」想出用苛暴的手段奴役「以色列人」，又命令「希伯來」的「收生婆」殺掉所有「男嬰」，控制他們的人口。但是，「收生婆」勇敢反抗「新埃及法老王」的命令，「以色列人」繼續增多。於是，「新埃及法老王」下令，凡是「希伯來人」所生的「男嬰」，一律丟在「尼羅河」裡。

那時，「利未家族」的一對夫婦生下一個兒子，就是「摩西」，這對夫婦見這個兒子俊美，寧願冒險把兒子匿藏，也不肯交出來給「新埃及法老王」處死。

三個月後，孩子再也藏不住了。在別無選擇的情況下，「摩西」的父母決定由「摩西」的母親，將嬰孩放進一個用「蒲草筐子」做的箱子裡，塗上瀝青和石漆，放在「尼羅河」邊的蘆葦叢中。

「新埃及法老王」的女兒「埃及公主」，發現蘆葦叢中的箱子，她打開箱子，看到了孩子，見男孩正在哭。她憐憫這個孩子，「埃及公主」決定收養他，給他取名爲「摩西」。

「摩西」的「姐姐」聰明機智，安排由「摩西」的「生母」來乳養他。「摩西」的「生母」把眞相告訴了「摩西」，「摩西」做了「埃及公主」的兒子之後，就學了「埃及人」的一切智慧。

有一天，「摩西」看見一個「埃及人」毆打他的「以色列」同胞，命懸一線，「摩西」就把那個「埃及人」殺了，藏在沙裡。「摩西」殺死「埃及人」的消息，傳到「新埃及法老王」耳中，他就被迫逃亡。「摩西」在「米甸」地定居下來，娶了遊牧民族祭司「葉忒羅」的女兒「西坡拉」爲妻，育有兩子。

過了許久，「新埃及法老王」死了。「以色列人」因爲受到奴役，就歎息哀號，他們的哀聲上達於上帝「耶和華」。

有一天，「摩西」放牧「葉忒羅」的羊群，把羊趕到「何烈山」附近。就在那裡，上帝「耶和華」的「天使」，在燃燒著的荊棘叢中顯現。上帝「耶和華」吩咐「摩西」說，把祂的子民「以色列人」從「埃及」領出來。

「摩西」離開「米甸」後，就入宮晉見「新法老」，要求他釋放上帝「耶和華」的子民。由於「新法老」拒絕，上帝「耶和華」就降下十場災難，震撼埃及，然而只要災禍一離去，「新法老」就又反悔。終於，在第十場災難重擊之下，「埃及」的一切頭生的，包括人及家畜全都死去。「新法老」對「長男」的死去悲痛欲絕，終於容許「以色列人」離去。

不過，「新法老」再次後悔放走「以色列人」，派軍隊從後追趕，要把「以色列人」捉回來。「摩西」帶領「以色列人」到「紅海」，向海伸出手杖，「紅海」便分開一條道路，「摩西」便帶領「以色列人」行走這條路，逃離「埃及人」的追捕。當「埃及人」入水時，上帝「耶和華」就把「紅海」的海水回復，使「埃及人」被淹死於「紅海」中。

「摩西」率領「以色列人」離開「古埃及」，前往一塊富饒的應許之地「迦南」。後來，因爲「以色列人」的頑固、悖逆，不信上帝「耶和華」會幫助他們，又不接受「摩西」的領導，在「西奈半島」上的逃亡生活，遠不如「埃及」，歷經四十多年的艱難跋涉，才進入應許之地。

「摩西」帶領「以色列人」到達「加底斯巴尼亞」時，「以色列人」因爲沒水喝與「摩西」爭鬧。「摩西」沒有遵從上帝「耶和華」的命令，用杖打水，因此上帝「耶和華」不讓「摩西」過「約旦河」與「以色列人」同進應許之地。

最後，「摩西」死在「摩押地」、「伯昆珥」對面的谷中，只是至今沒有人知道他的墳墓何在。下面是《舊約聖經》裡，關於「摩西」的一生和「出埃及記」的經文記載，讀者閱讀完這一大段經文，才看得懂《古蘭經》有關「摩西」和「出埃及記」的敘述。

●《舊約聖經》出埃及記：

1:1 「以色列」的衆子、各帶家眷和「雅各」一同來到「埃及」、他們的名字記在下面。

1:2 有「流便、西緬、利未、猶大。

1:3 以薩迦、西布倫、便雅憫。
1:4 但、拿弗他利、迦得、亞設」。
1:5 凡從「雅各」而生的、共有七十人・「約瑟」已經在「埃及」。
1:6 「約瑟」和他的弟兄、並那一代的人都死了。
1:7 「以色列人」生養衆多並且繁茂、極其強盛、滿了那地。
1:8 有不認識「約瑟」的「新王」起來、治理「埃及」。
1:9 對他的百姓說、看哪、這「以色列民」比我們還多、又比我們強盛。
1:10 來罷我們不如用巧計待他們、恐怕他們多起來、日後若遇甚麼爭戰的事、就連合我們的仇敵攻擊我們、離開這地去了。
1:11 於是「埃及人」派「督工」的轄制他們、加重擔苦害他們・他們爲「法老」建造兩座「積貨城」、就是「比東」、和「蘭塞」。
1:12 只是越發苦害他們、他們越發多起來、越發蔓延・「埃及人」就因「以色列人」愁煩。
1:13 「埃及人」嚴嚴的使「以色列人」作工。
1:14 使他們因作苦工覺得命苦、無論是和泥、是做磚、是作田間各樣的工、在一切的工上都嚴嚴的待他們。
1:15 有「希伯來」的兩個「收生婆」、一名「施弗拉」、一名「普阿」・「埃及王對」他們說。
1:16 你們爲「希伯來」婦人收生、看他們臨盆的時候、若是「男孩」、就把他殺了、若是「女孩」、就留他存活。

1:17 但是「收生婆」敬畏　神、不照「埃及王」的吩咐行、竟存留「男孩」的性命。
1:18 「埃及王」召了「收生婆」來、說、你們為甚麼作這事、存留「男孩」的性命呢。
1:19 「收生婆」對「法老」說、因為「希伯來婦人」與「埃及婦人」不同、「希伯來婦人」本是健壯的、(原文作「活潑的」)「收生婆」還沒有到、他們已經生產了。
1:20 神厚待「收生婆」‧「以色列人」多起來、極其強盛。
1:21 「收生婆」因為敬畏　神、　神便叫他們成立家室。
1:22 「法老」吩咐他的衆民說、「以色列人」所生的「男孩」、你們都要丟在河裡、一切的「女孩」、你們要存留他的性命。

「埃及王」居然想出這麼殘忍惡毒的計畫，還好沒有得逞，否則「以色列人」就滅族。接下來，就是「摩西」要出世了。「摩西」是「利未人」中的「哥轄族」，父親叫做「暗蘭」，母親叫做「約基別」，哥哥叫做「亞倫」，姐姐叫做「米利暗」。

● **《舊約聖經》出埃及記：**

2:1 有一個「利未家的」人、娶了一個「利未女子」為妻。
2:2 那女人懷孕、生一個兒子、見他俊美就藏了他三個月。
2:3 後來不能再藏、就取了一個「蒲草箱」、抹上「石漆」和「石油」、將孩子放在裡頭、把「箱子」擱在河邊的「蘆荻」中。
2:4 「孩子的姐姐」遠遠站著、要知道他究竟怎麼樣。
2:5 「法老的女兒」來到河邊洗澡、他的「使女」們在河邊行走‧他看見「箱子」在「蘆荻」

中、就打發一個「婢女」拿來。
2:6 他打開「箱子」看見那「孩子」、「孩子」哭了、他就可憐他、說、這是「希伯來人」的一個孩子。
2:7 「孩子的姐姐」對「法老的女兒」說、我去在「希伯來婦人」中叫一個「奶媽」來、爲你奶這孩子、可以不可以。
2:8 「法老的女兒」說、可以．「童女」就去叫了「孩子的母親」來。
2:9 「法老的女兒」對他說、你把這「孩子」抱去、爲我奶他、我必給你工價．「婦人」就抱了孩子去奶他。
2:10 「孩子」漸長、「婦人」把他帶到「法老的女兒」那裡、就作了他的「兒子」．他給「孩子」起名叫「摩西」、意思說、因我把他從水裡拉出來。
「摩西」一來到人世，死亡的陰影就籠罩著他。還好有「法老的女兒」救了他，還收養他做兒子。
「摩西」和「耶穌」的遭遇很像，公元前四年，「耶穌」誕生，三位前往拜訪「小耶穌」的「先知」去見「大希律王」，「大希律王」爲了解決這個未來新的王，就下令將兩歲以下的嬰兒殺光。因此，「耶穌」出生後不久，一度前往「埃及」，以逃避「大希律王」的追殺。

● **《舊約聖經》出埃及記：**

2:11 後來「摩西」長大、他出去到他弟兄那裡、看他們的重擔、見一個「埃及人」打「希伯來人」的一個弟兄。

2:12他左右觀看、見沒有人、就把「埃及人」打死了、藏在沙土裡。
2:13第二天他出去見有兩個「希伯來人」爭鬥、就對那欺負人的說、你爲甚麼打你同族的人呢。
2:14那人說、誰立你作我們的「首領」和「審判官」呢、難道你要殺我、像殺那「埃及人」麼。「摩西」便懼怕、說、這事必是被人知道了。
2:15「法老」聽見這事、就想殺「摩西」、但「摩西」躲避「法老」逃往「米甸地」居住。
2:16一日他在井旁坐下、「米甸」的「祭司」有七個女兒、他們來打水、打滿了槽、要飲「父親」的群羊。
2:17有「牧羊的人」來把他們趕走了、「摩西」卻起來幫助他們、又飲了他們的群羊。
2:18他們來到父親「流珥」那裡、他說、今日你們爲何來得這麼快呢。
2:19他們說、有一個「埃及人」救我們脫離「牧羊人」的手、並且爲我們打水飲了群羊。
2:20他對「女兒」們說、那個人在那裡、你們爲甚麼撇下他呢、你們去請他來喫飯。
2:21「摩西」甘心和那人同住．那人把他的女兒「西坡拉」給「摩西」爲妻。
2:22「西坡拉」生了一個兒子、「摩西」給他起名叫「革舜」、意思說、因我在外邦作了寄居的。

（二）《舊約聖經》裡的「出埃及記」

《出埃及記》是《舊約聖經》的第二書，主要是講述「以色列人」如何在「埃及帝國」受到逼害，然後由「摩西」帶領他們離開「埃及」的故事。《出埃及記》傳統上認爲是「摩西」在曠野完成的第二本書。

「以色列人」因爲做「奴隸」太辛苦了，就哀求上帝「耶和華」拯救他們。上帝「耶和華」聽到了，就命令「摩西」拯救「以色列人」，帶領他們離開「埃及」。

●《舊約聖經》出埃及記：

2:23過了多年、「埃及王」死了．「以色列人」因作苦工、就歎息哀求、他們的哀聲達於 神。

2:24神聽見他們的哀聲、就記念他與「亞伯拉罕、以撒、雅各」所立的約。

2:25神看顧「以色列人」、也知道他們的苦情。

3:1「摩西」牧養他岳父「米甸」祭司「葉忒羅」的羊群、一日領羊群往野外去、到了 神的山、就是「何烈山」。

3:2「耶和華」的「使者（天使）」從「荊棘裡火焰中」向「摩西」顯現．「摩西」觀看、不料、「荊棘」被火燒著、卻沒有燒燬。

3:3「摩西」說、我要過去看這「大異象」、這「荊棘」爲何沒有燒壞呢。

3:4「耶和華」 神見他過去要看、就從「荊棘」裡呼叫說、「摩西、摩西」．他說、我在這裡。

3:5神說、不要近前來、當把你腳上的鞋脫下來、因爲你所站之地是「聖地」。

3:6又說、我是你「父親」的 神、是「亞伯拉罕」的 神、「以撒」的 神、「雅各」的神。「摩西」蒙上臉、因爲怕看 神。

3:7「耶和華」說、我的「百姓」在「埃及」所受的困苦、我實在看見了．他們因受「督工」的轄制所發的哀聲、我也聽見了．我原知道他們的痛苦。

3:8 我下來是要救他們脫離「埃及人」的手、領他們出了那地、到美好寬闊流奶與蜜之地、就是到「迦南人、赫人、亞摩利人、比利洗人、希未人、耶布斯人」之地。

3:9 現在「以色列人」的哀聲達到我耳中、我也看見「埃及人」怎樣欺壓他們。

3:10 故此我要打發你去見「法老」、使你可以將我的百姓「以色列人」從「埃及」領出來。

3:11 「摩西」對 神說、我是甚麼人、竟能去見「法老」、將「以色列人」從「埃及」領出來呢。

3:12 神說、我必與你同在、你將「百姓」從「埃及」領出來之後、你們必在這山上事奉我、這就是我打發你去的證據。

3:13 「摩西」對 神說、我到「以色列人」那裡、對他們說、你們「祖宗的 神」打發我到你們這裡來．他們若問我說、他叫甚麼名字、我要對他們說甚麼呢。

3:14 神對「摩西」說、我是「自有永有的」．又說、你要對「以色列人」這樣說、那「自有的」打發我到你們這裡來。

3:15 神又對「摩西」說、你要對「以色列人」這樣說、「耶和華」你們「祖宗的 神」、就是「亞伯拉罕」的 神、「以撒」的 神、「雅各」的 神、打發我到你們這裡來．「耶和華」是我的名、直到永遠、這也是我的紀念、直到萬代。

3:16 你去招聚「以色列的長老」、對他們說、「耶和華」你們「祖宗的 神」、就是「亞伯拉罕」的 神、「以撒」的 神、「雅各」的 神、向我顯現、說、我實在眷顧了你們、我也看見「埃及人」怎樣待你們。

3:17 我也說、要將你們從「埃及」的困苦中領出來、往「迦南人、赫人、亞摩利人、比利洗人、希未人、耶布斯人」的地去、就是到流奶與蜜之地。

3:18 他們必聽你的話・你和「以色列的長老」要去見「埃及王」、對他說、「耶和華」「希伯來人」的　神、遇見了我們・現在求你容我們往曠野去、走三天的路程、爲要祭祀「耶和華」我們的　神。

3:19 我知道雖用大能的手、「埃及王」也不容你們去。

3:20 我必伸手、在「埃及」中間施行我一切的奇事、攻擊那地・然後他纔容你們去。

3:21 我必叫你們在「埃及人」眼前蒙恩、你們去的時候、就不至於空手而去。

3:22 但各婦女必向他的鄰舍、並居住在他家裡的女人、要金器、銀器、和衣裳、好給你們的兒女穿戴・這樣你們就把「埃及人」的財物奪去了。

4:1 「摩西」回答說、他們必不信我、也不聽我的話、必說、「耶和華」並沒有向你顯現。

4:2 「耶和華」對「摩西」說、你手裡是甚麼・他說、是杖。

4:3 「耶和華」說、丟在地上、他一丟下去、就變作蛇、「摩西」便跑開。

4:4 「耶和華」對「摩西」說、伸出手來、拿住他的尾巴、他必在你手中仍變爲杖。

4:5 如此好叫他們信「耶和華」他們「祖宗的　神」、就是「亞伯拉罕」的　神、「以撒」的神、「雅各」的　神、是向你顯現了。

4:6 「耶和華」又對他說、把手放在懷裡、他就把手放在懷裡、及至抽出來、不料、手長了「大痲瘋」、有雪那樣白。

4:7 「耶和華」說、再把手放在懷裡、他就再把手放在懷裡、及至從懷裡抽出來、不料、手已經復原、與周身的肉一樣。

4:8 又說、倘或他們不聽你的話、也不信頭一個神蹟、他們必信第二個神蹟。

4:9 這兩個神蹟若都不信、也不聽你的話、你就從河裡取些水、倒在旱地上、你從河裡取的水必在旱地上變作血。

4:10 「摩西」對「耶和華」說、主阿、我素日不是能言的人、就是從你對「僕人」說話以後、也是這樣、我本是拙口笨舌的。

4:11 「耶和華」對他說、誰造人的口呢、誰使人口啞、耳聾、目明、眼瞎呢、豈不是我「耶和華」麼。

4:12 現在去罷、我必賜你口才、指教你所當說的話。

4:13 「摩西」說、主阿、你願意打發誰、就打發誰去罷。

4:14 「耶和華」向「摩西」發怒說、不是有你的「哥哥」利未人「亞倫」麼、我知道他是能言的、現在他出來迎接你、他一見你心裡就歡喜。

4:15 你要將當說的話傳給他、我也要賜你和他口才、又要指教你們所當行的事。

4:16 他要替你對「百姓」說話、你要以他當作口、他要以你當作　神。

4:17 你手裡要拿這杖、好行神蹟。

4:18 於是「摩西」回到他岳父「葉忒羅」那裡、對他說、求你容我回去見我在「埃及」的弟兄、看他們還在不在。「葉忒羅」對「摩西」說、你可以平平安安的去罷。

4:19「耶和華」在「米甸」對「摩西」說、你要回「埃及」去、因為尋索你命的人都死了。
4:20「摩西」就帶著「妻子」和兩個「兒子」、叫他們騎上驢回「埃及地」去．「摩西」手裡拿著　神的杖。
4:21「耶和華」對「摩西」說、你回到「埃及」的時候要留意、將我指示你的一切奇事、行在「法老」面前、但我要使(或作「任憑」下同)他的心剛硬、他必不容「百姓」去。
4:22你要對「法老」說、「耶和華」這樣說、「以色列」是我的「兒子」、我的「長子」。
4:23我對你說過、容我的「兒子」去好事奉我、你還是不肯容他去、看哪、我要殺你的「長子」。
4:24「摩西」在路上住宿的地方、「耶和華」遇見他、想要殺他。
4:25「西坡拉」就拿一塊「火石」割下他「兒子」的「陽皮」、丟在「摩西」腳前、說、你眞是我的「血郎」了。
4:26這樣「耶和華」纔放了他．「西坡拉」說、你因「割禮」就是「血郎」了。
4:27「耶和華」對「亞倫」說、你往曠野去迎接「摩西」、他就去、在　神的山遇見「摩西」和他親嘴。
4:28「摩西」將「耶和華」打發他所說的言語、和囑咐他所行的神蹟、都告訴了「亞倫」。
4:29「摩西」「亞倫」就去招聚「以色列的衆長老」。
4:30「亞倫」將「耶和華」對「摩西」所說的一切話、述說了一遍、又在「百姓」眼前行了那些神蹟。

4:31 「百姓」就信了．「以色列人」聽見「耶和華」眷顧他們、鑒察他們的困苦、就低頭下拜。

從第五章開始，就是「摩西」和「亞倫」一起去找「法老王」談判，希望「法老王」同意讓他們把「以色列人」帶離開「埃及」。「法老王」剛開始不同意，上帝「耶和華」就不斷的降災到「埃及」全境，先降下九個災難，但是「法老」鐵石心腸，不爲所動。

最後，上帝「耶和華」使出「殺手鐧」，降下「殺長子之災」，所有「埃及」家庭的「長子」，以及「埃及」一切頭生的牲畜都死亡，包括「法老」的「長子」。這下子，「法老」終於害怕了，向上帝「耶和華」投降。

●《舊約聖經》出埃及記：

5:1 後來「摩西」「亞倫」去對「法老」說、「耶和華」「以色列的 神」這樣說、容我的「百姓」去、在曠野向我守節。

5:2 「法老」說、「耶和華」是誰、使我聽他的話、容「以色列人」去呢、我不認識「耶和華」、也不容「以色列人」去。

5:3 他們說、「希伯來人的 神」遇見了我們、求你容我們往曠野去、走三天的路程、祭祀「耶和華」我們的 神、免得他用「瘟疫、刀兵」、攻擊我們。

5:4 「埃及王」對他們說、「摩西」「亞倫」你們爲甚麼叫「百姓」曠工呢．你們去擔你們的擔子罷。

5:5 又說、看哪、這地的「以色列人」、如今衆多、你們竟叫他們歇下擔子。

5:6 當天「法老」吩咐「督工」的和「官長」說。

5:7 你們不可照常把草給「百姓」作磚、叫他們自己去撿草。

5:8 他們素常作磚的數目、你們仍舊向他們要、一點不可減少、因爲他們是懶惰的、所以呼求說、容我們去祭祀我們的 神。

5:9 你們要把更重的工夫加在這些人身上、叫他們勞碌、不聽虛謊的言語。

5:10「督工」的和「官長」出來對「百姓」說、「法老」這樣說、我不給你們草。

5:11 你們自己在那裡能找草、就往那裡去找罷、但你們的工一點不可減少。

5:12 於是「百姓」散在「埃及」遍地、撿碎稭當作草。

5:13「督工」的催著說、你們一天當完一天的工、與先前有草一樣。

5:14「法老督工」的責打他所派「以色列人的官長」說、你們昨天今天爲甚麼沒有照向來的數目作磚、完你們的工作呢。

5:15「以色列人的官長」就來哀求「法老」說、爲甚麼這樣待你的「僕人」。

5:16「督工」的不把草給「僕人」、並且對我們說、作磚罷・看哪、你「僕人」挨了打、其實是你「百姓」的錯。

5:17 但「法老」說、你們是懶惰的、你們是懶惰的、所以說、容我們去祭祀「耶和華」。

5:18 現在你們去作工罷、草是不給你們的、磚卻要如數交納。

5:19「以色列人的官長」聽說、你們每天作磚的工作一點不可減少、就知道是遭遇禍患了。

5:20 他們離了「法老」出來、正遇見「摩西」「亞倫」站在對面。

5:21 就向他們說、願「耶和華」鑒察你們、施行判斷、因你們使我們在「法老」和他「臣僕」面前有了臭名、把刀遞在他們手中殺我們。

5:22「摩西」回到「耶和華」那裡說、主阿、你爲甚麼苦待這「百姓」呢、爲甚麼打發我去呢。

5:23自從我去見「法老」奉你的名說話、他就苦待這「百姓」、你一點也沒有拯救他們。

6:1「耶和華」對「摩西」說、現在你必看見我向「法老」所行的事、使他因我大能的手容「以色列人」去、且把他們趕出他的地。

6:2 神曉諭（明白告知）「摩西」說、我是「耶和華」。

6:3 我從前向「亞伯拉罕、以撒、雅各」、顯現爲全能的 神、至於我名「耶和華」、他們未曾知道。

6:4 我與他們堅定所立的約、要把他們寄居的「迦南地」賜給他們。

6:5 我也聽見「以色列人」被「埃及人」苦待的哀聲、我也記念我的約。

6:6 所以你要對「以色列人」說、我是「耶和華」、我要用伸出來的膀臂重重地刑罰「埃及人」、救贖你們脫離他們的重擔、不作他們的苦工。

6:7 我要以你們爲我的「百姓」・我也要作你們的 神、你們要知道我是「耶和華」你們的神、是救你們脫離「埃及人」之重擔的。

6:8 我起誓應許給「亞伯拉罕、以撒、雅各」的那地、我要把你們領進去將那地賜給你們爲業、我是「耶和華」。

6:9 「摩西」將這話告訴「以色列人」、只是他們因苦工愁煩、不肯聽他的話。

6:10「耶和華」曉諭（明白告知）「摩西」說。

6:11 你進去對「埃及王法老」說、要容「以色列人」出他的地。

6:12 「摩西」在「耶和華」面前說、「以色列人」尚且不聽我的話、「法老」怎肯聽我這拙口笨舌的人呢。

6:13 「耶和華」吩咐「摩西」「亞倫」往「以色列人」和「埃及王法老」那裡去、把「以色列人」從「埃及地」領出來。

6:26 「耶和華」說、將「以色列人」按著他們的「軍隊」從「埃及地」領出來、這是對那「亞倫」「摩西」說的。

6:27 對「埃及王法老」說、要將「以色列人」從「埃及」領出來的、就是這「摩西」「亞倫」。

6:28 當「耶和華」在「埃及地」對「摩西」說話的日子。

6:29 他向「摩西」說、我是「耶和華」、我對你說的一切話、你都要告訴「埃及王法老」。

6:30 「摩西」在「耶和華」面前說、看哪、我是拙口笨舌的人、「法老」怎肯聽我呢。

7:1 「耶和華」對「摩西」說、我使你在「法老」面前代替　神、你的哥哥「亞倫」是替你說話的。

7:2 凡我所吩咐你的、你都要說、你的哥哥「亞倫」要對「法老」說、容「以色列人」出他的地。

7:3 我要使「法老」的心剛硬、也要在「埃及地」多行神蹟奇事。

7:4 但「法老」必不聽你們、我要伸手重重地刑罰「埃及」、將我的軍隊「以色列民」從「埃及地」領出來。

7:5 我伸手攻擊「埃及」、將「以色列人」從他們中間領出來的時候、「埃及人」就要知道我是「耶和華」。
7:6 「摩西」「亞倫」這樣行、「耶和華」怎樣吩咐他們、他們就照樣行了。
7:7 「摩西」「亞倫」與「法老」說話的時候、「摩西」八十歲、「亞倫」八十三歲。
7:8 「耶和華」曉諭（明白告知）「摩西」「亞倫」說。
7:9 「法老」若對你們說、你們行件奇事罷、你就吩咐「亞倫」說、把杖丟在「法老」面前、使杖變作蛇。
7:10 「摩西」「亞倫」進去見「法老」、就照「耶和華」所吩咐的行、「亞倫」把杖丟在「法老」和「臣僕」面前、杖就變作蛇。
7:11 於是「法老」召了「博士」和「術士」來、他們是「埃及」行法術的、也用「邪術」照樣而行。
7:12 他們各人丟下自己的杖、杖就變作蛇、但「亞倫」的杖吞了他們的杖。
7:13 「法老」心裡剛硬、不肯聽從「摩西」「亞倫」、正如「耶和華」所說的。

「法老」不同意釋放「以色列人」，上帝「耶和華」就降下十個災難在「埃及」，用以催促並警告埃及「法老」釋放「以色列」人，這就是《舊約聖經》上著名的「十災」，記載於《舊約聖經》「出埃及記」的第七到十二章中。在「猶太教」、「基督教」和「伊斯蘭教」的經典之中，都有關於「十災」的敍述。

⑴血災：「尼羅河」的清水全變成血水。

●《舊約聖經》出埃及記：

7:14「耶和華」對「摩西」說、「法老」心裡固執、不肯容「百姓」去。

7:15明日早晨他出來往水邊去、你要往河邊迎接他、手裡要拿著那變過蛇的杖。

7:16對他說、「耶和華」「希伯來人的　神」打發我來見你、說、容我的「百姓」去、好在曠野事奉我、到如今你還是不聽。

7:17「耶和華」這樣說、我要用我手裡的杖擊打河中的水、水就變作血、因此、你必知道我是「耶和華」。

7:18河裡的魚必死、河也要腥臭、「埃及人」就要厭惡喫這河裡的水。

7:19「耶和華」曉諭（明白告知）「摩西」說、你對「亞倫」說、把你的杖伸在「埃及」所有的水以上、就是在他們的江、河、池、塘以上、叫水都變作血、在「埃及」遍地、無論在木器中、石器中、都必有血。

7:20「摩西」「亞倫」就照「耶和華」所吩咐的行、「亞倫」在「法老」和「臣僕」眼前舉杖擊打河裡的水、河裡的水、都變作血了。

7:21河裡的魚死了、河也腥臭了、「埃及人」就不能喫這河裡的水．「埃及」遍地都有了血。

7:22「埃及」行法術的、也用邪術照樣而行．「法老」心裡剛硬、不肯聽「摩西」「亞倫」、正如「耶和華」所說的。

7:23「法老」轉身進宮、也不把這事放在心上。

7:24「埃及人」都在河的兩邊挖地、要得水喝、因爲他們不能喝這河裡的水。

7:25「耶和華」擊打河以後滿了七天。

(2)蛙災：大量青蛙遍布「埃及」。

●《舊約聖經》出埃及記：

8:1「耶和華」吩咐「摩西」說、你進去見「法老」、對他說、「耶和華」這樣說、容我的「百姓」去、好事奉我。

8:2你若不肯容他們去、我必使「青蛙」糟蹋你的四境。

8:3河裡要滋生「青蛙」、這「青蛙」要上來進你的宮殿、和你的臥房、上你的床榻、進你「臣僕」的房屋、上你「百姓」的身上、進你的爐灶、和你的摶麵盆。

8:4又要上你和你「百姓」並你眾「臣僕」的身上。

8:5「耶和華」曉諭（明白告知）「摩西」說、你對「亞倫」說、把你的杖伸在江、河、池以上、使「青蛙」到「埃及」地上來。

8:6「亞倫」便伸杖在「埃及」的諸水以上、「青蛙」就上來遮滿了「埃及地」．

8:7行「法術」的也用他們的「邪術」照樣而行、叫「青蛙」上了「埃及地」。

8:8「法老」召了「摩西」「亞倫」來說、請你們求「耶和華」使這「青蛙」離開我和我的民、我就容「百姓」去祭祀「耶和華」。

8:9「摩西」對「法老」說、任憑你罷、我要何時爲你和你的「臣僕」、並你的「百姓」、祈求除滅「青蛙」離開你和你的宮殿、只留在河裡呢。

8:10他說、明天、「摩西」說、可以照你的話罷、好叫你知道沒有像「耶和華」我們　神的。

8:11「青蛙」要離開你和你的宮殿、並你的「臣僕」與你的「百姓」、只留在河裡。

8:12於是「摩西」「亞倫」離開「法老」出去．「摩西」爲攪害「法老」的「青蛙」呼求「耶和華」。

8:13「耶和華」就照「摩西」的話行、凡在房裡、院中、田間的「青蛙」都死了。

8:14衆人把「青蛙」聚攏成堆、遍地就都腥臭。

8:15但「法老」見災禍鬆緩、就硬著心不肯聽他們、正如「耶和華」所說的。

(3)虱災：「埃及人」身上布滿虱子。

●《舊約聖經》出埃及記：

8:16「耶和華」吩咐「摩西」說、你對「亞倫」說、伸出你的杖擊打地上的「塵土」、使「塵土」在「埃及」遍地變作「虱子」。(或作「虼蚤」下同)

8:17他們就這樣行．「亞倫」伸杖擊打地上的「塵土」、就在人身上和「牲畜」身上有了「虱子」、「埃及」遍地的「塵土」、都變成「虱子」了。

8:18行「法術」的也用「邪術」要生出「虱子」來、卻是不能．於是在人身上、和「牲畜」身上、都有了「虱子」。

8:19行「法術」的就對「法老」說、這是 神的手段．「法老」心裡剛硬、不肯聽「摩西」「亞倫」、正如「耶和華」所說的。

(4)蠅災：「蒼蠅」肆虐。

●《舊約聖經》出埃及記：

8:20「耶和華」對「摩西」說、你清早起來、「法老」來到水邊、你站在他面前、對他說、「耶和華」這樣說、容我的「百姓」去、好事奉我。

8:21你若不容我的「百姓」去、我要叫成群的「蒼蠅」到你和你「臣僕」、並你「百姓」的身上、進你的房屋．並且「埃及人」的房屋、和他們所住的地、都要滿了成群的「蒼蠅」。

8:22當那日我必分別我「百姓」所住的「歌珊地」、使那裡沒有成群的「蒼蠅」、好叫你知道我是天下的「耶和華」。

8:23我要將「我的百姓」和「你的百姓」分別出來．明天必有這「神蹟」。

8:24「耶和華」就這樣行、「蒼蠅」成了大群、進入「法老」的宮殿、和他「臣僕」的房屋．「埃及」遍地、就因這成群的「蒼蠅」敗壞了。

8:25「法老」召了「摩西」「亞倫」來、說、你們去、在這地祭祀你們的 神罷。

8:26「摩西」說、這樣行本不相宜、因爲我們要把「埃及人」所厭惡的祭祀「耶和華」我們的神．若把「埃及人」所厭惡的在他們眼前獻爲祭、他們豈不拿石頭打死我們麼。

8:27我們要往曠野去、走三天的路程、照著「耶和華」我們 神所要吩咐我們的、祭祀他。

8:28「法老」說、我容你們去在曠野祭祀「耶和華」你們的 神、只是不要走得很遠．求你們爲我祈禱。

8:29「摩西」說、我要出去求「耶和華」、使成群的「蒼蠅」明天離開「法老」、和「法老的臣僕」、並「法老的百姓」、「法老」卻不可再行詭詐、不容「百姓」去祭祀「耶和華」。

8:30於是「摩西」離開「法老」去求「耶和華」。

8:31「耶和華」就照「摩西」的話行、叫成群的「蒼蠅」離開「法老」、和他的「臣僕」、並他的「百姓」、一個也沒有留下。

8:32這一次「法老」又硬著心、不容「百姓」去。

⑸畜疫之災：「家畜」感染「瘟疫」死亡。

●《舊約聖經》出埃及記：

9:1「耶和華」吩咐「摩西」說、你進去見「法老」、對他說、「耶和華」「希伯來人的 神」這樣說、容我的「百姓」去、好事奉我。

9:2 你若不肯容他們去、仍舊強留他們。

9:3「耶和華」的手加在你田間的「牲畜」上、就是在馬、驢、駱駝、牛群、羊群上、必有重重的「瘟疫」。

9:4「耶和華」要分別「以色列的牲畜」和「埃及的牲畜」、凡屬「以色列人」的、一樣都不死。

9:5「耶和華」就定了時候、說、明天「耶和華」必在此地行這事。

9:6 第二天「耶和華」就行這事、「埃及的牲畜」幾乎都死了、只是「以色列人的牲畜」一個都沒有死。

9:7「法老」打發人去看、誰知、「以色列人的牲畜」連一個都沒有死‧「法老」的心卻是固執、不容「百姓」去。

⑹瘡災：成人長出起泡的疹子。

●《舊約聖經》出埃及記：

9:8 「耶和華」吩咐「摩西」「亞倫」說、你們取幾捧「爐灰」、「摩西」要在「法老」面前向天揚起來。

9:9 「這灰」要在「埃及全地」變作「塵土」、在人身上和「牲畜」身上、成了「起泡的瘡」。

9:10 「摩西」「亞倫」取了「爐灰」、站在「法老」面前．「摩西」向天揚起來、就在人身上和「牲畜」身上、成了「起泡的瘡」。

9:11 行「法術」的在「摩西」面前站立不住、因爲在他們身上、和一切「埃及人」身上、都有「這瘡」。

9:12 「耶和華」使「法老」的心剛硬、不聽他們、正如「耶和華」對「摩西」所說的。

(7)雹災：天降「冰雹」。

●《舊約聖經》出埃及記：

9:13 「耶和華」對「摩西」說、你清早起來、站在「法老」面前、對他說、「耶和華」「希伯來人」的 神、這樣說、容我的「百姓」去、好事奉我。

9:14 因爲這一次我要叫一切的災殃臨到你、和你「臣僕」、並你「百姓」的身上、叫你知道在普天下沒有像我的。

9:15 我若伸手用「瘟疫」攻擊你和你的「百姓」、你早就從地上除滅了。

9:16 其實我叫你存立、是特要向你顯我的大能、並要使我的名傳遍天下。

9:17 你還向我的「百姓」自高、不容他們去麼。

9:18到明天約在這時候、我必叫重大的「冰雹」降下、自從「埃及」開國以來、沒有這樣的「冰雹」。
9:19現在你要打發人把你的「牲畜」、和你田間一切所有的催進來、凡在田間不收回家的、無論是人是「牲畜」、「冰雹」必降在他們身上、他們就必死。
9:20「法老的臣僕」中懼怕「耶和華」這話的、便叫他的「奴僕」和「牲畜」、跑進家來。
9:21但那不把「耶和華」這話放在心上的、就將他的「奴僕」和「牲畜」、留在田裡。
9:22「耶和華」對「摩西」說、你向天伸杖、使「埃及」遍地的人身上、和「牲畜」身上、並田間各樣「菜蔬」上、都有「冰雹」。
9:23「摩西」向天伸杖、「耶和華」就打雷下雹、有火閃到地上、「耶和華」下雹在「埃及地」上。
9:24那時、「雹與火」攙雜、甚是利害、自從「埃及」成國以來、遍地沒有這樣的。
9:25在「埃及」遍地、雹擊打了田間所有的人和「牲畜」、並一切的「菜蔬」、又打壞田間一切的「樹木」。
9:26惟獨「以色列人」所住的「歌珊地」、沒有「冰雹」。
9:27「法老」打發人召「摩西」「亞倫」來、對他們說、這一次我犯了罪了、「耶和華」是公義的、我和我的「百姓」是邪惡的。
9:28這「雷轟」和「冰雹」已經夠了、請你們求「耶和華」、我就容你們去、不再留住你們。
9:29「摩西」對他說、我一出城、就要向「耶和華」舉手禱告、雷必止住、也不再有「冰雹」、叫你知道全地都是屬「耶和華」的。

9:30 至於你和你的「臣僕」、我知道你們還是不懼怕「耶和華」 神。

9:31 那時、「麻和大麥」被雹擊打、因爲「大麥」已經吐穗、麻也開了花。

9:32 只是「小麥」和「粗麥」沒有被擊打、因爲還沒有長成。

9:33 「摩西」離了「法老」出城、向「耶和華」舉手禱告、「雷和雹」就止住、雨也不再澆在地上了。

9:34 「法老」見「雨和雹與雷」止住、就越發犯罪、他和他的「臣僕」都硬著心。

9:35 「法老」的心剛硬、不容「以色列人」去、正如「耶和華」藉著「摩西」所說的。

⑻蝗災：「蝗蟲」布滿「埃及」。

● **《舊約聖經》出埃及記：**

10:1 「耶和華」對「摩西」說、你進去見「法老」、我使他和他「臣僕」的心剛硬、爲要在他們中間顯我這些「神蹟」。

10:2 並要叫你將我向「埃及人」所作的事、和在他們中間所行的「神蹟」、傳於你「兒子」和你「孫子」的耳中、好叫你們知道我是「耶和華」。

10:3 「摩西」「亞倫」就進去見「法老」、對他說、「耶和華」「希伯來人」的 神、這樣說、你在我面前不肯自卑、要到幾時呢、容我的「百姓」去、好事奉我。

10:4 你若不肯容我的「百姓」去、明天我要使「蝗蟲」進入你的境內。

10:5 遮滿地面、甚至看不見地、並且喫那「冰雹」所剩的、和田間所長的一切「樹木」。

10:6 你的宮殿和你衆「臣僕」的房屋、並一切「埃及人」的房屋、都要被「蝗蟲」占滿了、自從你「祖宗」和「你祖宗的祖宗」在世以來、直到今日、沒有見過這樣的災。「摩西」就轉身離開「法老」出去。

10:7 「法老的臣僕」對「法老」說、這人爲我們的網羅、要到幾時呢、容這些人去、事奉「耶和華」他們的 神罷．「埃及」已經敗壞了、你還不知道麼。

10:8 於是「摩西」「亞倫」被召回來見「法老」、「法老」對他們說、你們去事奉「耶和華」你們的 神、但那要去的是誰呢。

10:9 「摩西」說、我們要和我們「老的少的」、「兒子女兒」同去、且把「羊群牛群」一同帶去、因爲我們務要向「耶和華」守節。

10:10 「法老」對他們說、我容你們和你們婦人孩子去的時候、「耶和華」與你們同在罷．你們要謹慎、因爲有禍在你們眼前（或作「你們存著惡意」）。

10:11 不可都去、你們這「壯年人」去事奉「耶和華」罷、因爲這是你們所求的．於是把他們從「法老」面前攆出去。

10:12 「耶和華」對「摩西」說、你向「埃及」地伸杖、使「蝗蟲」到「埃及地」上來、喫地上一切的「菜蔬」、就是「冰雹」所剩的。

10:13 「摩西」就向「埃及」地伸杖、那一晝一夜、「耶和華」使「東風」颳在「埃及地」上、到了早晨、「東風」把「蝗蟲」颳了來。

10:14 「蝗蟲」上來、落在「埃及」的四境、甚是利害、以前沒有這樣的、以後也必沒有。

10:15 因爲這「蝗蟲」遮滿地面、甚至地都黑暗了、又喫地上一切的「菜蔬」、和「冰雹」所剩樹上的果子。」埃及」遍地、無論是「樹木」、是田間的「菜蔬」、連一點青的也沒有留下。

10:16 於是「法老」急忙召了「摩西」「亞倫」來、說、我得罪「耶和華」你們的 神、又得罪了你們。

10:17 現在求你、只這一次、饒恕我的罪、求「耶和華」你們的 神、使我脫離這一次的死亡。

10:18 「摩西」就離開「法老」去求「耶和華」。

10:19 「耶和華」轉了極大的「西風」、把「蝗蟲」颳起、吹入「紅海」、在「埃及」的四境連一個也沒有留下。

10:20 但「耶和華」使「法老」的心剛硬、不容「以色列人」去。

(9)黑暗之災：三天三夜不見太陽。

●《舊約聖經》出埃及記：

10:21 「耶和華」對「摩西」說、你向天伸杖、使「埃及地」黑暗、這黑暗似乎摸得著。

10:22 「摩西」向天伸杖、「埃及」遍地就烏黑了三天。

10:23 三天之久、人不能相見、誰也不敢起來離開本處、惟有「以色列人」家中都有亮光。

10:24 「法老」就召「摩西」來、說、你們去事奉「耶和華」、只是你們的羊群牛群要留下、你們的婦人孩子可以和你們同去。

10:25 「摩西」說、你總要把「祭物」和「燔祭牲」交給我們、使我們可以祭祀「耶和華」我們

的　神。

10:26 我們的「牲畜」也要帶去、連一蹄也不留下、因爲我們要從其中取出來、事奉「耶和華」我們的　神・我們未到那裡、還不知道用甚麼事奉「耶和華」。

10:27 但「耶和華」使「法老」的心剛硬、不肯容他們去。

10:28 「法老」對「摩西」說、你離開我去罷、你要小心、不要再見我的面、因爲你見我面的那日、你就必死。

10:29 「摩西」說、你說得好、我必不再見你的面了。

上帝「耶和華」已經在「埃及」降下九個「災難」但是「法老王」都不爲所動。因爲「法老王」的「意識」已經被上帝「耶和華」操縱控制，上帝「耶和華」使「法老」的心剛硬、不容許「以色列人」離去。

看來，「埃及十災」是上帝「耶和華」精心策畫的劇本，不如此做，不足以顯示上帝耶和華」的無所不能，要讓「埃及人」和「以色列人」都畏懼上帝「耶和華」，都要知道「順上帝則生，逆上帝則亡。」」。

最後，上帝「耶和華」執行第十災「殺長子之災」，包括「法老王」、所有「埃及」的家庭、「埃及」一切的牲畜和「被擄囚在監裡之人」的「長子」，全部被擊殺，可說是殺紅了眼，連魔鬼「撒但」都自嘆不如，孩子何辜，眞是殘忍，爲何不殺「法老王」的「長子」就好，效果是一樣的。

●《舊約聖經》出埃及記：

11:1 「耶和華」對「摩西」說、我再使一樣的「災殃」臨到「法老」和「埃及」、然後他必容你們離開這地．他容你們去的時候、總要催逼你們都從這地出去。

11:2 你要傳於「百姓」的耳中、叫他們男女各人向鄰舍要「金器銀器」。

11:3 「耶和華」叫「百姓」在「埃及人」眼前蒙恩、並且「摩西」在「埃及地」「法老臣僕」、和「百姓」的眼中、看爲極大。

11:4 「摩西」說、「耶和華」這樣說、約到「半夜」我必出去巡行「埃及遍地」。

11:5 凡在「埃及地」、從坐寶座的「法老」、直到磨子後的「婢女」所有的「長子」、以及一切「頭生的牲畜」、都必死。

11:6 「埃及遍地」必有大哀號、從前沒有這樣的、後來也必沒有。

11:7 至於「以色列」中、無論是人是「牲畜」、連狗也不敢向他們搖舌、好叫你們知道「耶和華」是將「埃及人」和「以色列人」分別出來。

11:8 你這一切「臣僕」都要俯伏來見我、說、求你和跟從你的「百姓」都出去、然後我要出去．於是「摩西」氣忿忿地離開「法老」出去了。

11:9 「耶和華」對「摩西」說、「法老」必不聽你們、使我的奇事在「埃及地」多起來。

11:10 「摩西」「亞倫」在「法老」面前行了這一切奇事、「耶和華」使「法老」的心剛硬、不容「以色列人」出離他的地。

「逾越節」是「猶太教」節日，是爲了紀念上帝「耶和華」在殺死「埃及」一切頭胎生物，並殺死「埃及人的長子」時，越過「以色列人的長子」而去。

「逾越節」的由來，就是根據《舊約聖經》第十二章的記載：「摩西」召了「以色列」的衆「長老」來，對他們說：「你們要按著家口取出羊羔，把這『逾越節』的『羊羔』宰了。拿一把『牛膝草』，蘸盆裡的血，打在『門楣』上和『左右的門框』上。你們誰也不可出自己的房門，直到『早晨』。因爲上帝『耶和華』要巡行擊殺『埃及人』，他看見血在『門楣』上和『左右的門框』上，就必『越過那門』，不容滅命的進你們的房屋，擊殺你們。

這個『定例』，你們要守著，作爲你們和你們子孫永遠的『定例』。日後，你們到了上帝『耶和華』按著所應許賜給你們的那地，就要守這禮。你們的兒女問你們說：『行這禮是甚麼意思？』你們就說：『這是獻給上帝「耶和華」逾越節的祭。當以色列人在埃及的時候，他擊殺埃及人，越過以色列人的房屋，救了我們各家。』」

下面就是「逾越節」由來的經文。

●《舊約聖經》出埃及記：

12:1 「耶和華」在「埃及地」曉諭（明白告知）「摩西」「亞倫」說。

12:2 你們要以本月爲正月、爲一年之首。

12:3 你們吩咐「以色列」全會衆說、本月初十日、各人要按著父家取「羊羔」、一家一隻。

12:4 若是一家的人太少、喫不了一隻「羊羔」、本人就要和他隔壁的鄰舍共取一隻、你們預備「羊羔」、要按著人數和飯量計算。

12:5 要無殘疾一歲的「公羊羔」、你們或從「綿羊」裡取、或從「山羊」裡取、都可以。

12:6 要留到本月十四日、在「黃昏」的時候、「以色列」全會衆把「羊羔」宰了。

12:7 各家要取點血、塗在喫羊羔的「房屋左右的門框」上、和「門楣」上。

12:8 當夜要喫「羊羔」的肉、用火烤了、與「無酵餅」和「苦菜」同喫。

12:9 不可喫生的、斷不可喫水煮的、要帶著頭、腿、五臟、用火烤了喫。

12:10 不可剩下一點留到早晨、若留到早晨、要用火燒了。

12:11 你們喫「羊羔」當腰間束帶、腳上穿鞋、手中拿杖、趕緊地喫、這是「耶和華」的「逾越節」。

12:12 因爲那夜我要巡行「埃及地」、把「埃及地」一切「頭生的」、無論是人是「牲畜」、都擊殺了・又要敗壞「埃及」一切的神、我是「耶和華」。

12:13 這血要在你們所住的房屋上作記號、我一見這血、就越過你們去、我擊殺「埃及地」頭生的時候、災殃必不臨到你們身上滅你們。

12:14 你們要記念這日、守爲「耶和華」的節、作爲你們世世代代永遠的「定例」。

12:15 你們要喫「無酵餅」七日・頭一日要把酵從你們各家中除去、因爲從頭一日起、到第七日爲止、凡喫「有酵之餅」的、必從「以色列」中剪除。

12:16 頭一日你們當有「聖會」、第七日也當有「聖會」、這兩日之內、除了預備各人所要喫的以外、無論何工、都不可作。

12:17 你們要守「無酵節」、因爲我正當這日把你們的「軍隊」從「埃及地」領出來、所以你們要守這日、作爲世世代代永遠的「定例」。

12:18 從正月十四日晚上、直到二十一日晚上、你們要喫「無酵餅」。

12:19 在你們各家中、七日之內不可有酵、因爲凡喫「有酵之物」的、無論是寄居的、是本地的、必從「以色列」的會中剪除。

12:20「有酵的物」、你們都不可喫、在你們一切住處要喫「無酵餅」。

12:21於是「摩西」召了「以色列」的衆「長老」來、對他們說、你們要按著家口取出「羊羔」、把這「逾越節」的「羊羔」宰了。

12:22拿一把「牛膝草」、蘸盆裡的血、打在「門楣」上、和「左右的門框」上・你們誰也不可出自己的房門直到「早晨」。

12:23因爲「耶和華」要巡行擊殺「埃及人」、他看見血在「門楣」上、和「左右的門框」上、就必越過那門、不容滅命的進你們的房屋、擊殺你們。

12:24這例你們要守著、作爲你們和你們子孫永遠的「定例」。

12:25日後你們到了「耶和華」按著所應許賜給你們的那地、就要守這禮。

12:26你們的兒女問你們說、行這禮是甚麼意思。

12:27你們就說、這是獻給「耶和華」「逾越節的祭」・當「以色列人」在「埃及」的時候、他擊殺「埃及人」、越過「以色列人」的房屋、救了我們各家。於是百姓低頭下拜。

12:28「耶和華」怎樣吩咐「摩西」「亞倫」、「以色列人」就怎樣行。

⑽殺長子之災：所有「埃及」家庭的「長子」，以及「埃及」一切頭生的牲畜都死亡。

● **《舊約聖經》出埃及記：**

12:29到了「半夜」、「耶和華」把「埃及地」所有的「長子」、就是從坐寶座的「法老」、直到「被擄囚在監裡之人的長子」、以及「一切頭生的牲畜」、盡都殺了。

12:30「法老」和一切「臣僕」、並衆人、「夜間」都起來了・在「埃及」有大哀號、無一家不死一個人的。

上帝「耶和華」在「埃及」降下「十災」，終於逼得「法老王」同意釋放「以色列人」，允許「摩西」帶領「以色列人」離開「埃及」。

●《舊約聖經》出埃及記：

12:31 夜間「法老」召了「摩西」「亞倫」來、說、起來。連你們帶「以色列人」、從我民中出去、依你們所說的、去事奉「耶和華」罷。

12:32 也依你們所說的、連「羊群牛群」帶著走罷、並要為我祝福。

12:33「埃及人」催促「百姓」、打發他們快快出離那地、因為「埃及人」說、我們都要死了。

12:34「百姓」就拿著「沒有酵的生麵」、把「摶麵盆」包在衣服中、扛在肩頭上。

12:35「以色列人」照著「摩西」的話行、向「埃及人」要「金器銀器」、和「衣裳」。

12:36「耶和華」叫「百姓」在「埃及人」眼前蒙恩、以致「埃及人」給他們所要的、他們就把「埃及人」的財物奪去了。

12:37「以色列人」從「蘭塞」起行、往「疏割」去・除了婦人孩子、步行的男人約有「六十萬」。

12:38 又有許多「閒雜人」、並有「羊群牛群」和他們一同上去。

12:39 他們用「埃及」帶出來的「生麵」、烤成「無酵餅」、這「生麵」原沒有發起、因為他們被催逼離開「埃及」、不能耽延、也沒有為自己預備甚麼食物。

12:40「以色列人」住在「埃及」共有「四百三十年」。
12:41 正滿了「四百三十年」的那一天、「耶和華」的「軍隊」都從「埃及地」出來了。
12:42 這夜是「耶和華」的夜、因「耶和華」領他們出了「埃及地」、所以當向「耶和華」謹守、是「以色列」眾人世世代代該謹守的。
12:43「耶和華」對「摩西」「亞倫」說、「逾越節的例」是這樣、「外邦人」都不可喫這「羊羔」。
12:44 但各人用銀子買的「奴僕」、既受了「割禮」、就可以喫。
12:45 寄居的、和雇工人、都不可喫。
12:46 應當在一個房子裡喫、不可把一點肉從房子裡帶到外頭去．「羊羔」的骨頭、一根也不可折斷。
12:47「以色列」全會眾都要守這禮。
12:48 若有「外人」寄居在你們中間、願向「耶和華」守「逾越節」、他所有的「男子」務要受「割禮」、然後纔容他前來遵守、他也就像本地人一樣．但未受「割禮」的、都不可喫這「羊羔」。
12:49「本地人」和寄居在你們中間的「外人」、同歸一例。
12:50「耶和華」怎樣吩咐「摩西」「亞倫」、「以色列」眾人就怎樣行了。
12:51 正當那日、「耶和華」將「以色列人」按著他們的「軍隊」、從「埃及地」領出來。
13:17「法老」容「百姓」去的時候、「非利士地」的道路雖近、 神卻不領他們從那裡走、因

爲 神說、恐怕「百姓」遇見「打仗」後悔、就回「埃及」去。

13:18 所以 神領「百姓」繞道而行、走「紅海」曠野的路．「以色列人」出「埃及地」、都帶著「兵器」上去。

13:19「摩西」把「約瑟的骸骨」一同帶去、因爲「約瑟」曾叫「以色列人」嚴嚴的起誓、對他們說、 神必眷顧你們、你們要把我的「骸骨」從這裡一同帶上去。

13:20 他們從「疏割」起行、在曠野邊的「以倘」安營。

13:21 日間「耶和華」在「雲柱」中領他們的路、「夜間」在「火柱」中光照他們、使他們日夜都可以行走。

13:22「日間雲柱」、「夜間火柱」、總不離開「百姓」的面前。

14:1「耶和華」曉諭（明白告知）「摩西」說。

14:2 你吩咐「以色列人」轉回、安營在「比哈希錄」前、「密奪」和海的中間、對著「巴力洗分」靠近海邊安營。

14:3「法老」必說、「以色列人」在地中繞迷了、曠野把他們困住了。

14:4 我要使「法老」的心剛硬、他要追趕他們、我便在「法老」和他「全軍」身上得榮耀、「埃及人」就知道我是「耶和華」．於是「以色列人」這樣行了。

果然，如同上帝「耶和華」所說，「法老王」恨快的又反悔了，就預備他的車輛，帶領軍兵同去追回，離去不久的「以色列人」，我們繼續看下去。

●《舊約聖經》出埃及記：

14:5 有人告訴「王」說、「百姓」逃跑、「法老」和他的「臣僕」就向「百姓」變心、說、我們容「以色列人」去不再服事我們、這作的是甚麼事呢。

14:6 「法老」就預備他的車輛、帶領軍兵同去。

14:7 並帶著六百輛特選的車、和「埃及」所有的車、每輛都有「車兵長」。

14:8 「耶和華」使「埃及王法老」的心剛硬、他就追趕「以色列人」、因爲「以色列人」是昂然無懼的出「埃及」。

14:9 「埃及人」追趕他們・「法老」一切的馬匹、車輛、馬兵、與軍兵、就在海邊上靠近「比哈希錄」對著「巴力洗分」、在他們安營的地方追上了。

14:10 「法老」臨近的時候、「以色列人」舉目看見「埃及人」趕來、就甚懼怕、向「耶和華」哀求。

14:11 他們對「摩西」說、難道在「埃及」沒有墳地、你把我們帶來死在曠野麼、你爲甚麼這樣待我們、將我們從「埃及」領出來呢。

14:12 我們在「埃及」豈沒有對你說過、不要攪擾我們、容我們服事「埃及人」麼、因爲服事「埃及人」比死在曠野還好。

14:13 「摩西」對百姓說、不要懼怕、只管站住、看「耶和華」今天向你們所要施行的救恩、因爲你們今天所看見的「埃及人」、必永遠不再看見了。

14:14 「耶和華」必爲你們爭戰、你們只管靜默、不要作聲。

14:15 「耶和華」對「摩西」說、你爲甚麼向我哀求呢、你吩咐「以色列人」往前走。

14:16 你舉手向海伸杖、把水分開。「以色列人」要下海中走「乾地」。

14:17 我要使「埃及人」的心剛硬、他們就跟著下去、我要在「法老」和他的全軍、車輛、馬兵上得榮耀。

14:18 我在「法老」、和他的車輛、馬兵上、得榮耀的時候、「埃及人」就知道我是「耶和華」了。

14:19 在「以色列營」前行走　「神的使者（天使）」、轉到他們後邊去、「雲柱」也從他們前邊轉到他們後邊立住。

14:20 在「埃及營」和「以色列營」中間有「雲柱」、一邊「黑暗」、一邊「發光」、終夜兩下不得相近。

14:21 「摩西」向海伸杖、「耶和華」便用大東風、使海水一夜退去、水便分開、海就成了「乾地」。

14:22 「以色列人」下海中走「乾地」、水在他們的左右作了「牆垣」。

14:23 「埃及人」追趕他們、「法老」一切的馬匹、車輛、和馬兵、都跟著下到海中。

14:24 到了「晨更」的時候、「耶和華」從「雲火柱」中向「埃及」的「軍兵」觀看、使「埃及的軍兵」混亂了。

14:25 又使他們的車輪脫落、難以行走、以致「埃及人」說、我們從「以色列人」面前逃跑罷、因「耶和華」爲他們攻擊我們了。

14:26 「耶和華」對「摩西」說、你向海伸杖、叫水仍合在「埃及人」並他們的車輛、馬兵身上。

14:27「摩西」就向海伸杖、到了天一亮、海水仍舊復原、「埃及人」避水逃跑的時候、「耶和華」把他們推翻在海中。

14:28 水就回流、淹沒了車輛、和馬兵・那些跟著「以色列人」下海「法老的全軍」、連一個也沒有剩下。

14:29「以色列人」卻在海中走「乾地」、水在他們的左右作了「牆垣」。

14:30 當日「耶和華」這樣拯救「以色列人」脫離「埃及人」的手、「以色列人」看見「埃及人」的死屍都在海邊了。

14:31「以色列人」看見「耶和華」向「埃及人」所行的大事、就敬畏「耶和華」、又信服他和他的僕人「摩西」。

（三）《古蘭經》裡的「出埃及記」

看完《舊約聖經》的「出埃及記」後，再來看《古蘭經》的「出埃及記」，「讀者們」就看的懂了經文在說什麼了。因為，《古蘭經》敍述的「出埃及記」，零散片斷，零星而不完整，而且散落在各章節裡。所以，沒有事先閱讀過《舊約聖經》的「出埃及記」，「讀者們」絕對不知道《古蘭經》的「出埃及記」到底在說什麼？

「摩西」，「伊斯蘭教」稱作「穆撒」，是公元前十三世紀時，「猶太人」的民族領袖，「猶太教徒」認為他是「猶太教」的創始者。他在「亞伯拉罕諸教」（猶太教、基督教、伊斯蘭教）裡，都被認為是極為重要的「先知」。按照「以色列人」的傳說《摩西五經》是由「摩西」所書寫的。

我把《古蘭經》各章節裡，有關「摩西」和出埃及記」的經文分類成三個重點來閱讀：

(1)「眞主（上帝『耶和華』）」遴選「穆薩（摩西）」做「先知」，帶領「以色列人」脫離「埃及人」的奴役。

(2)《古蘭經》的「出埃及記」

(3)「眞主（上帝『耶和華』）」對「穆薩（摩西）」的敘述，表示「眞主（上帝『耶和華』）」對「穆薩（摩西）」是非常重視的。

如此，「讀者們」就可以讀通《古蘭經》。

(1)「眞主（上帝『耶和華』）」遴選「穆薩（摩西）」做「先知」，帶領「以色列人」脫離「埃及人」的奴役。

● **《古蘭經》第二章 黃牛（巴格勒）：**

2:67. 當時，「穆薩（摩西）」對他的「宗族」說：「『眞主（上帝「耶和華」）』的確命令你們宰一頭牛。」他們說：「你愚弄我們嗎？」他說：「我求『眞主（上帝「耶和華」）』保佑我，以免我變成愚人。」

2:68. 他們說：「請你替我們請求你的主爲我們說明那頭牛的情狀。」他說：「我的主說：那頭牛確是不老不少，年齡適中的。你們遵命而行吧！」

2:69. 他們說：「請你替我們請求你的主爲我們說明那頭牛的毛色。」他說：「我的主說：那頭牛毛色純黃，見者喜悅。」

2:70. 他們說：「請你替我們請求你的主爲我們說明那頭牛的情狀，因爲在我們看來，牛都是相似的，如果眞主意欲，我們必獲指導。」

2:71. 他說：「我的主說：那頭牛不是受過訓練的，既不耕田地，又不轉水車，確是全美無斑的。」他們說：「現在你揭示眞相了。」他們就宰了那頭牛，但非出自願。

●《古蘭經》第十九章 麥爾彥（聖母瑪利亞）：

19:51. 你應當在這部經典裡提及「穆薩（摩西）」，他確是純潔的，確是「使者（使徒）」，確是「先知」。

19:52. 我從那座山的右邊召喚他，我叫他到我這裡來密談。

19:53. 我爲了慈愛而把他哥哥「先知」「哈倫（亞倫）」給他做助手。

●《古蘭經》第二十章 塔哈：

奉至仁至慈的眞主（上帝「耶和華」）之名

20:1. 塔哈。

20:2. 我降《古蘭經》給你，不爲使你辛苦。

20:3. 卻爲教誨「敬畏者」。

20:4. 是降自創造大地和蒼穹者的。

20:5. 至仁主已升上寶座了。

20:6. 凡在天上地下的，在天地之間的，在地底下的，都是他的。

20:7. 如果你高聲說話，那末「眞主（上帝『耶和華』）」的確知道「祕密」的和更隱微的事情。

20:8. 除「眞主（上帝『耶和華』）」外，絕無應受「崇拜者」，他有許多最美的名號。

20:9. 你已聽到「穆薩（摩西）」的故事了嗎？

20:10. 當時，他看見一處「火光」，就對他的「家屬」說：「你們稍留一下，我確已看見一處火了，也許我拿一個火把來給你們，或許我在有火的那裡發現『嚮導』。」

20:11. 他來到那個火的附近，就有聲音喊叫說：「穆薩（摩西）啊！」

20:12. 我確是你的主，你脫掉你的鞋子吧，你確是在聖谷「杜瓦」中。

20:13. 我確已挑選你，你應當傾聽啟示：

20:14. 我確是「眞主（上帝『耶和華』）」，除我外，絕無應受「崇拜者」。你應當崇拜我，當爲紀念我而謹守「拜功（禮拜）」。

20:15. 「復活（末日）」時，確是要來臨的，我幾乎要隱藏它，以便每個人都因自己的行爲而受報酬。

20:16. 不信「復活（末日）」時而順從「私欲者」，不要讓他阻止你信仰「復活（末日）」時，以致你滅亡。

20:17. 「穆薩（摩西）」啊！在你右手裡的是什麼？

20:18. 他說：「這是我的手杖，我拄著它，我用它把樹葉擊落下來給我的羊吃，我對於它還有別的許多需要。」

20:19. 主說：「『穆薩（摩西）』啊！你把它扔下。」

20:20. 他就把它扔下了，它忽然變成了「一條蜿蜒的蛇」。

20:21.主說：「你捉住它，不要怕，我將使它還原。」

20:22.「你把手放在懷裡，然後抽出來，手變成雪白的，但是沒有什麼疾病，那是另一種『跡象』。

20:23.我指示你我的最大『跡象』。

20:24.你去見『法老』，他確是暴虐無道的。」

20:25.他說：「我的主啊！求你使我的心情舒暢，

20:26.求你使我的事業順利，

20:27.求你解除我的『口吃』，

20:28.以便他們瞭解我的話。

20:29.求你從我的『家屬』中爲我任命一個『助手』——

20:30.我的哥哥『哈倫（亞倫）』——

20:31.讓他相助我，

20:32.使他與我同事，

20:33.以便我們多讚頌你，

20:34.多紀念你。

20:35.你確是明察我們的。」

20:36.主說：「『穆薩（摩西）』啊！你所請求的事，已賞賜你了。」

20:37.在別的時候，我曾照顧你。

20:38. 當時，我給你「母親」以應有的啟示。

20:39. 說：「你把他放在一個『箱子』裡，然後把那個『箱子』放在河裡，河水要把它漂到岸邊，而我的一個敵人——也是他的敵人——將收養他。」我把從我發出的慈愛賞賜你，以便你在我的監護之下受撫育。

20:40. 當時，你的「姐姐」走去說：「我指示你們一個養育他的人，好嗎？」我就把你送還你「母親」，以便她愉快而不憂愁。你曾殺了一個人，而我拯救你脫離憂患，我曾以許多折磨考驗你。你曾在「麥德彥人（古代阿拉伯部落）」之間逗留了許多年。「穆薩（摩西）」啊！然後，你依前定而來到這裡。

20:41. 我爲自己而挑選你。

20:42. 你和你的「哥哥」，帶著我的許多「跡象」去吧！你倆對於紀念我絕不可怠慢。

20:43. 你倆到「法老」那裡去，他確是暴虐無道的。

20:44. 你倆對他說話要溫和，或許他會記取教誨，或者有所畏懼。

20:45. 他倆說：「我們的主啊！我們的確怕他粗暴地傷害我們，或更加暴虐無道。」

20:46. 主說：「你倆不要怕，我的確同你倆在一起，我聽著，而且看著。」

20:47. 你倆去他那裡就說：「我倆確是你的主的『使者（使徒）』，所以請你讓『以色列的後裔』同我倆一道去，請你不要虐待他們。我們已經把你的主的一種『跡象』帶來給你了；遵守正道者，得享和平。

20:48. 我們確已奉到啟示說：否認而且『背棄者』，將受刑罰。」

20:49.他說：「『穆薩（摩西）』啊！誰是你倆的主？」

20:50.他說：「我們的主，是天性賦予萬物，而加以引導的。」

20:51.他說：「以往各世紀的情況是怎樣的？」

20:52.他說：「關於他們的知識，在我的主那裡記錄在一本書中。我的主，既不錯誤，又不疏忽。」

20:53.他爲你們以大地爲搖籃，他爲你們在大地上開闢許多道路，他從雲中降下雨水，而借雨水生產各種植物。

20:54.你們可以吃那些植物，可以放牧你們的「牲畜」。對於「有理智者」，此中確有許多「跡象」。

20:55.我從大地創造你們，我使你們複返於大地，我再一次使你們從大地復活。

20:56.我確已指示他我所有的一切「跡象」，而他加以否認，不肯「通道（信神）」。

●**《古蘭經》第二十一章　衆先知（安比雅）**：

21:48.我確已賞賜「穆薩（摩西）」和「哈倫（亞倫）」證據和光明，以及「敬畏者」的紀念；

21:49.「敬畏者」在祕密中敬畏他們的主，他們是爲「復活（末日）」時而恐懼的。

21:50.這是我所降示的吉祥的紀念，難道你們否認它嗎？

●**《古蘭經》第二十六章　衆詩人（抒爾拉）**：

26:10.當日，你的主召喚「穆薩（摩西）」（說）：「你去教化那『不義（不信神）』的民衆。

26:11.卽『法老的民衆』。他們怎麼不敬畏『眞主（上帝「耶和華」）』呢？」

26:12. 他說：「我的主啊！我的確怕他們否認我。
26:13. 以至我煩悶『口吃』，所以求你派遣『哈倫（亞倫）』（一道去）。
26:14. 他們曾加罪於我，我怕他們殺害我。」
26:15. 主說：「絕不如此，你倆帶著我的『跡象』去吧！我確是與你們在一起傾聽（你們辯論）的。
26:16. 你倆到『法老』那裡去說：『我們確是全世界的主的「使者（使徒）」』」

● 《古蘭經》第二十七章　螞蟻（奈木勒）：

27:7. 當日，「穆薩（摩西）」曾對他的家屬說：「我確已看見一處『火光』，我將從有火的地方帶一個『消息』來給你們，或拿一個『火把』給你們烤火。」
27:8. 他到了那個火的附近，就有聲音喊叫他說：「在火的附近和四周的人，都蒙福佑。讚頌『眞主（上帝「耶和華」）』——全世界的主，超絕萬物。
27:9. 『穆薩（摩西）』啊！我確是『眞主（上帝「耶和華」）』——萬能的、至睿的主。
27:10. 你拋下你的『手杖』吧！」當他看見那條「手杖」蜿蜒如蛇時，就轉臉逃避，不敢回顧。「穆薩（摩西）」啊！不要畏懼，「使者（使徒）」們在我這裡，確是不畏懼的。
27:11. 既行「不義（不信神）」，然後「改過從善者」除外，我（對於他）確是至赦的，確是至慈的。
27:12. 你把手插入你的懷中，然後，抽出來它將白亮亮的。確無惡疾。這是派你去昭示「法老」和他的「百姓」的「九種跡象」之一。他們確是「有罪的民眾」。

27:13. 我的許多明顯「跡象」降臨他們的時候，他們說：「這是明顯的『魔術』。」

27:14. 他們的內心承認那些「跡象」，但他們為「不義（不信神）」和傲慢而否認它。你看「擺弄是非者」的結局是怎樣的。

●《古蘭經》第二十八章 故事（改賽素）：

奉至仁至慈的眞主之名

28:1. 塔，辛，米目。

28:2. 這些是明白的經典的節文。

28:3. 我本著眞理，爲通道的民衆而對你敍述「穆薩（摩西）」和「法老」的事蹟。

28:4. 「法老」確已在國中傲慢，他把「國民」分成許多「宗派」，而欺負其中的一派人；屠殺他們的「男孩」，保全他們的「女孩」。他確是傷風敗俗的。

28:5. 我要把恩典賞賜給「大地」上受欺負的人，我要以他們爲表率，我要以他們爲「繼承者」。

28:6. 我要使他們在「大地」上得勢，我要昭示「法老」、「哈曼（古埃及法老的大牧師和大祭司）」和他們倆的「軍隊」，對於這些被欺負者的提防的事。

28:7. 我曾啓示「穆薩（摩西）」的「母親」（說）：「你應當哺乳他，當你怕他受害的時候，你把他投在河裡，你不要畏懼，不要憂愁，我必定要把他送還你，我必定要任命他爲『使者（使徒）』。」

28:8. 「法老」的「侍從」曾拾取了他，以致他成爲他們的敵人和憂患。「法老」、「哈曼（古埃及法老的大牧師和大祭司）」和他倆的「軍隊」，確是錯誤的。

28:9.「法老的妻子」說：「（這）是我和你的慰籍。你們不要殺他，也許他有利於我們，或者我們把他收爲『義子』。」（他們聽從她的話），他們不知不覺。

28:10.「穆薩（摩西）」的「母親」的心，變成空虛的。若不是我使她安下心來，以使她成爲「通道（信神）」的人，她幾乎暴露眞情了。

28:11.她對他的「姐姐」說：「你追著他去吧。」她就遠遠地窺測他，他們毫不知覺。

28:12.以前，我禁止他吃任何人的奶，他的「姐姐」就說：「我介紹你們一家人，替你們養育他，他們是忠於他，好嗎？」

28:13.於是，我把他送還他的「母親」，以便她獲得慰藉，不再憂愁，而且知道「眞主（上帝『耶和華』）」的應許是眞實的，但他們大半不知道。

28:14.當他體格強壯，智力健全的時候，我賞賜他智慧和學識。我要這樣報酬善人。

28:15.乘城裡的人疏忽的時候，他走進城來，並在城裡發現了兩個人正在爭鬥，這個是屬於他的「宗族」，那個是屬於他的「敵人」，屬於「同族」的人要求他幫著對付他的「敵人」，「穆薩（摩西）」就把那「敵人」一拳打死。他說：「這是由於『惡魔』的誘惑，『惡魔』確是迷人的明敵。」

28:16.他說：「我的主啊！我確已自欺了，求你饒恕我吧。」「眞主（上帝『耶和華』）」就饒恕了他，他確是至赦的，確是至慈的。

28:17.他說：「我的主啊！我借你所賜我的恩典而求你保佑我，我絕不做犯罪者的『助手』。」

28:18. 次日早晨，他在城裡戰戰兢兢的。昨日向他求救的那個人忽然又向他高聲求救。「穆薩（摩西）」對他說：「你確是明顯的迷誤者。」

28:19. 當他欲撲擊他倆的「敵人」的時候，求救的那個人說：「『穆薩（摩西）』啊！你要像昨日殺人樣殺我嗎？你只想做這地方的『暴虐者』，卻不想做『調解者』。」

28:20. 有一個人，從城的極遠處忙來說：「『穆薩（摩西）』啊！『臣僕』們的確正在商議要殺你，你快出走吧。我確是忠於你的。」

28:21. 他就從城裡戰戰兢兢地逃出來了，他說：「我的主啊！求你使我脫離『不義（不信神）』的民衆。」

28:22. 當他已趨向「麥德彥人（古代阿拉伯部落）」的時候，他說：「我的主也許指示我正道。」

28:23. 當他來到「麥德彥人（古代阿拉伯部落）」的泉邊的時候，他看見有一群人在那裡飲羊，他發現除他們外還有兩女子，攔著她們倆的羊群。他說：「你們倆爲什麼這樣呢？」她倆說：「我們要到『牧人』們使他們的羊離開泉水，才得飲我們的羊，我們的『父親』是一位『龍鍾的老人』。」

28:24. 他就替她倆飲羊，然後退到樹蔭下，他說：「我的主啊！我確需求你所降給我的任何福利的。」

28:25. 那兩個女子中的一個，羞澀地來對他說：「我的『父親』的確要請你去，要酬謝你替我們飲羊的功勞。」當他來到他面前，並且告訴他自己的實情的時候，他說：「你不要畏懼，你已脫離『不義（不信神）』的民眾了。」

28:26.那兩個女子中的一個說：「我的『父親』啊！請你雇用他。你最好雇用這個又強壯又忠實的人。」

28:27.他說：「我必定以我的這兩個女兒中的一個嫁給你，但你必須替我做八年工。如果你做滿十年，那是你自願的，我不願苛求於你。如果眞主意欲，你將發現我是一個『善人』。」

28:28.他說：「這是我與你所訂的合同，我無論做滿那一個期限對於我都不可有過分的要求。『眞主（上帝「耶和華」）』是監察我們的約言的。」

28:29.當「穆薩（摩西）」已做滿期限，而帶著他的「家屬」旅行的時候，他看見那座山的這邊有一處「火光」，他對他的「家屬」說：「你們等待一下，我確已看見一處『火光』，也許我從『火光』的那裡帶一個『消息』來給你們，或帶一個『火把』來給你們烤火。」

28:30.他已來到那個「火光」的附近，山谷的右岸上，有叢林的吉祥處，發出呼聲說：「『穆薩（摩西）』啊！我確是『眞主（上帝「耶和華」）』——全世界的主。

28:31.你拋下你的『手杖』吧。」他看見那條「手杖」蜿蜒如蛇，就轉臉退避，不敢轉回去。「『穆薩（摩西）』，你走向前來，不要畏懼，你確是安全的。

28:32.你把你的手插入懷中，它將白亮亮地抽出來，卻無惡疾。你為恐怖而把你的手縮回去吧。這兩件是你的主所降示『法老』和他的『臣僕』們的『證據』，他們確是『放蕩的民眾』。」

28:33.他說：「我的主啊！我確已殺過他們中的一個人，所以我怕他們殺我。

28:34. 我的哥哥『哈倫（亞倫）』，口才比我好，求你派他同我去，做我的『助手』，證實我的使命；我的確怕他們否認我。」

28:35. 「眞主（上帝『耶和華』）」說：「我將以你的『哥哥』助你一臂之力，我要給你們倆一種權力，所以他們不能傷害你們倆。你們倆和順從你們倆的，將借我的『跡象』而爲『勝利者』。」

●《古蘭經》第三十七章　列班者（薩法特）：

37:114. 我確已施恩於「穆薩（摩西）」和「哈倫（亞倫）」。

37:115. 我曾使他們倆及其「宗族」，得免於大難。

37:116. 我曾援助他們，所以他們是「勝利者」。

37:117. 我授予他們倆詳明的經典。

37:118. 我指引他們倆正直的道路。

37:119. 我使他們倆的令名，永存于後代。

37:120. 祝「穆薩（摩西）」和「哈倫（亞倫）」平安！

37:121. 我必定要這樣報酬「行善者」。

37:122. 他們倆確是我的「通道（信神）」的「僕人」。

●《古蘭經》第六十一章　列陣（蒜弗）：

61:5. 當時，「穆薩（摩西）」曾對他的「宗族」說：「我的『宗族』啊！你們既知道我是『眞主（上帝「耶和華」）』派來教化你們的『使者（使徒）』，你們爲什麼誹謗我呢？」當他們背離正道的時候，「眞主（上帝『耶和華』）」使他們的心背離眞理；「眞主（上帝『耶和華』）」是不引導悖逆的民衆的。

● **《古蘭經》第七十九章　急掣的（那寂阿特）：**

79:15.「穆薩（摩西）」的故事已來臨你了嗎？

79:16.當時，他的主，曾在「聖谷杜」窪中召喚他說：

79:17.「你到『法老』那裡去吧！他確是悖逆的。

79:18.你對他說：『你願意成爲純潔的人嗎？

79:19.你願意我引導你認識你的主，而你畏懼他嗎？』」

79:20.他把那最大的「跡象」昭示了「法老」。

79:21.但他否認，而且違抗。

(2)《古蘭經》的「出埃及記」

● **《古蘭經》第七章　高處（艾耳拉弗）：**

7:100. 繼「先民之後而爲『大地』的『主人公』的人們，假若我意欲，我必因他們的罪惡而懲治他們；並且封閉他們的心，故他們不聽勸諫。難道他們不明白這個道理嗎？

7:101. 這些城市，我已把它們的部分故事告訴了你。各民族的『使者（使徒）』，確已用許多明證昭示『本』族的人；但他們不會相信自己以前所否認的。」眞主（上帝「耶和華」）就這樣封閉「不通道（不信神）」者的心。

7:102. 我沒有發現他們大半是履行約言的，我卻發現他們大半是犯罪的人。

7:103. 後來，我派遣「穆薩（摩西）」帶著我的許多「跡象」，去見「法老」和他的「眾公卿」，但他們不肯信那些「跡象」，你看看「作惡者」的結局是怎樣的！
7:104. 「穆薩（摩西）」說：「『法老』啊！我確是全世界的主所派遣的『使者（使徒）』。
7:105. 我只應該借『眞主（上帝「耶和華」）』的名義而宣言眞理。我確已從你們的主那裡給你們帶來了一個明證，所以，你應該釋放『以色列的後裔』，讓他們同我一起離去。」
7:106. 他說：「如果你已帶來了一種『跡象』，你就把它拿出來吧，如果你是誠實的人。」
7:107. 他就拋下他的「手杖」，那條「手杖」忽然變成「一條蟒」。
7:108. 他抽出他的手來，那只手在觀眾的眼前忽然顯出「白光」。
7:109. 「法老」的「百姓」中的「眾領袖」說：「這確是一個高明的『術士』。
7:110. 他想把你們逐出國境。你們有何見教呢？」
7:111. 他們說：「請你寬容他和他『哥哥』，並派『招募員』往各城市去。
7:112. 他們會把所有高明的『術士』都召到你御前來。」
7:113. 「術士」們來見「法老」，他們說：「如果我們獲勝，我們會得到報酬嗎？」
7:114. 他說：「是的，你們必定屬於親信之列。」
7:115. 他們說：「『穆薩（摩西）』啊！你先拋（你的手杖）呢，還是我們先拋（我們的）呢？」
7:116. 他說：「你們先拋吧！」當他們拋下去時，（變出的「大蛇」）眩惑了眾人的眼睛，而且使人們恐怖。他們施展了「大魔術」。

7:117. 我啟示「穆薩（摩西）」說：「你拋出你的手杖吧。」於是，那條手杖立刻消滅了他們所幻化的（大蛇）。
7:118. 於是，眞理昭著，而他們所演的「魔術」變成無用的。
7:119. 「法老」等當場敗北，一變而爲「屈辱者」。
7:120. 「術士」們不由己地拜倒下去。
7:121. 他們說：「我們已信仰全世界的主。
7:122. 即『穆薩（摩西）』和『哈倫（亞倫）』的主。」
7:123. 「法老」說：「沒有獲得我的許可，你們怎麼就信仰了他呢？這一定是你們在城裡預謀的，想借此把這城裡的居民驅逐出去；不久你們就會知道了。
7:124. 我一定要交互著砍掉你們的手腳，然後，我必定把你們統統釘死在『十字架』上。」
7:125. 他們說：「我們確要返於我們的主。
7:126. 你無非是責備我們信仰了我們的主所降示的『跡象』。我們的主啊！求你把堅忍傾注在我們心中，求你在我們順服的情狀下使我們死去。」
7:127. 「法老」的「百姓」中的「衆領袖」說：「難道你要任隨『穆薩（摩西）』和他的『宗族』在地方上作惡，並拋棄你和你的『衆神靈』嗎？」他說：「我們要屠殺他們的『兒子』，保全他們的婦女，我們確是統治他們的。」
7:128. 「穆薩（摩西）」對他的「宗族」說：「你們要求助於『眞主（上帝「耶和華」）』，要忍受虐待；大地確是『眞主（上帝「耶和華」）』的，他使他意欲的『臣僕』繼承它；優美的結局只歸『敬畏者』。」

7:129. 他們說：「你到來之前，我們受虐待，你到來之後，我們仍然受虐待！」他說：「你們的主，或許會毀滅你們的仇敵，而以你們爲這地方的代治者，看看你們是怎樣工作的。」

7:130. 我確已用「荒年」和「歉收」去懲治「法老的臣民」，以便他們覺悟。

7:131. 當「幸福」降臨他們的時候，他們說：「這是我們所應得的。」當「災難」降臨他們的時候，他們則歸咎於「穆薩（摩西）」及其「教徒」們的不祥。眞的，他們的「厄運」是在「眞主（上帝『耶和華』）」那裡註定的，只是他們大半不知道罷了！

7:132. 他們說：「無論你拿什麼『跡象』來迷惑我們，我們絕不信仰你。」

7:133. 故我使「水災、蝗蟲、虱子、青蛙、血液」等作爲「明證」去磨難他們。但他們自大，他們是「犯罪的民衆」。

7:134. 當他們遭遇「天災」的時候，他們說：「『穆薩（摩西）』啊！你的主與你有約在先，請你祈禱他，如果你能替我們消除『天災』，那末，我們就一定信仰你，一定釋放『以色列的後裔』，讓他們同你去。」

7:135. 當我替他們暫時消除「災難」的時候，他們忽然「背約」了。

7:136. 於是，我懲治了他們，使他們沉淪在海裡，因爲他們否認我的「跡象」，並且忽視它。

7:137. 我使被欺負的民衆，繼承了我曾降福其中的土地的四境。「以色列的後裔」，能忍受虐待，故你的主對他們的最佳「諾言」已完全實現了；我毀滅了「法老」和他的「百姓」所構造的，和他們所建築的。

7:138. 我曾使「以色列後裔」渡過海去。當他們經過一夥「崇拜偶像的民眾」時，他們說：「『穆薩（摩西）』啊！請你爲我們設置一個『神靈』，猶如他們有許多『神靈』一樣。」他說：「你們確是無知的民眾。

7:139. 那些人所『崇拜的神靈』是要被毀滅的，他們所行的『善功』是無效的。」

7:140. 他說：「『眞主（上帝「耶和華」）』曾使你們超越全世界，我怎能捨『眞主（上帝「耶和華」）』而替你們別求『神靈』呢？」

7:141. 當時，我使你們脫離「法老的臣民」，他們使你們遭受酷刑，屠殺你們的兒子，保全你們的女子。此中有從你們的主降下的大難。

● **《古蘭經》第十章 優努斯：**

10:75. 在他們之後，我曾派遣「穆薩（摩西）」和「哈倫（亞倫）」帶著我的許多「跡象」，去教化「法老」和他的「顯貴」，但他們自大，他們是「犯罪的民眾」。

10:76. 當從我這兒發出的「眞理」降臨他們的時候，他們說：「這確是明顯的『魔術』。」

10:77. 「穆薩（摩西）」說：「難道你們這樣評論已降臨你們的『眞理』嗎？這難道是『魔術』嗎？『術士』是不會成功的。」

10:78. 他們說：「你到我們這裡來，想使我們拋棄我們的『祖先的宗教』，而讓你們倆稱尊于國中嗎？我們絕不會歸信你們的。」

10:79. 「法老」說：「你們把一切高明的『術士』都召來見我吧！」

10:80. 當「術士」們來到的時候，「穆薩（摩西）」對他們說：「你們要拋出什麼就快拋出來吧！」

10:81.當他們拋出來的時候，「穆薩（摩西）」說：「你們所表演的確是『魔術』，『眞主（上帝「耶和華」）』必使它無效，必定不相助『破壞者』的工作。」

10:82.「眞主（上帝『耶和華』）」將以他的「言語」證實「眞理」，卽使「犯罪的人」不願意。

10:83.歸信「穆薩（摩西）」的只有他「本族的苗裔」；他們害怕「法老」和他們「本族頭目」們迫害他們。「法老」在地方上確是高傲的，確是過分的。

10:84.「穆薩（摩西）」說：「我的『宗族』啊！如果你們信仰『眞主（上帝「耶和華」）』，你們就應當只信賴他，如果你們是歸順的。」

10:85.他們說：「我們只信賴『眞主（上帝「耶和華」）』。我們的主啊！求你不要讓『不義（不信神）』的民衆迫害我們。

10:86.求你以你的慈恩而使我們脫離『不通道（不信神）』的民衆。」

10:87.我曾啟示「穆薩（摩西）」和他「哥哥」說：「你們倆當爲自己的『宗族』而在『埃及』建造些『房屋』，你們應當以自己的『房屋』爲『禮拜』的地方，你們應當謹守『拜功（禮拜）』，你應當向『信士』們報喜。」

10:88.「穆薩（摩西）」說：「我們的主啊！你把各種『裝飾品』和今世生活的各種財產給予『法老』和他的『貴族』們——我們的主啊！——以致他們使民衆背離你的大道。我們的主啊！求你毀掉他們的財產，求你封閉他們的心。但願他們『不通道（不信神）』，直到看見痛苦的刑罰。」

10:89.主說：「你們倆的『祈禱』確已被應承了，故你們倆應當繼續『傳道』，你們倆不要遵循『無知者』的道路。」

10:90.我曾使「以色列人」渡海，於是「法老」和他的「軍隊」殘暴地追趕他們，直到他將被淹死的時候，他才說：「我確信，除『以色列人』所歸信者外，絕無應受崇拜的；同時，我是一個『順服者』。」

●《古蘭經》第十一章 呼德：

11:96.我確已派遣「穆薩（摩西）」帶著我的許多「跡象」和「明證」去。

11:97.教化「法老」及其「貴族」，但他們順從「法老」的命令，而「法老」的命令不是正確的。

11:98.在「復活日（末日）」，「法老」將引導他的「百姓」，而將他們引入「火獄」，他們所進入的那個地方真惡劣。

11:99.他們在今世受「詛咒」，在「復活日（末日）」也遭受「詛咒」。他們所受的援助真惡劣！

●《古蘭經》第十四章 易卜拉欣：

14:5. 我確已派遣「穆薩（摩西）」帶著我的許多「跡象」去，（我說）：「你把你的『宗族』從重重黑暗中引入光明吧。你應當以『真主（上帝「耶和華」）』的一些『紀念日』提醒他們。」對於每個「堅忍者」和「感恩者」，此中確有許多「跡象」。

14:6. 當時，「穆薩（摩西）」曾對他的「宗族」說：「你們應當銘記『眞主（上帝「耶和華」）』賜給你們的恩典，他曾使你們脫離『法老』的臣民。他們使你們遭受酷刑，屠殺你們的『男子』，留下你們的『女子』，此中有從你們的主降下的大難。」

14:7. 當時，你們的主曾宣布說：「如果你們感謝，我誓必對你們恩上加恩；如果你們忘恩負義，那末，我的刑罰確是嚴厲的。」

14:8. 「穆薩（摩西）」說：「如果你們和『大地上的人』統統都忘恩負義，（也無損于『眞主（上帝「耶和華」）』，因爲『眞主（上帝「耶和華」）』確是無求的，確是可頌的。」

14:9. 你們以前的「民族」——「努哈（挪亞）」的「宗族」、「阿德人（古代的阿拉伯部落）」、「賽莫德人（古代阿拉伯的民族）」和他們以後的人，只有「眞主（上帝『耶和華』）」能知道他們——難道這等人的消息沒有來臨你們嗎？他們族中的「使者（使徒）」昭示他們許多「明證」，但他們把自己的手指插入口內，說：「我們必定不信你們所奉的『使命』，我們對於你們所宣傳的事情，確是在使人不安的疑惑之中。」

14:10. 他們族中的「使者（使徒）」說：「難道對於『眞主（上帝「耶和華」）』——天地的『創造者』——還有懷疑嗎？他號召你們行善，以便他饒恕你們的罪過，並對你們緩刑到一個定期。」他們說：「你們只是像我們一樣的凡人，你們欲阻止我們崇拜『我們的祖先所崇拜的（偶像）』，你們昭示我們一個明證吧！」

14:11. 他們族中的一個「使者（使徒）」對他們說：「我們只是像你們一樣的凡人，但『眞主（上帝「耶和華」）』施恩于他所意欲的『僕人』。我們不該昭示你們任何『明證』，除非奉『眞主（上帝「耶和華」）』的命令，『通道（信神）』者只信託『眞主（上帝「耶和華」）』。

14:12.我們怎能不信託『眞主（上帝「耶和華」）』呢？他確已引導我們走上正道。我們誓必忍受你們的折磨，讓『信託者』只信託『眞主（上帝「耶和華」）』。」

14:13.「不通道（不信神）」者對他們族中的「使者（使徒）」說：「我們誓必把你們驅逐出境，或者你們誓必改信我們的宗教！」他們的主就啟示他們說：「我誓必毀滅『不義（不信神）』者。

14:14.我誓必使你們在他們毀滅之後居住他們的地方。這是畏懼站在我面前（受審訊），而且畏懼我的恫嚇者所得享受的。」

● 《古蘭經》第十七章 夜行（伊斯拉）：

17:101.當「穆薩（摩西）」來臨「以色列人」的時候，我確已賞賜「穆薩（摩西）」九種明顯的「跡象」。你問一問「以色列人」吧，「法老」對他說：「『穆薩（摩西）』啊！我的確猜想你是中了『魔術』的人。」

17:102.他說：「你確實知道，只有『天地的主』能降示這些作爲『明證』。『法老』啊！我的確猜想你是要毀滅的。」

17:103.他要把他們逐出境外，但我使他和他的「軍隊」統統淹死。

17:104.在他滅亡之後，我對「以色列人」說：「你們居住這個地方吧！當後世的約期來臨的時候，我要把你們雜遝地召集來。」

●《古蘭經》第二十章 塔哈：

20:57.他說：「『穆薩（摩西）』啊！你到我們這裡來，想借你的『魔術』把我們逐出國境嗎？

20:58.我們必定在你面前表演同樣的『魔術』。你在一個互相商量的地方，在我們和你之間，訂一個約期，我們和你大家都不爽約。」

20:59.他說：「你們的約期定在節日，當眾人在早晨集合的時候。」

20:60.「法老」就轉回去，如集他的「謀臣」，然後他來了。

20:61.「穆薩（摩西）」對他們說：「你們眞該死，你們不要誣衊『眞主（上帝「耶和華」）』，以免他用刑罰毀滅你們；誣衊『眞主（上帝「耶和華」）』者，確已失敗了。」

20:62.他們爲這件事，議論紛紛，並且隱匿他們的議論；

20:63.他們說：「這兩個確是『術士』，想用『魔術』把你們逐出國境，並且廢除你們的最完善的制度。

20:64.所以，你們應當決定你們的計策，然後結隊而來，今天占上風的，必定成功。」

20:65.他們說：「『穆薩（摩西）』啊！是你先拋你的傢伙呢？還是我們先拋呢？」

20:66.他說：「還是你們先拋吧！」他們的繩子和拐杖，在他看來，好像是因他們的「魔術」而蜿蜒的。

20:67.「穆薩（摩西）」就心懷畏懼。

20:68.我說：「你不要怕，你確是占優勢的。

20:69.你拋下你右手裡的『拐杖』，它就會吞沒了他們所造作的。他們所造作的，只是『術士』的『法術』；『術士』們無論幹什麼總是不成功的。」

20:70.於是，「術士」們拜倒下去，他們說：「我們已歸信『哈倫（亞倫）』和『穆薩（摩西）』的主了。」

20:71.「法老」說：「在我允許你們之前，你們就信奉他們了嗎？他必定是你們的『頭子』，他把『魔術』傳授你們，所以我誓必交互著砍掉你們的手和腳，我誓必把你們釘死在『椰棗樹幹』上，你們必定知道我們倆誰的刑罰更嚴厲，更長久。」

20:72.他們說：「我們絕不願挑選你而拋棄已降臨我們的『明證』和創造我們的『主宰』。你要怎麼辦就怎麼辦吧！你只能在今世生活中任意而爲。

20:73.我們確已信仰我們的主，以便他赦免我們的過失，和在你的強迫下我們表演『魔術』的罪行。『眞主（上帝「耶和華」）』（的賞賜）是更好的，（他的刑罰）是更久的。」

20:74.犯罪而來見主者，必入「火獄」，在「火獄」裡，不死也不活。

20:75.「通道（信神）」行善而來見主者，得享最高的品級。

20:76.——常住的「樂園」，下臨諸河，而永居其中。那是純潔者的報酬。

20:77.我確已啟示「穆薩（摩西）」說：「你在夜間率領著我的僕人們去旅行，你爲他們在海上開闢一條旱道，你不要怕追兵出，也不要怕淹死。」

20:78.「法老」統領他的「軍隊」，趕上他們，遂爲海水所淹沒。

20:79.「法老」把他的「百姓」領入歧途，他未將他們引入正路。

●《古蘭經》第二十六章 衆詩人（抒爾拉）：

26:17. 請你釋放「以色列的後裔」，讓我倆帶他們去。

26:18.「法老」說：「難道我們沒有在我們的家中把你自幼撫養成人，而且你在我們家中逗留過許多年嗎？

26:19. 你曾幹了你所幹的那件事，你是忘恩的。」

26:20. 他說：「當日，我不懂事地幹了那件事。

26:21. 我就畏懼你們，而逃避你們，隨後，我的主把智慧賞賜我，並且派我爲『使者（使徒）』。

26:22. 你責備我忘恩，你所謂的恩是你曾奴役『以色列的後裔』。」

26:23.「法老」說：「全世界的主是什麼？」

26:24. 他說：「他是天地萬物的主，如果你們是確信者。」

26:25.「法老」對他左右的人說：「你們怎麼不傾聽呢？」

26:26. 他說：「（他是）你們的主，也是你們『祖先的主』。」

26:27.「法老」說：「奉命來教化你們的這位『使者（使徒）』，確是一個『瘋子』。」

26:28. 他說：「（他是）『東方』和『西方』，以及介乎『東西方』之間的主，如果你們能瞭解。」

26:29.「法老」說：「如果你捨我而敬事『別的神靈』，我誓必使你變成一個『囚犯』。」

26:30. 他說：「要是我昭示你一個明證呢？」

26:31.「法老」說：「如果你是說實話的，你就昭示一個『明證』吧！」
26:32.他就扔下他的「手杖」，那條「手杖」忽然變成「一條蟒」。
26:33.他把他的手抽出來，那只手在觀眾的眼前忽然顯得白亮亮的。
26:34.「法老」對他左右的「貴族」們說：「這確是一個高明的『術士』。
26:35.他想憑他的『魔術』，把你們逐出國境，你們有什麼建議呢？」
26:36.他們說：「請你寬限他和他『哥哥』，並派『徵募員』到各城市去。
26:37.他們會把所有高明的『術士』都召到你這裡來。」
26:38.一般「術士」們在指定的日期，依指定的時間被集合起來。
26:39.有人對「民眾」說：「你們集合起來了嗎？
26:40.如果『術士』們得勝，我們或許順從他們。」
26:41.「術士」們到來的時候，他們對「法老」說：「如果我們得勝，我們必受報酬嗎？」
26:42.他說：「是的，在那時，你們必蒙寵倖。」
26:43.「穆薩（摩西）」對他們說：「你們可以拋下你們所要拋的東西。」
26:44.他們就拋下了他們的繩和杖，他們說：「指『法老』的權力發誓，我們必然得勝。」
26:45.「穆薩（摩西）」就扔下他的「手杖」，那條「手杖」忽然吞下了他們所幻化的（大蛇）。
26:46.「術士」們就拜倒下去。
26:47.他們說：「我們已信仰全世界的主——

26:48.『穆薩（摩西）』和『哈倫（亞倫）』的主。」

26:49.「法老」說：「我還沒有允許你們，你們就信仰他們了嗎？他必是你們的『頭目』，他傳授你們的『魔術』，你們不久就知道，我必交互著砍你們的手和腳，我必將你們全體釘在『十字架』上。」

26:50.他們說：「那也沒什麼，我們將歸於我們的主。

26:51.我們的確渴望我們的主赦宥我們的過失，因爲我們是首先歸信的。」

26:52.我曾啟示「穆薩（摩西）」（說）：「你在夜間率領我的『衆僕』而旅行，你們確是被追趕的。」

26:53.「法老」派遣「徵募者」到各城市去。

26:54.他說：「這些人確是一小撮人。

26:55.他們確是激怒了我，

26:56.我們確是謹慎的團體。」

26:57.我就使他們離開許多「園圃」和「源泉」。

26:58.財寶和高貴的住所。

26:59.（事情）是像那樣的。我使「以色列的後裔」繼承它。

26:60.敵人在日出時趕上他們。

26:61.當兩軍相望的時候，「穆薩（摩西）」的「同夥」們說：「我們勢必要被敵人追上。」

26:62.他說：「絕不會的！我的主同我在一起，他將引導我。」

26:63. 我啟示「穆薩（摩西）」說：「你應當用你的『手杖』擊海。」海就裂開，每一部分，像一座「大山」。

26:64. 在那裡，我讓那些人逼近（他們）。

26:65. 我拯救「穆薩（摩西）」和他的「全體夥伴」。

26:67. 此中確有一種「跡象」，但他們大半不是「通道（信神）」者。

26:68. 你的主確是萬能的，確是至慈的。

● **《古蘭經》第二十八章　故事（改賽素）：**

28:36. 當「穆薩（摩西）」已帶著我的許多明顯的「跡象」來到他們面前的時候，他們說：「這個只是捏造的『魔術』，我們沒有聽見在我們的祖先（的時代）有這件東西。」

28:37. 「穆薩（摩西）」說：「我的主知道誰帶來了從他那裡降臨的正道，誰得享受後世的善果。『不義（不信神）』的人必定不會成功。」

28:38. 「法老」說：「『臣僕』們啊！我不知道除我外還有別的『神靈』。『哈曼（古埃及法老的大牧師和大祭司）』啊！你應當替我『燒磚』，然後替我建築一座高樓，也許我得窺見『穆薩（摩西）』的『主宰』。我的確猜想他是一個『說謊者』。」

28:39. 他和他的「軍隊」，在國中妄自尊大，他們猜想自己不被召歸於我。

28:40. 我就懲治他和他的「軍隊」，把他們投入海中。你看看「不義（不信神）」者的結局是怎樣的。

28:41. 我以他們為召人於「火獄」的「罪魁」，「復活日（末日）」，他們將不獲援助。

28:42. 在今世我使詛罵追隨他們；「復活日（末日）」，他們的面目將變成醜惡的。

40:23. 我確已派遣「穆薩（摩西）」帶著我的「跡象」和「明」證。

●《古蘭經》第四十章　赦宥者（阿斐爾）：

40:24. 去教化「法老」、「哈曼（古埃及法老的大牧師和大祭司）」和「戈倫（「摩西」的族人）」，但他們說：「他是謬妄的『術士』。」

40:25. 他把從我這裡發出的「眞理」昭示他們的時候，他們說：「你們當殺戮與他一同『通道（信神）』者的『兒子』，只留下他們的『女兒』。」「不通道（不信神）」者的計策，只在迷誤中。

40:26. 「法老」說：「你們讓我殺死『穆薩（摩西）』！叫他祈禱他的主去吧！我的確怕他改變你們的『宗教』，或在國內作亂。」

40:27. 「穆薩（摩西）」說：「我確已求庇於我的主，亦即你們的主，免遭不信淸算日的一切自大者的侵害。」

40:28. 「法老」族中一個祕密歸信的「信士」說：「一個人把從你們的主發出的『明證』昭示你們，並說『我的主是「眞主（上帝『耶和華』）」』，你們就要殺戮他嗎？如果他是一個『說謊者』，那末，他自受謊言之害；如果他是一個『誠實者』，那末，他所用以恫嚇你們的『災難』，將有一部分來臨你們，『眞主（上帝「耶和華」）』必定不引導過分的常說『謊言者』。

40:29. 我的『宗族』啊！今日『國權』只歸你們，你們在國中稱雄。如果『眞主（上帝「耶和華」）』的刑罰來臨，那末，誰助我們抵抗它呢？」「法老」說：「我只以我的主張指示你們，我只引導你們走上正道。」

40:30.「通道（信神）」者說：「我的『宗族』啊！我的確怕你們遭遇前人所遭遇的『災難』。

40:31.如『努哈（挪亞）』的『宗族』、『阿德人（古代的阿拉伯部落）』、『賽莫德人（古代阿拉伯的民族）』、以及在他們之後的人所遭受的災禍一樣。『眞主（上帝「耶和華」）』是不欲虧枉衆僕的。

40:32.我的『宗族』啊！我的確爲你們擔心互相呼叫之日。

40:33.在那日，你們將轉身退後，而沒有任何『保護者』能使你們不受『眞主（上帝「耶和華」）』的懲罰。『眞主（上帝「耶和華」）』使誰迷誤，誰沒有嚮導。

40:34.以前，『優素福（約瑟）』確已將許多『明證』昭示你們，但你們對他所昭示你們的『明證』，依然在疑惑中，直到他死去的時候，你們還說：『在他之後，「眞主（上帝耶和華』）」絕不會再派遣任何「使者（使徒）」了。』『眞主（上帝「耶和華」）』這樣使過分的『懷疑者』迷誤。」

40:35.沒有眞憑實據，而爭論「眞主（上帝『耶和華』）」的「跡象」者，據「眞主（上帝『耶和華』）」和「信士」看來，是很討厭的。「眞主（上帝『耶和華』）」這樣封閉一切自大的「高傲者」的心。

40:36.「法老」說：「『哈曼（古埃及法老的大牧師和大祭司）』啊！你爲我建造一座高樓，或許我能找到若干線索——

40:37.天上的線索，因而能窺見『穆薩（摩西）』的『神靈』；我確信他是一個『說謊者』。」「法老」的惡行，這樣迷惑了自己，妨礙了他走上正道。「法老」的計策，只歸於毀滅。

40:38.那個「歸信者」又說：「我的『宗族』啊！你們順從我，我就把你們引上正道。

40:39.我的『宗族』啊！今世的生活，只是一種享受，後世才是安宅。

40:40.『作惡者』只受同樣的惡報；行善而且『通道（信神）』的『男子』和『女子』，將入『樂園』，受無量的供給。

40:41.我的『宗族』啊！怎麼我召你們於得渡，而你們卻召我於『火獄』呢？

40:42.你們教我不要信『眞主（上帝「耶和華」）』，而以我所不知的事物配他；我卻要教你們崇拜萬能的至赦的主。

40:43.其實，你們召我去崇拜的東西，在今世和後世，都不能應答任何祈禱。我們的歸宿是『眞主（上帝「耶和華」）』，過分者必是『火獄』的居民。

40:44.你們將來會想起我對你們說的話。我把我的事情委託『眞主（上帝「耶和華」）』，確是明察『衆僕』的。」

40:45.「眞主（上帝『耶和華』）」保護他免遭他們所計謀的禍害，並以嚴刑降於「法老的宗族」。

40:46.他們朝夕受「火刑」。「復活（末日）」時來臨之日，或者將說：「你們讓『法老的宗族』進去受最嚴厲的刑罰吧！」

40:47.那時他們在「火獄」中互相爭論，「懦弱者」對「自大者」說：「我們確已做過你們的

『順從者』，你們能替我們解除一部分『火刑』嗎？」

40:48.「自大者」說：「我們大家的確都在『火獄』中，『眞主（上帝「耶和華」）』確已替『衆僕』判決了。」

40:49.在「火獄」裡的人對「管理火獄的天神（天使）」說：「請你們祈禱你們的主，求他給我們減輕一日的刑罰。」

40:50.他們說：「難道你們族中的『使者（使徒）』，沒有昭示你們若干『明證』嗎？」他們說：「不然！」「天神（天使）」們說：「你們祈禱吧！但『不通道（不信神）』者的祈禱只在迷誤中。」

40:51.我必定援助我的衆「使者（使徒）」和衆「信士」，在今世生活中，和在衆見證起立之日——

40:52.「不義（不信神）」者的托詞無裨於他們之日，他們將遭棄絕，他們將受後世的刑罰。

40:53.我確已將正道賜予「穆薩（摩西）」，我確已使「以色列的後裔」繼承《天經（舊約聖經）》。

40:54.用作有心靈的嚮導和教誨。

40:55.故你當堅忍，「眞主（上帝『耶和華』）」的應許，確是眞實的。你應當爲你的過失而求饒，你應當朝夕讚頌你的主。

●**《古蘭經》第四十三章　金飾（助赫魯弗）**：

43:46.我確已派遣「穆薩（摩西）」帶著我的許多「跡象」，去教化「法老」和他的「貴族」

們，他說：「我確是全世界的主的『使者（使徒）』。」

43:47.當他把我的許多「跡象」昭示他們的時候，他們立刻嘲笑那些「跡象」。

43:48.我所昭示他們的「跡象」。一件比一件大。我曾以「刑罰」懲治他們，以便他們悔悟。

43:49.他們曾說：「『術士』啊！請你爲我們祈禱你的主，因爲他曾與你訂約的緣故，我們必定要遵循正道。」

43:50.當我解除他們所遭的「刑罰」的時候，他們立刻「爽約」。

43:51.「法老」曾喊叫他的「百姓」說：「我的『百姓』啊！『密斯爾（埃及）』的『國權』，和在我腳下奔流的江河，不都是我的嗎？難道你們看不見？

43:52.難道我不是比這卑賤而且含糊的人更強嗎？

43:53.怎麼沒有黃金的手鐲，加在他的手上呢？或者是衆『天神（天使）』同他接踵降臨呢？」

43:54.他曾鼓動他的「百姓」，他們就服從他；他們確是「悖逆者」。

43:55.當他們觸犯我的時候，我懲治他們，故使他們統統淹死。

43:56.我以他們爲後世的鑒戒。

●《古蘭經》第五十一章　播種者（達理雅特）：

51:38.在「穆薩（摩西）」的故事裡也有一種「跡象」。當時，我曾派遣他帶著一件「明證」去見「法老」。

51:39.但「法老」因有勢力故背棄「穆薩（摩西）」，他說：「這是一個『術士』，或是一個『瘋人』。」

51:40. 所以我懲治他和他的「軍隊」，而將他們投入海中，他是受責備的。

(3)「眞主（上帝『耶和華』）」對「穆薩（摩西）」的敍述，表示「眞主（上帝『耶和華』）」對「穆薩（摩西）」是非常重視的。

●《古蘭經》第二章 黃牛（巴格勒）：

2:87. 我確已把經典賞賜「穆薩（摩西）」，並在他之後繼續派遣許多「使者（使徒）」，我把許多「明證」賞賜給「麥爾彥（聖母馬利亞）」之子「爾撒（耶穌）」，並以「玄靈（聖靈）」扶助他。難道每逢「使者（使徒）」把你們的私心所不喜愛的東西帶來給你們的時候，你們總是妄自尊大嗎？一部分「使者（使徒）」，被你們加以否認；一部分「使者（使徒）」，被你們加以殺害。

●《古蘭經》第二章 黃牛（巴格勒）：

2:108. 你們想請問你們的「使者（使徒）」，像以前他們請問「穆薩（摩西）」一樣嗎？以「正信」換取「迷誤」的人，確已迷失「正道」了。

●《古蘭經》第二章 黃牛（巴格勒）：

2:246. 你不知道「穆薩（摩西）」死後「以色列人」中的「領袖」嗎？當時他們對一個同族的「先知」說：「請你替我們立一個『國王』，我們就爲『主道』而戰鬥。」他說：「如果戰鬥成爲你們的『定制』，你們會不戰鬥嗎？」他們說：「我們已被敵人逐出故鄉，父子離散，我們怎能不爲『主道』而戰鬥呢？」戰鬥已成爲他們的「定制」的時候，他們除少數人外，都違背命令了。「眞主（上帝『耶和華』）」是全知「不義（不信神）」的人的。

2:247. 他們的「先知」對他們說：「『眞主（上帝「耶和華」）』確已爲你們立『塔魯特（古代以色列國王）』爲『國王』了。」他們說：「他怎麼配做我們的『國王』呢？我們是比他更配做『國王』的，況且他沒有豐富的財產。」他說：「『眞主（上帝「耶和華」）』確已選他爲你們的『領袖』，並且加賜他淵博的學識和健壯的體魄。』『眞主（上帝「耶和華」）』常常把『國權』賞賜自己所意欲的人。『眞主（上帝「耶和華」）』是寬大的，全知的。」

2:248. 他們的「先知」對他們說：「他的『國權』的『跡象』，是『約櫃』降臨你們，『約櫃』裡有從主降下的寧靜，與『穆薩（摩西）』的『門徒』和『哈倫（亞倫）』的『門徒』的遺物，衆『天神（天使）』載負著它。對於你們，此中確有一種『跡象』，如果你們是『信士』。」

●《古蘭經》第三章　儀姆蘭的家屬（阿黎儀）：

3:84. 你說：「我們確信『眞主（上帝「耶和華」）』，確信我們所受的啟示，與『易卜拉欣（亞伯拉罕）』，『易司馬儀（以實瑪利）』，『易司哈格（以撒）』，『葉爾孤白（雅各）』和各支派所受的啟示，與『穆薩（摩西）』，『爾撒（耶穌）』和衆『先知』所受賜於他們的主的『經典』，我們對於他們中的任何一人，都不加以歧視，我們只歸順他。」

3:85. 捨「伊斯蘭教」尋求「別的宗教」的人，他所尋求的「宗教」，絕不被接受，他在後世，是虧折（損失虧耗的人）的。

●《古蘭經》第四章婦女（尼薩儀）：

4:164. 我確已派遣許多「使者（使徒）」，他們中有我在以前已告訴你的，有我未告訴你的。「眞主（上帝『耶和華』）」曾與「穆薩（摩西）」對話。

●《古蘭經》第五章　筵席（馬以代）：

5:20. 當時，「穆薩（摩西）」對他的「宗族」說：「我的『宗族』呀！你們當記憶『眞主（上帝「耶和華」）』所賜你們的恩典，當時，他在你們中派遣許多『先知』，並使你們人人自主，而且把沒有給過全世界任何人的（恩典）給了你們。

5:21. 我的『宗族』呀！你們當進『眞主（上帝「耶和華」）』所爲你們註定的『聖地』，你們不可敗北；否則，你們要變成虧折（損失虧耗的人）的人。」

5:22. 他們說：「『穆薩（摩西）』呀！『聖地』中，的確有一個強大的種族，我們絕不進去，直到他們出來。如果他們出來，我們必定進去。」

5:23. 「敬畏者」當中有兩個人，曾蒙「眞主（上帝『耶和華』）」的恩惠，他們倆說：「你們從城門進攻他們吧！你們攻進城門的時候，必能戰勝他們。你們只應該信託『眞主（上帝「耶和華」）』，如果你們是『信士』的話。」

5:24. 他們說：「『穆薩（摩西）』啊！他們在『聖地』的期間，我們絕不進去。你和你的主去作戰吧！我們必定要坐在這裡。」

5:25. 他說：「我的主啊！除我自己和我『哥哥』外，我不能作主，我求你使我們和『犯罪的民衆』分開。」

5:26. 「眞主（上帝『耶和華』）」說：「在四十年內，他們不得進入『聖地』，他們要漂泊在曠野；故你不要哀悼『犯罪的民衆』。」

● **《古蘭經》第六章　牲畜（艾奈阿姆）**：

6:84. 我賞賜他「易司哈格（以撒）」和「葉爾孤白（雅各）」，每個人我都加以引導。以前，我曾引導「努哈（挪亞）」，還引導過他的後裔「達五德（大衛）」、「素萊曼（所羅門）」、「安優蔔（約伯）」、「優素福（約瑟）」、「穆薩（摩西）」、「哈倫（亞倫）」，我這樣報酬行善的人。

● **《古蘭經》第六章　牲畜（艾奈阿姆）**：

6:91. 他們對於「眞主（上帝『耶和華』）」沒有眞正的認識，當時，他們說：「『眞主（上帝『耶和華』）』沒有把任何物降示給任何人。」你說：「誰降示了『穆薩（摩西）』所傳授的、可以做世人的光明和嚮導的《天經（舊約聖經）》呢？你們把那部《天經（舊約聖經）》抄錄在一些『散紙』上，你們發表一部分，隱藏大部分。你們曾受過自己和祖先所未認識的教訓。」你說：「是「眞主（上帝『耶和華』）」。」然後，任隨他們在妄言中遊戲。

● **《古蘭經》第六章　牲畜（艾奈阿姆）**：

6:154. 我把「經典」賞賜了「穆薩（摩西）」，以完成我對「行善者」的恩惠，並解釋一切「律例」，以作嚮導，並示慈恩，以便他們確信將來要與他們的主會見。

6:155. 這是我所降示的吉祥的「經典」，故你們當遵守它，並當敬畏主，以便你們蒙主的憐憫。

●《古蘭經》第十一章　呼德：

11:17.難道這等人還不如別的人嗎？他們依據從他們的主降示的「明證」，而且他們的主所派遣的「見證」已繼那「明證」而來臨，在那「明證」之前還有「穆薩（摩西）」的「經典」，那是「眞主（上帝『耶和華』）」所降賜的指南和慈恩。這等人是堅信那「明證」的。各黨派中誰不信那「明證」，「火獄」將是誰的約定的地方。所以你們不要懷疑它，它確是你的主所降示的「眞理」，但人們大半不信。

●《古蘭經》第十七章　夜行（伊斯拉）：

17:2.我把「經典」賞賜「穆薩（摩西）」，並用作「以色列的子孫」的嚮導。我說：「你們不要捨我而採取任何『監護者』！」

●《古蘭經》第二十二章　朝覲（哈只）：

22:43.「易卜拉欣（亞伯拉罕）」的「宗族」、「魯特（羅得）」的「宗族」。

22:44.「麥德彥人（古代阿拉伯部落）」；「穆薩（摩西）」也曾否認過。我優容「不通道（不信神）」者，隨後我懲治了他們；我的譴責是怎樣的呢？

22:45.有許多城市居民「不義（不信神）」，而我毀滅他們，地上屋頂尚存，並且有若干被遺棄的水井和被建成的大廈。

●《古蘭經》第二十三章　信士（慕米農）：

23:49.我確已把《天經（舊約聖經）》賞賜「穆薩（摩西）」，以便他們遵循正道。

●《古蘭經》第二十五章　準則（弗爾幹）：

25:35. 我確已把「經典」賞賜「穆薩（摩西）」，並且任命他的哥哥「哈倫（亞倫）」做他的「助手」。

25:36. 我說：「你倆去教化那些否認我的『跡象』的『民衆』。」我終於毀滅了他們。

●**《古蘭經》第三十二章　叩頭（賽直德）：**

32:23. 我確已把「經典」賞賜「穆薩（摩西）」，所以你們對於接受「經典」，不要陷於猶豫中，我曾以那部「經典」爲「以色列後裔」的嚮導。

●**《古蘭經》第三十三章　同盟軍（艾哈薩布）：**

33:7. 當日，我與衆「先知」訂約，與你和「努哈（挪亞）」、「易卜拉欣（亞伯拉罕）」、「穆薩（摩西）」、「麥爾彥（聖母馬利亞）」之子「爾撒（耶穌）」訂約，我與他們訂莊嚴的盟約。

●**《古蘭經》第三十三章　同盟軍（艾哈薩布）：**

33:69. 「信士」們啊！你們不要仿效冤誣「穆薩（摩西）」的人們。「眞主（上帝『耶和華』）」已爲他洗雪冤誣，據「眞主（上帝『耶和華』）」看來，他是有面子的。

●**《古蘭經》第四十一章　奉綏來特：**

41:45. 我確已把《天經（舊約聖經）》授予「穆薩（摩西）」，但衆人爲那「天經」而分歧，假若沒有一句話從你的主預先發出，他們必受裁判。他們對於它，確是在疑慮之中。

●**《古蘭經》第四十二章　協商（舒拉）：**

42:13. 他已爲你們制定正教，就是他所命令「努哈（挪亞）」的、他所啟示你的、他命令「易卜拉欣（亞伯拉罕）」、「穆薩（摩西）」和「爾撒（耶穌）」的宗教。你們應當謹守「正教」，不要為「正教」而分門別戶。「以物配主（崇拜偶像）」的人們，以為你所教導他們的事是難堪的。「眞主（上帝『耶和華』）」將他所意欲者招致於「正教」，將歸依他者引導於「眞理」。

●《古蘭經》第四十六章　沙丘（艾哈嘎弗）：

46:12. 在它之前，有「穆薩（摩西）」的「經典」，做世人的準繩和恩惠。這是一本「阿拉伯文的經典」，能證實以前的《天經（舊約聖經）》，以便它警告「不義（不信神）」的人們，並做「行善者」的佳音。

●《古蘭經》第四十六章　沙丘（艾哈嘎弗）：

46:30. 他們說：「我們的『宗族』啊！我們確已聽見一本在『穆薩（摩西）』之後降示的『經典』，它能證實以前的《天經（舊約聖經）》，能指引眞理和正路。」

●《古蘭經》第五十三章　星宿（奈智姆）：

53:36. 難道沒有人告訴過他「穆薩（摩西）」的「經典」。

53:37. 和履行誡命的「易卜拉欣（亞伯拉罕）」的「經典」中所記載的事情嗎？

53:38. 一個「負罪者」，不負別人的罪。

53:39. 各人只得享受自己的勞績；

53:40. 他的勞績，將被看見。

●《古蘭經》第八十七章　至尊（艾爾拉）：

87:18. 這確是載在「古經典」中的。

87:19. 載在「易卜拉欣（亞伯拉罕）」和「穆薩（摩西）」的「經典」中的。

十二、「以色列人」拜「金牛犢」

（一）《舊約聖經》裡的「拜金牛犢」

「金牛犢」是當「摩西」上「西乃山」領受「十誡」時，「以色列人」製造的一尊「偶像」。當「摩西」上「西乃山」領受「十誡」時，他離開「以色列人」四十晝夜。「以色列人」擔心他不再回來，要求「摩西」的哥哥「亞倫」，為他們製造「神像」。「摩西」與「上帝」交談時，得知消息後折返，憤怒的摔碎寫有「十誡」的「石板」，並且毀掉「金牛犢」。對此事件，「亞倫」作出辯解，「摩西」要眾人抉擇，「利未」子孫選擇歸屬「上帝」，「摩西」命令他們殺死其他三千名拜「金牛犢」的「百姓」。

●《舊約聖經》出埃及記：

31:18「耶和華」在「西乃山」和「摩西」說完了話、就把兩塊「法版」交給他、是　神用「指頭」寫的「石版」。

32:1「百姓」見「摩西」遲延不下山、就大家聚集到「亞倫」那裡、對他說、起來、為我們作「神像」、可以在我們前面引路、因為領我們出「埃及地」的那個「摩西」、我們不知道他遭了甚麼事。

32:2「亞倫」對他們說、你們去摘下你們「妻子」「兒女」耳上的「金環」、拿來給我。

32:3 「百姓」就都摘下他們耳上的「金環」、拿來給「亞倫」。

32:4 「亞倫」從他們手裡接過來、鑄了一隻「牛犢」、用雕刻的器具作成・他們就說、「以色列」阿、這是領你出「埃及地」的神。

32:5 「亞倫」看見、就在「牛犢」面前築壇、且宣告說、明日要向「耶和華」守節。

32:6 次日清早、「百姓」起來獻「燔祭」、和「平安祭」、就坐下喫喝、起來玩耍。

32:7 「耶和華」吩咐「摩西」說、下去罷、因爲「你的百姓」、就是你從「埃及地」領出來的、已經敗壞了。

32:8 他們快快偏離了我所吩咐的道、爲自己鑄了一隻「牛犢」、向他下拜獻祭、說、「以色列」阿、這就是領你出「埃及地」的神。

32:9 「耶和華」對「摩西」說、我看這「百姓」眞是硬著頸項的「百姓」。

32:10 你且由著我、我要向他們發烈怒、將他們滅絕、使你的「後裔」成爲大國。

32:11 「摩西」便懇求「耶和華」他的　神說、「耶和華」阿、你爲甚麼向你的「百姓」發烈怒呢、這「百姓」是你用大力和大能的手、從「埃及地」領出來的。

32:12 爲甚麼使「埃及人」議論說、他領他們出去、是要降禍與他們、把他們殺在山中、將他們從地上除滅・求你轉意、不發你的烈怒、後悔、不降禍與你的「百姓」。

32:13 求你記念你的僕人「亞伯拉罕」、以撒、以色列」・你曾指著自己起誓說、我必使你們的「後裔」像「天上的星」那樣多、並且我所應許的這全地、必給你們的「後裔」、他們要永遠承受爲業。

32:14於是「耶和華」後悔、不把所說的禍降與他的「百姓」。
32:15「摩西」轉身下山、手裡拿著兩塊「法版」、這版是兩面寫的、這面那面都有字。
32:16是　神的工作、字是　神寫的、刻在版上。
32:17「約書亞」一聽見「百姓」呼喊的聲音、就對「摩西」說、在營裡有爭戰的聲音。
32:18「摩西」說、這不是人打勝仗的聲音、也不是人打敗仗的聲音、我所聽見的、乃是人歌唱的聲音。
32:19「摩西」挨近營前、就看見「牛犢」、又看見人跳舞、便發烈怒、把「兩塊版」扔在山下摔碎了。
32:20又將他們所鑄的「牛犢」、用火焚燒、磨得粉碎、撒在水面上、叫「以色列人」喝。
32:21「摩西」對「亞倫」說、這「百姓」向你作了甚麼、你竟使他們陷在大罪裡。
32:22「亞倫」說、求我主不要發烈怒、這「百姓」專於作惡、是你知道的。
32:23他們對我說、你爲我們作「神像」、可以在我們前面引路、因爲領我們出「埃及地」的那個「摩西」、我們不知道他遭了甚麼事。
32:24我對他們說、凡有「金環」的、可以摘下來、他們就給了我、我把「金環」扔在火中、這「牛犢」便出來了。
32:25「摩西」見「百姓」放肆、(「亞倫」縱容他們、使他們在仇敵中間被譏刺)
32:26就站在營門中、說、凡屬「耶和華」的、都要到我這裡來・於是「利未的子孫」、都到他那裡聚集。

32:27 他對他們說、「耶和華」「以色列的 神」這樣說、你們各人把刀跨在腰間、在營中往來、從這門到那門、各人殺他的弟兄、與同伴、並鄰舍。

32:28 「利未的子孫」照「摩西」的話行了・那一天「百姓」中被殺的約有「三千」。

32:29 「摩西」說、今天你們要自潔、歸「耶和華」爲聖、各人攻擊他的兒子、和弟兄、使「耶和華」賜福與你們。

32:30 到了第二天、「摩西」對「百姓」說、你們犯了大罪、我如今要上「耶和華」那裡去、或者可以爲你們贖罪。

32:31 「摩西」回到「耶和華」那裡、說、唉、這百姓犯了大罪、爲自己作了「金像」。

32:32 倘或你肯赦免他們的罪、……不然、求你從你所寫的冊上塗抹我的名。

32:33 「耶和華」對「摩西」說、誰得罪我、我就從我的冊上塗抹誰的名。

32:34 現在你去領這「百姓」、往我所告訴你的地方去、我的使者必在你前面引路・只是到我追討的日子、我必追討他們的罪。

32:35 「耶和華」殺「百姓」的緣故、是因他們同「亞倫」作了「牛犢」。

（二）《古蘭經》裡的「拜金牛犢」

在《舊約聖經》裡說，「摩西」命令選擇歸屬上帝「耶和華」的「利未」子孫，殺死其他三千名拜「金牛犢」的百姓。

但是，在《古蘭經》並沒有「殺三千人事件」的記載，而是上帝「耶和華」用「疾雷」襲擊這三千名拜「金牛犢」的「百姓」，在「百姓」暈死之後，上帝「耶和華」使「百姓」蘇醒，以便「百姓」感謝上帝「耶和華」。

●《古蘭經》第二章　黃牛（巴格勒）：

2:51. 當時，我與「穆薩（摩西）」約期四十日，在他離別你們之後，你們「認犢爲神」，你們是「不義（不信神）」的。

2:52. 在那件事之後，我恕饒了你們，以便你們感謝。

2:53. 當時，我以「經典」和「證據」賞賜「穆薩（摩西）」，以便你們遵循「正道」。

2:54. 當時，「穆薩（摩西）」對他的「宗族」說：「我的『宗族』啊！你們確因『認犢爲神』而自欺，故你們當向『造物主』悔罪，當處死『罪人』。在『眞主（上帝「耶和華」）』看來，這對於你們確是更好的。他就恕宥你們。他確是至宥的，確是至慈的。」

2:55. 當時，你們說：「『穆薩（摩西）』啊！我們絕不信你，直到我們親眼看見『眞主（上帝「耶和華」）』。」故「疾雷」襲擊了你們，這是你們看著的。

2:56. 在你們暈死之後，我使你們蘇醒，以便你們感謝。

●《古蘭經》第二章　黃牛（巴格勒）：

2:92. 「穆薩（摩西）」確已昭示你們許多「明證」，他離開你們之後，你們卻「認犢爲神」，你們是「不義（不信神）」的。

2:93. 當時，我與你們締約，並將「山嶽」樹立在你們的上面，我說：「你們當堅守我所賜你們的『經典』，並當聽從。」他們說：「我們聽而不從。」他們不「信道（信神）」，故對「犢」之愛，已浸潤了他們的心靈。你說：「如果你們是『信士』，那末，你們的信仰所命你們的眞惡劣！」

● 《古蘭經》第四章　婦女（尼薩儀）：

4:153. 信奉《天經（舊約聖經）》的人，請求你從天上降示他們一部「經典」。他們確已向「穆薩（摩西）」請求過比這更重大的事，他們說：「你使我們親眼看見『眞主（上帝「耶和華」）』吧。」「急雷」爲他們的「不義（不信神）」而襲擊他們。在許多「明證」降臨他們之後，他們又認「犢爲神」，但我已恕饒這件事。這曾賞賜「穆薩（摩西）」一個明顯的證據。

● 《古蘭經》第七章　高處（艾耳拉弗）：

7:142. 我與「穆薩（摩西）」約期三十夜。我又以十夜補足之，故他的主的約期共計四十夜。「穆薩（摩西）」對他哥哥「哈倫（亞倫）」說：「請你替我統率我的『宗族』。你要改善他們的事務，你不要遵循『作惡者』的道路。」

7:143. 當「穆薩（摩西）」爲了我的會期而來，而且他的主對他說了話的時候，他說：「我的主啊！求你昭示我，以便我看見你。」主說：「你不能看見我，但你看那座山吧。如果它能在它的本位上堅定，那末，你就能看見我。」當他的主對那座山微露光華的時候，他使那座山變成粉碎的。「穆薩（摩西）」暈倒在地上。當他蘇醒的時候，他說：「我讚頌你超絕萬物，我向你悔罪，我是首先『通道（信神）』的。」

7:144. 主說：「『穆薩（摩西）』啊！我確已借我的使命和面諭而將你選拔在衆人之上了，你要接受我所賜你的恩惠，並當感謝我。」

7:145. 我曾爲他在「法版（十誡）」中制定各種「教訓」和各種「解釋」。「你要堅持它，並命令你的『宗族』遵循其中最美的條例，我將昭示你們罪人們的國家。」

7:146. 我將使那些在地方上妄自尊大的人離棄我的跡象，即使他們看見一切跡象，他們也不信它；如果他們看見正道，他們不把它當作道路；如果他們看見邪道，他們把它當作道路。這是因爲他們不信我的跡象，而且忽視它。

7:147. 否認我的「跡象」和後世會見的人，他們的「善功」是無效的，他們只受自己行爲的報酬。

7:148. 「穆薩（摩西）」的「宗族」在他（離開）之後，以他們的「首飾」鑄成一頭「牛犢」——一個「有犢聲的軀殼」。難道他們不知道它不能和他們對話，不能指引他們道路嗎？他們以它爲「神靈」，他們是「不義（不信神）」者。

7:149. 當他們已經悔恨，而且知道自己確已迷誤的時候，他們說：「如果我們的主不慈憫我們，不饒恕我們，我們一定變成虧折（損失虧耗的人）的人了。」

7:150. 當「穆薩（摩西）」憤怒而又悲傷地去見他的「宗族」的時候，他說：「我不在的時候，你們替我做的事眞惡劣！難道你們不能靜候你們主的命令嗎？」他扔了「法版」，揪住他「哥哥」的頭髮，把他拉到身邊。他說：「『胞弟』啊！『宗族』們確已欺負我，他們幾乎殺害了我，你不要使我的仇敵稱快，不要把我當作不義者。」

7:151. 「穆薩（摩西）」說：「我的主啊！求你赦宥我和我『哥哥』，求你使我們進入你的慈恩之中，你是至仁至慈的。」

7:152. 「奉牛犢爲神靈」的人們，將受他們主的譴怒，在今世必受淩辱。我這樣報酬誣衊「眞主（上帝『耶和華』）」的人。

7:153. 作惡後能悔改，而且「通道（信神）」者，你的主在他們悔罪之後，對於他們確是至赦的，確是至慈的。

7:154. 「穆薩（摩西）」怒氣平息後把「法版」拾了起來。對於「敬畏者」，「法版」裡有引導和慈恩。

7:155. 「穆薩（摩西）」從他的「宗族」中揀選了「七十個人」來赴我的約會；當他們爲「地震」所襲擊的時候，他說：「我的主啊！假若你意欲，那末，以前你早已毀滅他們和我。難道你要爲我們中的愚人的行爲而毀滅我們嗎？這只是你的考驗，你借此使你意欲者誤入歧途，使你意欲者走上『正道』。你是我們的『保護者』，故求你饒恕我們，慈憫我們。你是最善的饒恕者。

7:156. 求你在『今世』和『後世』爲我們註定幸福，我們確已對你悔過了。」主說：「我的刑罰，是用去懲治我欲懲治的人的，我的慈恩是包羅萬物的。我將註定以我的慈恩歸於敬畏『眞主（上帝「耶和華」）』，完納『天課（宗教賦稅、慈善施捨、財產潔淨）』，而且信仰我的『跡象』者。」

7:157. 他們順從「使者（使徒）」——「不識字的先知（穆罕默德）」，他們在自己所有的《討拉特（希伯來聖經、塔納赫、舊約聖經）》和《引支勒（四福音書）》中發現關於他的記載。他命令他們行善，禁止他們作惡，准許他們吃佳美的食物，禁戒他們吃汙穢的食物，卸脫他們的重擔，解除他們的桎梏，故凡信仰他，尊重他，援助他，而且遵循與他一起降臨的光明的人，都是成功者。

7:158. 你說：「衆人啊！我確是『眞主（上帝「耶和華」）』的使者，他派我來教化你們全體；天地的主權只是『眞主（上帝「耶和華」）』的，除他之外，絕無應受崇拜的。他能使死者生，能使生者死，故你們應當信仰『眞主（上帝「耶和華」）』和他的『使者（使徒）』，那個『使者（使徒）』是信仰『眞主（上帝「耶和華」）』及其言辭的，但『不識字的先知（穆罕默德）』——你們應當順從他，以便你們遵循『正道』。」

7:159. 「穆薩（摩西）」的「宗族」中，有一夥人，本著「眞理」引導他人，因「眞理」而主持公道。

7:160. 我把他們分爲「十二支派」，卽「部落」。當「穆薩（摩西）」的「宗族」向他求水的時候，我啟示他說：「你用你的『手杖』打那『磐石』吧。」「十二股泉水」就從那「磐石」裡湧出來，各「部落」都知道自己的「飲水處」。我以「白雲」蔭蔽他們，又降下「甘露」和「鵪鶉」給他們。（我對他們說）：「你們可以吃我所供給你們的佳美的食物。」他們沒有虧負我，但他們自虧了。

7:161. 當時，（我）對他們說：「你們可以居住在這個城市，而任意吃其中的食物，你們應當鞠躬而入城門，並且說：『釋我重負』，我就饒恕你們的種種罪過，我要厚報善人。」

7:162. 但他們中「不義（不信神）」者改變了他們所奉的囑言，故我因他們的「不義（不信神）」而降天災於他們。

●《古蘭經》第二十章 塔哈：

20:80.「以色列的後裔」啊！我曾拯救你們脫離你們的敵人，我曾在那山的右邊與你們訂約，我曾降「甘露」和「鵪鶉」給你們。

20:81.你們可以吃我所賞賜你們的佳美的食品，但不可過分，以免應受我的譴責，誰應受我的譴責，誰必淪喪。

20:82.悔罪「通道（信神）」，並且力行「善功」，永循正道者，我對於他，確是至赦的。

20:83.「穆薩（摩西）」啊！你為何倉促地離開你的「宗族」呢？

20:84.他說：「他們將追蹤而來。我的主啊！我忙到你這裡來，以便你喜悅。」

20:85.主說：「在你（離別）以後，我確已考驗你的『宗族』，『撒米里（歐洲最後的土著民族）』已使他們迷誤了。」

20:86.「穆薩（摩西）」悲憤地轉回去看他的「宗族」，他說：「我的『宗族』啊！難道你們的主，沒有給你們一個美好的應許嗎？你們覺得時間太長呢？還是你們想應受從你們的主發出的譴責，因而你們違背了對我的約言呢？」

20:87.他們說：「我們沒有自願地違背對你的約言，但我們把（埃及人的）許多首飾攜帶出來，覺得很沉重，我們就拋下了那些首飾，『撒米里（歐洲最後的土著民族）』也同樣拋下了（他所攜帶的首飾）。」

20:88.他就為他們鑄出一頭「牛犢」——一個「有犢聲的軀殼」，他們就說：「這是你們的主，也是『穆薩（摩西）』的主，但他忘記了。」
20:89. 那頭「牛犢」不能回答他們的問話，也不能主持他們的禍福，難道他們不知道嗎？
20:90. 以前「哈倫（亞倫）」確已對他們說：「我的『宗族』啊！你們只是爲『牛犢』所迷惑，你們的主，確是至仁主。你們應當順從我，當服從我的命令。」
20:91. 他們說：「我們必繼續崇拜『牛犢』，直至『穆薩（摩西）』轉回來。」
20:92. 「穆薩（摩西）」說：「『哈倫（亞倫）』啊！當你看見他們誤入迷途的時候，是什麼障礙。
20:93. 你爲何不跟隨我？難道你要違背我的命令嗎？」
20:94. 他說：「我的『胞弟』啊！你不要揪住我的頭髮和鬍子，我的確怕你說：『你使「以色列」分裂，而不注意我的話。』」
20:95. 「穆薩（摩西）」說：「『撒米里（歐洲最後的土著民族）』啊！你怎麼了？」
20:96. 他說：「我曾見他們所未見的，我從『使者（使徒）』的遺跡上握了一把土，而我把它拋下去，我的私欲那樣慫恿我。」
20:97. 他說：「你去吧！你這輩子必定常說：不要接觸我。你確有一個（受刑的）約期，你絕不能避免它，你看你虔誠住守的神靈吧！我們必定要焚化它，然後必把它撒在海裡。」
20:98. 你們所當崇拜的，只是「眞主（上帝『耶和華』）」，除他外，絕無應受崇拜的，他是周知萬物的。

十三、上帝「耶和華」禁止「拜偶像」

（一）《舊約聖經》裡的「禁止拜偶像」

上帝「耶和華」非常在意「以色列人拜偶像」，在他所頒布的「十誡」裡面，第一誡是「除了耶和華以外，不可有別的上帝。」第二誡是「禁止拜偶像」。其實，「第一誡」和「第二誡」的意思是一樣的。

上帝「耶和華」痛恨「以色列人拜偶像」的程度，可以從下面這兩段經文得知。

● **《舊約聖經》出埃及記：**

20:4 不可爲自己「雕刻偶像」、也不可「作甚麼形像」、彷彿「上天」、「下地」、和「地底下」、「水中」的「百物」。

20:5 不可跪拜「那些像」、也不可事奉他、因爲我「耶和華」你的 神是忌邪的 神、恨我的、我必追討他的罪、自父及子、直到三四代。

在《舊約聖經》裡，總共有一百八十五段的經文，提到「偶像」。可見，上帝「耶和華」是多麼在意和痛恨「以色列人拜偶像」這件事情。我覺得很納悶，既然上帝「耶和華」那麼討厭其他的「神靈」，被人類崇拜，那爲什麼上帝「耶和華」當初要創造這些「神靈」呢？就像魔鬼「撒但」一樣，「撒但」不也是上帝「耶和華」創造出來的嗎？不創造魔鬼「撒但」，不就天下太平了嗎？不創造這些「神靈」人類不就不會崇拜這些「神靈」的「偶像」了嗎？

更奇怪的是，萬能的上帝「耶和華」，能夠預知未來會發生的事情。那祂早就知道人類將會崇拜這些「神靈」的「偶像」，既然早就知道這件事情會發生，還會那麼生氣？

我先列舉幾段《舊約聖經》裡，有關「拜偶像」的經文，再來看《古蘭經》裡，有關「拜偶像」的經文，兩者可以做比較。

● **《舊約聖經》利未記：**

26:1　你們不可作甚麼虛無的「神像」、不可立「雕刻的偶像」、或是「柱像」、也不可在你們的地上安甚麼「鏨成的石像」、向他跪拜、因爲我是「耶和華」你們的　神。

● **《舊約聖經》申命記：**

4:15 所以你們要分外謹慎、因爲「耶和華」在「何烈山」、從「火中」對你們說話的那日、你們「沒有看見甚麼形像」。

4:16 惟恐你們敗壞自己、「雕刻偶像」、彷彿甚麼「男像」、「女像」。

4:17 或「地上走獸的像」、或「空中飛鳥的像」。

4:18 或「地上爬物的像」、或「地底下水中魚的像」。

4:19 又恐怕你向天舉目觀看、見「耶和華」你的　神爲「天下萬民」所擺列的「日月星」、就是「天上的萬」象・自己便被勾引敬拜事奉它。

● **《舊約聖經》申命記：**

4:23 你們要謹慎、免得忘記「耶和華」你們　神與你們所立的約、爲自己「雕刻偶像」、就是「耶和華」你　神所「禁止你作的偶像」。

4:24 因爲「耶和華」你的　神乃是「烈火」、是「忌邪的　神」。

● **《舊約聖經》撒母耳記上：**

42:8 我是「耶和華」、這是我的名．我必不將我的「榮耀」歸給「假神」、也不將我的「稱讚」歸給「雕刻的偶像」。

● 《舊約聖經》耶利米書：

10:14 各人都成了「畜類」、毫無知識．各「銀匠」都因他「雕刻的偶像」羞愧．他所鑄的「偶像」、本是虛假的、其中並無氣息。

10:15 都是虛無的、是迷惑人的工作．到「追討的時候」、必被除滅。

● 《舊約聖經》以西結書：

6:1 「耶和華」的話臨到我說。

6:2 「人子」阿、你要面向「以色列」的衆山說預言。

6:3 說、「以色列」的「衆山」哪、要聽「主耶和華」的話、「主耶和華」對「大山、小岡、水溝、山谷」、如此說、我必使「刀劍」臨到你們、也必毀滅你們的「丘壇」。

6:4 你們的「祭壇」必然荒涼、你們的「日像」必被打碎、我要使你們「被殺的人」倒在你們的「偶像」面前。

6:5 我也要將「以色列人的屍首」、放在他們的「偶像」面前、將你們的「骸骨」、拋散在你們「祭壇」的四圍。

6:6 在你們一切的「住處、城邑」要變爲「荒場」、「丘壇」必然淒涼、使你們的「祭壇」荒廢、將你們的「偶像」打碎、你們的「日像」被砍倒、你們的工作被毀滅。

6:7 「被殺的人」必倒在你們中間．你們就知道我是「耶和華」。

6:8 你們分散在各國的時候、我必在列邦中、使你們有剩下脫離「刀劍」的人。

6:9 那脫離「刀劍」的人、必在所擄到的各國中記念我、爲他們心中何等傷破、是因他們起「淫心」、遠離我、眼對「偶像」行「邪淫」、他們因行一切可憎的惡事、必厭惡自己。

6:10 他們必知道我是「耶和華」．我說要使這「災禍」臨到他們身上、並非空話。

6:11 「主耶和華」如此說、你當拍手頓足、說、哀哉、「以色列」家行這一切可憎的惡事．他們必倒在「刀劍、飢荒、瘟疫」之下。

6:12 在遠處的、必遭「瘟疫」而死、在近處的、必倒在「刀劍」之下、那存留被圍困的、必因「飢荒」而死．我必這樣在他們身上成就我怒中所定的。

6:13 他們「被殺的人」、倒在他們「祭壇」四圍的「偶像」中、就是各高岡、各山頂、各青翠樹下、各茂密的橡樹下、乃是他們獻馨香的「祭牲」、給一切「偶像」的地方．那時他們就知道我是「耶和華」。

6:14 我必伸手攻擊他們、使他們的地從「曠野」到「第伯拉他」一切住處、極其荒涼．他們就知道我是「耶和華」。

●**《舊約聖經》以西結書：**

20:6 那日我向他們起誓、必領他們出「埃及地」、到我爲他們察看的「流奶與蜜之地」．那地在萬國中是有榮耀的。

20:7 我對他們說、你們各人要拋棄眼所喜愛那「可憎之物」、不可因「埃及的偶像」玷汙自己．我是「耶和華」你們的 神。

20:8 他們卻悖逆我、不肯聽從我、不拋棄他們眼所喜愛那「可憎之物」、不離棄「埃及的偶像」・我就說、我要將「我的忿怒」傾在他們身上、在「埃及地」向他們成就我怒中所定的。

●《舊約聖經》以西結書：

30:13「主耶和華」如此說、我必「毀滅偶像」、從「挪弗」除滅「神像」・必不再有君王出自「埃及地」・我要使「埃及地」的人懼怕。

●《舊聖經》哈巴谷書：

2:18「雕刻的偶像」、人將他刻出來、有甚麼益處呢・「鑄造的偶像」、就是虛謊的師傅・製造者倚靠這「啞巴偶像」、有甚麼益處呢？

2:19 對「木偶」說、醒起、對「啞巴石像」說、起來、那人有禍了・這個還能教訓人麼・看哪、是包裹金銀的、其中毫無氣息。

2:20 惟「耶和華」在他的「聖殿」中・全地的人、都當在他面前肅敬靜默。

（二）《古蘭經》裡的「禁止拜偶像」

下面再來看《古蘭經》裡，有關「拜偶像」的經文。在《古蘭經》裡，有一句專有名詞叫做「以物配主」，就是「崇拜偶像」的意思。《古蘭經》裡，提到「偶像」的經文，有五十一段；提到「以物配主」的經文，有六十九段。

下面我整理出《古蘭經》各章節裡，有關和「以物配主（崇拜偶像）」的經文，看看和《舊約聖經》的「拜偶像」經文有什麼異同之處。

●《古蘭經》第三章 儀姆蘭的家屬（阿黎儀）：

3:151. 我要把「恐怖」投在不「不通道（不信神）」者的心中，因爲他們把「眞主（上帝『耶和華』）」和「眞主（上帝『耶和華』）」所未證實的（「偶像」）去配他，他們的「歸宿」是「火獄」。「不義者（不信神的人）」的「歸宿」眞惡劣。

●《古蘭經》第四章 婦女（尼薩儀）：

4:51. 難道你沒有看見嗎？曾受一部分《天經（舊約聖經）》的人，確信「偶像」和「惡魔」。他們指著「不通道（不信神）」的人說：「這等人的道路，比『通道（信神）』者的道路還要正當些。」

●《古蘭經》第六章 牲畜（艾奈阿姆）：

6:19. 你說：「什麼事物是最大的『見證』？」你說：「『眞主（上帝「耶和華」）』是我與你們之間的『見證』。這部《古蘭經》，被啟示給我，以便我用它來警告你們，和它所達到的各民族。難道你們務必要『作證』還有別的許多『主宰』與『眞主（上帝「耶和華」）』同等嗎？」你說：「我不這樣『作證』。」你說：「『眞主（上帝「耶和華」）』是獨一的『主宰』。你們用來配主的（那些『偶像』），我與他們確是無關係的。」

6:41. 不然，你們只祈禱「眞主（上帝『耶和華』）」；如果他意欲，他就解除你們祈求他解除的災難，你們將忘卻你們所用來配他的（一切「偶像」）。

6:74. 當時，「易卜拉欣（亞伯拉罕）」對他的父親「阿宰爾」說：「你把『偶像』當作『主宰』嗎？據我看來，你和你的『宗族』，的確在明顯的迷誤中。」

6:80. 他的「宗族」和他爭論，他說：「『眞主（上帝「耶和華」）』確已引導我，而你們和我爭論『眞主（上帝「耶和華」）』嗎？我對於你們用來配主的（『偶像』），毫無畏懼，除非我的主要我畏懼。我的主的知覺能容萬物。難道你們不覺悟嗎！

6:81. 你們把『眞主（上帝「耶和華」）』和他所未證實的（『偶像』）去配他，還無所畏懼，我怎麼會畏懼你們所用來配主的（『偶像』）呢！如果你們有知識，那末，我們這兩夥人，究竟是那一夥更應當不畏懼呢？」

6:108. 你們不要辱罵他們捨「眞主（上帝『耶和華』）」而祈禱的（「偶像」），以免他們因過分和無知而辱罵「眞主（上帝『耶和華』）」。我這樣以一個民族的行爲迷惑他們，然後，他們只歸於他們的主，而他要把他們生前的行爲告訴他們。

6:136. 他們把「眞主（上帝『耶和華』」）」所創造的「農產」和「牲畜」，一份供獻「眞主（上帝『耶和華』）」，（一份供獻「偶像」），他們妄言：「這是『眞主（上帝「耶和華」）』的，這是我們的配主的。」供獻他們的配主的，不能撥歸「眞主（上帝『耶和華』）」；供獻「眞主（上帝『耶和華』」）」的，卻可以撥歸他們的配主。他們的決定眞惡劣！

● **《古蘭經》第七章　高處（艾耳拉弗）：**

7:37. 假借「眞主（上帝『耶和華』）」的名義而造謠，或否認其「跡象」者，有誰比他們還「不義（不信神）」呢？這等人將遭遇《天經（舊約聖經）》中爲他們預定的命運，直到我的衆

「使者（使徒）」來使他們死亡的時候，將對他們說：「你們從前捨『眞主（上帝「耶和華」）』而祈禱的（『偶像』），現在哪裡呢？」他們將說：「他們已回避我們了。」他們將要承認自己原是「不信道者（不信神的人）」。

7:70. 他們說：「你來教我們只崇拜『眞主（上帝「耶和華」）』，而拋棄我們『祖先』所崇拜的（『偶像』）嗎？你把你所用來警告我們的（刑罰）拿來給我們看看吧，如果你是說實話的！」

7:138. 我曾使「以色列後裔」渡過海去。當他們經過一夥「崇拜偶像」的「民眾」時，他們說：「『穆薩（摩西）』啊！請你爲我們設置一個『神靈』，猶如他們有許多『神靈』一樣。」他說：「你們確是無知的民眾。

7:197. 你們捨他而祈禱的『偶像』，不能助你們，也不能自助。」

●《古蘭經》第十章　優努斯：

10:18. 除「眞主（上帝『耶和華』）」外，他們崇拜那對他們既無福又無禍的東西，他們說：「這些（「偶像」）是在『眞主（上帝「耶和華」）』那裡替我們說情的。」你說：「難道『眞主（上帝「耶和華」）』不知道天地間有此事，而要你們來告訴他嗎！讚美『眞主（上帝「耶和華」）』，他超乎萬物！他超乎他們在他之外所崇拜的東西！

●《古蘭經》第十一章　呼德：

11:54. 我們只想說，我們的一部分『神靈』使你發狂。」他說：「我求『眞主（上帝「耶和華」）』作證，你們也應當作證，我對於你們所用以配『眞主（上帝「耶和華」）』的

（『偶像』）確是無干的。』

11:62.他們說：「『撒立哈（先知）』啊！以前，你在我們中間是衆望所歸的，難道你禁止我們崇拜我們『祖先』所崇拜的（『偶像』）嗎？我們對於你用以號召我們的事確在令人不安的懷疑之中。」

11:87.他們說：「『舒阿卜（先知）』啊！難道你的祈禱命令你讓我們放棄我們『祖先』所崇拜的（『偶像』）並命令你教我們不要自由地支配我們的財產嗎？你確是寬仁的，確是精神健全的！」

11:109.你對這等人所崇拜的（「偶像」），不要懷疑，他們只像他們的「祖先」那樣崇拜，我必定要把他們的份兒完全無缺地賞賜他們。

●《古蘭經》第章　優素福：

12:40.你們捨「眞主（上帝『耶和華』）」而崇拜的，只是你們和你們的「祖先」所定的一些（「偶像」的）名稱，「眞主（上帝『耶和華』）」並未加以證實，一切判決只歸「眞主（上帝『耶和華』）」。他命令你們只崇拜他。這才是正教。但世人大半不知道。

●《古蘭經》第十三章　雷霆（賴爾得）：

13:14.眞實的祈禱只歸於他，他們舍他而祈禱的（「偶像」），一點也不能答應他們的祈求。但他們好像一個人，把兩隻手掌伸向水中，以便水達到他的口，其實，水絕不會達到他的口的。「不通道（不信神）」者的祈禱，只在迷誤中。

●《古蘭經》第章　易卜拉欣：

14:10.他們族中的「使者（使徒）」說：「難道對於『眞主（上帝「耶和華」）』——天地的『創造者』——還有懷疑嗎？他號召你們『行善』，以便他饒恕你們的罪過，並對你們緩刑到一個定期。」他們說：「你們只是像我們一樣的凡人，你們欲阻止我們崇拜我們的『祖先』所崇拜的（『偶像』），你們昭示我們一個『明證』吧！」

14:35.當時「易卜拉欣（亞伯拉罕）」說：「我的主啊！求你使這個地方變成安全的，求你使我和我的子孫，遠離『偶像崇拜』。

14:36.我的主啊！『偶像』們確已使許多人迷誤。誰順從我，他確是我的同道；誰違抗我，那末，你是至赦的，是至慈的。」

●《古蘭經》第十六章　蜜蜂（奈哈勒）：

16:17.難道「造物主」同不能創造的（「偶像」）是一樣的嗎？你們怎麼不記取教誨呢？

16:56.我所供給他們的財產，他們以其中的一部分去供奉那些無知的（「偶像」）。指「眞主（上帝『耶和華』）」發誓，關於你們所捏造的（事物），你們必受審問。

16:73.他們捨「眞主（上帝『耶和華』）」而崇拜（「偶像」），那是不能爲他們主持從天上降下的和從地上生出的一點給養，而且毫無能力的。

●《古蘭經》第二十一章　衆先知（安比雅）：

21:57.——指「眞主（上帝『耶和華』）」發誓，你們轉身離開之後，我必設法毀掉你們的「偶像」。

21:58.他把「偶像」打碎了，只留下一個最大的，以便他們轉回來問他。

21:63. 他說：「不然，是這個最大的『偶像』做了這件事。如果他們會說話，你們就問問他們吧。」

21:64. 他們就互相批評。隨後說：「你們（『崇拜偶像』）確是『不義（不信神）』的。」

● 《古蘭經》第二十二章　朝覲（哈只）：

22:30. 事情就是這樣的，誰尊重「眞主（上帝『耶和華』）」的「戒律」，在主的那裡對於誰是更好的。一切「牲畜」對你們都是合法的，對你們已宣佈「禁戒」的除外。故你們應當避開汙穢即「偶像」，應當永離妄語。

22:62. 這是因爲「眞主（上帝『耶和華』）」是眞實的，他們捨「眞主（上帝『耶和華』）」而祈禱的（「偶像」）是虛妄的；又因爲「眞主（上帝『耶和華』）」是至尊的，是至大的。

22:71. 他們捨「眞主（上帝『耶和華』）」而崇拜「眞主（上帝『耶和華』）」所未證實的，也非他們所知道的「偶像」；「不義（不信神）」的人絕沒有任何援助者。

22:72. 當別人對他們宣讀我的明顯的「跡象」的時候，你看見「不通道者（不信神的人）」的臉上有不悅之色；他們幾乎要襲擊對他們宣讀我的「跡象」者。你說：「我告訴你們比這個更惡劣的好嗎？那就是『火獄』。『眞主（上帝「耶和華」）』以『火獄』應許『不通道者（不信神的人）』，那『歸宿』眞惡劣！」

22:73. 「衆人」啊！有一個「譬喩」，你們傾聽吧！你們捨「眞主（上帝『耶和華』）」而祈禱的（「偶像」）雖群策群力，絕不能創造一隻「蒼蠅」；如果「蒼蠅」從他們的身上奪取一點東西，他們也不能把那點東西搶回來。「祈禱者」和「被祈禱者」，都是懦弱的！

●《古蘭經》第二十五章　準則（弗爾幹）：

25:17.在那日，他要把他們和他們捨「眞主（上帝『耶和華』）」而崇拜的（「偶像」）集合起來，然後說：「究竟是你們使我的這些『僕人』迷誤呢？還是他們自己叛離正路呢？」

●《古蘭經》第二十六章　衆詩人（抒爾拉）：

26:71.他們說：「我們崇拜『偶像』，我們一直是虔誠的。」

●《古蘭經》第二十九章　蜘蛛（安凱逋特）：

29:17.除「眞主（上帝『耶和華』）」外，你們只「崇拜偶像」，你們只揑造妄言。你們捨「眞主（上帝『耶和華』）」而崇拜的（「偶像」），不能主持你們的「給養」，所以，你們應當到「眞主（上帝『耶和華』）」那裡尋求「給養」，你們應當崇拜他，你們應當感謝他，你們只被召歸他。

29:25.他說：「你們捨『眞主（上帝「耶和華」）』而以『偶像』爲『神靈』，只爲今世生活中互相親愛罷了。但在『復活日（末日）』，你們將互相抵賴，互相詛咒，你們的『歸宿』是『火獄』，你們絕沒有『援助者』。」

29:41.有些人，捨「眞主（上帝『耶和華』）」而別求監護者，他們譬如「蜘蛛造屋」，最脆弱的「房屋」，確是「蜘蛛的房屋」。假若他們認識這個道理，（就不會「崇拜偶像」了）。

●《古蘭經》第三十一章　魯格曼：

31:11. 這是「眞主（上帝『耶和華』）」所創造的，你們指示我吧。你們捨「眞主（上帝『耶和華』）」而崇拜的（「偶像」）究竟創造了什麼呢？不然，「不義（不信神）」的人是在明顯的迷誤中的。

● 《古蘭經》第三十四章　賽伯邑：

34:43. 有人對他們宣讀我的明白的「跡象」時，他們說：「這個人只想妨礙你們崇拜你們的『祖先』所崇拜的『偶像』」。」他們又說：「這只是捏造的謊言。」當「眞理」來臨的時候，「不通道（不信神）」的人們說：「這只是一種明顯的『魔術』。」

● 《古蘭經》第三十七章　列班者（薩法特）：

37:95. 他說：「你們崇拜自己所雕刻的『偶像』嗎？」

● 《古蘭經》第三十九章　隊伍（助邁爾）：

39:3. 眞的，應受誠篤的「順服者」，只有「眞主（上帝『耶和華』）」。捨「眞主（上帝『耶和華』）」而以「偶像」爲保護者的人說：「我們崇拜他們，只爲他們能使我們親近「眞主（上帝『耶和華』）」。」「眞主（上帝『耶和華』）」將判決他們所爭論的是非。眞主必定不引導「說謊者、孤恩者」。

39:38. 如果你問他們：「誰創造了天地？」他們必定說：「「眞主（上帝『耶和華』）」。」你說：「你們告訴我吧，你們捨「眞主（上帝『耶和華』）」而祈禱的那些「偶像」，如果「眞主（上帝『耶和華』）」欲加害于我，他們能解除他的傷害嗎？如果「眞主（上帝『耶和華』）」欲施恩於我，他們能扣留他的恩惠嗎？」你說：「『眞主（上帝「耶和華」）』是使我滿足的，『信任者」只信任『眞主（上帝「耶和華」）』。」

●《古蘭經》第四十章　赦宥者（阿斐爾）：

40:73.「你們捨「眞主（上帝『耶和華』）」而崇拜的（「偶像」）在那裡呢？」

●《古蘭經》第四十六章　沙丘（艾哈嘎弗）：

46:4. 你說：「你們告訴我吧！你們捨『眞主（上帝「耶和華」）』而祈禱的那些「偶像」怎麼應受崇拜呢？你們告訴我吧！他們曾獨自創造了大地的哪一部分呢？還是他們曾與『眞主（上帝「耶和華」）』共同創造諸天呢？你們昭示我此經之前的一本《天經（舊約聖經）》，或殘存的「古學」吧，如果你們是說實話的。」

46:5. 他們捨「眞主（上帝『耶和華』）」而祈禱那些到「復活日（末日）」也不會答應他們，而且忽視他們的祈禱的「偶像」，有誰比他們更迷誤呢？

46:28.他們捨「眞主（上帝『耶和華』）」而奉爲「神靈」，以求親近「眞主（上帝『耶和華』）」的「偶像」，怎麼不相助他們呢！不然，他們已回避他們了。那是他們的妄言，也是他們所僞造的。

●《古蘭經》第五十三章　星宿（奈智姆）：

53:23.這些「偶像」只是你們和你們的「祖先」所定的名稱，「眞主（上帝『耶和華』）」並未加以證實，他們只是憑猜想和私欲。「正道」確已從他們的主降臨他們。

下面的經文，都提到「以物配主」。「以物配主（崇拜偶像）」原意是指使「一物」成爲「另一物」之同伴。「伊斯蘭教」的信仰是「認主獨一」，與其相反的就是「以物配主」。

「穆斯林」學者，認為給「眞主（上帝『耶和華』）」樹立「配偶」、「同伴」、或類似的，比如：「多神崇拜、崇拜偶像、日月、樹木、生殖器、先知、名人、星宿、天使」等任何「被造物」屬於「以物配主」。

把唯獨「眞主（上帝『耶和華』）」的「尊名」或者「屬性」用在「被造物」上也是「以物配主」。「拜欲主義、拜金主義、個人崇拜、地位崇拜、算命、看相、護身符」等都屬於「以物配主」。

●《古蘭經》第二章　黃牛（巴格勒）：

2:96. 你必發現他們比世人還貪生，此那「以物配主（崇拜偶像）」的還貪生；他們中每個人，都願享壽千歲，但他們縱享上壽，終不免要受刑罰。「眞主（上帝『耶和華』）」是明察他們的行為的。

2:105. 「不信道者（不信神的人）」——信奉《天經（舊約聖經）》的和「以物配主（崇拜偶像）」的——都不願有任何「福利」從你們的主降於你們。「眞主（上帝『耶和華』）」把他的慈恩專賜給他所意欲的人，「眞主（上帝『耶和華』）」是有宏恩的。

2:135. 他們說：「你們應當變成『猶太教徒』和『基督教徒』，你們才能獲得『正道』。」你說：「不然，我們遵循崇奉『正教』的『易卜拉欣（亞伯拉罕）』的『宗教』，他不是『以物配主（崇拜偶像）』者。」

2:221. 你們不要娶「以物配主（崇拜偶像）」的「婦女」，直到她們「信道」。已「信道」的「奴婢」，的確勝過「以物配主（崇拜偶像）」的「婦女」，即使她使你們愛慕她。你們不要把自己的「女兒」嫁給「以物配主（崇拜偶像）」的「男人」，直到他們「信道」。已「信道」的「奴僕」，的確勝過「以物配主（崇拜偶像）」的「男人」，即使他使你們愛慕他。這等人叫你們入「火獄」，「眞主（上帝『耶和華』）」卻隨意地叫你們入「樂園（天堂）」，和得到「赦宥（赦免、寬恕）」。他爲世人闡明他的「跡象」，以便他們覺悟。

●《古蘭經》第三章　儀姆蘭的家屬（阿黎儀）：

3:67. 「易卜拉欣（亞伯拉罕）」既不是「猶太教徒」，也不是「基督教徒」。他是一個「崇信正教、歸順眞主的人」，他不是「以物配主（崇拜偶像）」的人。

3:95. 你說：「『眞主（上帝「耶和華」）』所說的是實話，故你們應當遵守崇奉『正教』的『易卜拉欣（亞伯拉罕）』的『宗教』，他不是『以物配主（崇拜偶像）』的。」

3:186. 你們在「財產方面」和「身體方面」必定要受「試驗」，你們必定要從曾受《天經（舊約聖經）》的人和「以物配主（崇拜偶像）」的人的口裡聽到許多惡言，如果你們堅忍，而且敬畏，那末，這確是應該決心做的事情。

●《古蘭經》第四章　婦女（尼薩儀）：

4:48. 「眞主（上帝『耶和華』）」必不「赦宥（赦免、寬恕）」「以物配主（崇拜偶像）」的罪惡，他爲自己所意欲的人而「赦宥（赦免、寬恕）」比這差一等的罪過。誰「以物配主（崇拜偶像）」，誰已犯大罪了。

4:116. 「眞主（上帝『耶和華』）」必不「赦宥（赦免、寬恕）」「以物配主（崇拜偶像）」的罪惡，他為自己所意欲的人「赦宥（赦免、寬恕）」比這差一等的罪過，誰「以物配主（崇拜偶像）」，誰已深陷迷誤了。

● 《古蘭經》第五章　筵席（馬以代）：

5:72. 妄言「眞主（上帝『耶和華』）」就是「麥爾彥（聖母馬利亞）」之子「麥西哈（受膏者；基督）」的人，確已不「通道（信神）」了。」麥西哈（受膏者；基督）」曾說：「『以色列的後裔』啊！你們當崇拜『眞主（上帝「耶和華」）』——我的主，和你們的主。誰『以物配主（崇拜偶像）』，『眞主（上帝「耶和華」）』必禁止誰入『樂園（天堂）』，他的『歸宿』是『火獄』。『不義（不信神）』的人，絕沒有任何『援助者』。」

5:82. 你必定發現，對於「通道者（信神的人）」仇恨最深的是「猶太教徒」和「以物配主（崇拜偶像）」的人；你必定發現，對於「通道者（信神的人）」最親近的是自稱「基督教徒」的人；因為他們當中有許多「牧師」和「僧侶」，還因為他們不自大。

● 《古蘭經》第六章　牲畜（艾奈阿姆）：

奉至仁至慈的眞主之名

6:1. 一切讚頌，全歸「眞主（上帝『耶和華』）」！他創造天和地，造化重重「黑暗」和「光明」；「不通道（不信神）」的人，卻「以物配主（崇拜偶像）」。

6:14. 你說：「難道我捨『眞主（上帝「耶和華」）』而以『他物』為保佑者嗎？他是天地的『創造者』，他能供養，而不受供養。」你說：「我已奉命做首先歸順的人，而絕不做『以物配主（崇拜偶像）』的人。」

6:22. 在那日，我把他們全體集合起來，然後，我對「以物配主（崇拜偶像）」的人說：「以前你們所妄稱爲我的夥伴的，如今在哪裡呢？」

6:23. 「指『眞主（上帝「耶和華」）』——我們的主發誓，我們沒有『以物配主（崇拜偶像）』。」

6:79. 我確已崇正地專向天地的「創造者」，我不是「以物配主（崇拜偶像）」的人。

6:88. 這是「眞主（上帝『耶和華』）」的「正道」，他以它引導他所欲引導的「僕人」。假若他們「以物配主（崇拜偶像）」，那末，他們的「善功」必定變成無效的。

6:106. 你當遵守你的主所啟示你的「經典」；除他外，絕無應受崇拜的；你當避開「以物配主（崇拜偶像）」的人。

6:107. 假若「眞主（上帝『耶和華』）」意欲，他們必不「以物配主（崇拜偶像）」。我沒有以你爲他們的「保護者」，你也絕不是他們的「監護者」。

6:121. 你們不要吃那未誦「眞主（上帝『耶和華』）」之名而宰的，那確是犯罪。「惡魔」必定諷示他們的朋友，以便他們和你們爭論；如果你們順從他們，那末，你們必是「以物配主（崇拜偶像）」的人。

6:137. 「以物配主（崇拜偶像）」者的「配主」，這樣誘惑他們中的許多人殺害自己的兒女，以便毀滅他們，並混亂他們的宗教。假若「眞主（上帝『耶和華』）」意欲，那末，他們就不做這件事，故你當任他們僞造謊言。

6:148. 「以物配主（崇拜偶像）」的人將說：「假若『眞主（上帝「耶和華」）』意欲，那末，我們和我們的『祖先』，都不『以物配主（崇拜偶像）』，我們也不以任何物爲『禁物』。」他們之前的人，曾這樣否認（他們族中的「使者（使徒）」），直到他們嘗試了我的刑罰。你說：「你們有眞知灼見，可以拿出來給我們看看嗎？你們只憑猜測，盡說謊話。」

6:149. 你說：「『眞主（上帝「耶和華」）』才有確鑿的證據，假若他意欲，那末，他必定將你們全體加以引導。」

6:150. 你說：「曾見『眞主（上帝「耶和華」）』戒食此類『禁物』的『見證』，你們把他們召來吧！」如果他們「作證」，那末，你不要與他們一同「作證」。那些既否認我的「跡象」，又不信後世，而且「以物配主（崇拜偶像）」的人，你不要順從他們的私欲。

6:151. 你說：「你們來吧，來聽我宣讀你們的主所禁戒你們的事項：你們不要『以物配主（崇拜偶像）』，你們應當孝敬父母；你們不要因爲貧窮而殺害自己的兒女，我供給你們和他們；你們不要臨近明顯的和隱微的醜事；你們不要違背『眞主（上帝「耶和華」）』的禁令而殺人，除非因爲「正義」。他將這些事囑咐你們，以便你們瞭解。

6:161. 你說：「我的主已指引我一條正路，卽正教，崇正的『易卜拉欣（亞伯拉罕）』的「宗教」。他不是「以物配主（崇拜偶像）」的人。」

● **《古蘭經》第七章　高處（艾耳拉弗）：**

7:173. 或者說：「只有我們的『祖先』從前曾『以物配主（崇拜偶像）』，我們不過是他們的『後裔』；難道你要因『荒誕者』的行爲而毀滅我們嗎？」

●《古蘭經》第九章　懺悔（討白）：

9:1. （這是）一篇「解除盟約的宣言」，從「眞主（上帝『耶和華』）」及其「使者（使徒）」傳示那些曾與你們締約的「以物配主（崇拜偶像）」者。

9:2. （「以物配主（崇拜偶像）」者啊！）你們可以在地面上漫遊四個月，你們須知自己不能逃避「眞主（上帝『耶和華』）」的譴責，（須知）「眞主（上帝『耶和華』）」是要淩辱「不通道者（不信神的人）」的。

9:3. （這是）從「眞主（上帝『耶和華』）」及其「使者（使徒）」在「大朝之日」傳示「衆人」的通告：「眞主（上帝『耶和華』）」及其「使者（使徒）」對於「以物配主（崇拜偶像）」者是無干的。如果你們悔過，那對於你們是更好的，如果你們背離，那末，須知你們不能逃避「眞主（上帝『耶和華』）」的譴責。你以痛苦的刑罰向「不通道者（不信神的人）」報喜吧。

9:4. 但「以物配主（崇拜偶像）」的人們中曾與你們「締結盟約」，而沒有任何違背，也沒有資助任何「敵人」者，你們應當遵守與他們締結的「盟約」，直至滿期。「眞主（上帝『耶和華』）」確是喜愛「敬畏者」的。

9:5. 當「禁月」逝去的時候，你們在哪裡發現「以物配主（崇拜偶像）」者，就在那裡殺戮他們，俘虜他們，圍攻他們，在各個要隘偵候他們。如果他們悔過自新，謹守「拜功（禮拜）」，完納「天課（宗教賦稅、慈善施捨、財產潔淨）」，你們就放走他們。「眞主（上帝『耶和華』）」確是至赦的，確是至慈的。

9:6.「以物配主（崇拜偶像）」者當中如果有人求你保護，你應當保護他，直到他聽到「眞主（上帝『耶和華』）」的言語，然後把他送到安全的地方。這是因爲他們是無知的民衆。

9:7. 在「眞主（上帝『耶和華』）」及其「使者（使徒）」看來，「以物配主（崇拜偶像）」者怎麼會有「盟約」呢？但在「禁寺」附近與你們「締結盟約」的人，在他們爲你們「遵守盟約」的期間，你們當爲他們「遵守盟約」。「眞主（上帝『耶和華』）」確是喜愛「敬畏者」的。

9:17.「以物配主（崇拜偶像）」者，在供認迷信情況下，不宜管理「眞主（上帝『耶和華』）」的「清眞寺」，這等人的「善功」已無效果，他們將來要永居「火獄」之中。

9:28.「通道（信神）」的人們啊！「以物配主（崇拜偶像）」者只是汙穢，故從今年起不准他們臨近「禁寺」；如果你們畏懼貧困，那末，「眞主（上帝『耶和華』）」將以他的恩惠使你們滿足，如果他意欲。「眞主（上帝『耶和華』）」確是全知的，確是至睿的。

9:33. 他曾以「正道」和「眞教」的「使命」委託他的「使者（使徒）」，以便他使「眞教」勝過一切「宗教」，卽使「以物配主（崇拜偶像）」者不願意。

9:34.「通道者（信神的人）」的人們啊！有許多「博士」和「僧侶」，的確借「詐術」而侵吞別人的財產，並且阻止別人走「眞主（上帝『耶和華』）」的大道。窖藏金銀，而不用於主道者，你應當以痛苦的刑罰向他們報喜。

9:35. 在那日，要把那些「金銀」放在「火獄」的火裡燒紅，然後用來烙他們的前額、肋下和背脊。這是你們爲自己而窖藏的金銀。你們嘗嘗藏在窖裡的東西的滋味吧！

9:36. 依「眞主（上帝『耶和華』）」的判斷，月數確是十二個月，「眞主（上帝『耶和華』）」創造天地之日，已記錄在《天經（舊約聖經）》中。其中有十四個禁月，這確是「正教」。故你們在「禁月」裡不要自欺。「以物配主（崇拜偶像）」的人群起而進攻你們，你們也就應當群起而抵抗他們。你們應當知道，「眞主（上帝『耶和華』）」是和「敬畏者」在一起的。

●《古蘭經》第十章　優努斯：

10:28. 在那日，我要把他們全部集合起來，然後，對「以物配主（崇拜偶像）」的人說：「你們和你們的『配主』站住吧！」於是，我使他們彼此分離，他們的「配主」要說：「你們沒有崇拜過我們。」

10:105. 並（奉命說）：「你應當趨向『正教』，你切莫做一個『以物配主（崇拜偶像）』的人。

●《古蘭經》第十二章　優素福：

12:106. 他們雖然大半信仰「眞主（上帝『耶和華』）」，但他們都是「以物配主（崇拜偶像）」的。

12:107. 難道他們不怕「眞主（上帝『耶和華』）」懲罰中的「大災」降臨他們，或「復活（末日）」時在他們不知不覺之中，突然降臨他們嗎？

12:108. 你說：「這是我的道，我號召人們信仰『眞主（上帝「耶和華」）』，我和隨從我的人，都是依據『明證』的。（我證）『眞主（上帝「耶和華』）」，超絕萬物！我不是『以物配主（崇拜偶像）』的。」

●《古蘭經》第十五章　石穀（希只爾）：

15:94. 你應當公開宣佈你所奉的命令，而且避開「以物配主（崇拜偶像）」者。

●《古蘭經》第十六章　蜜蜂（奈哈勒）：

16:35.「以物配主（崇拜偶像）」者說：「假若『眞主（上帝「耶和華」）』意欲，則我們和我們的『祖先』不會捨他而崇拜任何物的，我們也不會擅自戒除任何物的。」在他們之前的人，曾這樣做過了。「使者（使徒）」們只負明白的傳達的責任。

16:86. 當「以物配主（崇拜偶像）」者看見他們的「配主」的時候，他們將要說：「我們的主啊！這些是我們的『配主』，我們曾舍你而祈禱他們。」那些「配主」將回答他們說：「你們確是說謊的。」

16:120.「易卜拉欣（亞伯拉罕）」原來是一個表率，他服從「眞主（上帝『耶和華』）」，信奉「正教」，而且不是「以物配主（崇拜偶像）」的。

16:121. 他原是感謝主恩的，主挑選了他，並將他引上了正路。

16:122. 在今世，我曾以「幸福」賞賜他，在後世，他必定居於「善人之列」。

16:123. 你應當遵守信奉「正教」的「易卜拉欣（亞伯拉罕）」的「宗教」，他不是「以物配主（崇拜偶像）」的。

●《古蘭經》第二十二章　朝覲（哈只）：

22:17.「通道者（信神的人）」、「猶太教徒」、「拜星教徒」、「基督教徒」、「拜火教徒」，以及「以物配主（崇拜偶像）」者，「復活日（末日）」「眞主（上帝『耶和華』）」必定要為他們判決，「眞主（上帝『耶和華』）」確是萬物的見證。

●《古蘭經》第章　故事（改賽素）：

28:87.「眞主（上帝『耶和華』）」的「跡象」降示你之後，你絕不要任他們妨礙你宣揚那些「跡象」。你應當召人來歸順你的主，你絕不要做「以物配主（崇拜偶像）」者。

28:88.除「眞主（上帝『耶和華』）」外，你不要祈禱別的任何「神靈」，除他外，絕無應受崇拜的。除他的「本體」外，「萬物」都要毀滅。判決只由他作出，你們只被召歸於他。

●《古蘭經》第二十九章　蜘蛛（安凱逋特）：

29:65.當他們乘船的時候，他們誠懇地祈禱「眞主（上帝『耶和華』）」，當他使他們平安登陸的時候，他們立刻就「以物配主（崇拜偶像）」。

●《古蘭經》第三十章　羅馬人（魯姆）：

30:31.你們應當歸依「眞主（上帝『耶和華』）」，應當敬畏他，應當謹守「拜功（禮拜）」，不要做「以物配主（崇拜偶像）」者。

30:32.即分離自己的「宗教」，而各成「宗派」者；各派都喜歡自己所奉的「宗教」。

30:33.人們「遭難」的時候，祈禱他們的主，同時歸依他。當他使他們嘗試他的恩惠的時候，他們中的一部分人，立刻「以物配主（崇拜偶像）」。

30:34.以至孤負他的賜他們的恩典。你們享受吧，你們將來就知道了。

30:35.難道我曾降示他們一個「明證」，命令他們「以物配主（崇拜偶像）」嗎？

30:42.你說：你們應當在「大地」上旅行，因面觀察前人的結局是怎樣的。他們大半是「以物配主（崇拜偶像）」的。

●**《古蘭經》第三十一章　魯格曼：**

31:13. 當日，「魯格曼（先知）」曾教訓他的「兒子」說：「我的小子啊！你不要以任何物『配主』。『以物配主（崇拜偶像）』，確是大逆不道的。」

●**《古蘭經》第三十三章　同盟軍（艾哈薩布）：**

33:73. 以致「眞主（上帝『耶和華』）」懲罰「僞信的男女」和「以物配主（崇拜偶像）」的男女，而「赦宥（赦免、寬恕）」「通道（信神）」的男女！「眞主（上帝『耶和華』）」是至赦的，是至慈的。

●**《古蘭經》第三十九章　隊伍（助邁爾）：**

39:65. 你和你以前的人，都奉到啟示說：「如果你『以物配主（崇拜偶像）』，則你的『善功』，必定無效，而你必定成爲『虧折者（損失虧耗的人）』。」

●**《古蘭經》第四十一章　奉綏來特：**

41:6. 你說：「我跟你們一樣，只是一個「『凡人』，我奉到啟示：『你們所應當崇拜的，只是「獨一的主宰」。所以你們應當遵循正路而趨向他，應當向他求饒。』傷哉『以物配主（崇拜偶像）』者！」

●**《古蘭經》第四十二章　協商（舒拉）：**

42:13. 他已爲你們制定「正教」，就是他所命令「努哈（挪亞）」的、他所啟示你的、他命令「易卜拉欣（亞伯拉罕）」、「穆薩（摩西）」和「爾撒（耶穌）」的「宗教」。你們應當謹守「正教」，不要為「正教」而「分門別戶」。「以物配主（崇拜偶像）」的人們，以為你所教導他們的事是難堪的。「眞主（上帝『耶和華』）」將他所意欲者招致於「正教」，將歸依他者引導於「眞理」。

● **《古蘭經》第四十八章　勝利（費特哈）：**

48:6. 以便他懲罰「偽信」的「男人和女人」，和「以物配主（崇拜偶像）」的「男人和女人」，就是對眞主作惡意猜想的人，惡運只降臨他們，「眞主（上帝『耶和華』）」譴怒他們，棄絕他們，並為他們預備了「火獄」。那「歸宿」眞惡劣！

● **《古蘭經》第六十一章　列陣（蒜弗）：**

61:9. 他曾以「正道」和「眞教」的「使命」委託他的「使者（使徒）」，以便他使「眞教」勝過「一切宗教」，卽使「以物配主（崇拜偶像）」的人不願意。

● **《古蘭經》第九十八章　明證（半以奈）：**

奉至仁至慈的眞主之名

98:1. 信奉《天經（舊約聖經）》者和「以物配主（崇拜偶像）」者，他們中「不通道（不信神）」的人沒有離開自己原有的信仰，直到「明證」來臨他們。

98:2. 那個「明證」是「眞主（上帝『耶和華』）」所派遣的一個「使者（使徒）」，他誦讀純潔的冊頁。

98:3. 中有許多正確的「經文」。

98:4. 信奉《天經（舊約聖經）》者，沒有分離，直到「明證」來臨他們。

98:5. 他們只奉命崇拜「眞主（上帝『耶和華』）」，虔誠敬意，恪遵「正教」，謹守「拜功（禮拜）」，完納「天課（宗教賦稅、慈善施捨、財產潔淨）」，這是「正教」。

98:6. 信奉《天經（舊約聖經）》者和「以物配主（崇拜偶像）」者，他們中「不通道（不信神）」的人，必入「火獄」，而永居其中；這等人是最惡的人。

十四、「以色列人」在曠野漂泊四十年

（一）《舊約聖經》裡的「漂泊四十年」

「摩西」帶領「以色列人」通過「紅海」後，並沒有立即到達上帝「耶和華」所應允之地「迦南地」，反而在「曠野」中走了「四十年」才到了「迦南地」，這是爲什麼呢？

原來，所謂上帝「耶和華」所應允的「迦南地」，並不是沒有人住的地方，而是早有「迦南地」的「原住民」，住在那個地方。上帝「耶和華」是要「以色列人」去攻打「迦南地」的「原住民」，趕走「原住民」，把「迦南地」占爲己有。天啊！這叫做上帝「耶和華」的「應允之地」，我實在無法理解。

要進入「迦南地」之前，「摩西」受到上帝「耶和華」的感召，從「以色列」的十二個支派裡，各派出一位代表，組成一個十二人的「前鋒偵查隊」，去探察「迦南地」的軍情。但是，其中十個人回來稟報「摩西」說「迦南地」的當地「原住民」十分強悍，無法戰勝他們。這個「軍情回報」，引起「以色列人」的恐慌，不願意攻打「迦南地」的「原住民」。甚至，「全會衆」向「摩西」發怨言，要求另立一位「新領袖」帶「以色列人」返回「埃及」。

上帝「耶和華」發怒，認爲「以色列人抗命，就是背叛了自己，不但殺了這十個人，而且因爲這十個人外出到回來，一共花了四十天，所以上帝「耶和華」處罰「以色列人」，一天抵一年，讓「以色列人」在曠野流浪漂泊四十年，才可以進入「迦南地」。

但是，實際上這次小規模的偵察之後，「以色列人」發動了一次對「迦南地」當地「原住民」的進攻。但是，被打敗了，很多壯年男子都死在這次戰役中，造成「以色列人」元氣大傷。所以，爲了恢復元氣，在曠野中待了四十年。

●《舊約聖經》民數記：

13:1「耶和華」「曉諭（明白告知）」「摩西」說。

13:2 你打發人去窺探我所賜給「以色列人」的「迦南地」、他們每支派中要打發一個人、都要作「首領」的。

13:3「摩西」就照「耶和華」的吩咐、從「巴蘭的曠野」打發他們去、他們都是「以色列人」的「族長」。

13:4 他們的名字。屬「流便」支派的、有「撒刻」的的兒子「沙母亞」。

13:5 屬「西緬」支派的、有「何利」的兒子的「沙法」。

13:6 屬「猶大」支派的、有「耶孚尼」的兒子「迦勒」。

13:7 屬「以薩迦」支派的、有「約色」的兒子「以迦」。

13:8 屬「以法蓮」支派的、有「嫩」的兒子「何希阿」。

13:9 屬「便雅憫」支派的、有「拉孚」的兒子「帕提」。

13:10 屬「西布倫」支派的、有「梭底」的兒子「迦疊」。

13:11 「約瑟」的子孫屬「瑪拿西」支派的、有「穌西」的兒子「迦底」。

13:12 屬「但」支派的、有「基瑪利」的兒子「亞米利」。

13:13 屬「亞設」支派的、有「米迦勒」的兒子「西帖」。

13:14 屬「拿弗他利」支派的、有「縛西」的兒子「拿比」。

13:15 屬「迦得」支派的、有「瑪基」的兒子「臼利」。

13:16 這就是「摩西」所打發窺探那地之人的名字・「摩西」就稱「嫩」的兒子「何西阿」爲「約書亞」。

13:17 「摩西」打發他們去窺探「迦南地」、說、你們從「南地」上山地去。

13:18 看那地如何、其中「所住的民」是強是弱、是多是少。

13:19 「所住之地」是好是歹、「所住之處」是「營盤（兵營）」是「堅城」。

13:20 又看那「地土」是肥美、是瘠薄、其中有「樹木」沒有・你們要放開膽量、把那地的「果子」帶些來・那時正是「葡萄」初熟的時候。

13:21 他們上去窺探那地、從「尋的曠野」到「利合」、直到「哈馬口」。

13:22 他們從「南地」上去、到了「希伯崙」、在那裡有「亞衲族人、亞希幔、示篩、撻買」、原來「希伯崙城」被建造比「埃及」的「鎖安城」早七年。

13:23 他們到了「以實各谷」、從那裡砍了「葡萄樹」的一枝、上頭有「一挂葡萄」、兩個人用杠抬著・又帶了些「石榴」和「無花果」來。

13:24 因爲「以色列人」從那裡砍來的那挂「葡萄」、所以那地方叫作「以實各谷」。

13:25 過了「四十天」、他們窺探那地纔回來。

13:26 到了「巴蘭曠野」的「加低斯」、見「摩西、亞倫」、並「以色列的全會衆」、回報「摩西、亞倫」、並「全會衆」、又把那地的「果子」給他們看。

13:27 又告訴「摩西」說、我們到了你所打發我們去的那地、果然是「流奶與蜜之地」、這就是那地的「果子」。

13:28 然而「住那地的民」強壯、「城邑」也堅固寬大、並且我們在那裡看見了「亞衲族」的人。

13:29 「亞瑪力人」住在「南地」、「赫人、耶布斯人、亞摩利人」、住在「山地」、「迦南人」住在「海邊」、並「約但河」旁。

13:30 「迦勒」在「摩西」面前安撫「百姓」、說、我們立刻上去得那地罷、我們足能得勝。

13:31 但那些和他同去的人說、我們不能上去攻擊那民、因爲他們比我們強壯。

13:32 「探子」中有人論到所「窺探之地」、向「以色列人」報「惡信」、說、我們所窺探經過之地、是「吞喫居民之地」、我們在那裡所看見的人民、都身量高大。

13:33 我們在那裡看見「亞衲族人」、就是偉人、他們是偉人的後裔、據我們看自己就如「蚱蜢」一樣、據他們看我們也是如此。

14:1 當下「全會衆」大聲喧嚷、那夜「百姓」都哭號。

14:2 「以色列」衆人向「摩西亞倫」發怨言、「全會衆」對他們說、巴不得我們早死在「埃及地」、或是死在「這曠野」。

14:3 「耶和華」爲甚麼把我們領到那地、使我們倒在刀下呢・我們的妻子和孩子、必被擄掠、我們回「埃及」去豈不好麼。

14:4 衆人彼此說、我們不如立一個「首領」、回「埃及」去罷。

14:5 「摩西」「亞倫」就俯伏在「以色列全會衆」面前。

14:6 窺探地的人中、「嫩」的兒子「約書亞」、和「耶孚尼」的兒子「迦勒」、撕裂衣服。

14:7 對「以色列全會衆」說、我們所窺探經過之地、是「極美之地」。

14:8 「耶和華」若喜悅我們、就必將我們領進那地、把地賜給我們、那地原是「流奶與蜜之地」。

14:9 但你們不可背叛「耶和華」、也不要怕那地的居民、因爲他們是我們的「食物」、並且蔭庇他們的已經離開他們、有「耶和華」與我們同在、不要怕他們。

14:10 但「全會衆」說、拿石頭打死他們二人。忽然「耶和華」的榮光、在「會幕」中向「以色列」衆人顯現。

14:11 「耶和華」對「摩西」說、這「百姓」藐視我要到幾時呢、我在他們中間行了這一切「神蹟」、他們還不信我要到幾時呢。

14:12 我要用「瘟疫」擊殺他們、使他們不得承受那地、叫你的「後裔」成爲大國、比他們強勝。

14:13 「摩西」對「耶和華」說、「埃及人」必聽見這事、因爲你曾施展大能、將這「百姓」從他們中間領上來。

14:14「埃及人」要將這事傳給「迦南地」的居民、那民已經聽見你「耶和華」是在這「百姓」中間・因爲你面對面被人看見、有你的「雲彩」停在他們以上、你日間在「雲柱」中、夜間在「火柱」中、在他們前面行。

14:15 如今你若把這「百姓」殺了、如殺一人、那些聽見你名聲的「列邦」必議論說、

14:16「耶和華」因爲不能把這「百姓」領進他向他們起誓「應許之地」、所以在「曠野」把他們殺了。

14:17 現在求主大顯能力、照你所說過的話說、

14:18「耶和華」不輕易發怒、並有豐盛的慈愛、赦免罪孽和過犯、萬不以有罪的爲無罪、必追討他的罪、自父及子、直到三、四代。

14:19 求你照你的大慈愛、赦免這「百姓」的罪孽、好像你從「埃及」到如今、常赦免他們一樣。

14:20「耶和華」說、我照著你的話赦免了他們。

14:21 然我指著我的永生起誓、遍地要被我的榮耀充滿。

14:22 這些人雖看見我的榮耀、和我在「埃及」與「曠野」所行的「神蹟」、仍然試探我這十次、不聽從我的話。

14:23 他們斷不得看見我向他們的「祖宗」所起誓「應許之地」、凡藐視我的、一個也不得看見。

14:24 惟獨我的僕人「迦勒」、因他另有一個心志、專一跟從我、我就把他領進他所去過的那地・他的「後裔」也必得那地爲業。

14:25 「亞瑪力人」和「迦南人」住在谷中、明天你們要轉回、從「紅海」的路往「曠野」去。

14:26 「耶和華」對「摩西」「亞倫」說。

14:27 這「惡會衆」向我發怨言、我忍耐他們要到幾時呢、「以色列人」向我所發的怨言、我都聽見了。

14:28 你們告訴他們、「耶和華」說、我指著我的永生起誓、我必要照你們達到我耳中的話待你們。

14:29 你們的「屍首」必倒在這「曠野」、並且你們中間凡被數點、從二十歲以外向我發怨言的、

14:30 必不得進我起誓應許叫你們住的那地、惟有「耶孚尼」的兒子「迦勒」和「嫩」的兒子「約書亞」、纔能進去。

14:31 但你們的婦人孩子、就是你們所說、要被擄掠的、我必把他們領進去、他們就得知你們所厭棄的那地。

14:32 至於你們、你們的「屍首」必倒在這曠野。

14:33 你們的「兒女」必在「曠野」飄流「四十年」、擔當你們「淫行的罪」、直到你們的「屍首」在曠野消滅。

14:34 按你們窺探那地的「四十日」、「一年頂一日」、你們要擔當罪孽「四十年」、就知道我

與你們疏遠了。

14:35 我「耶和華」說過、我總要這樣待這一切聚集敵我的「惡會衆」、他們必在這曠野消滅、在這裡死亡。

14:36 「摩西」所打發窺探那地的人回來、報那地的「惡信」、叫「全會衆」向「摩西」發怨言、

14:37 這些報「惡信」的人、都遭「瘟疫」、死在「耶和華」面前。

14:38 其中惟有「嫩」的兒子「約書亞」、和「耶孚尼」的兒子「迦勒」、仍然存活。

看完《舊約聖經》的記載，有關「以色列人」在曠野漂泊四十年的故事之後，下面這些《古蘭經》的經文，讀者就會看懂了。

（二）《古蘭經》裡的「漂泊四十年」

●《古蘭經》第五章　筵席（馬以代）：

5:20. 當時，「穆薩（摩西）」對他的宗族說：「我的『宗族』呀！你們當記憶『眞主（上帝「耶和華」）』所賜你們的恩典，當時，他在你們中派遣許多『先知』，並使你們人人自主，而且把沒有給過全世界任何人的（恩典）給了你們。

5:21. 我的『宗族』呀！你們當進『眞主（上帝「耶和華」）』所爲你們註定的『聖地』，你們不可敗北；否則，你們要變成『虧折（損失虧耗的人）的人』。」

5:22. 他們說：「『穆薩（摩西）』呀！『聖地』中，的確有一個『強大的種族』，我們絕不進去，直到他們出來。如果他們出來，我們必定進去。」

5:23. 「敬畏者」當中有兩個人，曾蒙「眞主（上帝『耶和華』）」的恩惠，他們倆說：「你們從城門進攻他們吧！你們攻進城門的時候，必能戰勝他們。你們只應該信託『眞主（上帝「耶和華」）』，如果你們是『信士』的話。」

5:24. 他們說：「『穆薩（摩西）』啊！他們在『聖地』的期間，我們絕不進去。你和你的主去作戰吧！我們必定要坐在這裡。」

5:25. 他說：「我的主啊！除我自己和我『哥哥』外，我不能作主，我求你使我們和『犯罪的民衆』分開。」

5:26. 「眞主（上帝『耶和華』）」說：「在『四十年』內，他們不得進入『聖地』，他們要漂泊在『曠野』；故你不要哀悼『犯罪的民衆』。」

十五、達五德（大衛）

（一）《舊約聖經》裡的「大衛」

「大衛」是「耶西」最小的兒子，在「以色列十二支派」中，隸屬「猶大」支派，是「以色列王國」的第二任國王。

大部分關於「大衛」的記載都出自《舊約聖經》中的《撒母耳記上》和《撒母耳記下》。「大衛」在「以色列」歷代「國王」中，《舊約聖經》描述他是一位有爲的君主，並且是一位專心倚靠上帝「耶和華」的人，是優秀的「戰士」、「音樂家」和「詩人」，在《舊約聖經》中讚美上帝的《詩篇》絕大部分是他的著作。根據《新約聖經》，「耶穌」的母親「馬利亞」，和「馬利亞」的丈夫

「約瑟」都是「大衛」的後裔。

幼年的「大衛」在家中擔任「牧養羊群」的工作。一日，上帝「耶和華」差遣先知「撒母耳」到「伯利恆」「耶西」的家中，並且膏立「大衛」做未來的「以色列王」。

在這個時期，當上帝「耶和華」的「靈」大大感動他之後，他做了兩件大事：

⑴為「掃羅王」彈琴驅魔：「大衛」善於「彈琴」，被薦服侍「掃羅王」，藉著「彈琴」，趕走在「掃羅王」身上的「惡魔」，使「掃羅王」舒暢爽快。

⑵靠主擊殺歌利亞：在「以色列」舉國驚慌失措之際，「大衛」勇敢赴戰場，甩石頭殺死令「以色列人」驚怕的「非利士人」勇士「歌利亞」，使狂妄的「非利士人」潰不成軍。這段經歷很有名，我們來閱讀一下原文。

●**《舊約聖經》撒母耳記上：**

17:1 「非利士人」招聚他們的「軍旅」、要來爭戰・聚集在屬「猶大」的「梭哥」、安營在「梭哥」和「亞西加」中間的「以弗大憫」。

17:2 「掃羅」和「以色列人」也聚集、在「以拉谷」安營、擺列隊伍、要與「非利士人」打仗。

17:3 「非利士人」站在這邊山上、「以色列人」站在那邊山上・當中有谷。

17:4 從「非利士營」中出來一個討戰的人、名叫「歌利亞」・是「迦特人」、身高六肘零一虎口。

17:5 頭戴銅盔、身穿鎧甲、甲重五千舍客勒。

17:6 腿上有銅護膝、兩肩之中背負銅戟。
17:7 槍桿粗如織布的機軸、鐵槍頭重六百舍客勒．有一個拿「盾牌」的人在他前面走。
17:8 「歌利亞」對著「以色列的軍隊」站立、呼叫說、你們出來擺列隊伍作甚麼呢．我不是「非利士人」麼．你們不是「掃羅」的「僕人」麼．可以從你們中間揀選一人、使他下到我這裡來。
17:9 他若能與我戰鬥、將我殺死、我們就作你們的「僕人」．我若勝了他、將他殺死、你們就作我們的「僕人」、服事我們。
17:10 那「非利士人」又說、我今日向「以色列人」的「軍隊」罵陣．你們叫一個人出來、與我戰鬥。
17:11 「掃羅」和「以色列衆人」聽見「非利士人」的這些話、就驚惶、極其害怕。
17:12 「大衛」是「猶大」「伯利恆」的「以法他人」「耶西」的兒子．「耶西」有八個兒子．當「掃羅」的時候、「耶西」已經老邁。
17:13 「耶西」的三個大兒子跟隨「掃羅」出征．這出征的三個兒子、長子名叫「以利押」、次子名叫「亞比拿達」、三子名叫「沙瑪」。
17:14 「大衛」是最小的．那三個大兒子跟隨「掃羅」。
17:15 「大衛」有時離開「掃羅」回「伯利恆」、放他父親的羊。
17:16 那「非利士人」早晚都出來站著、如此「四十日」。
17:17 一日「耶西」對他兒子「大衛」說、你拿一伊法烘了的「穗子」、和十個餅、速速的送到營裡去、交給你「哥哥們」。

17:18 再拿這十塊「奶餅」、送給他們的「千夫長」、且問你「哥哥們」好、向他們要一封信來。

17:19「掃羅」與「大衛」的「三個哥哥」、和「以色列衆人」、在「以拉谷」與「非利士人」打仗。

17:20「大衛」早晨起來、將羊交託一個看守的人、照著他「父親」所吩咐的話、帶著食物去了・到了「輜重營（後勤補給營）」、「軍兵」剛出到戰場、吶喊要戰。

17:21「以色列人」和「非利士人」都擺列隊伍、彼此相對。

17:22「大衛」把他帶來的食物、留在看守物件人的手下、跑到「戰場」、問他「哥哥們」安。

17:23 與他們說話的時候、那討戰的、就是屬「迦特」的「非利士人」「歌利亞」、從「非利士」隊中出來、說從前所說的話・「大衛」都聽見了。

17:24「以色列衆人」看見那人、就逃跑、極其害怕。

17:25「以色列人」彼此說、這上來的人、你看見了麼・他上來、是要向「以色列人」罵陣・若有能殺他的、王必賞賜他大財、將自己的「女兒」給他爲妻、並在「以色列人」中、免他父家納糧當差。

17:26「大衛」問站在旁邊的人、說、有人殺這「非利士人」、除掉「以色列人」的恥辱、怎樣待他呢・這未受「割禮」的「非利士人」是誰呢、竟敢向永生　神的「軍隊」罵陣麼。

17:27「百姓」照先前的話回答他說、有人能殺這「非利士人」、必如此如此待他。

17:28「大衛」的長兄「以利押」、聽見「大衛」與他們所說的話、就向他發怒、說、你下來作甚麼呢·在曠野的那幾隻羊、你交託了誰呢。我知道你的驕傲、和你心裡的惡意·你下來、特為要看爭戰。
17:29「大衛」說、我作了甚麼呢·我來豈沒有緣故麼。
17:30「大衛」就離開他轉向別人、照先前的話而問·「百姓」仍照先前的話回答他。
17:31有人聽見「大衛」所說的話、就告訴了「掃羅」·「掃羅」便打發人叫他來。
17:32「大衛」對「掃羅」說、人都不必因那「非利士人」膽怯·你的「僕人」要去與那「非利士人」戰鬥。
17:33「掃羅」對「大衛」說、你不能去與那「非利士人」戰鬥·因為你年紀太輕、他自幼就作「戰士」。
17:34「大衛」對「掃羅」說、你「僕人」為「父親」放羊·有時來了「獅子」、有時來了「熊」、從群中啣一隻「羊羔」去。
17:35我就追趕他、擊打他、將「羊羔」從他口中救出來·他起來要害我、我就揪著他的鬍子、將他打死。
17:36你「僕人」曾打死「獅子」和「熊」·這未受「割禮」的「非利士人」向永生　神的「軍隊」罵陣、也必像「獅子」和「熊」一般。
17:37「大衛」又說、「耶和華」救我脫離「獅子」和「熊」的爪、也必救我脫離這「非利士人」的手。「掃羅」對「大衛」說、你可以去罷·「耶和華」必與你同在。

17:38「掃羅」就把自己的「戰衣」給「大衛」穿上、將「銅盔」給他戴上、又給他穿上「鎧甲」。

17:39「大衛」把刀跨在「戰衣」外、試試能走不能走・因爲素來沒有穿慣、就對「掃羅」說、我穿戴這些不能走・因爲素來沒有穿慣。於是摘脫了。

17:40 他手中拿杖、又在溪中挑選了五塊光滑石子、放在袋裡、就是「牧人」帶的囊裡・手中拿著「甩石的機弦」、就去迎那「非利士人」。

17:41「非利士人」也漸漸的迎著「大衛」來・拿「盾牌」的走在前頭。

17:42「非利士人」觀看、見了「大衛」、就藐視他・因爲他年輕、面色光紅、容貌俊美。

17:43「非利士人」對「大衛」說、你拿杖到我這裡來、我豈是「狗」呢。「非利士人」就指著自己的神、咒詛「大衛」。

17:44「非利士人」又對「大衛」說、來罷、我將你的肉給空中的「飛鳥」、田野的「走獸」喫。

17:45「大衛」對「非利士人」說、你來攻擊我、是靠著「刀槍」和「銅戟」・我來攻擊你、是靠著萬軍之「耶和華」的名、就是你所怒罵帶領「以色列軍隊」的 神。

17:46 今日「耶和華」必將你交在我手裡・我必殺你、斬你的頭・又將「非利士軍兵」的屍首、給空中的「飛鳥」地上的「野獸」喫・使普天下的人都知道「以色列中」有 神。

17:47 又使這「衆人」知道「耶和華」使人得勝、不是用刀用槍・因爲爭戰的勝敗全在乎「耶和華」・他必將你們交在我們手裡。

17:48「非利士人」起身、迎著「大衛」前來．「大衛」急忙迎著「非利士人」、往戰場跑去。

17:49「大衛」用手從囊中掏出一塊「石子」來、用「機弦」甩去、打中「非利士人」的額．石子進入額內、他就仆倒、面伏於地。

17:50這樣、「大衛」用「機弦甩石」、勝了那「非利士人」、打死他．「大衛」手中卻沒有刀。

17:51「大衛」跑去、站在「非利士人」身旁、將他的刀從鞘中拔出來、殺死他、割了他的頭。「非利士衆人」看見他們討戰的勇士死了、就都逃跑。

17:52「以色列人」和「猶大人」便起身、吶喊、追趕「非利士人」、直到「迦特」（或作「該」）和「以革倫」的城門。被殺的「非利士人」、倒在「沙拉音」的路上、直到「迦特」、和「以革倫」。

17:53「以色列人」追趕「非利士人」回來、就奪了他們的「營盤（兵營）」。

17:54「大衛」將那「非利士人」的頭、拿到「耶路撒冷」．卻將他「軍裝」放在自己的「帳棚」裡。

「大衛」殺死「歌利亞」後成爲「國家英雄」，由於「慶功宴」中婦女的稱讚「掃羅殺死千千，大衛殺死萬萬」，致引起「掃羅王」的嫉妒與追殺，不得不四處逃離，甚至藉裝瘋以避害。

「大衛」因「掃羅王」追殺而逃難，在逃難中，有二次機會可以暗中殺了「掃羅王」，但「大衛」均未下手殺害「掃羅王」。

「掃羅王」陣亡後，「大衛」在「希伯崙」立爲「猶大國王」，七年半後再被立爲全以色列國王」，並繼續統治大約三十三年，總共在位大約四十年。

住在「香柏木宮」中的「大衛王」，見上帝「耶和華」的「約櫃」放在「幔子」裡，基於敬畏的心而興起爲上帝「耶和華」建殿的念頭，但是上帝「耶和華」指示建殿之事將由他的後裔「所羅門王」接續王位後完成。

《舊約聖經》撒母耳記下，講了「大衛王」的兩宗罪過：

⑴與「拔示巴」同房，謀殺「烏利亞」：「大衛王」在看到「拔示巴」裸浴後，遂安排將其夫「烏利亞」送至戰場前線，借敵人之手將其殺死，然後將「拔示巴」據爲己有。上帝「耶和華」沒有直接懲罰「大衛王」，而是親手將「大衛王」與「拔示巴」所生的第一子擊死。

看完這段經歷，我對「大衛王」的行爲，非常不以爲然。先通姦自己忠心耿耿部屬的妻子，再用陰謀殺害爲自己出生入死的部屬，只爲了得到他那美麗的妻子，實在可恥，不可原諒。

⑵爲顯榮自己而數點百姓：爲懲罰「大衛王」，上帝「耶和華」用「瘟疫」殺死百姓七萬人。

（二）《古蘭經》裡的「達五德」

在《古蘭經》裡，對於「達五德（大衛）」的敘述並不多。有簡單的提到「達五德（大衛）」殺死「查魯特（歌利亞）」，反而有一個「告狀的故事」，在《舊約聖經》裡沒有記載。《古蘭經》裡說，「群山」和「衆鳥」都隨他一起讚頌「安拉（上帝「耶和華」）」，「安拉（上帝「耶和華」）」使鐵變成「柔軟的」，而使他們造出了「鎧甲」。他又以「安拉（上帝「耶和華」）」賜予的「智慧」和「知識」，秉公裁決了幾起民事糾紛。

●《古蘭經》第二章　黃牛（巴格勒）：

2:251. 他們借「眞主（上帝『耶和華』）」的佑助而打敗敵人。「達五德（大衛）」殺死「查魯特（歌利亞）」，「眞主（上帝『耶和華』）」把「國權」和「智慧」賞賜他，並把自己所意欲的（知識）教授他。要不是「眞主（上帝『耶和華』）」以世人互相抵抗，那末，「大地」的秩序必定紊亂了。但「眞主（上帝『耶和華』）」對於全世界是有恩惠的。

● **《古蘭經》第四章　婦女（尼薩儀）**：

4:163. 我確已啟示你，猶如我啟示「努哈（挪亞）」和在他之後的衆「先知」一樣，也猶如我啟示「易卜拉欣（亞伯拉罕）」、「易司馬儀（以實瑪利）」、「易司哈格（以撒）」、「葉爾孤白（雅各）」各支派，以及「爾撒（耶穌）」、「安優蔔（約伯）」、「優努斯（約拿）」、「哈倫（亞倫）」、「素萊曼（所羅門）」一樣。我以《宰逋卜（《大衛詩篇）》賞賜「達五德（大衛）」。

● **《古蘭經》第五章　筵席（馬以代）**：

5:78. 「以色列的後裔」中「不通道（不信神）」的人，曾被「達五德（大衛）」和「麥爾彥（聖母馬利亞）」之子「爾撒（耶穌）」的舌所詛咒，這是由於他們的違抗和過分。

● **《古蘭經》第六章　牲畜（艾奈阿姆）**：

6:84. 我賞賜他「易司哈格（以撒）」和「葉爾孤白（雅各）」，每個人我都加以引導。以前，我曾引導「努哈（挪亞）」，還引導過他的後裔「達五德（大衛）」、「素萊曼（所羅門）」、「安優蔔（約伯）」、「優素福（約瑟）」、「穆薩（摩西）」、「哈倫（亞倫）」，我這樣報酬行善的人。

●《古蘭經》第二十一章　衆先知（安比雅）：

21:78.（你應當敍述）「達五德（大衛）」和「素萊曼（所羅門）」，當「百姓」的羊群夜間出來吃「莊稼」的時候，他倆爲「莊稼」而「判決」，對於他們的判決我是見證。

21:79.我使「素萊曼（所羅門）」知道怎樣「判決」。每一個我都賞賜了智慧和學識。我使「群山」和「衆鳥」隨從「達五德（大衛）」一道讚頌我。我曾經做過那件事了。

●《古蘭經》第二十七章　螞蟻（奈木勒）：

27:15.我確已把「學問」賞賜「達五德（大衛）」和「素萊曼（所羅門）」，他倆說：「一切讚頌，全歸『眞主（上帝「耶和華」）』！他曾使我們超越他的許多『通道（信神）』的『僕人』。」

27:16.「素萊曼（所羅門）」繼承「達五德（大衛）」；他說：「衆人啊！我們曾學會『百鳥』的語言，我們曾獲得萬物的享受，這確是明顯的恩惠。」

●《古蘭經》第三十四章　賽伯邑：

34:10.我確已賞賜「達五德（大衛）」從我發出的恩惠。「群山」啊！「衆鳥」啊！你們應當和著他讚頌，我爲他使鐵柔軟，

34:13.他們爲他修建他所欲修建的宮殿、雕像、水池般的大盤、固定的大鍋。（我說）：「『達五德（大衛）』的家屬啊！你們應當感謝。」我的「僕人」中，感謝者是很少的。

●《古蘭經》第三十八章　薩德：

38:21.兩造來「告狀的故事」來臨你了嗎？當時，他們逾牆而入內殿。

38:22.當時，他們去見「達五德（大衛）」，他爲他們而恐怖。他們說：「你不要恐怖！我們是兩造，被告曾欺淩了原告，請你爲我們秉公裁判，請你不要偏袒，請你指引我們正路。」

38:23.這個確是我的朋友，他有九十九隻「母綿羊」，我有一隻「母綿羊」，他卻說：「你把它讓給我吧！他在辯論方面戰勝我。」

38:24.「達五德（大衛）」說：「他確已欺負你了，因爲他要求你把『你的母綿羊』歸併『他的母綿羊』。有許多『夥計』，的確相欺，惟『通道（信神）』而『行善者』則不然，但他們是很少的。」「達五德（大衛）」以爲我考驗他，他就向他的主求饒，且拜倒下去，並歸依他。（此處叩頭！）

38:25.我就饒了他的過失，他在我那裡，的確獲得寵愛和優美的歸宿。

38:26.「達五德（大衛）」啊！我確已任命你爲「大地的代治者」，你當替人民秉公判決，不要順從私欲，以免「私欲」使你叛離「眞主（上帝『耶和華』）」的「大道」；叛離「眞主（上帝『耶和華』）」的「大道」者，將因忘卻清算之日而受嚴厲的刑罰。

38:27.我沒有徒然地創造天地萬物，那是「不通道（信神）」者的猜測。悲哉！「不通道（信神）」的人們將受「火刑」。

38:28.難道我使「通道（信神）」而且「行善者」，像在地方「作惡者」一樣嗎？難道我使「敬畏者」，像放肆的人一樣嗎？

38:29.這是我所降示你的一本吉祥的「經典」，以便他們沉思經中的節文，以便有理智的人們覺悟。

38:30. 我將「素萊曼（所羅門）」賜予「達五德（大衛）」，那個「僕人」眞是優美！他確是歸依「眞主（上帝『耶和華』）」的。

十六、素萊曼（所羅門）

（一）《舊約聖經》裡的「所羅門」

「所羅門王」是「大衛王」與「拔示巴」的兒子，是「以色列王國」的第三位國王，是「大衛家族」的第二位國王，是北方「以色列王國」和南方「猶大王國」分裂前的最後一位君主。

「所羅門王」是「耶路撒冷」「第一聖殿」的建造者，並有超人的智慧，大量的財富和無上的權力。但是最後由於「所羅門王」晚年的罪過，導致在他的兒子「羅波安」執政時期，「以色列王國」發生了分裂。

「所羅門王」的「父親」，是「伯利恆」的「大衛王」，母親是「拔示巴」。「所羅門王」的兄弟有「押沙龍、暗嫩、亞多尼雅」。

當「所羅門王」的父親「大衛王」於公元前九七〇年去世之後，他成爲了新的國王。

當「大衛王」仍然在世的時候，他的第四個兒子「亞多尼雅」，就展開行動宣告他是新的國王。在他的兄弟「暗嫩」和「押沙龍」去世之後，他自己覺得他應該被立爲王位的繼承者。但是，「大衛」在很早之前，以「耶和華」之名爲證，表明要將王位傳給「所羅門」。

由於「亞多尼雅」的計謀，被當時的先知「約拿單」識破，並告知「所羅門」的母親「拔示巴」，請她去告知「大衛」關於「亞多尼雅」的陰謀，並且提醒「大衛」他之前的誓言。

「大衛」當即將王位傳給了「所羅門」，「亞多尼雅」得知消息後，逃到祭壇，去抓住「祭壇的角」，讓「所羅門」不要殺他。「亞多尼雅」通過「拔示巴」的請求，與「亞比煞」結婚，但是「所羅門」認爲這個請求，無異於覬覦王位，所以抓住「亞多尼雅」並且處死。

爲了實現「大衛王」對「所羅門」的臨終遺言，「所羅門」將「大衛王」的將軍「約押」殺死了，因爲「約押」曾經謀殺了「押尼珥」和「亞瑪撒」。

「大衛王」的大祭司「亞比亞」，他被「所羅門王」放逐遠方，因爲他曾經支持「所羅門王」的競爭者「亞多尼雅」。「亞比亞」他是世襲的「大祭司」，他的前任是「以利」，「以利」是一位非常重要的「先知」。

「示每」被限制，只能在「耶路撒冷」城內活動，但在三年之後，當他前往「迦特」去帶回一些逃走的「僕人」時，被殺死了。這是因爲他在「大衛」的兒子「押沙龍」反叛「大衛」的時候，曾經詛咒過「大衛」的緣故。

除掉「亞多尼雅」之後，「所羅門王」接掌權力。期間與「埃及公主」結親，並將合併後的國家，劃分爲十二個「行省」，建立了嚴格的「稅收制度」。

「所羅門王」爲上帝「耶和華」建立「聖殿」，也爲他自己的建立宮殿，花費了他許多的時間，同時也爲自己和國家積聚了大量的財富。事後「所羅門王」領悟到世間上的事是毫無益處的勞苦，因這些都會留給後人，卻不知那些後人能否管理到自己留下的財富，想到此處便覺勞苦都是沒有甚麼價值。

「所羅門王」有一個特質，就是他的「智慧」。「所羅門王」祈禱求上帝「耶和華」賜給他「智慧」，可以判斷他的民，能辨別是非，上帝「耶和華」允許並賜予他所祈求的「智慧」。

有一個「所羅門的審判」的故事，兩位「新生兒」的母親，帶著一名「男嬰」，來到「所羅門王」面前，請求「所羅門王」裁決，誰才是這個「孩子」的眞正的母親。

有一位母親的孩子，在一個晚上死去了，這兩位母親都說，這個仍然健在的孩子是自己的。當「所羅門王」建議將活著的孩子劈爲兩半，這時，男孩眞正的母親說，她願意放棄這個孩子，而另一位則說：「這孩子也不歸我也不歸你，把他劈了吧！」「所羅門王」立卽宣布那位願意放棄孩子的母親，才是那個孩子眞正的母親，並將孩子還給了她。

《舊約聖經》用二篇簡短的文章，形容了所羅門王的智慧和財富的聲望是如此廣泛傳播，以至於「示巴女王」決定去見「所羅門王」。

「示巴」是跨越「紅海」、「厄利垂亞」、「索馬利亞」、「衣索比亞」和「葉門」，直到「阿拉伯」「費利克斯區」的國家。

「示巴女王」去見「所羅門王」的時候帶了許多的禮物，包括黃金，用各種用來裝飾廟宇的罕有的寶石裝飾，以及一些謎語。當「所羅門王」給了她「所有她渴求的，任何她所提出的，」她感到非常的滿足，並將所帶的禮物都給了「所羅門王」。

● **《舊約聖經》列王記上：**

10:1 「示巴女王」聽見「所羅門」因「耶和華」之名所得的名聲、就來要用難解的話、試問「所羅門」。

10:2 跟隨他到「耶路撒冷」的人甚多．又有「駱駝」馱著「香料」、「寶石」、和許多「金子」．他來見了「所羅門王」、就把心裡所有的、對「所羅門」都說出來。

10:3 「所羅門王」將他所問的都答上了．沒有一句不明白、不能答的。

10:4 「示巴女王」見「所羅門」大有智慧、和他所建造的「宮室」。

10:5 席上的珍饈美味、「群臣」分列而坐、「僕人」兩旁侍立、以及他們的衣服裝飾、和「酒政」的衣服裝飾、又見他上「耶和華」殿的臺階、（或作「他在耶和華殿裡所獻的燔祭」）就詫異得神不守舍。

10:6 對王說、我在本國裡所聽見論到你的事、和你的「智慧」、實在是眞的。

10:7 我先不信那些話．及至我來親眼見了、纔知道人所告訴我的、還不到一半．你的「智慧」和你的「福分」、越過我所聽見的風聲。

10:8 你的「臣子」、你的「僕人」、常侍立在你面前、聽你「智慧」的話、是有福的。

10:9 「耶和華」你的　神是應當稱頌的、他喜悅你、使你坐「以色列」的「國位」．因爲他永遠愛「以色列」、所以立你作王、使你秉公行義。

10:10 於是「示巴女王」將一百二十他連得金子、和寶石與極多的香料、送給「所羅門王」．他送給王的香料、以後奉來的不再有這樣多。

10:11 「希蘭」的船隻從「俄斐」運了「金子」來、又從「俄斐」運了許多「檀香木」（或作「烏木」下同）和「寶石」來。

10:12 王用「檀香木」爲「耶和華殿」、和「王宮」、作「欄杆」、又爲「歌唱的人」作「琴瑟」．以後再沒有這樣的「檀香木」進國來、也沒有人看見過、直到如今。

10:13「示巴女王」一切所要所求的、「所羅門王」都送給他．另外照自己的厚意餽送他。於是「女王」和他「臣僕」轉回本國去了。

●《舊約聖經》歷代志下：

9:1「示巴女王」聽見「所羅門」的名聲、就來到「耶路撒冷」要用「難解的話」試問「所羅門」．跟隨他的人甚多、又有「駱駝」馱著「香料」、「寶石」、和許多「金子」．他來見了「所羅門」、就把心裡所有的、對「所羅門」都說出來。

9:2「所羅門」將他所問的都答上了、沒有一句不明白、不能答的。

9:3「示巴女王」見「所羅門」的「智慧」、和他所建造的「宮室」。

9:4 席上的珍饈美味、「群臣」分列而坐、「僕人」兩旁侍立、以及他們的衣服裝飾、「酒政」和「酒政」的衣服裝飾、又見他上「耶和華殿」的臺階、就詫異得神不守舍。

9:5 對王說、我在本國裡所聽見論到你的事、和你的「智慧」、實在是眞的。

9:6 我先不信那些話、及至我來親眼見了、纔知道你的「大智慧」、人所告訴我的、還不到一半．你的實跡、越過我所聽見的名聲。

9:7 你的「群臣」、你的「僕人」、常侍立在你面前、聽你「智慧」的話、是有福的。

9:8「耶和華」你的　神是應當稱頌的、他喜悅你、使你坐他的「國位」、爲「耶和華」你的神作王、因爲你的　神愛「以色列人」、要永遠堅立他們、所以立你作他們的王、使你秉公行義。

9:9 於是「示巴女王」將一百二十他連得「金子」、和「寶石」、與極多的「香料」送給「所羅門王」．他送給王的「香料」、以後再沒有這樣的。

9:10「希蘭」的「僕人」、和「所羅門」的「僕人」、從「俄斐」運了「金子」來、也運了「檀香木」（或作「烏木」下同）和「寶石」來。

9:11 王用「檀香木」爲「耶和華殿」和「王宮」作臺、又爲「歌唱的人」作「琴瑟」．「猶大地」從來沒有見過這樣的。

9:12「所羅門王」按「示巴女王」所帶來的還他禮物、另外照他一切所要所求的、都送給他．於是「女王」和他「臣僕」轉回本國去了。

爲了避免與鄰國發生衝突，安定國家，「所羅門王」娶了幾位強大鄰國（埃及、摩押、赫族、以東、亞捫、腓尼基）的「公主」爲妻，並保留他們各自的「宗教信仰」。使「所羅門王」的後宮中，存在了「繁殖女神、太陽神」之類的「異教偶像」。甚至爲了討好嬪妃，「所羅門王」允許她們「在耶路撒冷對面的山上建築丘壇」，「自己的神燒香獻祭」。「所羅門王」有妃七百，都是「公主」；還有「妃嬪」三百。

雖然這些舉措讓「公主」和「嬪妃」很高興，但是上帝「耶和華」向「所羅門王」發怒，因爲他的心，偏離向他兩次顯現的上帝「耶和華」。上帝「耶和華」曾吩咐他不可隨從「別神」他卻沒有遵守上帝「耶和華」所吩咐的。

所以，上帝「耶和華」對「所羅門王」說，你既行了這事，不遵守我所吩咐你守的約和律例，我必將你的國奪回賜給你的臣子。然而，因爲你父親「大衛」的緣故、我不在你活著的日子行這事，必從你兒子的手中，將國奪回。只是我不將全國奪回，要因我僕人「大衛」和我所選擇的「耶路撒冷」，還留一個「支派」給你的兒子。

「所羅門王」一死，公開的叛亂就爆發了，直接的起因是，由於「所羅門王時代」沉重的賦稅和徭役。從此，統一的王國分裂爲北國「以色列王國」和南國「猶大王國」。

（二）《古蘭經》裡的「素萊曼」

「所羅門」的「阿拉伯語」稱爲「素萊曼」，在《古蘭經》視「素萊曼（所羅門）」爲「先知」。在「伊斯蘭教」的傳統中，「素萊曼（所羅門）」是「眞主（上帝『耶和華』）」派來的「先知」與「信使」，他是「大衛王」最小的兒子，被認爲是「伊斯蘭先知」。「所羅門」有許多才藝、智慧、靈魂見地，所以他的父親「大衛王」叫他接續王位。

「伊斯蘭教」與「猶太教、基督教」的傳統不同，「伊斯蘭教」否認「所羅門拜偶像」，離棄「眞主（上帝『耶和華』）」，僅認爲他因爲「智慧」與「公義」的特質而聞名。

在《舊約聖經》裡，有兩篇重複性的經文，簡單的提到「所羅門王」與「示巴女王」見面的故事。但是，在《古蘭經》提及「所羅門王」與「示巴女王」的一個故事，這個有趣的故事，在《舊約聖經》裡並沒有記載。

《古蘭經》說，「眞主（上帝『耶和華』）」教「素萊曼（所羅門）」聽得懂「鳥說話」。「素萊曼（所羅門）」召來一群鳥、幾個人和「精靈（鬼）」，但是「戴勝鳥」竟然沒來，「素萊曼（所羅門）」很生氣，說假若「戴勝鳥」不能提出缺席理由，會把牠殺掉。

「戴勝鳥」終於來了，向「素萊曼（所羅門）」解釋說，牠出去考察「素萊曼（所羅門）」領地以外之處，發現「示巴」由一個「婦人（示巴女王）」坐在「大寶座上」管轄，她的「百姓」敬拜

「太陽」，不敬拜「眞主（上帝『耶和華』）」。

「素萊曼（所羅門）」聽了，叫「戴勝鳥」向「婦人（示巴女王）」傳話，令她不再傲慢，臣服於「素萊曼（所羅門）」。「婦人（示巴女王）」的「衆臣」都反對「素萊曼（所羅門）」，但是「婦人（示巴女王）」不聽，願意向「素萊曼（所羅門）」稱臣，並且前往拜訪「素萊曼（所羅門）」。

「素萊曼（所羅門）」遂令「精靈（鬼）」將「婦人（示巴女王）」的「寶座」送到他的王國，作爲一個「跡象」。「婦人（示巴女王）」抵達「素萊曼（所羅門）」的宮殿，看見「玻璃」造的地板，她以爲是水，於是拉起裙子走過去，就是犯了錯，必須糾正。

●《古蘭經》第二十七章　螞蟻（奈木勒）：

27:20.他曾檢閱「衆鳥」，他說：「我怎麼不見『戴勝』呢？它缺席嗎？

27:21.我必定嚴厲地懲罰它，或殺掉它，除非它帶一個『明證』來給我。」

27:22.它逗留不久，就來了，它說：「我知道了你不知道的事，我從『賽百邑』帶來了一個確實的消息給你。

27:23.我確已發現一個『婦人』，統治一族人，她獲得萬物的享受，她有一個龐大的寶座。

27:24.我發現她和她的『臣民』都捨『眞主（上帝「耶和華」）』而崇拜『太陽』，『惡魔』曾以他們的行爲，迷惑他們，以至阻礙他們走上正道，所以他們不遵循正道。

27:25.他們不崇拜『眞主（上帝「耶和華」）』——揭示天地奧祕，而且深知你們所隱諱和表白的主。

27:26.『眞主（上帝「耶和華」）』，除他外，絕無應受崇拜者，他是偉大的寶座的主。」（此處叩頭！）

27:27.他說：「我要看看你究竟是誠實的，還是說謊的。

27:28.你把我這封信帶去投給他們，然後，離開他們，你試看他們如何答覆。」

27:29.她說：「臣僕們啊！我接到一封貴重的信。

27:30.這封信確是『素萊曼（所羅門）』寄來的，這封信的內容確是奉至仁至慈的『眞主（上帝「耶和華」）』之名。

27:31.你們不要對我傲慢無禮，你們應當來歸順我。」

27:32.她說：「『臣僕們』啊！關於我的事，望你們出個意見。我從來不決定任何一件事，直到你們在我面前。」

27:33.他們說：「我們既有武力，又有勇氣。我們對你唯命是從，請你想一想，你要我們做什麼。」

27:34.她說：「『國王們』每攻入一個城市，必破壞其中的建設，必使其中『貴族』變在『賤民』，他們這些人，也會這樣做的。

27:35.我必定要派人送禮物去給他們，然後，等待著看『使臣』帶回什麼消息來。」

27:36.當「使者」到了「素萊曼（所羅門）」的面前的時候，他說：「你們怎麼以財產來資助我呢？『眞主（上帝「耶和華」）』所賜我的，勝過他所賜你們的。不然，你們為你們的禮物而洋洋得意。

27:37.你轉回去吧，我必定統率他們無法抵抗的『軍隊』去討伐他們，我必定把他們卑賤地逐出境外，使他們成爲受淩辱的。」

27:38.他說：「『臣僕們』啊！在他們來歸順我之前，你們中有誰能把她的寶座拿來給我呢？」

27:39.一個強梁的「精靈（鬼）」說：「在你離席之前，我把它拿來給你。我對於這件事，確是既勝任，又忠實可靠的。」

27:40.那深知《天經（舊約聖經）》的人說：「轉瞬間，我就把它拿來給你。」當他看見那個「寶座」安置在他面前的時候，他說：「這是我的主的恩惠之一，他欲以此試驗我，看我是感謝者，還是孤負者。感謝者，只爲自己的利益而感謝；孤負者（須知）我的主確是無求的、確是尊榮的。」

27:41.他說：「你們把她的『寶座』改裝一下，以便我們看她能否認識自己的『寶座』。」

27:42.當她來到的時候，有人說：「你的『寶座』像這樣嗎？」她說：「這好像是我的『寶座』。」在她之前，我們已獲得知識，我們已是歸順的。

27:43.她捨「眞主（上帝『耶和華』）」而崇拜的，妨礙她，她本是屬於不通道（信神）的民衆。

27:44.有人對她說：「你進那『宮殿』去吧！」當她看見那座「宮殿」的時候，她以爲「宮殿」裡是一片汪洋，（就提起衣裳）露出她的兩條小腿。他說：「這確是用『玻璃』造成的光滑的『宮殿』。」她說：「我的主啊！我確是自欺的，我（現在）跟著『素萊曼（所羅門）』歸順眞主（上帝『耶和華』）——全世界的主。」

《古蘭經》有提到「素萊曼（所羅門）」的智慧，不輸給他的父親「達五德（大衛）」。「達五德（大衛）」登上「以色列國王」的寶座，經常為人們排解紛爭，裁決他們的事務。人們紛紛向他訴說委曲，他都給予公平合理的裁決。

他的兒子「素萊曼（所羅門）」年方十一，比他父親更富有智慧。「達五德（大衛）」已經年老力衰，人們都在猜測他的死期，他關心著「接班人」的問題。「達五德（大衛）」看著周圍的孩子，心想「素萊曼（所羅門）」雖然年幼，但是在「知識」和「智慧」上都勝過「哥哥們」，他實際上比「哥哥們」更為成熟，處理問題十分果斷，富有遠見卓識。

有一次，「達五德（大衛）」和「素萊曼（所羅門）」一起高踞在「審判席」上。這時一對仇人上來，其中一人說道，他種了「莊稼」，生長的很好，人們見了都很羡慕。臨近收穫，他正做著準備收割時，不料那個人在夜裡「把羊群」放到裡面，也不轟趕，當時「莊稼」被吃得一乾二淨。「種莊稼的人」陳述完畢，「羊主人」未做任何辯解，「達五德（大衛）」審理的結果，認為「羊主人」要負責賠償。

「達五德（大衛）」判決，要「羊主人」以「羊隻」賠償「莊稼」的損失，同時懲罰怠忽職守的「羊主人」。「眞主（上帝『耶和華』）」賜給「素萊曼（所羅門）」「智慧」和「知識」，要他仔細地考慮一下細節，他從座位上站起來，向人們提出他的看法。他首先指出父王的判決並不適當，也不是仁慈的。

人們為他的勇氣吃驚，默默地等待下文。「素萊曼（所羅門）」接著說：「應該把羊交給『種莊稼的人』，他們可以獲得『羊奶』、『羊羔』和『羊毛』；把地交給『羊主人』，由他耕種，等到把地種好，恢復到被羊糟蹋之前的狀況，雙方再行交換。這樣處理便不存在『誰吃了虧』或『誰佔了便宜』的問題，最公平合理。」

這就是「素萊曼（所羅門）」的嶄露頭角，他父親「達五德（大衛）」最好的繼承者。

●《古蘭經》第二十一章　眾先知（安比雅）：

21:78.（你應當敍述）「達五德（大衛）」和「素萊曼（所羅門）」，當「百姓」的羊群夜間出來吃「莊稼」的時候，他倆爲「莊稼」而「判決」，對於他們的判決我是見證。

21:79.我使「素萊曼（所羅門）」知道怎樣「判決」。每一個我都賞賜了智慧和學識。我使「群山」和「衆鳥」隨從「達五德（大衛）」一道讚頌我。我曾經做過那件事了。

21:80.我教他替你們製造「鎧甲」，以保護你們，使你們得免於戰爭的創傷，這你們感謝嗎？

21:81.我替「素萊曼（所羅門）」制服「狂風」，它奉他的命令而吹到我曾降福的地方，我是深知萬物的。

有一天，「素萊曼（所羅門）」來到由「人類」、「精靈」和「鳥類」參加的盛大集會，他們經過一處空地，來到「蟻谷」。他遠遠地看見一隻「母蟻」十分害怕這次聚會，擔心他的軍隊會踏著它們，毀了「蟻穴」。「素萊曼（所羅門）」聽見這隻「母蟻」警告其他「螞蟻」說：「你們快回自己的住處去，免得被『素萊曼（所羅門）』的『大軍』不知不覺地踐踏，成爲犧牲品。」

「素萊曼（所羅門）」因爲聽懂「母蟻」的話，而放聲大笑，慶幸自己得到「眞主（上帝『耶和華』）」的啟迪，有了理解這些奇蹟的能力。他還很驚奇，「母蟻」知道他是「先知」，是不會故意傷害「眞主（上帝『耶和華』）」所創造的其他生物的。

於是「素萊曼（所羅門）」請求「眞主（上帝『耶和華』）」接受他的感謝，特別感謝給他的特殊本領，爲他們行善創造了條件。

●《古蘭經》第二十七章　螞蟻（奈木勒）：

27:15. 我確已把「學問」賞賜「達五德（大衛）」和「素萊曼（所羅門）」，他倆說：「一切讚頌，全歸『眞主（上帝「耶和華」）』！他曾使我們超越他的許多『通道（信神）』的『僕人』。」

27:16.「素萊曼（所羅門）」繼承「達五德（大衛）」；他說：「衆人啊！我們曾學會『百鳥』的語言，我們曾獲得萬物的享受，這確是明顯的恩惠。」

27:17.「素萊曼（所羅門）」的「大軍」──由「精靈（鬼）」、「人類」、「鳥類」組成的──被召集到他面前，他們是部署整齊的。

27:18. 等到他們來到了「蟻穀」的時候，一個「母蟻」說：「『螞蟻』們啊！快進自己的住處去，以免被『素萊曼（所羅門）』和他的『大軍』不知不覺地踐踏。」

27:19.「素萊曼（所羅門）」爲她的話而詫異地微笑了，他說：「我的主啊！求你啟示我，使我常常感謝你所賜我和我的父母的恩惠，並使我常常作你所喜悅的『善功』，求你借你的恩惠使我得入你的善良的『僕人之列』。」

其它《古蘭經》有提到「素萊曼（所羅門）」的經文如下：

●《古蘭經》第二章　黃牛（巴格勒）：

2:102. 他們遵隨衆「惡魔」對於「素萊曼（所羅門）」的「國權」所宣讀的誣蔑言論──「素萊

曼（所羅門）」沒有叛道，「眾惡魔」卻叛道了——他們教人「魔術」，並將「巴比倫」的兩個「天神」「哈魯特」和「馬魯特」所得的「魔術」教人。他們倆在教授任何人之前，必說：「我們只是試驗，故妳不可叛道。」他們就從他們倆學了可以離間夫妻的「魔術」，但不得「眞主（上帝『耶和華』）」的許可，他們絕不能用「魔術」傷害任何人。他們學了對自己有害而無益的東西。他們確已知道誰購取「魔術」，誰在後世絕無「福分」。他們只以此出賣自己，這代價眞惡劣！假若他們知道，（必不肯學）。

● **《古蘭經》第四章　婦女（尼薩儀）：**

4:163. 我確已啟示你，猶如我啟示「努哈（挪亞）」和在他之後的眾「先知」一樣，也猶如我啟示「易卜拉欣（亞伯拉罕）」、「易司馬儀（以實瑪利）」、「易司哈格（以撒）」、「葉爾孤白（雅各）」各支派，以及「爾撒（耶穌）」、「安優蔔（約伯）」、「優努斯（約拿）」、「哈倫（亞倫）」、「素萊曼（所羅門）」一樣。我以《宰逋卜（《大衛詩篇》）》賞賜「達五德（大衛）」。

● **《古蘭經》第六章　牲畜（艾奈阿姆）：**

6:84. 我賞賜他「易司哈格（以撒）」和「葉爾孤白（雅各）」，每個人我都加以引導。以前，我曾引導「努哈（挪亞）」，還引導過他的後裔「達五德（大衛）」、「素萊曼（所羅門）」、「安優蔔（約伯）」、「優素福（約瑟）」、「穆薩（摩西）」、「哈倫（亞倫）」，我這樣報酬行善的人。

● **《古蘭經》第章　賽伯邑：**

34:12.我曾使風供「素萊曼（所羅門）」的驅使，風在上午走一月的路程，在下午也走一月的路程。我爲他使「熔銅」像「泉水」樣湧出。有些「精靈（鬼）」奉主的命令在他的面前工作；誰違背了我的命令，我就使誰嘗試「烈火」的刑罰。

●《古蘭經》第三十八章　薩德：

38:30.我將「素萊曼（所羅門）」賜予「達五德（大衛）」，那個「僕人」眞是優美！他確是歸依「眞主（上帝『耶和華』）」的。

38:31.當時，他在傍晚，檢閱能靜立、能「賓士」的「馬隊」。

38:32.他說：「我的確爲記憶我的主而喜好『馬隊』，直到它們被『帷幕』遮住了。」

38:33.他說：「你們將它們趕回來罷！」他就著手撫摩那些馬的腿部和頸部。

38:34.我確已考驗「素萊曼（所羅門）」，我曾將一個「肉體」投在他的「寶座」上，然後，他歸依「眞主（上帝『耶和華』）」。

38:35.他說：「我的主啊！求你赦宥我，求你賞賜我一個非任何人所宜繼承的國權。你確是博施的。」

38:36.我曾爲他制服了風，風奉著他的命令習習流向他所欲到的地方。

38:37.我又爲他制服了一切能建築的或能潛水的「惡魔」。

38:38.以及其他許多帶腳鐐的「惡魔」。

38:39.「這是我所特賜你的，你可以將它施給別人，也可以將它保留起來，你總是不受淸算的。」

38:40.他在我那裡，的確獲得寵愛和優美的歸宿。

十七、宰凱裡雅〔葉哈雅（施洗約翰）之父〕

（一）《舊約聖經》裡的「撒迦利亞」

「撒迦利亞」是「猶大王國」的「先知」，是《舊約聖經》裡的《撒迦利亞書》的作者。「撒迦利亞」和「以西結」一樣，也出身於「祭司家庭」。他是「比利」家的兒子，「易多」的孫子。在「巴比倫」囚虜時期，出生在「巴比倫」。

大約在公元前五二〇年，「波斯」國王「大流士一世」在位的第二年，在第一批「猶太人」歸回「耶路撒冷」的十六年之後，「所羅巴伯」和「約書亞」帶領「猶太人」在「耶路撒冷」重建「聖殿」。「撒迦利亞」作爲「易多家族」的「族長」，也在歸回的「猶太人」之列。這時，他和「哈該」作爲「先知」，鼓勵「以色列人」。

●**《舊聖經》撒迦利亞書：**

1:1 「大利烏王」第二年八月、「耶和華」的話臨到「易多」的孫子「比利」家的兒子先知「撒迦利亞」、說。

1:2 「耶和華」曾向你們「列祖」大大發怒。

1:3 所以你要對「以色列人」說、萬軍之「耶和華」如此說、你們要轉向我、我就轉向你們・這是萬軍之「耶和華」說的。

1:4 不要效法你們「列祖」・從前的「先知」呼叫他們說、萬軍之「耶和華」如此說、你們要回頭離開你們的惡道惡行。他們卻不聽、也不順從我．這是「耶和華」說的。

「撒迦利亞」是「施洗約翰」的父親，根據《舊約聖經》的描述，「施洗約翰」降生來地上選擇的身分，是祭司「亞倫」的後裔。

有一位「亞倫」的後裔名叫「撒迦利亞」，其妻也是祭司「亞倫」的後裔，名叫「以利沙伯（伊莉莎白）」。「以利沙伯」不能生育，在當時是一種「羞恥」，但是「撒迦利亞」並不因此而厭棄她，他爲她禱告，他們兩人一同承受社會上的壓力。

有一次，「撒迦利亞」當職「祭司」，進入「聖殿」去燒香，神的天使「加百列」向他顯現，敘述「神」垂聽他的禱告，並預言他的「妻子」要生一個「兒子」。

但是，因爲「撒迦利亞」的信心不足，因此天使「加百列」使他暫時成爲「啞巴」，以印證「神的話」必定成就。不久之後，照著「神」應許的能力，「以利沙伯」懷孕生下一子，由「撒迦利亞」給他取名爲「約翰」。這時候，「撒迦利亞」的口就開了，並被「聖靈」充滿，說出「神的恩典」和這孩子未來的工作。

●《新約聖經》路加福音：

1:5 當猶太王「希律」的時候、「亞比雅班」裡有一個「祭司」、名叫「撒迦利亞」．他妻子是「亞倫」的後人、名叫「以利沙伯」。

1:6 他們二人、在 神面前都是「義人（信神的人）」、遵行主的一切誡命禮儀、沒有可指摘的。

1:7 只是沒有孩子、因爲「以利沙伯」不生育、兩個人又年紀老邁了。

1:8 「撒迦利亞」按班次、在　神面前供「祭司」的職分、

1:9 照「祭司」的規矩掣籤、得進「主殿」燒香。

1:10 燒香的時候、「衆百姓」在外面禱告。

1:11 有主的「使者（天使）」站在「香壇」的右邊、向他顯現。

1:12 「撒迦利亞」看見、就驚慌害怕。

1:13 「天使」對他說、「撒迦利亞」、不要害怕・因爲你的「祈禱」已經被聽見了、你的妻子「以利沙伯」要給你生一個「兒子」、你要給他起名叫「約翰」。

1:14 你必歡喜快樂・有許多人因他出世、也必喜樂。

1:15 他在主面前將要爲大、淡酒濃酒都不喝、從母腹裡就被「聖靈」充滿了。

1:16 他要使許多「以色列人」回轉、歸於主他們的　神。

1:17 他必有「以利亞」的心志能力、行在主的前面、叫爲父的心轉向兒女、叫「悖逆的人」轉從「義人（信神的人）」的智慧・又爲主預備合用的「百姓」。

1:18 「撒迦利亞」對「天使」說、我憑著甚麼可知道這事呢、我已經老了、我的妻子也年紀老邁了。

1:19 「天使」回答說、我是站在　神面前的「加百列」、奉差而來、對你說話、將這「好信息」報給你。

1:20 到了時候、這話必然應驗・只因你不信、你必「啞吧」不能說話、直到這事成就的日子。

1:21 「百姓」等候「撒迦利亞」、詫異他許久在殿裡。

1:22 及至他出來、不能和他們說話．他們就知道他在殿裡見了「異象」．因爲他直向他們打手式、竟成了「啞吧」。

1:23 他供職的日子已滿、就回家去了。

1:24 這些日子以後、他的妻子「以利沙伯」懷了孕、就隱藏了五個月。

1:25 說、主在眷顧我的日子、這樣看待我、要把我在人間的羞恥除掉。

下面的經文，在第三十六節提到，當「天使」向童女「馬利亞（耶穌的母親）」報信時，曾說「施洗約翰」的母親「以利沙伯」是「馬利亞」的親戚，英文譯爲COUSIN（堂兄弟姊妹或表兄弟姊妹）。所以，「施洗約翰」和「耶穌」是堂兄弟或表兄弟的關係。

● **《新約聖經》路加福音：**

1:26 到了第六個月、天使「加百列」奉　神的差遣、往「加利利」的一座城去、這城名叫「拿撒勒」。

1:27 到一個「童女」那裡、是已經許配「大衛」家的一個人、名叫「約瑟」、「童女」的名字叫「馬利亞」。

1:28「天使」進去、對他說、蒙大恩的女子、我問你安、主和你同在了。

1:29「馬利亞」因這話就很驚慌、又反復思想這樣問安是甚麼意思。

1:30「天使」對他說、「馬利亞」、不要怕．你在　神面前已經蒙恩了。

1:31 你要「懷孕生子」、可以給他起名叫「耶穌」。

1:32 他要爲大、稱爲至高者的兒子．主　神要把他祖「大衛」的位給他。

1:33他要作「雅各」家的王、直到永遠・他的國也沒有窮盡。
1:34「馬利亞」對「天使」說、我沒有出嫁、怎麼有這事呢。
1:35「天使」回答說、「聖靈」要臨到你身上、至高者的能力要蔭庇你・因此所要生的聖者、必稱爲　「神的兒子」。（或作「所要生的必稱爲聖稱爲　神的兒子」）
1:36況且你的親戚「以利沙伯」、在年老的時候、也懷了「男胎」・就是那素來稱爲不生育的、現在有孕六個月了。
1:37因爲出於　神的話、沒有一句不帶能力的。
1:38「馬利亞」說、我是主的「使女」、情願照你的話成就在我身上。「天使」就離開他去了。
1:39那時候「馬利亞」起身、急忙往「山地」裡去、來到「猶大」的一座城。
1:40進了「撒迦利亞」的家、問「以利沙伯」安。
1:41「以利沙伯」一聽「馬利亞」問安、「所懷的胎」就在腹裡跳動、「以利沙伯」且被「聖靈」充滿。
1:42高聲喊著說、你在「婦女」中是有福的、你「所懷的胎」也是有福的。
1:43我主的母到我這裡來、這是從那裡得的呢。
1:44因爲你問安的聲音、一入我耳、我「腹裡的胎」、就歡喜跳動。
1:45這相信的「女子」是有福的・因爲主對她所說的話、都要應驗。
1:46「馬利亞」說、我心尊主爲大。
1:47我靈以　神我的救主爲樂。

1:48因爲他顧念他「使女」的卑微．從今以後、萬代要稱我有福。
1:49那有權能的爲我成就了大事．他的名爲聖。
1:50他憐憫敬畏他的人、直到世世代代。
1:51他用膀臂施展大能．那狂傲的人、正心裡妄想、就被他趕散了。
1:52他叫有權柄的失位、叫卑賤的升高。
1:53叫飢餓的得飽美食、叫富足的空手回去。
1:54他扶助了他的僕人「以色列」。
1:55爲要記念「亞伯拉罕」和他的「後裔」、施憐憫、直到永遠、正如從前對我們列祖所說的話。
1:56「馬利亞」和「以利沙伯」同住、約有三個月、就回家去了。
1:57「以利沙伯」的產期到了、就生了一個「兒子」。
1:58鄰里親族、聽見主向他大施憐憫、就和他一同歡樂。
1:59到了第八日、他們來要給孩子行「割禮」．並要照他「父親」的名字、叫他「撒迦利亞」。
1:60他母親說、不可．要叫他「約翰」。
1:61他們說、你親族中沒有叫這名字的。
1:62他們就向他「父親」打手式、問他要叫這孩子甚麼名字。
1:63他要了一塊寫字的板、就寫上說、他的名字是「約翰」。他們便都希奇。
1:64「撒迦利亞」的口立時開了、舌頭也舒展了、就說出話來、稱頌　神。

1:65周圍居住的人都懼怕、這一切的事就傳遍了「猶太」的山地。
1:66凡聽見的人、都將這事放在心裡、說、「這個孩子」、將來怎麼樣呢・因爲有主與他同在。
1:67他父親「撒迦利亞」、被「聖靈」充滿了、就預言說。
1:68「主以色列的　神」、是應當稱頌的・因他眷顧他的「百姓」、爲他們施行「救贖」。
1:69在他僕人「大衛」家中、爲我們興起了拯救的角。
1:70（正如主藉著從「創世」以來、「聖先知」的口所說的話。）
1:71拯救我們脫離「仇敵」、和一切恨我們之人的手。
1:72向我們列祖施憐憫、記念他的「聖約」。
1:73就是他對我們祖宗「亞伯拉罕」所起的誓、
1:74叫我們既從「仇敵」手中被救出來。
1:75就可以終身在他面前、坦然無懼的用聖潔公義事奉他。
1:76孩子阿、你要稱爲至高者的「先知」・因爲你要行在主的前面、預備他的道路。
1:77叫他的「百姓」因罪得赦、就知道「救恩」。
1:78因我們　神憐憫的心腸、叫清晨的日光從高天臨到我們。
1:79要照亮坐在黑暗中死蔭裡的人・把我們的腳引到平安的路上。
1:80那孩子漸漸長大、心靈強健、住在曠野、直到他顯明在「以色列人」面前的日子。
後來，「撒迦利亞」在「聖殿」中，被「猶太人」殺害。

●《舊約聖經》歷代志下：

24:19 但　神仍遣「先知」到他們那裡、引導他們歸向「耶和華」．這「先知」警戒他們、他們卻不肯聽。

24:20 那時　神的靈感動祭司「耶何耶大」的兒子「撒迦利亞」．他就站在上面對民說、　神如此說、你們爲何干犯「耶和華」的誡命、以致不得亨通呢．因爲你們離棄「耶和華」、所以他也離棄你們。

24:21 衆民同心謀害「撒迦利亞」、就照王的吩咐、在「耶和華殿」的院內、用石頭打死他。

●《新約聖經》馬太福音：

23:35 叫世上所流「義人（信神的人）」的血、都歸到你們身上．從義人（信神的人）「亞伯」的血起、直到你們在殿和壇中間所殺的「巴拉加」的兒子「撒迦利亞」的血爲止。

（二）《古蘭經》裡的「宰凱裡雅」

在《古蘭經》裡，「撒迦利亞」的「阿拉伯」語音翻譯成「宰凱里雅」，是《古蘭經》中記載的「古代先知」之一。「宰凱里雅（撒迦利亞）」是先知「葉爾孤白（雅各）」的後裔，「葉哈雅（施洗約翰）」之父。相傳他是一個崇奉「安拉（上帝「耶和華」）」、勤於「拜功（禮拜）」、樂善好施的老人。

根據《古蘭經》的記述，他年邁尚無「子嗣」，曾祈求「安拉（上帝「耶和華」）」賞賜善良的「子嗣」以繼承自己。「安拉（上帝『耶和華』）」啟示他三天三夜不要同人談話，只作手勢，他便暗示族人，應當朝夕讚頌「眞主（上帝『耶和華』）」。後來，這對老夫妻果然生了一個「男孩」，就是「葉哈雅（施洗約翰）」。

《古蘭經》講述「宰凱里雅（撒迦利亞）」老來得子的故事，旨在闡明「安拉（上帝『耶和華』）」的萬能和對善者的慈恩。

此外，《古蘭經》還提到「宰凱里雅（撒迦利亞）」曾經撫育過「儀姆蘭（聖母瑪麗亞的父親）」的妻子，所生的女兒「麥爾彥（聖母馬利亞）」。

「宰凱里雅（撒迦利亞）」見到「安拉（上帝『耶和華』）」每天都賜給「麥爾彥（聖母馬利亞）」新鮮的食品，便開始向「安拉（上帝『耶和華』）」祈求「後嗣」，「天神（天使）」通知他說，他的「妻子」將生一個「兒子」，名叫「葉哈雅（施洗約翰）」，孩子將成爲尊貴的、克己的人，要變成一個善良的「先知」。

但是，「宰凱里雅（撒迦利亞）」不相信，於是「天神（天使）」給他一個「跡象」，讓他三日不能說話。

● **《古蘭經》第三章　儀姆蘭的家屬（阿黎儀）**：

3:33. 「眞主（上帝『耶和華』）」確已揀選「阿丹（亞當）」、「努哈（挪亞）」、「易卜拉欣（亞伯拉罕）」的後裔，和「儀姆蘭（聖母瑪麗亞的父親）」的「後裔」，而使他們超越世人。

3:34. 那些「後裔」，是一貫的血通。「眞主（上帝『耶和華』）」是全聽的，是全知的。

3:35. 當時「儀姆蘭（聖母瑪麗亞的父親）」的女人說：「我的主啊！我誓願以我腹裡所懷的，奉獻你，求你接受我的奉獻。你確是全聽的，確是全知的。」

3:36. 當她生了一個「女孩」的時候，她說：「我確已生了一個『女孩』。『眞主（上帝「耶和華」）』是知道她所生的孩子的。『男孩』不像『女孩』一樣。我確已把她叫做『麥爾彥（聖母馬利亞）』，求你保佑她和她的『後裔』，免受被棄絕的『惡魔』的搔擾。」

3:37. 她的主接受了她，並使她健全的成長，且使「宰凱裡雅〔葉哈雅（施洗約翰）之父〕」撫育她。「宰凱裡雅〔葉哈雅（施洗約翰）之父〕」每次進「內殿」去看她，都發現她面前有「給養（供養）」，他說：「『麥爾彥（聖母馬利亞）』啊！你怎麼會有這個呢？」她說：「這是從我的主那裡降下的。」「眞主（上帝『耶和華』）」必定無量地供給他的意欲的人。

3:38. 在那裡，「宰凱裡雅〔葉哈雅（施洗約翰）之父〕」就祈禱他的主說：「我的主啊！求你從你那裡賞賜我一個善良的『子嗣』。你確是聽取祈禱的。」

3:39. 正當「宰凱裡雅〔葉哈雅（施洗約翰）之父〕」站在「內殿」祈禱的時候，「天神（天使）」喊叫他說：「「眞主（上帝『耶和華』）」以「葉哈雅（施洗約翰）」向你報喜，他要證實從「眞主（上帝「耶和華」發出的一句話，要長成尊貴的、克己的人，要變成一個善良的『先知』。」

3:40. 他說：「我的主啊！我確已老邁了，我的妻子是不會生育的，我怎麼會有兒子呢？」「天神（天使）」說：「「眞主（上帝『耶和華』）」如此爲所欲爲。」

3:41. 說：「我的主啊！求你爲我預定一種『跡象』。」「天神（天使）」說：「你的『跡象』是你三日不說話，只做手勢。你當多多的紀念你的主，你當朝夕贊他超絕。」

● 《古蘭經》第六章　牲畜（艾奈阿姆）：

6:85. （我曾引導）「宰凱裡雅〔葉哈雅（施洗約翰）之父〕」、「葉哈雅（施洗約翰）」、「爾撒（耶穌）」和「易勒雅斯（以利雅）」，他們都是「善人」。

● 《古蘭經》第十九章　麥爾彥：

奉至仁至慈的眞主之名

19:1. 卡弗，哈，雅，阿因，撒德。

19:2. 這是敍述你的主對於他的僕人「宰凱裡雅〔葉哈雅（施洗約翰）之父〕」的恩惠。

19:3. 當時，他低聲地呼籲他的主說：

19:4. 「我的主啊！我的『骨骼』已軟弱了，我已『白髮蒼蒼』了，我的主啊！我沒有爲祈禱你而失望。

19:5. 我的確擔心我死後『堂兄弟』們不能繼承我的『職位』，我的『妻子』又是不會生育的，求你賞賜我一個『兒子』。

19:6. 來繼承我，並繼承『葉爾孤白（雅各）』的部分『後裔』。我的主啊！求你使他成爲可喜的。」

19:7. 「『宰凱裡雅〔葉哈雅（施洗約翰）之父〕』啊！我必定以一個『兒子』向你報喜，他的名字是『葉哈雅（施洗約翰）』，我以前沒有使任何人與他同名。」

19:8. 他說：「我的主啊！我的『妻子』是不會生育的，我也老態龍鍾了，我怎麼會有『兒子』呢？」

19:9. 主說：「事情就是這樣。」你的主說：「這對於我是容易的。以前你不存在，而我創造了你。」

19:10.他說：「我的主啊！求你為我預定一種『跡象』。」他說：「你的『跡象』是你無疾無病，但三日三夜你不能和人說話。」

19:11.他從「聖所」裡走出來見他的「族人」，就暗示他們：「你們應當朝夕讚頌『真主（上帝「耶和華」）』。」

●《古蘭經》第二十一章　眾先知（安比雅）：

21:89.（你應當敘述）「宰凱裡雅〔葉哈雅（施洗約翰）之父〕」，當時他曾呼籲他的主（說）：「我的主啊！求你不要任隨我孤獨，你是最好的『繼承者』。」

21:90.我就答應他，而且賞賜他「葉哈雅（施洗約翰）」，並改正他的「妻子」。他們爭先行善，他們為希望和恐懼而呼籲我，他們對於我是恭順的。

十八、麥爾彥（聖母馬利亞）

（一）《舊約聖經》裡的「聖母馬利亞」

根據《新約聖經》記載，「馬利亞」是一名居住於「加利利」地區「拿撒勒城」的「猶太婦女」，是「耶穌」的母親。

正當「馬利亞」與「約瑟」訂婚的時期，此時天使「加百列」向她預報受聖神感孕，成為預定的「彌賽亞之母」之事。

另外，天使「加百列」告訴「馬利亞」，她的親戚「以利沙伯」原來是無法生育的，但也懷了孩子之後，「馬利亞」便急忙動身去「猶大的一座城」拜訪「以利沙伯」。「馬利亞」是「以利沙伯」的「表妹」，「以利沙伯」是祭司「撒迦利亞」的妻子。「馬利亞」到達後，問候了「以利沙伯」，「以利沙伯」尊稱她爲「吾主的母親」。「馬利亞」在此住了三個月之後，才返回自己家中。

當「約瑟」知道「馬利亞」懷孕之事，本想暗中休妻，因爲他是個「義人（信神的人）」。結果，「約瑟」在夢中被上帝「耶和華」的「天使」，告知「馬利亞」懷孕的事，是「聖靈感應」的「聖胎」，「天使」告訴他不要怕，要把「馬利亞」娶過來。

羅馬皇帝「奧古斯都」出了一道聖諭，要求帝國境內所有的人，都要去登記戶籍。所以，「約瑟」帶著「馬利亞」返回故鄉「伯利恆」去登記。在「伯利恆」時，「馬利亞」生下了「耶穌」，由於「旅店」客滿，便將「耶穌」用襁褓裹起，放在「馬槽」裡。

●《新約聖經》路加福音：

1:26 到了第六個月、天使「加百列」奉　神的差遣、往「加利利」的一座城去、這城名叫「拿撒勒」。

1:27 到一個「童女」那裡、是已經許配「大衛」家的一個人、名叫「約瑟」、「童女」的名字叫「馬利亞」。

1:28 「天使」進去、對他說、蒙大恩的女子、我問你安、主和你同在了。

1:29 「馬利亞」因這話就很驚慌、又反覆思想這樣問安是甚麼意思。

1:30 「天使」對他說、「馬利亞」、不要怕・你在　神面前已經蒙恩了。

1:31 你要「懷孕生子」、可以給他起名叫「耶穌」。

1:32他要爲大、稱爲至高者的兒子·主　神要把他祖「大衛」的位給他·
1:33他要作「雅各」家的王、直到永遠·他的國也沒有窮盡。
1:34「馬利亞」對「天使」說、我沒有出嫁、怎麼有這事呢。
1:35「天使」回答說、「聖靈」要臨到你身上、至高者的能力要蔭庇你·因此所要生的聖者、必稱爲　「神的兒子」。（或作「所要生的必稱爲聖稱爲　神的兒子」）
1:36況且你的親戚「以利沙伯」、在年老的時候、也懷了「男胎」·就是那素來稱爲不生育的、現在有孕六個月了。
1:37因爲出於　神的話、沒有一句不帶能力的。
1:38「馬利亞」說、我是主的「使女」、情願照你的話成就在我身上。「天使」就離開他去了。
1:39那時候「馬利亞」起身、急忙往「山地」裡去、來到「猶大」的一座城。
1:40進了「撒迦利亞」的家、問「以利沙伯」安。
1:41「以利沙伯」一聽「馬利亞」問安、「所懷的胎」就在腹裡跳動、「以利沙伯」且被「聖靈」充滿。
1:42高聲喊著說、你在「婦女」中是有福的、你「所懷的胎」也是有福的。
1:43我主的母到我這裡來、這是從那裡得的呢。
1:44因爲你問安的聲音、一入我耳、我「腹裡的胎」、就歡喜跳動。
1:45這相信的「女子」是有福的·因爲主對她所說的話、都要應驗。
1:46「馬利亞」說、我心尊主爲大。

1:47 我靈以 神我的救主為樂。
1:48 因為他顧念他「使女」的卑微．從今以後、萬代要稱我有福。
1:49 那有權能的為我成就了大事．他的名為聖。
1:50 他憐憫敬畏他的人、直到世世代代。
1:51 他用膀臂施展大能．那狂傲的人、正心裡妄想、就被他趕散了。
1:52 他叫有權柄的失位、叫卑賤的升高。
1:53 叫飢餓的得飽美食、叫富足的空手回去。
1:54 他扶助了他的僕人「以色列」。
1:55 為要記念「亞伯拉罕」和他的「後裔」、施憐憫、直到永遠、正如從前對我們列祖所說的話。
1:56 「馬利亞」和「以利沙伯」同住、約有三個月、就回家去了。

● **《新約聖經》馬太福音：**

1:16 「雅各」生「約瑟」、就是「馬利亞的丈夫」．那稱為「基督」的「耶穌」、是從「馬利亞」生的。
1:17 這樣、從「亞伯拉罕」到「大衛」、共有十四代．從「大衛」到遷至「巴比倫」的時候、也有十四代．從遷至「巴比倫」的時候到「基督」、又有十四代。
1:18 「耶穌基督」降生的事、記在下面．他母親「馬利亞」已經許配了「約瑟」、還沒有迎娶、「馬利亞」就從「聖靈」懷了孕。

1:19他丈夫「約瑟」是個「義人（信神的人）」、不願意明明的羞辱他、想要暗暗的把他休了。

1:20正思念這事的時候、有「主的使者」向他夢中顯現、說、「大衛」的子孫「約瑟」、不要怕、只管娶過你的妻子「馬利亞」來．因他所懷的孕、是從「聖靈」來的。

1:21他將要生一個「兒子」．你要給他起名叫「耶穌」．因他要將自己的「百姓從」罪惡裡救出來。

1:22這一切的事成就、是要應驗主藉「先知」所說的話。

1:23說、「必有童女、懷孕生子、人要稱他的名爲以馬內利。」（「以馬內利」翻出來、就是「神與我們同在」。）

1:24「約瑟」醒了、起來、就遵著「主使者」的吩咐、把「妻子」娶過來。

1:25只是沒有和他同房、等他生了兒子、（有古卷作「等他生了頭胎的兒子」）就給他起名叫「耶穌」。

●《新約聖經》路加福音：

2:1 當那些日子、「該撒亞古士督」有旨意下來、叫天下人民都「報名上冊」。

2:2 這是「居里扭」作「敍利亞巡撫」的時候、頭一次行「報名上冊」的事。

2:3 眾人各歸各城、「報名上冊」。

2:4 「約瑟」也從「加利利」的「拿撒勒城」上「猶太」去、到了「大衛的城」、名叫「伯利恆」、因他本是「大衛」一族一家的人。

2:5 要和他所聘之妻「馬利亞」、一同「報名上冊」．那時「馬利亞」的身孕已經重了。

2:6 他們在那裡的時候、「馬利亞的產期」到了。
2:7 就生了「頭胎的兒子」、用布包起來、放在「馬槽」裡、因爲「客店」裡沒有地方。
2:8 在「伯利恆」之野地裡有「牧羊的人」、夜間按著「更次」看守羊群。
2:9 有「主的使者」站在他們旁邊、「主的榮光」四面照著他們・「牧羊的人」就甚懼怕。
2:10 那「天使」對他們說、不要懼怕、我報給你們大喜的信息、是關乎萬民的。
2:11 因今天在「大衛」的城裡、爲你們生了「救主」、就是「主基督」。
2:12 你們要看見一個「嬰孩」、包著布、臥在「馬槽」裡、那就是「記號」了。
2:13 忽然有一大隊「天兵」、同那「天使」讚美　神說。
2:14 在至高之處榮耀歸與　神、在地上平安歸與他所喜悅的人。（有古卷作「喜悅歸與人」）
2:15 衆天使離開他們升天去了、「牧羊的人」彼此說、我們往「伯利恆」去、看看所成的事、就是主所指示我們的。
2:16 他們急忙去了、就尋見「馬利亞」和「約瑟」、又有那「嬰孩」臥在「馬槽」裡。

（二）《古蘭經》裡的「麥爾彥」

《古蘭經》裡的「麥爾彥」，就是《舊約聖經》裡的「聖母馬利亞」。「麥爾彥（聖母馬利亞）」出身於「儀姆蘭（聖母瑪麗亞的父親）」家族，是一位「貞潔處女」。她的兒子「爾薩」，就是《舊約聖經》裡的「耶穌」。

根據《古蘭經》的記載，「麥爾彥（聖母馬利亞）」幼年時，曾被奉獻給「安拉（上帝「耶和華」）」。後來受到先知「宰凱裡雅（葉哈雅（施洗約翰）之父）」的撫育，「給養（供養）」是

「安拉（上帝「耶和華」）」降下的。

「麥爾彥（聖母馬利亞）」成年後，「安拉（上帝耶和華」）」的「天神（天使）」顯現成一個「身材勻稱的人」，自稱是來送她一個「純潔的兒子」，她因而有孕。後來在偏僻的「椰棗樹」下產下一子，卽「爾撒（耶穌）」。

這一點，和《舊約聖經》所敍述，「耶穌」是在「伯利恆」的一家「旅館」旁的「馬槽」誕生，出入很大。

「麥爾彥（聖母馬利亞）」和「爾撒（耶穌）」的故事，主要在《古蘭經》的第三章和第十九章中詳細描述。《古蘭經》讚美她是「信道人的模範」，並以她的名字作爲「第十九章」的章名。

●《古蘭經》第三章　儀姆蘭的家屬（阿黎儀）：

3:33.「眞主（上帝『耶和華』）」確已揀選「阿丹（亞當）」、「努哈（挪亞）」、「易卜拉欣（亞伯拉罕）」的「後裔」，和「儀姆蘭（聖母瑪麗亞的父親）」的「後裔」，而使他們超越世人。

3:34. 那些「後裔」，是一貫的血通。「眞主（上帝『耶和華』）」是全聽的，是全知的。

3:35. 當時「儀姆蘭（聖母瑪麗亞的父親）」的「女人」說：「我的主啊！我誓願以我腹裡所懷的，奉獻你，求你接受我的奉獻。你確是全聽的，確是全知的。」

3:36. 當她生了一個「女孩」的時候，她說：「我確已生了一個『女孩』。」「眞主（上帝『耶和華』）」是知道她所生的孩子的。「男孩」不像「女孩」一樣。我確已把她叫做「麥爾彥（聖母馬利亞）」，求你保佑她和她的「後裔」，免受被棄絕的「惡魔」的搔擾。

3:37. 她的主接受了她，並使她健全的成長，且使「宰凱裡雅〔葉哈雅（施洗約翰）之父〕」撫育她。「宰凱裡雅（葉哈雅（施洗約翰）之父）」每次進「內殿」去看她，都發現她面前有「給養（供養）」，他說：「『麥爾彥（聖母馬利亞）』啊！你怎麼會有這個呢？」她說：「這是從我的主那裡降下的。」「眞主（上帝『耶和華』）」必定無量地供給他的意欲的人。

3:38. 在那裡，「宰凱裡雅〔葉哈雅（施洗約翰）之父〕」就祈禱他的主說：「我的主啊！求你從你那裡賞賜我一個善良的『子嗣』。你確是聽取祈禱的。」

3:39. 正當「宰凱裡雅〔葉哈雅（施洗約翰）之父〕」站在「內殿」祈禱的時候，「天神（天使）」喊叫他說：「『眞主（上帝「耶和華」）』以『葉哈雅（施洗約翰）』向你報喜，他要證實從『眞主（上帝「耶和華」）』發出的一句話，要長成尊貴的、克己的人，要變成一個善良的『先知』。」

3:40. 他說：「我的主啊！我確已老邁了，我的『妻子』是不會生育的，我怎麼會有『兒子』呢？」「天神（天使）」說：「『眞主（上帝「耶和華」）』如此爲所欲爲。」

3:41. 「宰凱裡雅〔葉哈雅（施洗約翰）之父〕」說：「我的主啊！求你爲我預定一種『跡象』。」「天神（天使）」說：「你的『跡象』是你三日不說話，只做手勢。你當多多的紀念你的主，你當朝夕贊他超絕。」

3:42. 當時，「天神（天使）」說：「『麥爾彥（聖母馬利亞）』啊！『眞主（上帝「耶和華」）』確已揀選你，使你純潔，使你超越全世界的『婦女』。

3:43.『麥爾彥（聖母馬利亞）』啊！你當順服你的主，你當叩頭，你當與鞠躬的人一同鞠躬。」
3:44. 這是關於「幽玄（天機）」的消息，我把它啟示你；當他們用「拈鬮法（ㄐㄧㄡ，抽籤；用來抓取以決勝負的器具或抽取以卜可否的紙條。）」決定誰撫養「麥爾彥（聖母馬利亞）」的時候，你沒有在場，他們爭論的時候，你也沒有在場。
3:45. 當時，「天神（天使）」說：「『麥爾彥（聖母馬利亞）』啊！『眞主（上帝「耶和華」）』的確把從他發出的一句話向你報喜。他的名字是『麥爾彥（聖母馬利亞）』之子『麥西哈·爾撒（耶穌）』，在今世和後世都是有面子的，是『眞主（上帝「耶和華」）』所親近的。
3:46. 他在搖籃裡在壯年時都要對人說話，他將來是一個『善人』。」
3:47. 她說：「我的主啊！任何人都沒有和我接觸過，我怎麼會有『兒子』呢？」「天神（天使）」說：「『眞主（上帝「耶和華」）』要如此創造他的意欲的人。當他判決一件事情的時候，他只對那件事情說聲『有』，它就有了。」
3:48. 他要教他「書法」和「智慧」，《討拉特（希伯來聖經、塔納赫、舊約聖經）》和《引支勒（四福音書）》。

●《古蘭經》第十九章　麥爾彥：

19:16. 你應當在這部經典裡提及「麥爾彥（聖母馬利亞）」，當日她離開了家屬而到東邊一個地方。
19:17. 她用一個「帷幕」遮蔽著，不讓人們看見她。我使我的「精神」到她面前，他就對她顯現成一個「身材匀稱的人」。

19:18.她說：「我的確求庇於至仁主，免遭你的侵犯，如果你是敬畏的。」

19:19.他說：「我只是你的主的『使者（使徒）』，我來給你一個『純潔的兒子』。」

19:20.她說：「任何人沒有接觸過我，我又不是『失節』的，我怎麼會有『兒子』呢？」

19:21.他說：「事實是像這樣的，你的主說：這對於我是容易的。我要以他爲世人的『跡象』，爲從我發出的恩惠，這是已經判決的事情。」

19:22.她就懷了孕，於是她退避到一個僻遠的地方。

19:23.「啊！但願我以前死了，而且已變成被人遺忘的東西。」

19:24.「你不要憂愁，你的主已在你的下面造化了一條「溪水」」。

19:25.你向著你的方向搖撼「椰棗樹」，就有新鮮的、成熟的「椰棗」紛紛落在你的面前。

19:26.你吃吧，你喝吧，你愉快吧！如果你見人來，你可以說：「我確已向『至仁主』發願『齋戒』，所以今天我絕不對任何人說話。」

19:27.她抱著「嬰兒」來見她的「族人」，他們說：「『麥爾彥（聖母馬利亞）』啊！你確已做了一件奇事。

19:28.『哈倫（亞倫）』的『妹妹』啊！你『父親』不是缺德的，你『母親』不是『失節』的。」

19:29.她就指一指那個「嬰兒」，他們說：「我們怎能對搖籃裡的『嬰兒』說話呢？」

19:30.那「嬰兒」說：「我確是『眞主（上帝「耶和華」）』的『僕人』，他要把『經典』賞賜我，要使我做『先知』。

19:31. 要使我無論在那裡都是有福的，並且囑咐我，只要活著就要謹守拜功，完納天課。

19:32.（他使我）孝敬我的『母親』，他沒有使我做霸道的、薄命的人。

19:33. 我在出生日、死亡日、『復活日（末日）』，都享受『和平』。」

19:34. 這是「麥爾彥（聖母馬利亞）」的兒子「爾撒（耶穌）」，這是你們所爭論的「眞理之言」。

19:35.「『眞主（上帝「耶和華」）』不會收養兒子——讚頌『眞主（上帝「耶和華」）』、超絕萬物——當他判決一件事的時候，他只對那件事說：『有』，它就有了。

19:36.『眞主（上帝「耶和華」）』確是我的主，也確是你們的主，所以你們應當崇拜他。這是正路。」

19:37. 但各派之間意見分歧。重大日來臨的時候，悲哀歸於「不通道者（不信神的人）」。

19:38. 他們來見我的那日，他們的耳眞聰，他們的眼眞明，但「不義者（不信神的人）」，今天確在明顯的迷誤之中。

19:39. 你應當警告他們悔恨之日，當日一切事情已被判決，而他們現在還在疏忽之中。他們不信正道。

19:40. 我必定繼承大地和大地上所有的一切，他們將歸於我。

●《古蘭經》第二十一章　衆先知（安比雅）：

21:91.（你應當敍述）那「保持貞操的女子」，我把「我的精神」吹入她的體內，我曾以她的

「兒子」爲世人的一個「跡象」。

●《古蘭經》第二十三章　信士（慕米農）：

23:50. 我以「麥爾彥（聖母馬利亞）」和她的「兒子（耶穌）」爲一種「跡象」，我使他倆在有「平地」和「流水的高原」獲得一個「隱庇之所」。

●《古蘭經》第六十六章　禁戒（台哈列姆）：

66:12.「眞主（上帝『耶和華』）」又以「儀姆蘭（聖母瑪麗亞的父親）」的女兒「麥爾彥（聖母馬利亞）」爲「通道（信神）」的人們的模範，她曾「保守貞操」，但我以「我的精神」吹入她的身內，她信她的主的「言辭」和《天經（舊約聖經）》，她是一個服從的人。

十九、葉哈雅（施洗約翰）

（一）《舊約聖經》裡的「施洗約翰」

「施洗約翰」是「基督教」中的重要人物，「施洗者約翰」在「約旦河」中爲人「施洗禮」、勸人悔改，後來他因爲公開抨擊當時的「加利利」及「比利亞」的分封王「希律．安提帕斯」，因而被捕入獄，最後遭到處決。

「施洗約翰」是祭司「亞倫」的後裔，當時有一位「亞倫」的後裔，名叫「撒迦利亞」，他的妻子也是祭司「亞倫」的後裔，名叫「以利沙伯（伊莉莎白）」。「以利沙伯」不能生育，在當時是一種「羞恥」，但是「撒迦利亞」並不因此而厭棄她，他爲她禱告，他們兩人一同承受世俗的壓力。

有一天，「撒迦利亞」當職，進「聖殿」去燒香，神的天使「加百列」向他顯現，敍述神垂聽他的禱告，並預言他的「妻子」要生一個「兒子」。

但是，因爲「撒迦利亞」信心不足，因此天使「加百列」使他暫時成爲「啞巴」，以印證「神的話」必定成就。不久之後，照著神應許的能力，「以利沙伯」懷孕生下一子，由「撒迦利亞」給他取名爲「約翰」，這時候「撒迦利亞」的口就開了，並被「聖靈」充滿，說出「神的恩典」和這孩子未來的工作。

「施洗約翰」長大後，在曠野工作。他身穿的「駱駝毛的衣服」，吃的是「蝗蟲野蜜」，過著最簡單的生活，表現不爲名位、勢利的淡泊心志，傳「悔改的洗禮」。「施洗約翰」在傳教的過程中，勇敢指出人的錯誤，有很多人聽了「施洗約翰」的話後，接受了他的「洗禮」。

根據《福音書》的記載，「希律王（希律・安提帕斯）」拋妻迎娶異母兄「腓力」之妻「希羅底」，「施洗約翰」曾經當衆指出「希律王（希律・安提帕斯）」的不義亂倫，因此他被「希律・安提帕斯」下令逮捕，但是「希律・安提帕斯」顧忌他的威望，一直不敢殺他。

後來，有一次「希律王（希律・安提帕斯）」的女兒「莎樂美」爲他跳舞，「希律王（希律・安提帕斯）」高興的答應賞賜她，向神發誓可以賞賜她任何物品。在她母親的慫恿之下，「莎樂美」想要「施洗約翰的頭」，「希律王（希律・安提帕斯）」藉此機會，派人殺死「施洗約翰」，將頭放到盤子中交給「莎樂美」。

後來，「羅馬帝國」把「基督教」定爲國教後，傳聞「施洗約翰」肉身的埋葬地，被建造成「聖約翰大教堂」。「敍利亞」在七世紀，被「阿拉伯人」征服後，此教堂仍歸「基督教徒」做禮拜使用。在公元七〇五年，「倭馬亞王朝」的「哈里發瓦利德一世」接收了這座教堂，將它改爲「倭馬亞清眞寺」。

● 《新約聖經》路加福音：

3:2 「亞那」和「該亞法」作「大祭司」、那時、「撒迦利亞」的兒子「約翰」在曠野裡、神的話臨到他。

3:3 他就來到「約但河」一帶地方、宣講「悔改的洗禮」、使罪得赦。

3:4 正如先知「以賽亞書」上所記的話、說、「在曠野有人聲喊著說、預備主的道、修直他的路。」

● 《新約聖經》馬太福音：

3:1 那時、有「施洗的約翰」出來、在「猶太」的曠野傳道、說。

3:2 「天國」近了、你們應當悔改。

3:3 這人就是先知「以賽亞」所說的、他說、「在曠野有人聲喊著說、預備主的道、修直他的路。」

3:4 這「約翰」身穿「駱駝毛的衣服」、腰束皮帶、喫的是「蝗蟲野蜜」。

3:5 那時、「耶路撒冷」和「猶太全地」、並「約但河」一帶地方的人、都出去到「約翰」那裡。

3:6 承認他們的罪、在「約但河」裡受他的洗。

3:7 「約翰」看見許多「法利賽人」和「撒都該人」、也來「受洗」、就對他們說、「毒蛇」的種類、誰指示你們逃避將來的忿怒呢。

3:8 你們要「結出果子」來、與「悔改的心」相稱。

3:9 不要自己心裡說、有「亞伯拉罕」爲我們的「祖宗」．我告訴你們、神能從這些「石頭」中給「亞伯拉罕」興起「子孫」來。

3:10 現在「斧子」已經放在「樹根」上、凡不結好果子的樹、就砍下來、丟在火裡。

3:11 我是用水給你們施洗、叫你們悔改．但那在我以後來的、能力比我更大、我就是給他提鞋、也不配．他要用「聖靈與火」給你們施洗。

3:12 他手裡拿著「簸箕」、要揚淨他的場、把「麥子」收在倉裡、把糠用不滅的火燒盡了。

3:13 當下、「耶穌」從「加利利」來到「約但河」、見了「約翰」、要受他的洗。

3:14 「約翰」想要攔住他、說、我當受你的洗、你反倒上我這裡來麼。

3:15 「耶穌」回答說、你暫且許我．因爲我們理當這樣盡「諸般的義」．（或作「禮」）於是「約翰」許了他。

3:16 「耶穌」受了洗、隨卽從水裡上來．天忽然爲他開了、他就看見「神的靈」、彷彿「鴿子」降下、落在他身上。

3:17 從天上有聲音說、這是我的「愛子」、我所喜悅的。

●《新約聖經》約翰福音：

1:19 「約翰」所作的見證、記在下面．「猶太人」從「耶路撒冷」差「祭司」和「利未人」到「約翰」那裡、問他說、你是誰。

1:20他就明說、並不隱瞞・明說、我不是「基督」。

1:21他們又問他說、這樣你是誰呢、是「以利亞」麼・他說、我不是・是那「先知」麼、他回答說、不是。

1:22於是他們說、你到底是誰、叫我們好回覆差我們來的人・你自己說、你是誰。

1:23他說、我就是那在曠野有人聲喊著說、修直主的道路、正如先知「以賽亞」所說的。

1:24那些人是「法利賽人」差來的。（或作「那差來的是法利賽人」）

1:25他們就問他說、你既不是「基督」、不是「以利亞」、也不是那「先知」、爲甚麼「施洗」呢。

1:26「約翰」回答說、我是用水施洗、但有一位站在你們中間、是你們不認識的。

1:27就是那在我以後來的、我給他解鞋帶、也不配。

1:28這是在「約但河」外「伯大尼」、（有古卷作「伯大巴喇」）「約翰」施洗的地方作的見證。

●**《新約聖經》路加福音：**

3:19只是分封的王「希律」、因他兄弟之妻「希羅底」的緣故、並因他所行的一切惡事、受了「約翰」的責備。

3:20又另外添了一件、就是把「約翰」收在監裡。

●**《新約聖經》馬太福音：**

14:1　那時分封的王「希律」、聽見「耶穌」的名聲。

14:2 就對臣僕說、這是「施洗的約翰」從死裡復活、所以這些異能從他裡面發出來。
14:3 起先「希律」爲他兄弟「腓力」的妻子「希羅底」的緣故、把「約翰」拿住鎖在監裡。
14:4 因爲「約翰」曾對他說、你娶這婦人是不合理的。
14:5 「希律」就想要殺他、只是怕百姓・因爲他們以「約翰」爲「先知」。
14:6 到了「希律」的生日、「希羅底」的女兒、在衆人面前跳舞、使「希律」歡喜。
14:7 「希律」就起誓、應許隨他所求的給他。
14:8 女兒被母親所使、就說、請把「施洗約翰」的頭、放在盤子裡、拿來給我。
14:9 王便憂愁、但因他所起的誓、又因同席的人、就吩咐給他。
14:10 於是打發人去、在監裡斬了「約翰」。
14:11 把頭放在盤子裡、拿來給了女子・女子拿去給他母親。
14:12 「約翰」的「門徒」來、把屍首領去、埋葬了・就去告訴「耶穌」。

● **《新約聖經》馬可福音：**

6:14 「耶穌」的名聲傳揚出來・「希律王」聽見了、就說、「施洗的約翰」從死裡復活了、所以這些異能由他裡面發出來。
6:15 但別人說、是「以利亞」・又有人說、是「先知」、正像「先知」中的一位。
6:16 「希律」聽見、卻說、是我所斬的「約翰」、他復活了。
6:17 先是「希律」爲他兄弟「腓力」的妻子「希羅底」的緣故、差人去拿住「約翰」、鎖在監裡・因爲「希律」已經娶了那婦人。

6:18「約翰」曾對「希律」說、你娶你兄弟的妻子是不合理的。

6:19於是「希羅底」懷恨他、想要殺他．只是不能。

6:20因爲「希律」知道「約翰」是「義人（信神的人）」、是「聖人」、所以敬畏他、保護他．聽他講論、就多照著行．並且樂意聽他。（「多照著行」有古卷作「游移不定」）

6:21有一天、恰巧是「希律」的生日、「希律」擺設筵席、請了「大臣」和「千夫長」、並「加利利」作首領的。

6:22「希羅底」的女兒進來跳舞、使「希律」和同席的人都歡喜．王就對女子說、你隨意向我求甚麼、我必給你。

6:23又對他起誓說、隨你向我求甚麼、就是我國的一半、我也必給你。

6:24他就出去、對他母親說、我可以求甚麼呢．他母親說、「施洗約翰的頭」。

6:25他就急忙進去見王、求他說、我願王立時把「施洗約翰的頭」、放在盤子裡給我。

6:26王就甚憂愁．但因他所起的誓、又因同席的人、就不肯推辭。

6:27隨卽差一個「護衛兵」、吩咐拿「約翰」的頭來．「護衛兵」就去在「監裡」斬了「約翰」。

6:28把頭放在盤子裡、拿來給女子、女子就給他母親。

6:29「約翰」的「門徒」聽見了、就來把他的屍首領去、葬在「墳墓」裡。

6:30「使徒」聚集到「耶穌」那裡、將一切所作的事、所傳的道、全告訴他。

（二）《古蘭經》裡的「葉哈雅」

「葉哈雅」爲「伊斯蘭教」的先知」，也就是衆所周知《舊約聖經》的人物「施洗約翰」。他是「眞主（上帝『耶和華』）」話語的「見證人」與正義的「先知」，並預示了「爾撒（耶穌）」的到來。

「葉哈雅（施洗約翰）」被「基督徒」稱爲「施洗聖約翰」，但是《古蘭經》和《聖訓》都沒有提到「葉哈雅（施洗約翰）」是「施洗者」。「葉哈雅（施洗約翰）」的使命是，提醒「猶太人」堅守與「安拉（上帝「耶和華」）」的盟約，敬拜獨一的「安拉（上帝「耶和華」）」。

「葉哈雅（施洗約翰）」是「葉爾孤白（雅各）」的後代，「宰凱裡雅（葉哈雅（施洗約翰）之父）」的兒子。「葉哈雅（施洗約翰）」的父母因爲太老而不能孕育孩子，於是向「安拉（上帝『耶和華』）」求子，「安拉（上帝『耶和華』）」應允了他們。

「葉哈雅（施洗約翰）」有著聰明、忠誠、樸實、有膽有識、敬畏「安拉（上帝『耶和華』）」的好品格。那時「巴勒斯坦」的國王「希魯多斯（希律・安提帕斯）」妄圖同其侄女「希魯狄雅（希羅底）」成婚，違反了《舊約聖經》中的「倫理原則」，但是「希魯多斯（希律・安提帕斯）」是個「暴君」，朝野上上下下不敢公然反對，甚至有人爲了自己的利益而去附會這個「暴君」。

而「葉哈雅（施洗約翰）」德高望重，不懼強權挺身反對，「希魯多斯（希律・安提帕斯）」只得暫時收斂，但是內心對「葉哈雅（施洗約翰）」產生了忌恨，最後派人暗殺了這位「先知」。不久，「希魯多斯（希律・安提帕斯）」得了怪病，這就是「暴君」的報應。

《聖訓》提到，先知「葉哈雅（施洗約翰）」和先知「爾撒（耶穌）」見面，探討「使命」，引導「猶太人」回歸正道。「穆聖（穆罕默德）」告訴「信徒」，「葉哈雅（施洗約翰）」聚集了

「猶太人」，請求他們跟隨「安拉（上帝『耶和華』）」的誡命：崇拜獨一「安拉（上帝『耶和華』）」、封齋、行善和紀念安拉。

「葉哈雅（施洗約翰）」的「陵墓」，位於「大馬士革」的「倭馬亞大」的「淸眞寺」。

●《古蘭經》第三章　儀姆蘭的家屬（阿黎儀）：

3:39. 正當「宰凱裡雅（葉哈雅（施洗約翰）之父）」站在「內殿」祈禱的時候，「天神（天使）」喊叫他說：「『眞主（上帝「耶和華」）』以『葉哈雅（施洗約翰）』向你報喜，他要證實從『眞主（上帝「耶和華」）』發出的一句話，要長成尊貴的、克己的人，要變成一個善良的『先知』。」

●《古蘭經》第六章　牲畜（艾奈阿姆）：

6:85. （我曾引導）「宰凱裡雅（葉哈雅（施洗約翰）之父）」、「葉哈雅（施洗約翰）」、「爾撒（耶穌）」和「易勒雅斯（以利雅）」，他們都是「善人」。

●《古蘭經》第十九章　麥爾彥：

19:7. 「『宰凱裡雅（葉哈雅（施洗約翰）之父）』啊！我必定以一個兒子向你報喜，他的名字是『葉哈雅（施洗約翰）』，我以前沒有使任何人與他同名。」

●《古蘭經》第十九章　麥爾彥：

19:12. 「『葉哈雅（施洗約翰）』啊！你應當堅持『經典』。」他在「童年時代」我已賞賜他「智慧」。

19:13. 與從我發出的「恩惠」和「純潔」。他是「敬的畏」。

19:14.是「孝敬你的」，不是「霸道的」，不是「忤逆的」。

19:15.他在出生日、死亡日、「復活日（末日）」都享受「和平」。

●《古蘭經》第二十一章　衆先知（安比雅）：

21:90.我就答應他，而且賞賜他「葉哈雅（施洗約翰）」，並改正他的「妻子」。他們爭先「行善」，他們爲「希望」和「恐懼」而呼籲我，他們對於我是「恭順的」。

二十、爾撒（耶穌）

（一）《舊約聖經》裡的「耶穌」

「耶穌」也被稱爲「拿撒勒的耶穌」或者「耶穌基督」，是公元一世紀的「猶太傳教士」和「宗教領袖」，是世界第一大宗教「基督教」的核心人物。

根據《馬太福音》記載，「耶穌」這個名字，是「天使」啟示下來的，「天使」向「馬利亞」宣告她要懷孕生子的時候，對她說的。

●《新約聖經》馬太福音：

1:18「耶穌基督」降生的事、記在下面．他母親「馬利亞」已經許配了「約瑟」、還沒有迎娶、「馬利亞」就從「聖靈」懷了孕。

1:19他丈夫「約瑟」是個「義人（信神的人）」」、不願意明明的羞辱他、想要暗暗的把他休了。

1:20正思念這事的時候、有「主的使者」向他夢中顯現、說、「大衛」的子孫「約瑟」、不要怕、只管娶過你的妻子「馬利亞」來．因他所懷的孕、是從「聖靈」來的。

1:21 他將要生一個兒子·你要給他起名叫「耶穌」·因他要將自己的「百姓」從「罪惡」裡救出來。

1:22 這一切的事成就、是要應驗主藉「先知」所說的話。

在《聖經》裡，「耶穌」有許多別的頭銜和稱呼：基督、受膏者、麥基洗德、以馬內利、神的兒子、人子、道、中保、大祭司、君王、萬王之王、萬主之主、羔羊、明亮的晨星（曉明）、大衛的子孫、大衛的根、拉比或拉波尼（老師）、拿撒勒人耶穌……等等。

●《新約聖經》馬太福音：

16:15「耶穌」說、你們說我是誰。

16:16「西門彼得」回答說、你是「基督」、是永生 「神的兒子」。

16:17「耶穌」對他說、「西門巴約拿」、你是有福的·因為這不是屬血肉的指示你的、乃是我在天上的父指示的。

「基督」的原文是「希臘語」，是「希伯來文」稱號「彌賽亞」的「希臘文」翻譯，是「受膏者」的意思。《舊約聖經》中，多處提到「君王」、「祭司」在冊立的時候要用「油膏」抹身，稱為「受膏者」，《舊約聖經》意譯為「受膏者」。

●《新約聖經》馬太福音：

1:1 「亞伯拉罕」的後裔、「大衛的子孫」、「耶穌基督」的家譜·（「後裔子孫」原文都作「兒子」下同）

●《新約聖經》馬太福音：

1:16「雅各」生「約瑟」、就是「馬利亞的丈夫」．那稱爲「基督」的「耶穌」、是從「馬利亞」生的。

1:17這樣、從「亞伯拉罕」到「大衛」、共有十四代．從「大衛」到遷至「巴比倫」的時候、也有十四代．從遷至「巴比倫」的時候到「基督」、又有十四代。

1:18「耶穌基督」降生的事、記在下面．他母親「馬利亞」已經許配了「約瑟」、還沒有迎娶、「馬利亞」就從「聖靈」懷了孕。

在《以賽亞書》和《但以理書》等多部「先知」書中，「彌賽亞」是「先知」所預言的解救萬民的「救世主」。

在《約翰福音》裡，「施洗約翰」告訴門徒「安得烈」，「耶穌」就是「神的兒子」。「安得烈」去找著自己的哥哥「西門彼得」，對他說：「我們遇見『彌賽亞』了。」

● **《新約聖經》約翰福音：**

1:32「約翰」又作見證說、我曾看見「聖靈」彷彿「鴿子」、從天降下、住在他的身上。

1:33我先前不認識他．只是那差我來用水施洗的、對我說、你看見「聖靈」降下來、住在誰的身上、誰就是用「聖靈」施洗的。

1:34我看見了、就證明這是　「神的兒子」。

1:35再次日、「約翰」同兩個「門徒」站在那裡。

1:36他見「耶穌」行走、就說、看哪、這是　「神的羔羊」。

1:37兩個「門徒」聽見他的話、就跟從了「耶穌」。

1:38「耶穌」轉過身來、看見他們跟著、就問他們說、你們要甚麼。他們說、「拉比」、在那裡住。（「拉比」翻出來、就是「夫子」。）

1:39「耶穌」說、你們來看。他們就去看他在那裡住、這一天便與他同住、那時約有「申正（下午四點）」了。

1:42於是領他去見「耶穌」。「耶穌」看著他說、你是「約翰」的兒子「西」門、（「約翰」馬太十六章十七節稱「約拿」）你要稱爲「磯法」．（「磯法」翻譯出來、就是「彼得」。）

「基督教」認爲，「耶穌基督」本是「三位一體（聖父、聖子、聖靈）」的神的第二位格，稱爲「聖子」。爲了將「人類」從「罪惡」中拯救出來，他降世爲人，道成肉身，他是《舊約聖經》所預言的「彌賽亞」，就是「受膏者」的意思，因爲他是神所膏的「君王」和「大祭司」。

在公元元年，「羅馬帝國」的「猶太希律王國」，是由服從「羅馬」皇帝「奧古斯都」的「大希律王」統治的自治王國。

在「加利利」地區的「拿撒勒城」，有一位童貞女「馬利亞」已經許配給一個木匠「約瑟」，還沒有迎娶同房之前，天使「加百列」向她顯現，宣告她將要由「聖靈」感孕生子，給他起名叫「耶穌」，並預言他要將自己的「百姓」從「罪惡」裡拯救出來。

「約瑟」是「大衛王」的後代，是一個「義人（信神的人）」，因爲「馬利亞」的身孕，想把她暗中休了，經過「天使」向他說明而回心轉意。

後來，因爲當時的國王要做「人口普查」，所有的居民都必須各歸故鄉去登記。「約瑟」帶著懷孕的「馬利亞」，前往「大衛」的城「伯利恆」，因爲「客店」裡沒有地方住，「馬利亞」只好在

「馬廄」產下「耶穌」，然後放在「馬槽」裡。

那天晚上，「天使」向野地裡的「牧羊人」顯現，宣告「主基督」的降生，他們便來拜訪「耶穌」，把「天使」說這孩子的話傳開了。東方的三位「博士」看見了他的星，帶著禮物也來拜訪。

●《新約聖經》路加福音：

2:1 當那些日子、「該撒亞古士督」有旨意下來、叫天下人民都「報名上冊」。
2:2 這是「居里扭」作「敍利亞巡撫」的時候、頭一次行「報名上冊」的事。
2:3 衆人各歸各城、「報名上冊」。
2:4 「約瑟」也從「加利利」的「拿撒勒城」上「猶太」去、到了「大衛的城」、名叫「伯利恆」、因他本是「大衛」一族一家的人。
2:5 要和他所聘之妻「馬利亞」、一同「報名上冊」．那時「馬利亞」的身孕已經重了。
2:6 他們在那裡的時候、「馬利亞的產期」到了。
2:7 就生了「頭胎的兒子」、用布包起來、放在「馬槽」裡、因爲「客店」裡沒有地方。
2:8 在「伯利恆」之野地裡有「牧羊的人」、夜間按著「更次」看守羊群。
2:9 有「主的使者」站在他們旁邊、「主的榮光」四面照著他們．「牧羊的人」就甚懼怕。
2:10 那「天使」對他們說、不要懼怕、我報給你們大喜的信息、是關乎萬民的。
2:11 因今天在「大衛」的城裡、爲你們生了「救主」、就是「主基督」。
2:12 你們要看見一個「嬰孩」、包著布、臥在「馬槽」裡、那就是「記號」了。
2:13 忽然有一大隊「天兵」、同那「天使」讚美　神說。

2:14在至高之處榮耀歸與　神、在地上平安歸與他所喜悅的人。（有古卷作「喜悅歸與人」）

2:15衆天使離開他們升天去了、「牧羊的人」彼此說、我們往「伯利恆」去、看看所成的事、就是主所指示我們的。

2:16他們急忙去了、就尋見「馬利亞」和「約瑟」、又有那「嬰孩」臥在「馬槽」裡。

● **《新約聖經》路加福音：**

2:8 在「伯利恆」之野地裡有「牧羊的人」、夜間按著「更次」看守羊群。

2:9 有「主的使者」站在他們旁邊、「主的榮光」四面照著他們・「牧羊的人」就甚懼怕。

2:10那「天使」對他們說、不要懼怕、我報給你們大喜的信息、是關乎萬民的。

2:11因今天在「大衛」的城裡、爲你們生了「救主」、就是「主基督」。

2:12你們要看見一個「嬰孩」、包著布、臥在「馬槽」裡、那就是記號了。

● **《新約聖經》馬太福音：**

2:1 當「希律王」的時候、「耶穌」生在「猶太」的「伯利恆」・有幾個「博士」從「東方」來到「耶路撒冷」、說。

2:2 那生下來作「猶太人之王」的在那裡。我們在「東方」看見他的星、特來拜他。

2:3 「希律王」聽見了、就心裡不安・「耶路撒冷」「合城」的人、也都不安。

2:4 就召齊了「祭司長」和民間的「文士」、問他們說、「基督」當生在何處。

2:5 他們回答說、在「猶太」的「伯利恆」・因爲有「先知」記著說。

2:6 「猶大地的伯利恆阿、你在猶大諸城中、並不是最小的・因爲將來有一位君王、要從你那裡出來、牧養我以色列民。」

「大希律王」聽到有一位要做「猶太人的王」的「嬰孩」誕生，便要除滅他。「約瑟」受到「天使」的警告，帶著「馬利亞」和「耶穌」逃往「埃及」，「大希律王」命令「羅馬駐軍」殺死了「伯利恆」城內及其四境所有「二歲以內的男孩」。「耶穌」一家人，直到「大希律王」死後，才回到「拿撒勒」居住。

「耶穌」三十歲時，在「約旦河」接受「施洗約翰」的洗禮，並在曠野四十天禁食禱告，其間勝過魔鬼「撒但」的若干試探，往後開始在故鄉「加利利」一帶開展傳道工作，有很多人跟隨他，他在「信徒」當中親自揀選了十二位「門徒」。

「耶穌」表示他是「神的兒子」，用淺近而生動的話語，包括許多「比喻」，宣揚「天國的福音」。並施行「神蹟」，比如「醫病」和「趕鬼」。在這個過程中，他與「猶太教」的「領袖」產生了很大的衝突，「耶穌」在「安息日」也醫病；他接近當時爲「猶太社會」所鄙視的「罪人」，如稅吏、外邦人、犯姦淫的婦女，予以安慰與鼓勵，並向他們傳講「福音」；他批評當時「猶太教」的「形式主義」和「假冒僞善」，於是「猶太教」的「領袖」仇視他，開始計劃要殺他。

● 《新約聖經》馬太福音：

11:2 「約翰」在監裡聽見「基督」所作的事、就打發兩個「門徒」去。

11:3 問他說、那「將要來的」是你麼、還是我們等候別人呢。

11:4 「耶穌」回答說、你們去把所聽見所看見的事告訴「約翰」。

11:5 就是「瞎子看見」、「瘸子行走」、長「大痲瘋的潔淨」、「聾子聽見」、「死人復活」、「窮人」有「福音」傳給他們。

11:6 凡不因我跌倒的、就有福了。

●《新約聖經》馬太福音：

8:1 「耶穌」下了山、有許多人跟著他。

8:2 有一個長「大痲瘋」的、來拜他說、主若肯、必能叫我潔淨了。

8:3 「耶穌」伸手摸他說、我肯、你潔淨了罷．他的「大痲瘋」立刻就潔淨了。

8:4 「耶穌」對他說、你切不可告訴人．只要去把身體給「祭司」察看、獻上「摩西」所吩咐的禮物、對衆人作證據。

●《新約聖經》馬太福音：

8:14 「耶穌」到了「彼得」家裡、見「彼得」的「岳母」害「熱病」躺著。

8:15 「耶穌」把他的手一摸、熱就退了．他就起來服事「耶穌」。

●《新約聖經》馬太福音：

9:1 「耶穌」上了船、渡過海、來到自己的城裡。

9:2 有人用褥子抬著一個「癱子」、到「耶穌」跟前來．「耶穌」見他們的信心、就對「癱子」說、小子、放心罷．你的罪赦了。

9:3 有幾個「文士」心裡說、這個人說僭妄的話了。

（「文士」是與「法利賽人」相關的「猶太教派」。「文士」是研究「摩西律法（妥拉；摩西五經）」的專家。最初，這行業由「祭司」專任。）

9:4 「耶穌」知道他們的心意、就說、你們爲甚麼心裡懷著惡念呢。
9:5 或說、你的罪赦了．或說、你起來行走．那一樣容易呢。
9:6 但要叫你們知道人子在地上有赦罪的權柄、就對「癱子」說、起來、拿你的褥子回家去罷。
9:7 那人就起來、回家去了。
9:8 衆人看見都驚奇、就歸榮耀與 神．因爲他將這樣的權柄賜給人。

●《新約聖經》馬太福音：

9:18「耶穌」說這話的時候、有一個管「會堂」的來拜他說、我女兒剛纔死了、求你去按手在他身上、他就必活了。
9:19「耶穌」便起來、跟著他去、「門徒」也跟了去。
9:20有一個女人、患了十二年的「血漏（月經量過多）」、來到「耶穌」背後、摸他的衣裳繸子。
9:21因爲他心裡說、我只摸他的衣裳、就必痊癒。
9:22「耶穌」轉過來看見他、就說、女兒、放心、你的信救了你．從那時候、女人就痊癒了。
9:23「耶穌」到了管「會堂」的家裡、看見有「吹手（吹奏管樂器的人）」、又有許多人亂嚷。
9:24就說、退去罷．這「閨女」不是死了、是睡著了．他們就嗤笑他。
9:25衆人旣被攆出、「耶穌」就進去、拉著「閨女」的手、「閨女」便起來了。
9:26於是這風聲傳遍了那地方。

●《新約聖經》馬太福音：

9:27「耶穌」從那裡往前走、有兩個「瞎子」跟著他、喊叫說、「大衛」的子孫、可憐我們罷。

9:28「耶穌」進了房子、「瞎子」就來到他跟前・「耶穌」說、你們信我能作這事麼・他們說、主阿、我們信。

9:29「耶穌」就摸他們的眼睛、說、照著你們的信給你們成全了罷。

9:30他們的眼睛就開了。「耶穌」切切的囑咐他們說、你們要小心、不可叫人知道。

9:31他們出去、竟把他的名聲傳遍了那地方。

●《新約聖經》馬太福音：

14:34他們過了海、來到「革尼撒勒」地方。

14:35那裡的人、一認出是「耶穌」、就打發人到周圍地方去、把所有的病人、帶到他那裡。

14:36只求「耶穌」准他們摸他的衣裳繸子、摸著的人、就都好了。

●《新約聖經》馬太福音：

20:29他們出「耶利哥」的時候、有極多的人跟隨他。

20:30有兩個「瞎子」坐在路旁、聽說是「耶穌」經過、就喊著說、主阿、「大衛」的子孫、可憐我們罷。

20:31眾人責備他們、不許他們作聲・他們卻越發喊著說、主阿、「大衛」的子孫、可憐我們罷。

20:32「耶穌」就站住、叫他們來、說、要我爲你們作甚麼。

20:33他們說、主阿、要我們的眼睛能看見。

20:34「耶穌」就動了慈心、把他們的眼睛一摸、他們立刻看見、就跟從了「耶穌」。

●**《新約聖經》馬可福音：**

7:31「耶穌」又離了「推羅」的境界、經過「西頓」、就從「低加波利」境內來到「加利利海」。

7:32有人帶著一個「耳聾舌結」的人、來見「耶穌」、求他按手在他身上。

7:33「耶穌」領他離開眾人、到一邊去、就用指頭探他的耳朵、吐唾沫抹他的舌頭、

7:34望天歎息、對他說、「以法大」、就是說、開了罷。

7:35他的耳朵就開了、舌結也解了、說話也清楚了。

7:36「耶穌」囑咐他們、不要告訴人．但他越發囑咐、他們越發傳揚開了。

7:37眾人分外希奇、說、他所作的事都好、他連「聾子」也叫他們聽見、「啞吧」也叫他們說話。

●**《新約聖經》路加福音：**

7:11過了不多時、（有古卷作「次日」）「耶穌」往一座城去、這城名叫「拿因」、他的「門徒」和極多的人與他同行。

7:12將近城門、有一個死人被抬出來．這人是他母親獨生的兒子、他母親又是「寡婦」．有城裡的許多人同著寡婦送殯。

7:13主看見那「寡婦」就憐憫他、對他說、不要哭。

7:14於是進前按著「杠（抬重物的粗棍）」、抬的人就站住了。「耶穌」說、少年人、我吩咐你

起來。

7:15 那死人就坐起、並且說話．「耶穌」便把他交給他母親。

7:16 衆人都驚奇、歸榮耀與　神說、有「大先知」在我們中間興起來了．又說、神眷顧了他的百姓。

7:17 他這事的風聲就傳遍了「猶太」、和周圍地方。

●《新約聖經》路加福音：

14:1 「安息日」、「耶穌」到一個「法利賽人」的首領家裡去喫飯、他們就窺探他。

14:2 在他面前有一個患「水臌（體內積水，應是現代所說的「肝硬化腹水」）」的人。

14:3 「耶穌」對「律法師」和「法利賽人」說、「安息日」治病、可以不可以。

14:4 他們卻不言語。「耶穌」就治好那人、叫他走了。

14:5 便對他們說、你們中間誰有驢或有牛、在「安息日」掉在井裡、不立時拉牠上來呢。

14:6 他們不能對答這話。

「耶穌」傳道約有三年的時間，在公元三〇年左右的「逾越節」前夕，最後一次進入「耶路撒冷」，受到群衆的歡迎。「耶穌」和他的「十二門徒」一起吃「逾越節」的晚餐，這成爲他「最後的晚餐」。

當時，「猶太教」的宗教領袖，包括「聖殿祭司」、「法利賽人」、「文士」，對「耶穌」非常憎恨，以「三十兩銀子」收買了「十二門徒」之一的「猶大」。他帶領「衛兵」在「客西馬尼園」找到「耶穌」，以「親吻耶穌」爲暗號，把「耶穌」抓捕。

「猶太教」的領袖以「自稱神的兒子基督」的「褻瀆罪名」控告「耶穌」。「猶太教」的領袖及民眾，將「耶穌」帶往「猶太行省」的羅馬總督「彼拉多」的「總督府」，說他煽動「猶太人」反「羅馬皇帝」，禁止民眾納稅給他。

於是「彼拉多」多次審問「耶穌」，但是他不說話，令「彼拉多」查不出他有什麼罪，並要釋放他。「猶太教」的領袖及民眾，仍然要求把「耶穌」定罪，說他從「加利利」起就開始傳道。「彼拉多」這才知道，「耶穌」是「加利利人」，就把「耶穌」交給了當時正在「耶路撒冷」的「加利利」郡王「希律．安提帕斯」。

●《新約聖經》馬太福音：

26:62「大祭司」就站起來、對「耶穌」說、你甚麼都不回答麼．這些人作見證告你的是甚麼呢。

26:63「耶穌」卻不言語。「大祭司」對他說、我指著永生 神、叫你起誓告訴我們、你是「神的兒子」「基督」不是。

26:64「耶穌」對他說、你說的是．然而我告訴你們、後來你們要看見「人子」、坐在那「權能者」的右邊、駕著「天上的雲」降臨。

●《新約聖經》馬太福音：

27:17 眾人聚集的時候、「彼拉多」就對他們說、你們要我釋放那一個給你們．是「巴拉巴」呢、是稱爲「基督」的「耶穌」呢。

27:22「彼拉多」說、這樣、那稱爲「基督」的「耶穌」、我怎麼辦他呢．他們都說、把他「釘十字架」。

「希律王」問了「耶穌」許多話，但是「耶穌」卻一言不發，「希律王」只好把他帶回「總督府」。當時正值「逾越節」，「猶太地的總督」按照「猶太人習俗」可釋放一名囚犯。於是，「彼拉多」給「猶太人」選擇釋放「巴拉巴」還是「耶穌」，「猶太人」選了「巴拉巴」。

●《新約聖經》路加福音：

23:20「彼拉多」願意釋放「耶穌」、就又勸解他們。

23:21 無奈他們喊著說、「釘他十字架」、「釘他十字架」。

23:22「彼拉多」第三次對他們說、為甚麼呢、這人作了甚麼惡事呢、我並沒有查出他甚麼該死的罪來．所以我要責打他、把他釋放了。

23:23 他們大聲催逼「彼拉多」、求他把「耶穌」釘在「十字架」上。他們的聲音就得了勝。

23:24「彼拉多」這纔照他們所求的定案。

●《新約聖經》約翰福音：

19:14 那日是預備「逾越節」的日子、約有「午正」。「彼拉多」對「猶太人」說、看哪、這是「你們的王」。

19:15 他們喊著說、除掉他、除掉他、釘他在「十字架」上。「彼拉多」說、我可以把「你們的王」釘「十字架」麼。「祭司長」回答說、除了「該撒」、我們沒有王。

19:16 於是「彼拉多」將「耶穌」交給他們去「釘十字架」。

19:17 他們就把「耶穌」帶了去．「耶穌」背著自己的「十字架」出來、到了一個地方、名叫

「髑髏地」、「希伯來話」叫「各各他」。

19:18他們就在那裡釘他在「十字架」上、還有兩個人和他一同釘著、一邊一個、「耶穌」在中間。

「祭司長」和「群衆」更威脅「彼拉多」，如果他不處死「耶穌」，他就不是「凱撒」的朋友，令「彼拉多」生怕「猶太人」被他們煽動而暴亂，導致自己被罷免。爲了他的政治生涯，於是先命令「羅馬士兵」將他鞭刑，然後「判處死刑」，押往「各各他」的刑場，在「十字架」上將他釘死，大約三個小時以後，「耶穌」就斷氣死亡。

●**《新約聖經》路加福音：**

23:44那時約有「午正」、遍地都黑暗了、直到「申初」。

23:45日頭變黑了．「殿裡的幔子」從當中裂爲兩半。

23:46「耶穌」大聲喊著說、父阿、我將我的「靈魂」交在你手裡．說了這話、氣就斷了。

23:47「百夫長」看見所成的事、就歸榮耀與 神說、這眞是個「義人（信神的人）」。

因爲「猶太人安息日」已經開始，「耶穌的屍體」被暫時安放於「各各他」附近的一個「墓室」，準備「安息日」後，膏抹他的身體。「安息日」過後，第三天，當跟隨他的幾位「婦女」，拿「香膏」要膏抹「耶穌」的身體時，發現「耶穌的屍體」已經不見了。有「天使」向她們宣告，「耶穌」已經復活。

●**《新約聖經》路加福音：**

24:1 七日的頭一日、黎明的時候、那些婦女帶著所預備的「香料」、來到「墳墓」前。

24:2 看見「石頭」已經從「墳墓」滾開了。
24:3 他們就進去、只是不見「主耶穌的身體」。
24:4 正在猜疑之間、忽然有「兩個人」站在旁邊・衣服放光。
24:5 「婦女們」驚怕、將臉伏地・那「兩個人」就對他們說、爲甚麼在「死人」中找「活人」呢。
24:6 他不在這裡、已經復活了・當記念他還在「加利利」的時候、怎樣告訴你們。
24:7 說、「人子」必須被交在「罪人」手裡、釘在「十字架」上、「第三日復活」。
24:8 他們就想起「耶穌」的話來。

「耶穌」從死裡復活後，多次在「門徒」面前顯現，有四十天之久，講說「神國的事」，並把「傳福音」的「大使命」交託給他們。然後，在一次與「門徒」聚集的時候，他就被取上升，有一朵「雲彩」把他接去。

「耶穌基督」將要在「最後的審判」的時候榮耀再來，所有的人都要復活，接受他的審判。信他的人有永生，不信的將要永遠沉淪。

（二）《古蘭經》裡的「爾撒」

「伊斯蘭教」也認同「爾撒（耶穌）」的存在，也非常尊崇「爾撒（耶穌）」，但是不相信「爾撒（耶穌）」是「神」或者「神的兒子」，「穆斯林們」相信「爾撒（耶穌）」只是「穆罕默德」之前的一位偉大「先知」。

「爾撒（耶穌）」在「伊斯蘭教」中，被認爲是「真主（上帝『耶和華』）」的「使者」。宣稱「爾撒」卽是「基督教」中的「耶穌」，他是「眞主（上帝『耶和華』）」「阿拉」派遣給「猶太人」之的「先知」，並且帶給「猶太人」一個新的經文《引支勒（未被篡改前的《四福音書》）》。

「穆斯林」認爲，先知「爾撒（耶穌）」的前任先知是「葉哈雅（施洗約翰）」，繼任先知是「艾哈默德（穆罕默德）」。

「穆斯林」認爲，由於「基督徒們」篡改《引支勒（未被篡改前的四福音書）》，「基督教」的《四福音書》已經失眞，故「安拉（上帝『耶和華』）」降下了《古蘭經》做爲最後的「神諭」。

《古蘭經》上說，「爾撒（耶穌）」是由處女「麥爾彥（聖母馬利亞）」生出，這是「眞主（上帝『耶和華』）」所行的神蹟，「眞主（上帝『耶和華』）」幫助「爾撒（耶穌）」執行使命，故賜予他行「奇蹟」的能力。

但是，與「基督徒」不同的觀點，「穆斯林」認爲，「爾撒（耶穌）」既沒有被處死，更沒有釘在「十字架」上，而是直接被升上了「天堂」。這使得「爾撒（耶穌）」成爲唯一的一個，由「處女」生出的「先知」，並且是僅有的三個「白日飛昇」，卽未死亡，以肉身軀殼直接飛上「天國」的「先知」之一，其他兩位是「易德立斯（以諾）」和「易勒雅斯（以利雅）」。

「穆斯林」宣稱「爾撒」就是「耶穌」，但是反對他是「神的化身」或者「聖子」的說法，也反對「基督徒」說的「三位一體」的論點。

「穆斯林」指出「爾撒（耶穌）」就像其他「安拉（上帝『耶和華』）」的「使者」一樣，是一個「凡人」。因爲「安拉（上帝『耶和華』）」的指定，而成爲「使者」，以「神聖的形式」傳播「天啟（福音）」。所有的「穆斯林」都不認爲「爾撒（耶穌）」是「神」，因爲「伊斯蘭教」是嚴格的「獨一神論」，《古蘭經》強調「眞主（上帝『耶和華』）」的神聖獨一性。

●《古蘭經》第九章　懺悔（討白）：

9:30.「猶太人」說：「『歐宰爾（先知）』是『眞主（上帝「耶和華」）』的兒子。」「基督教」徒說：「『麥西哈（受膏者；基督）』是『眞主（上帝「耶和華」）』的兒子」。這是他們信口開河，仿效從前「不通道者（不信神的人）」的口吻。願「眞主（上帝『耶和華』）」詛咒他們。他們怎麼如此放蕩呢！

9:31. 他們捨「眞主（上帝『耶和華』）」而把他們的「博士」、「僧侶」和「麥爾彥（聖母馬利亞）」之子「麥西哈（受膏者；基督）」當做「主宰」。他們所奉的命令只是崇拜「獨一的主宰」，除他之外，絕無應受崇拜的。讚頌「眞主（上帝『耶和華』）」超乎他們所用來配他的！

下面是《古蘭經》描述「爾撒（耶穌）」事蹟的經文。

●《古蘭經》第二章　黃牛（巴格勒）：

2:87. 我確已把「經典」賞賜「穆薩（摩西）」，並在他之後繼續派遣許多「使者（使徒）」，我把許多「明證」賞賜給「麥爾彥（聖母馬利亞）」之子「爾撒（耶穌）」，並以「玄靈（聖靈）」扶助他。難道每逢「使者（使徒）」把你們的「私心」所不喜愛的東西帶來給你們的時候，你們總是「妄自尊大」嗎？一部分「使者（使徒）」，被你們加以否認；一部分使者，被你們加以殺害。

2:136. 你們說：「我們信我們所受的『啟示』，與『易卜拉欣（亞伯拉罕）』、『易司馬儀（以實瑪利）』、『易司哈格（以撒）』、『葉爾孤白（雅各）』和各『支派』所受的『啟示』，與『穆薩（摩西）』和『爾撒（耶穌）』受賜的『經典』，與『衆先知』受主所賜的『經典』；我們對他們中任何一個，都不加以歧視，我們只順『眞主（上帝「耶和華」）』。」

●《古蘭經》第三章 儀姆蘭的家屬（阿黎儀）：

3:52. 當「爾撒（耶穌）」確知衆人「不通道（不信神）」的時候，他說；「誰爲『眞主（上帝「耶和華」）』而協助我？」「衆門徒」說：「我們爲『眞主（上帝「耶和華」）』而協助你，我們已確信『眞主（上帝「耶和華」）』，求你作證我們是『歸順者』。

3:53. 我們的主啊！我們已確信你所降示的『經典』，我們已順從『使者（使徒）』，求你使我們加入『作證者』的行列。」

3:54. 他們用「計謀」，「眞主（上帝『耶和華』）」也用「計謀」，「眞主（上帝『耶和華』）」是最善於用「計謀」的。

3:55. 當時，「眞主（上帝『耶和華』）」對「爾撒（耶穌）」說：「我必定要使你壽終，要把你擢升到我那裡，要爲你滌清『不通道者（不信神的人）』的誣衊，要使『信仰你的人』，在『不信仰你的人』之上，直到『復活日（末日）』。然後你們只歸於我，我要爲你們判決你們所爭論的是非。

3:56. 至於『不通道（不信神）』的人，我要在『今世』和『後世』，嚴厲地懲罰他們，他們絕沒有任何『援助者』。

3:57. 至於『通道（信神）』而且『行善』的人，『眞主（上帝「耶和華」）』要使他們享受完全的『報酬』。『眞主（上帝「耶和華」）』不喜愛『不義（不信神）』的人。

3:58. 這是我對你宣讀的『跡象』，和睿智的教訓。」

3:59. 在「眞主（上帝『耶和華』）」看來，「爾撒（耶穌）」確是向「阿丹（亞當）」一樣的。他用土創造「阿丹（亞當）」，然後他對他說：「有」，他就有了。

● **《古蘭經》第四章　婦女（尼薩儀）**：

4:163. 我確已啟示你，猶如我啟示「努哈（挪亞）」和在他之後的「衆先知」一樣，也猶如我啟示「易卜拉欣（亞伯拉罕）」、「易司馬儀（以實瑪利）」、「易司哈格（以撒）」、「葉爾孤白（雅各）」各支派，以及「爾撒（耶穌）」、「安優蔔（約伯）」、「優努斯（約拿）」、「哈倫（亞倫）」、「素萊曼（所羅門）」一樣。我以《宰甫爾（《大衛詩篇》）》賞賜「達五德（大衛）」。

● **《古蘭經》第五章　筵席（馬以代）**：

5:18. 「猶太教徒」和「基督教徒」都說：「我們是『眞主（上帝『耶和華』）』的兒子，是他心愛的人。」你說：「他爲什麼要因你們的罪過而懲治你們呢？」其實，你們是他所創造的人。他要赦宥誰，就赦宥誰，要懲罰誰；就懲罰誰。天地萬物的「國權」，只是「眞主（上帝『耶和華』）」的；他是最後的歸宿。

5:46. 我在衆「使者（使徒）」之後續派「麥爾彥（聖母馬利亞）」之子「爾撒（耶穌）」以證實在他之前的《討拉特（希伯來聖經、塔納赫、舊約聖經）》，並賞賜他《引支勒（四福音書）》，其中有嚮導和光明，能證實在他之前的《討拉特（希伯來聖經、塔納赫、舊約聖經）》，並作「敬畏者」的嚮導和勸諫。

●《古蘭經》第五章　筵席（馬以代）：

5:78.「以色列的後裔」中「不通道（不信神）」的人，曾被「達五德（大衛）」和「麥爾彥（聖母馬利亞）」之子「爾撒（耶穌）」的舌所「詛咒」，這是由於他們的違抗和過分。

●《古蘭經》第五章　筵席（馬以代）：

5:110. 那時，「眞主（上帝『耶和華』）」將說「麥爾彥（聖母馬利亞）」之子「爾撒（耶穌）」啊！你當記憶我所賜你和你「母親」的恩典。當時，我曾以「玄靈（聖靈）」扶助你，你在搖籃裡，在壯年時，對人說話。當時，我曾教你「書法」、「智慧」、《討拉特（希伯來聖經、塔納赫、舊約聖經）》和《引支勒（四福音書）》。當時，你奉我的命令，用「泥」捏一隻像「鳥樣的東西」，你「吹氣」在裡面，它就奉我的命令而飛動。你曾奉我的命令而治療「天然盲」和「大痲瘋」。你又奉我的命令而「使死人復活」。當時，我曾阻止「以色列的後裔」傷害你。當時，你曾昭示他們許多「跡象」，他們中「不通道（不信神）」的人說：「這只是明顯的『魔術』。」

5:111. 當時，我啟示「衆門徒」說：「你們當信仰我和我的『使者（使徒）』。」他們說：「我們已信仰了，求你作證我們是歸順的人。」

5:112. 當時，「衆門徒」說：「『麥爾彥（聖母馬利亞）』之子『爾撒（耶穌）』啊，你的主能從天上降『筵席（酒和飯菜）』給我們嗎？」他說：「你們當敬畏『眞主（上帝「耶和華」）』，如果你們是『信士』的話。」

5:113. 他們說：「我們想吃『筵席（酒和飯菜）』，而內心安靜，並且知道你對我們說的，確是實話，而我們將爲你的『使命』作『見證』。」

5:114. 「麥爾彥（聖母馬利亞）」之子「爾撒（耶穌）」說：「『眞主（上帝「耶和華」）』啊！我們的主啊！求你從天上降『筵席（酒和飯菜）』給我們，以便我們『先輩』和『後輩』都以『降筵之日』爲『節日』，並以『筵席（酒和飯菜）』爲你所降示的『跡象』。求你以『給養（供養）』賞賜我們，你是最善於供給的。」

5:115. 「眞主（上帝『耶和華』）」說：「我必定把『筵席（酒和飯菜）』降給你們。此後，你們中誰『不通道（不信神）』，我要用一種絕不用於懲治全世界任何人的刑罰來懲治誰。」

5:116. 當時，「眞主（上帝『耶和華』）」將說：「『麥爾彥（聖母馬利亞）』之子『爾撒（耶穌）』啊！你曾對衆人說過這句話嗎？『你們當捨「眞主（上帝『耶和華』）」而以我和「我母親」爲「主宰」。』」他說：「我讚頌你超絕萬物，我不會說出我不該說的話。如果我說了，那你一定知道。你知道我心裡的事，我卻不知道你心裡的事。你確是深知一切『幽玄（天機）』的。

● **《古蘭經》第六章 牲畜（艾奈阿姆）**：

6:85. （我曾引導）「宰凱裡雅（葉哈雅（施洗約翰）之父）」、「葉哈雅（施洗約翰）」、「爾撒（耶穌）」和「易勒雅斯（以利雅）」，他們都是「善人」。

●《古蘭經》第十九章　麥爾彥（聖母馬利亞）：

19:16.你應當在這部「經典」裡提及「麥爾彥（聖母馬利亞）」，當日她離開了家屬而到東邊一個地方。

19:17.她用一個「帷幕」遮蔽著，不讓人們看見她。我使「我的精神」到她面前，他就對她顯現成一個「身材勻稱的人」。

19:18.她說：「我的確求庇於至仁主，免遭你的侵犯，如果你是敬畏的。」

19:19.他說：「我只是你的主的『使者（天使）』，我來給你一個純潔的『兒子』。」

19:20.她說：「任何人沒有接觸過我，我又不是『失節的』，我怎麼會有『兒子』呢？」

19:21.他說：「事實是像這樣的，你的主說：這對於我是容易的。我要以他為世人的跡象，為從我發出的恩惠，這是已經判決的事情。」

19:22.她就懷了孕，於是她退避到一個僻遠的地方。

19:23.「啊！但願我以前死了，而且已變成被人遺忘的東西。」

19:24.「你不要憂愁，你的主已在你的下面造化了一條『溪水』。

19:25.你向著你的方向搖撼『椰棗樹』，就有新鮮的、成熟的『椰棗』紛紛落在你的面前。

19:26.你吃吧，你喝吧，你愉快吧！如果你見人來，你可以說：『我確已向「至仁主」發願齋戒』，所以今天我絕不對任何人說話。」

19:27.她抱著「嬰兒」來見她的「族人」，他們說：「『麥爾彥（聖母瑪利亞）』啊！你確已做了一件奇事。

19:28.『哈倫（亞倫）』的『妹妹』啊！你『父親』不是『缺德的』，你『母親』不是『失節的』。」

19:29.她就指一指那個「嬰兒」，他們說：「我們怎能對搖籃裡的『嬰兒』說話呢？」

19:30.那「嬰兒」說：「我確是『眞主（上帝「耶和華」）』的『僕人』，他要把『經典』賞賜我，要使我做『先知』。

19:31.要使我無論在那裡都是有福的，並且囑咐我，只要活著就要謹守『拜功（禮拜）』，完納『天課（宗教賦稅、慈善施捨、財產潔淨）』。

19:32.（他使我）孝敬我的『母親』，他沒有使我做霸道的、薄命的人。

19:33.我在出生日、死亡日、『復活日（末日）』，都享受和平。」

19:34.這是「麥爾彥（聖母瑪利亞）」的兒子「爾撒（耶穌）」，這是你們所爭論的眞理之言。

19:35.「『眞主（上帝「耶和華」）』不會收養『兒子』——讚頌『眞主（上帝「耶和華」）』、超絕萬物——當他判決一件事的時候，他只對那件事說：『有』，它就有了。

19:36.『眞主（上帝「耶和華」）』確是我的主，也確是你們的主，所以你們應當崇拜他。這是正路。」

19:37.但各派之間意見分歧。重大日來臨的時候，悲哀歸於「不通道（信神）」者。

19:38.他們來見我的那日，他們的耳眞聰，他們的眼眞明，但「不義者（不信神的人）」，今天確在明顯的迷誤之中。

19:39.你應當警告他們悔恨之日，當日一切事情已被判決，而他們現在還在疏忽之中。他們不信正道。

19:40. 我必定繼承大地和大地上所有的一切，他們將歸於我。

●《古蘭經》第三十三章　同盟軍（艾哈薩布）：

33:7. 當日，我與「衆先知」訂約，與你和「努哈（挪亞）」、「易卜拉欣（亞伯拉罕）」、「穆薩（摩西）」、「麥爾彥（聖母馬利亞）」之子「爾撒（耶穌）」訂約，我與他們訂莊嚴的盟約。

●《古蘭經》第四十二章　協商（舒拉）：

42:13. 他已爲你們制定「正教」，就是他所命令「努哈（挪亞）」的、他所啟示你的、他命令「易卜拉欣（亞伯拉罕）」、「穆薩（摩西）」和「爾撒（耶穌）」的「宗教」。你們應當謹守「正教」，不要爲「正教」而「分門別戶」。「以物配主（崇拜偶像）」的人們，以爲你所教導他們的事是難堪的。「眞主（上帝『耶和華』）」將他所意欲者招致於「正教」，將歸依他者引導於「眞理」。

●《古蘭經》第四十三章　金飾（助赫魯弗）：

43:57. 當「麥爾彥（聖母瑪利亞）」的「兒子」被舉爲例的時候，你的「宗族」立刻喧嘩，

43:58. 他們說：「我們的『衆神靈』更好呢？還是他更好呢？」他們只是爲強詞奪理而舉他爲例，不然，他們是好辯的民衆。

43:59. 他只是一個「僕人」，我賜他「恩典」，並以他爲「以色列後裔」的示範。

43:60. 假若我意欲，我必捨你們而創造許多「天神（天使）」，在大地上繼承你們。

43:61. 他確是復活時的預兆，你切莫懷疑他，你應當順從我，這是正路。

43:62. 絕不要讓「惡魔」妨礙你們，他確是你們的「明敵」。

43:63. 當「爾撒（耶穌）」帶著許多「明證」來臨的時候，他說：「我確已把『智慧』帶來給你們，以便我爲你們解釋你們所爭論的一部分『律例』。故你們應當敬畏『眞主（上帝「耶和華」）』，應當服從我。

43:64. 『眞主（上帝「耶和華」）』確是我的主，也是你們的主，所以你們應當崇拜他，這是正路。」

●**《古蘭經》第五十七章　鐵（哈迪德）：**

57:27. 在他們之後，我曾繼續派遣我的衆「使者（使徒）」，我又繼續派遣「麥爾彥（聖母馬利亞）」之子「爾撒（耶穌）」，我賞賜他《引支勒（四福音書）》，我使他的「信徒們」心懷仁愛和慈憫。他們自創「出家制」——我未曾以「出家」爲他們的「定制」——他們創設此制，以求「眞主（上帝『耶和華』）」的喜悅；但他們未曾切實的遵守它，故我把「報酬」賞賜他們中的「通道者（信神的人）」。他們中有許多人是悖逆的。

●**《古蘭經》第六十一章　列陣（蒜弗）：**

61:6. 當時，「麥爾彥（聖母馬利亞）」之子「爾撒（耶穌）」曾說：「『以色列的後裔』啊！我確是『眞主（上帝「耶和華」）』派來教化你們的『使者（使徒）』，他派我來證實在我之前的《討拉特（希伯來聖經、塔納赫、舊約聖經）》，並且以在我之後誕生的『使者（使徒）』，名叫『艾哈默德（穆罕默德）』的，向你們報喜。」當他已昭示他們許多

「明證」的時候，他們說：「這是明顯的『魔術』。」

61:14.「通道（信神）」的人們啊！你們應當做協助眞主的人，猶如麥爾彥之子爾撒對他的門徒所說的：「誰是與我共同協助『眞主（上帝「耶和華」）』的？」那些「門徒」說：「我們是協助『眞主（上帝「耶和華」）』的。」「以色列的後裔」中，有一派人已經「通道（信神）」，有一派人並「不通道（不信神）」。我扶助「通道（信神）」的人們對抗他們的敵人，故他們變成優勝的。

●《古蘭經》第六十六章　禁戒（台哈列姆）：

66:12.「眞主（上帝『耶和華』）」又以「儀姆蘭（聖母瑪麗亞的父親）」的女兒「麥爾彥（聖母瑪利亞）」爲「通道（信神）」的人們的模範，她曾保守貞操，但我以「我的精神」吹入她的身內，她信她的主的言辭和《天經（舊約聖經）》，她是一個服從的人。

另外，在《古蘭經》中，稱呼「爾撒（耶穌）」爲「麥西哈（彌賽亞）」。

●《古蘭經》第三章　儀姆蘭的家屬（阿黎儀）：

3:45.當時，「天神（天使）」說：「『麥爾彥（聖母馬利亞）』啊！『眞主（上帝「耶和華」）』的確把從他發出的一句話向你報喜。他的名字是『麥爾彥（聖母馬利亞）』之子『麥西哈·爾撒（受膏者；基督·耶穌）』，在『今世』和『後世』都是有面子的，是『眞主（上帝「耶和華」）』所親近的。」

「麥西哈」一詞源於希伯來語「Mashiah」，音譯「彌賽亞（Messiah），意爲「受膏者」。「猶太人」原用以指稱「履行過用油膏頭儀式的先知或君王」，後因把「民族復興的希望」寄予「彌賽亞」而使之引申爲「救世主」。「猶太人」中的「基督徒」繼承了「彌賽亞思想」，也將「彌賽亞」做爲「耶穌」的稱號，「希臘文」作「Christos」，音譯爲「基督」。

「基督教」主張「耶穌」就是「彌賽亞（救世主）」，因爲「耶穌」的出現，應驗了許多《舊約聖經》中的「預言」；而「猶太教」信徒，則否認「耶穌」是「彌賽亞（救世主）」，並仍然期待他們心中「彌賽亞（救世主）」的來臨；而「穆斯林們」相信「爾撒（耶穌）」只是先知「穆罕默德」之前的一位偉大「先知」，「麥西哈」只是對偉大「先知」的稱頌而已，不是「救世主」。

儘管「伊斯蘭教」與「基督教」，對於「麥西哈（受膏者；基督）」的概念有所不同，「爾撒（耶穌）」在「伊斯蘭教」中，被稱爲「四大先知」之一，而備受尊敬。

《聖訓》記載：「爾撒（耶穌）」將於「世界末日」回到人間，以恢復世間的正義，並打倒「僞先知」。許多「穆斯林」也相信「爾撒（耶穌）」預言了「艾哈默德（穆罕默德）」的到來，同時認爲「艾哈默德（穆罕默德）」是繼「爾撒（耶穌）」之後，復興中斷六百多年的「伊斯蘭」道統的「復興者」，和最後的「使者」。

下面是《古蘭經》裡，提到「麥西哈（受膏者；基督）」的經文。

●第四章　婦女（尼薩儀）：

4:156. 又因爲他們不信「爾撒（耶穌）」，並且對「麥爾彥（聖母馬利亞）」捏造一個重大的「誹謗」。

4:157. 又因爲他們說：「我們確已殺死『麥爾彥（聖母馬利亞）』之子『麥西哈．爾撒（受膏者；基督．耶穌）』，『眞主（上帝「耶和華」）』的『使者（使徒）』。」他們沒有殺死他，也沒有把他釘死在「十字架」上，但他們不明白這件事的眞相。爲「爾撒（耶穌）」而爭論的人，對於他的被殺害，確是在迷惑之中。他們對於這件事，毫無認識，不過根據猜想罷了。他們沒能確實地殺死他。

●《古蘭經》第四章　婦女（尼薩儀）：

4:171. 信奉「天經」的人啊！你們對於自己的「宗教」不要過分，對於「眞主（上帝『耶和華』）」不要說無理的話。麥西哈．爾撒（受膏者；基督．耶穌）」是「麥爾彦（聖母馬利亞）」之子，只是「眞主（上帝『耶和華』）」的「使者（使徒）」，只是他授予「麥爾彦（聖母馬利亞）」的一句話，只是從他發出的「精神」；故你們當確信「眞主（上帝『耶和華』）」和他的「衆使者」，「你們不要說三位」。你們當停止「謬說」，這對於你們是有益的。「眞主（上帝『耶和華』）」是獨一的「主宰」，讚頌「眞主（上帝『耶和華』）」，超絕萬物，「他絕無子嗣」，天地萬物只是他的。「眞主（上帝『耶和華』）」足爲「見證」。

4:172. 「麥西哈（受膏者；基督）」絕不拒絕做「眞主（上帝『耶和華』）」的「奴僕」，蒙主眷顧的衆「天神（天使）」，也絕不拒絕做「眞主（上帝『耶和華』）」的「奴僕」。凡拒絕崇拜「眞主（上帝『耶和華』）」，而且「妄自尊大」的人，他要把他們的全體集合到他那裡。

●《古蘭經》第五章　筵席（馬以代）：

5:17. 妄言「眞主（上帝『耶和華』）」就是「麥爾彦（聖母馬利亞）」之子「麥西哈（受膏者；

基督）」的人，確已「不通道（不信神）」了。你說：「如果「眞主（上帝『耶和華』）」欲毀滅「麥西哈（受膏者；基督）」和他的母親「麥爾彥（聖母馬利亞）」，以及大地上的一切人，那麼，誰能干涉「眞主（上帝『耶和華』）」一絲毫呢？天地萬物的「國權」，只是「眞主（上帝『耶和華』）」的，他創造他所欲創造的。「眞主（上帝『耶和華』）」對於萬事是全能的。

●《古蘭經》第五章　筵席（馬以代）：

5:72. 妄言「眞主（上帝『耶和華』）」就是「麥爾彥（聖母馬利亞）」之子「麥西哈（受膏者；基督）」的人，確已「不通道（不信神）」了。」麥西哈（受膏者；基督）」曾說：「『以色列的後裔』啊！你們當崇拜『眞主（上帝「耶和華」）』——我的主，和你們的主。誰『以物配主（崇拜偶像）』，『眞主（上帝「耶和華」）』必禁止誰入『樂園（天堂）』，他的『歸宿』是『火獄』。『不義（不信神）』的人，絕沒有任何『援助者』。」

5:75. 「麥爾彥（聖母馬利亞）」之子「麥西哈（受膏者；基督）」，只是一個「使者（使徒）」，在他之前，有許多「使者（使徒）」確已逝去了。他「母親」是一個誠實的人。他們倆也是吃飯的。你看我怎樣爲他們闡明一切「跡象」，然後，你看他們是如何悖謬的。

●《古蘭經》第九章　懺悔（討白）：

9:30. 「猶太人」說：「『歐宰爾（先知）』是『眞主（上帝「耶和華」）』的『兒子』。」「基督教徒」說：「『麥西哈（受膏者；基督）』是『眞主（上帝「耶和華」）』的『兒子』。這是他們『信口開河』，仿效從前『不通道者（不信神的人）』的口吻。願『眞主（上帝

「耶和華」）』詛咒他們。他們怎麼如此放蕩呢！」

9:31. 他們捨「眞主（上帝『耶和華』）」而把他們的「博士」、「僧侶」和「麥爾彥（聖母馬利亞）」之子「麥西哈（受膏者；基督）」當做「主宰」。他們所奉的命令只是崇拜「獨一的主宰」，除他之外，絕無應受崇拜的。讚頌「眞主（上帝『耶和華』）」超乎他們所用來配他的！

二十一、否認「三位一體論」

（一）《舊約聖經》裡的「三位一體論」

「三位一體」是「基督教」的教義，認爲上帝「耶和華」只有一個，但是包括「聖父」、「聖子（耶穌基督）」和「聖靈」三個「位格」。三者雖然「位格」有別，但是本質絕無分別，同受尊崇，同享尊榮，同爲永恆。

「三位一體」把《聖經》中所記述的對上帝「耶和華」本性的認識的三個「中心要素」放在一起即：「神創造世界」、「神藉著耶穌基督救助人類」、「神藉著聖靈與基督徒和教會同在」。

「三位一體」的教義，斷定這「三個要素」繫於「同一位神」。它不是說有一位神創造世界，另一位施行救贖，又有第三位與「基督徒」和「教會」同在，而是說「同一位神」在一貫的歷史過程中，做這三件最重要的事情。

「基督教」認爲，《舊約聖經》創世紀中的「三位一體」，包含了三個「位格」。「神」用「我們」，是「複數代名詞」，是暗指「聖父、聖子、聖靈」。

●**《舊約聖經》創世記：**

1:26 神說、「我們」要照著「我們的形像」、按著「我們的樣式」造人、使他們管理海裡的魚、空中的鳥、地上的牲畜、和全地、並地上所爬的一切昆蟲。

●**《舊約聖經》創世記：**

3:22「耶和華」 神說、那人已經與「我們」相似、能知道善惡．現在恐怕他伸手又摘生命樹的果子喫、就永遠活著。

●**《舊約聖經》創世記：**

11:6 「耶和華」說、看哪、他們成為一樣的人民、都是一樣的「言語」、如今既作起這事來、以後他們所要作的事、就沒有不成就的了。

11:7 「我們」下去、在那裡變亂他們的口音、使他們的「言語」、彼此不通。

《以賽亞書》暗示「聖子」說話的同時，參照出「聖父」和「聖靈」。

●**《舊約聖經》以賽亞書：**

48:16 你們要就近我來聽這話．我從起頭並未曾在隱密處說話、自從有這事、我就在那裡．現在「主耶和華」差遣「我」和「他的靈」來。（或作「耶和華和他的靈差遣我來」）

●**《舊約聖經》以賽亞書：**

61:1 「主耶和華的靈」在我身上．因為「耶和華」用「膏」膏我、叫我傳「好信息」給「謙卑的人」、（或作「傳福音給貧窮的人」）差遣我醫好傷心的人、報告被擄的得釋放、被囚的出監牢。

《新約聖經》為「三位一體」的教義，提供了信仰根據，主要見於《馬太福音》的經文，這一個「教義」是經過幾個世紀的爭論，才逐漸形成的。

●《新約聖經》馬太福音：

3:16「耶穌」受了洗、隨卽從水裡上來．天忽然為他開了、他就看見「神的靈」、彷彿「鴿子」降下、落在他身上。

3:17從天上有聲音說、這是我的「愛子」、我所喜悅的。

●《新約聖經》馬太福音：

28:18「耶穌」進前來、對他們說、天上地下所有的權柄、都賜給我了。

28:19所以你們要去、使「萬民」作我的門徒、奉「父、子、聖靈」的名、給他們「施洗」。（或作「給他們施洗歸於父子聖靈的名」）

在「基督教」的「教會」成立初期，《聖經》所記載的歷史，並沒有提到「耶穌」和「使徒」討論「三位一體」的問題。

一直到二、三世紀，「羅馬帝國」著名的神學家「特士良（Tertullian）」開始用「希臘哲學思想」去論證上帝「耶和華」，他首先提出「三位一體」的神學名詞。自此以後，上帝「耶和華」是「三位一體」的討論，便越趨熾熱了。

後來，「君士坦丁大帝」召開了「第一次尼西亞大公會議」，會議通過《尼西亞信經》申明「聖子與聖父同質」，但對「聖靈」講的不多，會議還將「亞流（阿里烏）派」判為「異端」。

但是，「第一次尼西亞大公會議」以後，有關「三位一體」的爭論持續了數十年。直至公元三八

○年二月二十七日，羅馬皇帝「狄奧多西一世」正式宣佈「基督教」爲「羅馬帝國國教」，並在次年公元三八一年的「第一次君士坦丁堡公會議」，將《尼西亞信經》確立爲「國家標準信仰」。至此，「三位一體」的教義被確立，「反對勢力」再次被壓制，但是並沒有消失。

直到今日，「一位論派」和「三位一體論派」還是爭論不休，有些「基督教教派」不支持「三一位論」。

「基督教」是由「猶太教」發展出來的，但是「猶太教」堅信，上帝「耶和華」只有一個「位格」。「猶太教徒」認爲「三位一體論」是「多神崇拜」，不符合《希伯來聖經》。而「伊斯蘭教」也認爲「眞主（上帝『耶和華』）」是獨一的，並不是「三位一體」。

然而，「天主教、東正教、新教」三大「基督宗教主流教派」，堅持認爲信仰「三位一體」的信條，是「正統基督宗教」所必須的。

（二）《古蘭經》否認「三位一體論」

「穆斯林」宣稱「爾撒」就是「耶穌」，但是反對他是「神的化身」或者「聖子」的說法，也反對「基督徒」說的「三位一體」的論點。

「穆斯林」指出「爾撒（耶穌）」就像其他「安拉（上帝『耶和華』）」的「使者」一樣，是一個「凡人」。因爲「安拉（上帝『耶和華』）」的指定，而成爲「使者」，以「神聖的形式」傳播「天啟（福音）」。所有的「穆斯林」都不認爲「爾撒（耶穌）」是「神」，因爲「伊斯蘭教」是嚴格的「獨一神論」，《古蘭經》強調「眞主（上帝『耶和華』）」的神聖獨一性。

《古蘭經》經常提到的另一個「救世主」名詞是「麥西哈（彌賽亞）」，但是這和「基督教」概念的「救世主」不同。因爲，「伊斯蘭」教認爲所有的「先知」，包括「爾撒（耶穌）」，是「終究會死的」，而且沒有與「眞主（上帝『耶和華』）」分享「神性」的資格。

「麥西哈」一詞源於希伯來語「Mashiah」，音譯「彌賽亞（Messiah）」，意爲「受膏者」。「猶太人」原用以指稱「履行過用油膏頭儀式的先知或君王」，後因把「民族復興的希望」寄予「彌賽亞」而使之引申爲「救世主」。

「猶太人」中的「基督徒」繼承了「彌賽亞思想」，也將「彌賽亞」做爲「耶穌」的稱號，「希臘文」作「Christos」，音譯爲「基督」。

《古蘭經》經文還採用「眞主的信使」一詞，作爲對「爾撒（耶穌）」的描述。「爾撒（耶穌）」做爲「眞主（上帝『耶和華』）」正義的「信使」，並否定他做爲「聖父」、「聖子」、「聖靈」，「三位一體」的「神」的一個「位格」。「聖子」這一個概念，認爲這無異是反對「眞主（上帝『耶和華』）」獨一性的特質。

「基督教」「三位一體」的教義，在「伊斯蘭教」中遭到否定。爲「爾撒（耶穌）」賦予「神性」的做法，被解釋爲「人類」對「眞主（上帝『耶和華』）」的啟示的曲解，以及對「眞主（上帝『耶和華』）」尊嚴的冒犯。

「伊斯蘭教」將「爾撒（耶穌）」看作爲一個「凡人」，他是來教誨與拯救人們順從「眞主（上帝『耶和華』）」的旨意和崇拜「眞主（上帝『耶和華』）」。因此，「爾撒（耶穌）」在「伊斯蘭教」中，被認爲是一個「穆斯林」，與所有「伊斯蘭教先知」一樣。

●《古蘭經》第三章　儀姆蘭的家屬（阿黎儀）：

3:45. 當時，「天神（天使）」說：「『麥爾彥（聖母馬利亞）』啊！『眞主（上帝「耶和華」）』的確把從他發出的一句話向你報喜。他的名子是『麥爾彥（聖母馬利亞）』之子『麥西哈·爾撒（受膏者；基督·耶穌）』，在『今世』和『後世』都是有面子的，是『眞主（上帝「耶和華」）』所親近的。」

●《古蘭經》第四章　婦女（尼薩儀）：

4:171. 信奉「天經」的人啊！你們對於自己的「宗教」不要過分，對於「眞主（上帝『耶和華』）」不要說無理的話。麥西哈·爾撒（受膏者；基督·耶穌）」是「麥爾彥（聖母馬利亞）」之子，只是「眞主（上帝『耶和華』）」的「使者（使徒）」，只是他授予「麥爾彥（聖母馬利亞）」的一句話，只是從他發出的「精神」；故你們當確信「眞主（上帝『耶和華』）」和他的「眾使者」，「你們不要說三位」。你們當停止「謬說」，這對於你們是有益的。「眞主（上帝『耶和華』）」是獨一的「主宰」，讚頌「眞主（上帝『耶和華』）」，超絕萬物，「他絕無子嗣」，天地萬物只是他的。「眞主（上帝『耶和華』）」足爲「見證」。

4:172. 「麥西哈（受膏者；基督）」絕不拒絕做「眞主（上帝『耶和華』）」的「奴僕」，蒙主眷顧的眾「天神（天使）」，也絕不拒絕做「眞主（上帝『耶和華』）」的「奴僕」。凡拒絕崇拜「眞主（上帝『耶和華』）」，而且「妄自尊大」的人，他要把他們的全體集合到他那裡。

●《古蘭經》第五章　筵席（馬以代）：

5:17. 妄言「眞主（上帝『耶和華』）」就是「麥爾彥（聖母馬利亞）」之子「麥西哈（受膏者；基督）」的人，確已「不通道（不信神）」了。你說：「如果『眞主（上帝「耶和華」）』欲毀滅『麥西哈（受膏者；基督）』和他的母親『麥爾彥（聖母馬利亞）』，以及大地上的一切人，那麼，誰能干涉『眞主（上帝「耶和華」）』一絲毫呢？」天地萬物的「國權」，只是「眞主（上帝『耶和華』）」的，他創造他所欲創造的。「眞主（上帝『耶和華』）」對於萬事是全能的。

5:18. 「猶太教徒」和「基督教徒」都說：「我們是「眞主（上帝『耶和華』）」的兒子，是他心愛的人。」你說：「他爲什麼要因你們的罪過而懲治你們呢？」其實，你們是他所創造的人。他要赦宥誰，就赦宥誰，要懲罰誰；就懲罰誰。天地萬物的「國權」，只是「眞主（上帝『耶和華』）」的；他是最後的歸宿。

●《古蘭經》第五章　筵席（馬以代）：

5:72. 妄言「眞主（上帝『耶和華』）」就是「麥爾彥（聖母馬利亞）」之子「麥西哈（受膏者；基督）」的人，確已「不通道（不信神）」了。」麥西哈（受膏者；基督）」曾說：「『以色列的後裔』啊！你們當崇拜『眞主（上帝「耶和華」）』——我的主，和你們的主。誰『以物配主（崇拜偶像）』，『眞主（上帝「耶和華」）』必禁止誰入『樂園（天堂）』，他的『歸宿』是『火獄』。『不義（不信神）』的人，絕沒有任何『援助者』。」

5:73. 妄言「眞主（上帝『耶和華』）」確是「三位中的一位」的人，確已「不通道（不信神）」了。除「獨一的主宰」外，絕無應受崇拜的。如果他們不停止妄言，那末，他們中「不通道

（不信神）」的人，必遭痛苦的刑罰。

5:74. 難道他們還不向「眞主（上帝『耶和華』）」悔罪，求得寬恕嗎？「眞主（上帝『耶和華』）」是至赦的，是至慈的。

5:75. 「麥爾彦（聖母馬利亞）」之子「麥西哈（受膏者；基督）」，只是一個「使者（使徒）」，在他之前，有許多「使者（使徒）」確已逝去了。他「母親」是一個誠實的人。他們倆也是吃飯的。你看我怎樣爲他們闡明一切「跡象」，然後，你看他們是如何悖謬的。

● **《古蘭經》第五章　筵席（馬以代）：**

5:109. 「眞主（上帝『耶和華』）」集合衆「使者（使徒）」的日子，將問他們說：「你們所得的答覆是什麼？」他們將說：「我們毫無知識。你確是深知『幽玄（天機）』的。」

5:110. 那時，「眞主（上帝『耶和華』）」將說「麥爾彦（聖母瑪利亞）」之子「爾撒（耶穌）」啊！你當記憶我所賜你和你「母親」的恩典。當時，我曾以「玄靈（聖靈）」扶助你，你在搖籃裡，在壯年時，對人說話。當時，我曾教你「書法」、「智慧」、《討拉特（希伯來聖經、塔納赫、舊約聖經）》和《引支勒（四福音書）》。當時，你奉我的命令，用「泥」捏一隻像「鳥樣」的東西，你「吹氣」在裡面，它就奉「我的命令」而飛動。你曾奉「我的命令」而治療「天然盲」和「大痲瘋」。你又奉「我的命令」而「使死人復活」。當時，我曾阻止「以色列的後裔」傷害你。當時，你曾昭示他們許多「跡象」，他們中「不通道（不信神）」的人說：「這只是明顯的『魔術』。」

5:111. 當時，我啟示衆「門徒」說：「你們當信仰我和我的『使者（使徒）』。」他們說：「我們已信仰了，求你作證我們是歸順的人。」

5:112. 當時，衆「門徒」說：「『麥爾彥（聖母瑪利亞）』之子『爾撒（耶穌）』啊，你的主能從天上降『筵席（酒和飯菜）』給我們嗎？」他說：「你們當敬畏『眞主（上帝「耶和華」）』，如果你們是『信士』的話。」

5:113. 他們說：「我們想吃『筵席（酒和飯菜）』，而內心安靜，並且知道你對我們說的，確是實話，而我們將爲你的使命作『見證』。」

5:114. 「麥爾彥（聖母瑪利亞）」之子「爾撒（耶穌）」說：「『眞主（上帝「耶和華」）』啊！我們的主啊！求你從天上降『筵席（酒和飯菜）』給我們，以便我們『先輩』和『後輩』都以『降筵之日』爲『節日』，並以『筵席（酒和飯菜）』爲你所降示的『跡象』。求你以『給養（供養）』賞賜我們，你是最善於供給的。」

5:115. 「眞主（上帝『耶和華』）」說：「我必定把『筵席（酒和飯菜）』降給你們。此後，你們中誰『不通道（不信神）』，我要用一種絕不用於懲治全世界任何人的刑罰來懲治誰。」

5:116. 當時，「眞主（上帝『耶和華』）」將說：「『麥爾彥（聖母馬利亞）』之子『爾撒（耶穌）』啊！你曾對衆人說過這句話嗎？你們當捨『眞主（上帝「耶和華」）』而以我和『我母親』爲『主宰』。」他說：「我讚頌你超絕萬物，我不會說出我不該說的話。如果我說了，那你一定知道。你知道我心裡的事，我卻不知道你心裡的事。你確是深知一切『幽玄（天機）』的。」

●《古蘭經》第九章　懺悔（討白）：

9:30.「猶太人」說：「『歐宰爾（先知）』是『眞主（上帝「耶和華」）』的『兒子』。」「基督教徒」說：「『麥西哈（受膏者；基督）』是『眞主（上帝「耶和華」）』的『兒子』」。這是他們「信口開河」，仿效從前「不通道者（不信神的人）」的口吻。願「眞主（上帝『耶和華』）」詛咒他們。他們怎麼如此放蕩呢！

9:31.他們捨「眞主（上帝『耶和華』）」而把他們的「博士」、「僧侶」和「麥爾彥（聖母馬利亞）」之子「麥西哈（受膏者；基督）」當做「主宰」。他們所奉的命令只是崇拜「獨一的主宰」，除他之外，絕無應受崇拜的。讚頌「眞主（上帝『耶和華』）」超乎他們所用來配他的！

9:32.他們妄想用自己的口吹滅「眞主（上帝『耶和華』）」的光明，但「眞主（上帝『耶和華』）」只願發揚自己的光明，即使「不通道（不信神）者」不願意。

9:33.他曾以「正道」和「眞教」的「使命」委託他的「使者（使徒）」，以便他使「眞教」勝過一切「宗教」，即使「以物配主（崇拜偶像）」者不願意。

●《古蘭經》第二十三章　信士（慕米農）：

23:91.「眞主（上帝『耶和華』）」沒有「收養任何兒子」，也沒有「任何神靈」與他同等；否則每個「神靈」必獨占他所創造者，他們也必優勝劣敗。讚頌「眞主（上帝『耶和華』）」，超乎他們的描敘。

二十二、「穆罕默德」傳奇的一生

(一)「穆罕默德」的簡介

「穆罕默德(公元五七〇年到六三二年)」,是「伊斯蘭教」的「先知」和「創始人」,同時也是一位政治家、軍事家和社會改革者。他成功的統一「阿拉伯半島」的各部落,並且一致共同信仰「伊斯蘭教」。

除了「阿赫邁底亞」的「穆斯林」以外,都認爲他是「眞主(上帝『耶和華』)」派遣到人類的「使者(使徒)」和「先知」,中國的「穆斯林」普遍稱他爲「穆聖」。

「阿赫邁底亞」是一個發源於英屬「印度」的「伊斯蘭教運動」,由「米爾扎・古拉姆・艾哈邁德」於公元一八八七年,在「印度」的「旁遮普」創立。

「米爾扎・古拉姆・艾哈邁德」自認爲篤信「伊斯蘭教」,卻自稱是「爾撒(耶穌)」轉世,是「眞主(上帝『耶和華』)」任命的「穆斯林新先知」,他也是「審判日」的「判官」「馬赫迪(導師)」。

「馬赫迪」,意爲「導師」,是一位「末世論」的「彌賽亞」人物。「馬赫迪」的概念在《古蘭經》裡,沒有清晰的體現,但是「穆罕默德」在《聖訓》中多次提及。根據「伊斯蘭經典」,「爾撒(耶穌)」會在「最後審判日」之前,再次降臨人世,以「穆斯林」的身分與「馬赫迪」並肩作戰,並建立「安拉(上帝『耶和華』)」的神聖王國。

由於「米爾扎・古拉姆・艾哈邁德」,不承認「穆罕默德」是最後一位「先知」,因此被大多數「伊斯蘭教」的「教徒」認定是「異端」。

(二)「穆罕默德」的生平

「穆罕默德」出生在今「沙烏地阿拉伯」的「麥加」的「古萊什族」的「哈希姆家族」，爲當時「麥加」的「望族」。因此，「穆罕默德」的幼年環境，相當的富裕。

「穆罕默德」的「父親」，在「穆罕默德」出世之前，就不幸隨「商隊」病死沙漠。「穆罕默德」的母親「阿米娜」，在「穆罕默德」六歲那年因病去世，而身爲「古萊什家族領袖」的祖父「阿布杜．穆塔里布」，擁有掌管「麥加克爾白祭祀」和「召集古萊氏部落議事會議」等權力，也在「穆罕默德」八歲那年去世。因此，「穆罕默德」是隨他的叔父「阿布．塔里布」照料至長大。

根據「伊斯蘭傳統」，「嬰孩」在出生不久後，就會被送往「貝都因人」所居住的沙漠當中，因爲他們相信，能夠在沙漠中生存的孩子是健康的。因此，「穆罕默德」就在他的養母「哈利瑪」家中度過兩年。

「穆罕默德」的祖父過世後，並未留給兒子「阿布．塔里布」太多的財產，因此「阿布．塔里布」必須從商，但是並不順遂。「穆罕默德」在他的祖父過世之後，爲了不要加重叔父「阿布．塔里布」的負擔，就開始替人放牧，並從十二歲起，就隨「叔父」外出經商，曾到過「敍利亞」、「巴勒斯坦」等地。

「穆罕默德」並不識字，但是後來成爲「商人」，往返「印度洋」與「地中海」貿易。在他隨「叔父」從商的日子中，接觸到了「基督教」與「猶太教」，這成爲了「穆罕默德」創立「伊斯蘭教」的契機。

「穆罕默德」爲人誠實謙虛，辦事公道，樂善好施，贏得人們的讚譽和信任。他耿直的個性，促使他在從商的路上，被譽爲「艾敏（忠實可靠者）」。

（三）「穆罕默德」與富孀「赫蒂徹」的婚姻

大約在公元五九五年，「穆罕默德」二十五歲的時候，受僱於「赫蒂徹」，她是「麥加」「諾法勒族」的富孀，當時四十歲。「穆罕默德」爲她經辦商務，並帶領「商隊」到「敍利亞」一帶經商。「穆罕默德」的才能，獲得「赫蒂徹」的好感，她問「穆罕默德」是否願意娶她爲妻。公元五九六年，「穆罕默德」和「赫蒂徹」結婚。從此，「穆罕默德」的生活走向富裕、安定，社會威望日益提高，爲傳教事業奠定了基礎。

這個婚姻是「穆罕默德」一生的重要轉折點，按照當時「長子繼承制」的規定，非「長子」無法獲得任何遺產。因此，「穆罕默德」沒有從他父親那裡，獲得任何遺產。但是，這個婚姻爲他帶來了很大的財富。

「穆罕默德」和「赫蒂徹」共育有三個男孩及四個女孩，分別是：大女兒「扎伊納布」、二女兒「露卡依亞（第三任『哈里發』『奧斯曼』的妻子）」、三女兒「烏姆庫勒蘇姆」及四女兒「法蒂瑪（第四任『哈里發』『阿里』的妻子）」。

「穆罕默德」的「兒子們」先後夭折，他的血脈只有從他的四女兒「法蒂瑪」一脈繼承。「穆罕默德」的妻子「赫蒂徹」和叔叔「阿布．塔里布」，都逝世於公元六一九年。後來，「穆罕默德」與來自「埃及」「科普特」的妻子「瑪利亞」生有一子「易卜拉欣」，卻夭折。他後來再娶的妻子，都沒有生孩子。

（四）「伊斯蘭」的開端

「穆罕默德」到了中年的時候，時常喜歡在「麥加」的「希拉山洞」裡徹夜沉思，潛修「冥想」。

公元六一〇年，在「萊麥丹月（伊斯蘭教曆九月）」的一個夜晚，當時四十歲的「穆罕默德」在潛修「冥想」時，大天使「吉卜利勒（加百列）」顯現，帶來「眞主（上帝『耶和華』）」的第一個「啟示」傳達給他，要他向世人「傳警告」和「報喜訊」，教導人們信奉「伊斯蘭教」，並且宣稱「眞主（上帝『耶和華』）」揀選了「穆罕默德」爲「眞主（上帝『耶和華』）」的最後一位「先知」和「使者（使徒）」，不識字的「穆罕默德」就在大天使「吉卜利勒（加百列）」的帶領下，將《古蘭經》讀誦出來。

在遭遇「神蹟」之後的「穆罕默德」，顯得相當惶恐，於是他回家將他所遇到的「神蹟」，告訴他的妻子「赫蒂徹」。「赫蒂徹」相信「穆罕默德」遇見的是「神的使者」，而不是「邪靈」。

當時，「赫蒂徹」的「基督僧侶」堂兄「瓦拉格・本・瑙法爾」，也相信「穆罕默德」是「爾撒（耶穌）」所預言的「先知」。

於是，「穆罕默德」接受「眞主（上帝『耶和華』）」賦予的「使命」，開始傳播「伊斯蘭教」。「穆罕默德」的傳教活動，歷時二十三年。

（五）「穆罕默德」開始傳道

公元六一三年，「穆罕默德」開始了他漫長的「傳教歲月」，雖然他的妻子「赫蒂徹」相信他並且皈依「伊斯蘭教」。但是，整個「古萊什族」聽了他的話後，大多譏笑他，認爲他瘋了。但是，也有一些人成爲他的「追隨者」。

「穆罕默德」強調「認主獨一」，反對「多神崇拜」。強調凡是「穆斯林」，不分貧富貴賤，皆爲「兄弟」，應該停止「部落氏族」之間的相互爭鬥和仇殺。提出限制高利貸、賑濟貧困者、善待孤兒和優待、釋放奴隸等主張。

「穆斯林」是「阿拉伯語」，直譯爲「順服眞主（上帝「耶和華」）者」，又可翻譯爲「伊斯蘭教徒、伊斯蘭信徒、回教徒」，是對所有相信「伊斯蘭教」教義之人的總稱，他們將《古蘭經》奉爲自己人生的最高指導經典。

當「穆斯林」越來越多時，「麥加」的「權貴們」，認爲「伊斯蘭教」的「一神信仰」威脅到了自己的統治和牟利。因爲，當時「麥加」的「克爾白天房」內，有三百六十個「偶像」，大多數的「阿拉伯人」都崇拜這些「偶像」，「麥加的貴族」可以藉此謀取大額財富。

相傳「克爾白天房」是第一個人類「阿丹（亞當）」所興建的，並且由「易卜拉欣（亞伯拉罕）」和「易司馬儀（以實瑪利）」父子共同修建的。

「伊斯蘭傳統」認爲，「克爾白」是「天堂」的建築，是「天神（天使）」崇拜「眞主（上帝『耶和華』）」之處，而人間的「克爾白天房」，是位在「天堂」建築的「克爾白」的下方。

「克爾白天房」是「伊斯蘭教」最神聖的「聖地」，所有「信徒」在地球上的任何地方，都必須面對它的方向祈禱，「伊斯蘭教」「五功」裡的「朝覲」，也就是到「麥加」去朝拜「克爾白天房」。

因爲，越來越多信仰「一神」的「伊斯蘭教」信徒「穆斯林」，不再崇拜這三百六十個「偶像」，嚴重傷害到「麥加權貴們」的利益。所以，對於身爲守護「克爾白天房」的「古萊什族」的「麥加權貴們」而言，「穆罕默德」的傳教活動，令他們感到反感。

於是，「麥加權貴們」就企圖說服「穆罕默德」停止傳教，並且以金錢和名利誘惑他，希望「穆罕默德」放棄他的信仰，解散他的「穆斯林」信徒。這些都被「穆罕默德」嚴詞拒絕。

最後，「麥加權貴們」要求「穆罕默德」的叔叔「阿布·塔里布」，將「穆罕默德」交給他們處死，但是被「阿布·塔里布」拒絕。後來，甚至有「多神教徒」試圖刺殺「穆罕默德」。

（六）「穆罕默德」和「穆斯林」受到迫害

因爲，「穆罕默德」的叔叔「阿布·塔里布」是有影響力的人士，所以「麥加權貴們」無法傷害「穆罕默德」。「麥加權貴們」就轉向「穆斯林」下手，開始殘酷迫害入教的「穆斯林」，「穆斯林」一再受到「人身攻擊」和「財產掠奪」。「麥加權貴們」的迫害，促使許多「穆斯林」因而死亡，但是沒有一個人背叛或反悔。

「穆罕默德」在「麥加」宣教的四年中，信仰「伊斯蘭」的大部分人民，都是貧窮沒有社會地位的人，他們無力反對壓迫，只能默默忍受著殘酷的迫害。

公元六一四年，「穆斯林」被迫害的情況，越來越嚴重，「穆罕默德」聽聞「阿比西尼亞（即今日的「埃塞俄比亞」或稱「衣索比亞」）」有個以「公正善良」聞名的「基督徒」國王「納賈什」，因而勸告一部分的「穆斯林」逃去那裡避難，「納賈什國王」將會很好的接待他們，當時大約八十多位「追隨者」逃亡到這個「基督教國家」。

（七）「穆罕默德」的「夜行登霄」

「夜行登霄」又稱爲「登霄節」，指《古蘭經》中記載的先知「穆罕默德」顯現的一次「神蹟」。

公元六二一年七月二十七日的夜晚，「眞主（上帝『耶和華』）」命令大天使「吉卜利勒（加百列）」帶著神獸「布拉克」，到「麥加」迎接先知「穆罕默德」。「布拉克」是「阿拉伯語」，是一種「馬形神獸」，傳說中來自天上，專供「先知」騎乘。

「穆罕默德」就在大天使「吉卜利勒（加百列）」的陪伴下，乘坐神獸「布拉克」，瞬間就到了「耶路撒冷」的「遠寺」，這就是「夜行」。

按照一些《聖訓》的說法，「穆罕默德」登上「登霄石」，從「耶路撒冷」的「阿克薩清眞寺」登上「七重天」。「穆罕默德」登上「第六層天」時，見到了「穆薩（摩西）」，「穆薩（摩西）」讓「穆罕默德」向「眞主（上帝『耶和華』）」禮一拜，而他禮了三拜，因此現在「穆斯林」把這「三拜」稱作「副天命」。

「穆罕默德」遨遊到「第七層天」時，見到了「天堂」和「火獄」等，旅程的最後，透過「眞主（上帝『耶和華』）」的光芒，受「眞主（上帝『耶和華』）」指示說，今後所有「穆斯林」每天必須「禮拜五十次」。

「穆罕默德」返回到「第六層天」重新遇見「穆薩（摩西）」時，「穆薩（摩西）」提醒「穆罕默德」，「五十拜」遠遠超過了「穆斯林」的承受能力。「穆罕默德」於是連續九次求「眞主（上帝『耶和華』）」減少「禮拜次數」，直至減到「一日五拜」。黎明時分，「穆罕默德」重返「麥加」，這就是「登霄」。

根據這個說法，「耶路撒冷」成爲「穆斯林」繼「麥加」和「麥地那」之後的「第三聖城」，而「登霄節」也成爲「伊斯蘭教」的紀念日。

(八)「穆罕默德」遷往「麥地那」

公元六二二年，「穆罕默德」和他的「追隨者」受到的迫害越來越大，「穆罕默德」嘗試到附近的城市，距離「麥加」東南方一百公里處的「塔伊夫」宣傳「伊斯蘭」，然而，他被當地人毆打、用石擊、被用荊棘和棍棒抽打。

當「麥加權貴們」決定刺殺「穆罕默德」時，「穆罕默德」的「追隨者」建議他遷往離「麥加」三百二十公里遠的「麥地那」，從此「希吉拉」代表了「伊斯蘭曆」的開始。

「希吉拉」是「阿拉伯語」，舊譯「徙志」，又譯作「希吉來、黑嗤拉、黑吉拉」，原意爲「出走、離開」，後來變爲公元六二二，「伊斯蘭教」先知「穆罕默德」帶領「信衆」離開「麥加」，遷移到「麥地那」這個事件的簡稱。由於這是「伊斯蘭教」歷史上非常重要的事件，後世將公元六二二，定爲「伊斯蘭曆」的元年，因此「伊斯蘭曆」又被稱爲「希吉拉曆」或「希吉來曆」。

公元六二二年至六二三年間，「穆罕默德」和來自「麥加」的「追隨者」和「麥地那」附近的「部落」，簽定了一項「和平友好協議」，建立了一個「聯盟」。這個文件簽署後，「麥地那」和它的郊區成爲了一個「聯盟」，「麥地那」是其首都，「穆罕默德」是其領袖。

爲了擴大這個和平和安全的區域，「穆罕默德」與他的國家周圍的部落簽署類似的條約，最爲著名的是與「猶太人」簽署了和平協議，即《麥地那憲章》。

在「麥地那」時期，「穆罕默德」進行了一系列「宗教改革」和「社會改革」，建立以「麥地那」爲中心的第一個政教合一的「伊斯蘭教國家政權」。

「穆罕默德」創建了「伊斯蘭教教義」和「教制體系」，確立了以信奉獨一的「安拉（上帝『耶和華』）」爲核心的「信仰綱領」，規定了「穆斯林」必須履行的「五項天命功課」，稱爲「五功」，「五功」是指信仰「伊斯蘭教」的所需遵守的五項基本原則「念、拜（禮）、齋、課、朝」，卽「念證、禮拜、齋戒、天課和朝覲」。

「穆罕默德」根據「麥地那」國家政治、經濟、軍事發展的需要，作出了有關民事、刑事、商事、軍事等方面的法律規定。

在「婚姻家庭制度」上，確立了男女雙方自願選擇的原則；禁止血親和近親結婚，限制男子的「休妻權」；允許「寡婦」守限期滿可以改嫁。

在「財產繼承制度」上，改革了以前僅「父系男性」有繼承權的傳統習慣，使「婦女」也享有「財產繼承權」。

在「商事活動」中，規定「禁止利息」反對「高利貸盤剝」，並規定了一系列「商事交易」的「準則」和「道德規範」。

另外，「穆罕默德」制定了「刑事犯罪的刑律」，確立了以「止惡揚善」及順從、忍耐、誠實、公正爲核心的「行爲規範」和「社會道德準則」。

（九）「白德爾」之戰

針對「穆罕默德」的遷徙，在「麥加」的「古萊氏族」與「其他氏族」成立了一個「聯盟」，來迫害「麥地那」和「麥加」的「穆斯林」，他們威脅說每個回家鄉的「穆斯林」都將被處死。

一些從「麥加」逃出來的「穆斯林」，因爲「麥加多神教徒」奪走了他們的家鄉和所有的財產，不得不開始襲擊「麥加多神教徒」前往「敘利亞」的「商隊」。此時，「穆罕默德」根據「啟示」，將「朝拜的方向」從「古都斯（耶路撒冷）」改爲「麥加」，「麥地那」的「猶太人」表示不滿。

公元六二四年三月，「穆罕默德」帶領三百人，襲擊一支「麥加」的「商隊」，這支「商隊」最後逃脫，但是「麥加」決定出動一支大約八百人的軍隊。公元六二四年三月十五日，兩支軍隊相遇，雖然「穆斯林軍隊」的人數不到「麥加軍隊」的一半，「穆斯林軍隊」卻打敗了「麥加軍隊」，「麥加軍隊」死亡四十五人，包括他們的「指揮官」，七十名「麥加人」被俘，而「穆斯林軍隊」損失十四人，這就是「白德爾之戰」。

到了公元六二七年，「穆罕默德」已經統一了「麥地那」，沙漠裡的「貝都因人」過去與「穆斯林」有過一些衝突，這時也已經與「穆罕默德」聯盟，接受了他的宗教。

（十）「穆罕默德」攻克「麥加」

「穆罕默德」首先對「麥加」施加經濟壓力，主要的目的是希望「麥加人」能夠主動皈依「伊斯蘭教」。

公元六二八年三月，「穆罕默德」帶領一千六百名「追隨者」，和平的進入「麥加」，試圖進行「朝覲」。然而「麥加人」將他們阻擋在國境邊上。在數日之後，「穆罕默德」與「麥加當局」簽訂了《侯德比耶和約》，希望雙方停止戰鬥，而「穆斯林」被允許於次年進入「麥加」。過了一段時日，這個條約仍舊僅屬徒具形式。

公元六二九年十一月，「麥加」的「古來氏族」違反「停戰協定」，攻擊了「穆罕默德」的一個

「盟友」，「穆罕默德」宣布條約失效。「穆罕默德」於公元六三〇年一月，帶領一萬人向「麥加」出發，但是雙方還沒有打起來，「麥加」的首領們就宣布投降。「穆罕默德」宣佈特赦「麥加人」，並特別贈送禮物給「統治階層」。

雖然「穆罕默德」沒有要求「麥加人」皈依「伊斯蘭教」，但還是有許多人主動入教。最後，「麥加」「克爾白」裡的「偶像」和「儀式壁畫」全部都被淸除一空。

「穆罕默德」宣佈「麥加」是「伊斯蘭教」最神聖的地方，讓該地成爲「穆斯林」朝覲的中心，這是「伊斯蘭教」的「五功」之一。

（十一）「穆罕默德」征服並統一「阿拉伯」

在征服「麥加」之後，在「阿拉伯半島」上的「伊斯蘭教」勢力日漸鞏固，居民更主動接受「伊斯蘭教」，而「麥加權貴們」在宗教上的優越地位，也得以保持。

隨後，「阿拉伯半島」遠近的各個部落，紛紛遣派「使者」，往「麥地那」表示歸順，少數「對抗者」遭到鎭壓。自此，「阿拉伯半島」上的各部落民衆，開始以「伊斯蘭教」爲核心建立一個統一的「阿拉伯穆斯林國家」。

儘管如此，「穆罕默德」也在傳播「伊斯蘭教」到其他國家時，也遇到挫折。例如在公元六二九年，因爲來自「葉門」部落的後裔，所建立的「阿拉伯王國」，稱爲「伽珊尼德王國」信仰「基督教」。「穆罕默德」派「使者」去說服「伽珊尼德王國」的國王，結果「伽珊尼德王國」的國王拒絕接受「伊斯蘭教」，而且殺了「穆罕默德」的「使者」。

「穆罕默德」一怒之下，下令攻打「伽珊尼德王國」，「伽珊尼德王國」的國王，向宗主國「東羅馬帝國」求助。「東羅馬帝國」出兵援助「伽珊尼德王國」，兩軍於「穆塔（今約旦西部）」激戰，結果「穆罕默德」的軍隊戰敗。

隔年，「穆罕默德」親自帶人攻下了臨近「敘利亞」的幾個「猶太人信徒」和「基督教信徒」的「綠洲定居點」。

「穆罕默德」回到「麥地那」來調停當地兩個部落之間的爭執，他依照「伊斯蘭教」的原則，建立福利設施、收取稅收（天課）將它們分給很可憐的貧困老弱、簽署了衆多的「和平協議」、修建了許多「清眞寺」，建立了一個所有宗教族群和平相處的寬容環境。

（十二）「穆罕默德」的「告別朝覲」

公元六三二年，在遷移到「麥地那」之後的第十年，「穆罕默德」完成了他的第一個眞正的「伊斯蘭朝聖」，領導他的「追隨者」做「大朝聖」，被譽爲「告別朝覲」。

「穆罕默德」完成「朝聖」後，在「阿拉法特山」發表了著名的演講，被稱爲「告別講道」。「穆罕默德」勸「信衆」並不一定要遵循「古阿拉伯習俗」，他宣稱，「阿拉伯人」不優越於「非阿拉伯人」。

（十三）「穆罕默德」的逝世

在「告別朝覲」幾個月後，「穆罕默德」便開始持續好幾天的高燒，最終在公元六三二年六月七日，病逝在他的妻子「阿伊莎」的家中，享年六十三歲。「穆罕默德」逝世後，根據他的遺囑，安葬於「麥地那」的「先知清眞寺」內。「穆罕默德」的「言行錄」，被稱爲《聖訓》，成爲「穆斯林」信仰、行教、立法和社會生活的準則。

下面是《古蘭經》裡，提到「穆罕默德」的經文。

●《古蘭經》第三章　**儀姆蘭的家屬（阿黎儀）**：

3:144.「穆罕默德」只是一個「使者（使徒）」，在他之前，有許多「使者（使徒）」，確已逝去了；如果他病故或陣亡，難道你們就要叛道嗎？叛道的人，絕不能傷損「眞主（上帝『耶和華』）」一絲毫。「眞主（上帝『耶和華』）」將報酬感謝的人。

●《古蘭經》第七章　**高處（艾耳拉弗）**：

7:157. 他們順從「使者（使徒）」——「不識字的先知（穆罕默德）」，他們在自己所有的《討拉特（希伯來聖經、塔納赫、舊約聖經）》和《引支勒（四福音書）》中發現關於他的記載。他命令他們行善，禁止他們作惡，准許他們吃佳美的食物，禁戒他們吃汙穢的食物，卸脫他們的重擔，解除他們的桎梏，故凡信仰他，尊重他，援助他，而且遵循與他一起降臨的光明的人，都是成功者。

7:158. 你說：「衆人啊！我確是『眞主（上帝「耶和華」）』的使者，他派我來教化你們全體；天地的主權只是『眞主（上帝「耶和華」）』的，除他之外，絕無應受崇拜的。他能使死者生，能使生者死，故你們應當信仰『眞主（上帝「耶和華」）』和他的『使者（使徒）』，那個『使者（使徒）』是信仰『眞主（上帝「耶和華」）』及其言辭的，但『不識字的先知（穆罕默德）』——你們應當順從他，以便你們遵循『正道』。」

●《古蘭經》第三十三章　**同盟軍（艾哈薩布）**：

33:40.「穆罕默德」不是你們中任何男人的「父親」，而是「眞主（上帝『耶和華』）」的「使者（使徒）」，和「衆先知」的「封印」。「眞主（上帝『耶和華』）」是全知萬物的。

●《古蘭經》第四十七章　穆罕默德：

奉至仁至慈的眞主（上帝「耶和華」）之名

47:1. 「不通道（不信神）」而且妨礙「主道」的人們，「眞主（上帝『耶和華』）」將使他們的「善功」無效。

47:2. 「通道（信神）」而「行善」，且信仰降示「穆罕默德」的《天經（舊約聖經）》者——那部《天經（舊約聖經）》是從他們的主降示的「眞理」——「眞主（上帝『耶和華』）」將赦宥他們的罪惡，改善他們的狀況。

47:3. 那是由於「不通道（信神）」的人們遵守虛僞，而「通道（信神）」的人們遵守從他們的主降示的「眞理」。「眞主（上帝『耶和華』）」如此爲衆人設許多「譬喻」。

47:4. 你們在戰場上遇到「不通道（不信神）」者的時候，應當斬殺他們，你們既戰勝他們，就應當俘虜他們；以後或釋放他們，或准許他們贖身，直到戰爭放下他的重擔。事情就是這樣的，假若「眞主（上帝『耶和華』）」意欲，他必懲治他們；但他命你們抗戰，以便他以你們互相考驗。爲「主道」而陣亡者，「眞主（上帝『耶和華』）」絕不枉費他們的「善功」，

47:5. 他要引導他們，並改善他們的狀況，

47:6. 且使他們入「樂園（天堂）」——他已爲他們說明那「樂園（天堂）」了。

●《古蘭經》第四十八章　勝利（費特哈）：

29.「穆罕默德」是「眞主（上帝『耶和華』）」的「使者（使徒）」，在他左右的人，對「外道」是莊嚴的，對「教胞」是慈祥的。你看他們鞠躬叩頭，要求「眞主（上帝『耶和華』）」的恩惠和喜悅，他們的「標記」就在他們的臉上，那是叩頭的效果。那是他們在《討拉特（希伯來聖經、塔納赫、舊約聖經）》中的「譬喻」。他們在《引支勒（四福音書）》中的「譬喻」，是他們像一棵「莊稼」，發出「枝條」，而他助它長大，而那「枝條」漸漸茁壯，終於固定在「苗本」上，使「農夫」欣賞。他將他們造成那樣，以便他借他們激怒「外道」。「眞主（上帝『耶和華』）」應許他們這等「通道（信神）」而且「行善者」，將蒙赦宥和重大的報酬。

●《古蘭經》第六十二章　聚禮（主麻）：

2.他在「文盲」中派遣一個同族的「使者（使徒）」，去對他們宣讀他的「跡象」，並培養他們，教授他們《天經（舊約聖經）》和智慧，儘管以前他們確是在明顯的迷誤中；

3.並教化還沒有趕上他們的其他人。「眞主（上帝『耶和華』）」是萬能的，是至睿的。

4.這是眞主（上帝「耶和華」）的恩典，他把它賞賜他所欲賞賜的人們，眞主（上帝「耶和華」）是有宏恩的。

5.奉命遵守《討拉特（希伯來聖經、塔納赫、舊約聖經）》而不遵守者，譬如馱經的驢子。否認眞主（上帝「耶和華」）的「跡象」的民衆的「譬喻」，眞惡劣！「眞主（上帝『耶和華』）」是不引導「不義（不信神）」的民衆的。

二十三、「伊斯蘭」是什麼？

「伊斯蘭」的名稱來自於《古蘭經》，源自於「閃語」字根「S-L-M」，意爲「接納、追隨、服從（眞主的律法）」；「穆斯林（伊斯蘭教信徒）」的名字，也來自這個字根，意爲「追隨者」、「和平與善的實踐者」。簡述「伊斯蘭」的意思是：「接納、追隨和服從眞主的命令或意志」。

「伊斯蘭教」是以《古蘭經》爲基礎，《聖訓》爲輔助的「一神教」宗教，在中國歷史上稱爲「回教」，是世界三大宗教（基督教、伊斯蘭教、佛教）之一。

「穆斯林」相信《古蘭經》是造物主「安拉（上帝『耶和華』）」命令「天神（天使）」給予最後一位使者「穆罕默德」逐字逐句的「啟示」，而《聖訓》是「穆罕默德」的「言行錄」。

「穆斯林」信仰獨一，而且無與倫比的造物主「安拉（上帝『耶和華』）」，並且相信人生的意義和目的是追隨、服從和取悅造物主「安拉（上帝『耶和華』）」，並且慈愛所有「眞主（上帝『耶和華』）」的創造物。

「伊斯蘭教」教導「穆斯林」，「安拉（上帝『耶和華』）」在人類歷史裡，都有派遣衆多的「先知」來帶領並教導「人類」，歷代各個時期、民族都有，其中包括「易卜拉欣（亞伯拉罕）」、「穆薩（摩西）」、「爾撒（耶穌）」等，而「穆罕默德」是最後一位「先知」，《古蘭經》有記載他的事蹟。

「伊斯蘭教」的「教義色彩」較其他「宗教」更明顯，而且強調「信仰」與「堅持戒律」的價值觀。「伊斯蘭」的基本修行包括「五功」，是爲「念、拜、齋、課、朝」，「五功」是「穆斯林」需要奉行的五個「基本義務」。「伊斯蘭教」還擁有自己的一套「宗教法律」，該法律涵蓋生活上的食、衣、住、行，以及社會的每一個層面，由飲食、金融到戰事以及福利等各方面。

「伊斯蘭教」的核心信條爲：除了「安拉（上帝『耶和華』）」之外，絕無應受崇拜的「其他神明」，「穆罕默德」是「安拉（上帝『耶和華』）」的「最後一位使者」。

具體而言，「伊斯蘭教」有「六大信仰」：

⑴信安拉：要相信除了「安拉（上帝『耶和華』）」之外，別無「神靈」，「安拉（上帝『耶和華』）」是宇宙間至高無上的主宰。

⑵信使者：《古蘭經》中曾提到了許多位使者，最後一位是「穆罕默德」，他也是最偉大的「先知」，是「至聖的使者」，負有傳布「安拉之道」的重大使命，信「安拉（上帝『耶和華』）」的人應服從他的「使者」。

⑶信天神：認爲「天神（天使）」是「安拉（上帝『耶和華』）」用「光」創造的無形妙體，受「安拉（上帝『耶和華』）」的差遣管理「天國」和「地獄」，並向人間傳達「安拉（上帝『耶和華』）」的旨意，記錄人間的功過。

⑷信經典：認爲《古蘭經》是「安拉（上帝『耶和華』）」啟示的一部《天經》，教徒必須信仰和遵奉，不得詆毀和篡改。伊斯蘭教也承認《古蘭經》之前「安拉（上帝『耶和華』）」曾降示的經典，如《舊約聖經》），但是《古蘭經》降世之後，信徒卽應依《古蘭經》而行事。

⑸信「末日審判」和「死後復活」：認爲在「今世」和「後世」之間有一個「世界末日」，在「世界末日」來臨之際，「現世界」要毀滅，「安拉（上帝『耶和華』）」將做「末日審判」，屆時，所有的死人都要「復活」接受「審判」，「罪人」將下「火獄」，而「義人（信

神的人）」將升入「天堂」。

⑹信「前定」：根據《聖訓》把信「前定」列入六大信仰之一，「前定」是「伊斯蘭教」的「教義學」概念，是阿拉伯語「蓋德爾」一詞的意譯。卽一切「自然現象」和「社會現象」，大到「天體宇宙、日月星辰」，小到「山川河流、草木花卉」，其「運行規律」和「基本法則」都在「眞主（上帝『耶和華』）」的掌控之中，都是「眞主（上帝『耶和華』）」事前預定的，人類只能遵守，不能更改。「伊斯蘭教」認爲世間的一切都是由「眞主（上帝『耶和華』）」預先安排好的，任何人都不能變更，唯有順從和忍耐才符合眞主的意願。

「穆罕默德」逝世後，「伊斯蘭帝國」持續擴張，促使「哈里發國」的誕生，傳教活動也吸引更多人改信「伊斯蘭教」。早期「哈里發」的宗教政策、「穆斯林」的經濟及商貿開拓以及後來「鄂圖曼帝國」的擴張，都使「伊斯蘭」從「麥加」向「大西洋」及「太平洋」的方向擴散，形成「穆斯林世界」。

所謂「哈里發」，爲「哈里發國（哈里發統治之地）」與「烏瑪（所有跨國界的穆斯林共同體）」的統治者，是「伊斯蘭教」的「宗教」及「世俗」的最高統治者的稱號。

「哈里發」意爲「繼承者」，指「穆罕默德的繼承者」。在「穆罕默德」死後，他的弟子以「安拉使者的繼承者」爲名號，繼續領導「伊斯蘭教」，隨後被簡化爲「哈里發」，共有「四大哈里發」，爲「巴克爾」、「歐瑪爾」、「奧斯曼」和「阿里」。

「哈里發」本爲「阿拉伯帝國」最高統治者的稱號，相當於一般所說的「皇帝」，但同時兼有統治所有「遜尼派穆斯林」的「精神領袖」的意味，故又可以同時起了類似「天主教」的「教宗」的作用。

在「阿拉伯帝國」鼎盛時期，「哈里發」擁有最高權威，管理著龐大的「伊斯蘭帝國」。「阿拉伯帝國」滅亡之後，「哈里發」的頭銜，僅爲「穆斯林領袖」的頭銜，一直保存下來。這種做爲「傀儡君主」的「哈里發」，當時被「埃及」「開羅」的「馬木留克王朝」所控制。

公元一五一七年，「蘇丹」的「鄂圖曼帝國」的「塞利姆一世」征服了「埃及」，當時擔任「哈里發」的「穆塔瓦基勒三世」也被俘。「塞利姆一世」宣布自己繼承「哈里發」的職位。之後，「哈里發」的稱號，便由「蘇丹」的「鄂圖曼帝國」世襲。

公元一九二四年，「哈里發制度」被「土耳其」總統「凱末爾」廢除，末任「哈里發」「阿卜杜勒·邁吉德二世」被剝奪「哈里發」頭銜，並且被放逐到海外。

「土耳其」廢除「哈里發」之後，在公元一九一六年至一九二四年間，「哈希姆家族」於今日「沙烏地阿拉伯」的「紅海」沿岸地區，建立「漢志王國」。「漢志王國」的國王「海珊·本·阿里」宣布自己爲「哈里發」。

公元二〇一四年六月二十九日，恐怖組織「伊斯蘭國」的領袖「阿布·貝克爾·巴格達迪」自立爲「哈里發」，但是未受到大部分「穆斯林」的承認。公元二〇一九年十月二十六日，「巴格達迪」被「美軍」擊斃。

所謂「哈里發國（意爲「繼承」）」，是由最高宗教和政治領袖「哈里發」領導的「伊斯蘭國」，歷史上存在的「穆斯林帝國」通常都被稱爲「哈里發國」。「哈里發國」是代表全部虔誠「穆斯林社區（烏瑪）」的主權國家，根據「伊斯蘭教法」由「哈里發」統治。

第一個「哈里發國」的正統「哈里發」，由「穆罕默德」的「直接追隨者」和「家族」領導，以延續他所建立的宗教體制。

「哈里發國」是「遜尼派」的核心領導概念，這是在「伊斯蘭」早期由「穆斯林」多數所建立的共識。「遜尼派」規定，做爲「國家元首」，「哈里發」應當由「穆斯林」選舉產生。

而「什葉派」則認爲，「哈里發」應該是「伊瑪目（領袖）」，由「眞主（上帝『耶和華』）」從「默罕默德」家族中揀選。

自「四大哈里發」之後，直到公元六六一年之間，「哈里發國」由不同的「王朝」統治，第一個是「倭馬亞王朝」，接下來的幾個「王朝」，有時各自自命正統，最後的「哈里發王朝」爲「鄂圖曼帝國」。

所謂「烏瑪」本意爲「民族」，引申爲「社群」。意思是「所有跨國界的穆斯林，共同擁有。」，而不是西方人「民族國家」概念的「同一個民族」。公元六二二年九月二十四日聖遷後，「穆罕默德」以「麥地那」做爲根據地，號召「穆斯林」爲「伊斯蘭」而奮鬥，「烏瑪」概念爲「伊斯蘭教」的發展和建立統一的民族國家，奠定了基礎。

今日，多數的「穆斯林」屬於兩大「伊斯蘭教派」，即「遜尼派」，大約占有百分之八十，及「什葉派」，大約占有百分之二十。

「伊斯蘭教」是「中東、中亞、東南亞」及「非洲」大部分的主流宗教。在「法國、德國、中國西北地區、俄羅斯西南部」及「加勒比地區」都可找到龐大的「穆斯林社群」。

「穆斯林」最多的國家是「印尼」，這裡居住著全球「穆斯林」總數的百分之十五。「南亞」、

「中東」及「撒哈拉沙漠」以南「非洲」的穆斯林，分別占全球總數的百分之二十五、二十及十五。

皈依「伊斯蘭教」的「穆斯林」，幾乎可在世界的每個角落都可以找到。截至公元二〇二〇年，全球約有十九億的「穆斯林」，大約占百分之二十五的世界人口。在信徒人數上，「伊斯蘭教」是世界第二大宗教，被認爲是世界上增長得最快的宗教。

下面是《古蘭經》裡，提到「伊斯蘭」的經文。

●《古蘭經》第三章　儀姆蘭的家屬（阿黎儀）：

3:19.「眞主（上帝『耶和華』）」所喜悅的「宗教」，確是「伊斯蘭教」。曾受《天經（舊約聖經）》的人，除在「知識」降臨他們之後，由於互相嫉妒外，對於「伊斯蘭教」也沒有異議。誰不信「眞主（上帝『耶和華』）」的「跡象」，「眞主（上帝『耶和華』）」不久就要懲治誰，因爲「眞主（上帝『耶和華』）」確是清算神速的。

●《古蘭經》第五章　筵席（馬以代）：

5:3. 禁止你們吃自「死物、血液、豬肉」、以及誦非「眞主（上帝『耶和華』）」之名而宰殺的、勒死的、捶死的、跌死的、觝死的、野獸吃剩的「動物」，但宰後才死的，仍然可吃；禁止你們吃在「神石」上宰殺的；禁止你們「求籤」，那是罪惡。今天，「不通道（不信神）」的人，對於（消滅）你們的「宗教」已經絕望了，故你們不要畏懼他們，你們當畏懼我。今天，我已爲你們成全你們的「宗教」，我已完成我所賜你們的「恩典」，我已選擇「伊斯蘭」做你們的「宗教」。凡爲「饑荒」所迫，而無意犯罪的，（雖吃「禁物」，毫無罪過），因爲「眞主（上帝『耶和華』）」確是至赦的，確是至慈的。

●**《古蘭經》第六章　牲畜（艾奈阿姆）：**

6:125.「眞主（上帝『耶和華』）」欲使誰遵循正道，就使誰的心胸爲「伊斯蘭」而敞開；「眞主（上帝『耶和華』）」欲使誰誤入迷途，就使誰的心胸狹隘，（要他「通道（信神）」），難如登天。「眞主（上帝『耶和華』）」這樣以刑罰加於「不通道（不信神）」的人。

●**《古蘭經》第九章　懺悔（討白）：**

9:74. 他們以「眞主（上帝『耶和華』）」盟誓，說他們沒說什麼，其實，他們確已說過「不通道（不信神）」的話，而且他們在表示信奉「伊斯蘭教」之後，又不信了，他們確已圖謀不軌，但未得逞。他們非難，只因「眞主（上帝『耶和華』）」及其使者以其「恩惠」使他們富足。如果他們悔過，那對他們是更有益的；如果他們背棄，「眞主（上帝『耶和華』）」就要在「今世」和「後世」使他們遭受痛苦的刑罰，他們在大地上沒有任何「保護者」，也沒有任何「援助者」。

●**《古蘭經》第三十九章　隊伍（助邁爾）：**

39:22.「眞主（上帝『耶和華』）」爲「伊斯蘭」而開拓其胸襟，故能接受主的光明者，難道跟胸襟狹隘的人一樣嗎？悲哉爲記憶「眞主（上帝『耶和華』）」而心硬者，這等人是在明顯的迷誤中的。

●**《古蘭經》第四十九章　寢室（侯主拉特）：**

49:17. 他們以自己信奉「伊斯蘭」，示惠於你，你說：「你們不要以你們的信奉『伊斯蘭』示惠於我；不然，『眞主（上帝「耶和華」）』以引導你們於正信示惠於你們，如果你們是說實話的。」

●《古蘭經》第六十一章　列陣（蒜弗）：

61:7. 別人勸他入「伊斯蘭」，他卻假借「眞主（上帝『耶和華』）」的名義而造謠；這樣的人，誰比他還「不義（不信神）」呢？「眞主（上帝『耶和華』）」不引導「不義（不信神）」的民衆的。

二十四、「伊斯蘭教」的「眞主」

「眞主（上帝『耶和華』）」是「伊斯蘭教」所信仰的「創造宇宙萬物」的「獨一主宰」的名稱，「安拉（上帝『耶和華』）」是「阿拉伯語」的音譯，「中國的穆斯林」用「漢語」譯稱爲「眞主（上帝『耶和華』）」。

「伊斯蘭教」認爲，「眞主（上帝『耶和華』）」是全世界「穆斯林」崇拜的「唯一主宰」，是「創造宇宙萬物」並且「養育全世界」的主。曾派遣衆多「先知」，向「人類」傳達「眞理」，並主持「復生日」對「靈魂」的清算。

「安拉（上帝『耶和華』）」在「閃族語」中，是「主宰」的意思，是古代「閃米特人」，包括希伯來人、阿拉伯人、腓尼基人和亞述人，對「造物主」的尊稱，實際上並非「神的名字」，如同英文的「God」。

「安拉（上帝『耶和華』）」一詞，早在阿拉伯半島「伊斯蘭化」之前，就已經被不同宗教的

「阿拉伯人」使用。在「穆斯林」中，包括「阿拉伯穆斯林」和「非阿拉伯穆斯林」，以及「阿拉伯基督徒」也將「安拉」用做對「眞主（上帝『耶和華』）」的稱呼，但是這個「安拉」，等同於《舊約聖經》裡的上帝「耶和華」。

「阿拉伯人」在接受「伊斯蘭教」之前，就使用「安拉（上帝『耶和華』）」一詞來稱呼至高獨一的主宰。但是，那時候的「阿拉伯人」在崇拜「眞主（上帝『耶和華』）」的同時，也在崇拜其他的「神明的偶像」，稱爲「配主」。「配主」是「對事物主體的配合」，意爲爲「眞主（上帝『耶和華』）」樹立了名目不同的「神明的偶像」，並加以崇拜。

「伊斯蘭教」興起時，「穆罕默德」根據「啟示」宣布：你們應當崇拜的是唯一受崇拜的「眞主（上帝『耶和華』）」，除了祂之外，絕無應受崇拜的「偶像」。「眞主」是天地萬物的創造者，祂「自有自在」，無始無終，永存不滅，無形無相，至仁至慈，全知全能，超絕萬物，獨一無偶，既無匹配，又無對手，也無子嗣，既不生物，也非物所生，任何物都不與他相似，同時又威嚴無比，善惡必報，清算神速。

「穆罕默德」否定了當時人們除了「眞主（上帝『耶和華』）」之外，所崇拜的所有「神像」和「聖物」的「神性」，摒棄衆多繁雜無用的「虛無神靈」，獨尊「眞主」爲天地間唯一的最高主宰。並且宣布：假若天地間有許多「主宰」，那麼，天地必定破壞了。故相信「眞主（上帝『耶和華』）」的唯一，是「伊斯蘭教」信仰的核心和基礎。

所以，尊崇「眞主（上帝『耶和華』）」獨一無偶，是「伊斯蘭教」信仰的核心。絕對順服「眞主」的意志，是「伊斯蘭教」的基本要求。這種堅定的「一神信仰」，正是「伊斯蘭教」的主要精神力量所在。

下面是《古蘭經》裡，提到「眞主（上帝『耶和華』）」的經文。

●《古蘭經》第一章　開端（法諦海哈）：

1:1. 奉至仁至慈的「眞主（上帝『耶和華』）」之名。

1:2. 一切讚頌全歸「眞主（上帝『耶和華』）」，衆世界的主。

1:3. 至仁至慈的主。

1:4. 報應日的主。

1:5. 我們只崇拜你，只求你襄助。

1:6. 求你引領我們正路。

1:7. 你所襄助者的路，不是受譴怒者的路，也不是迷誤者的路。

●《古蘭經》第二章　黃牛（巴格勒）：

2:62. 「信道者（信神的人）」、「猶太教徒」、「基督教徒」、「拜星教徒」，凡信「眞主（上帝『耶和華』）」和「末日」，並且「行善」的，將來在主那裡必得享受自己的報酬，他們將來沒有恐懼，也不憂愁。

2:83. 當時，我與「以色列的後裔」締約，說：「你們應當只崇拜『眞主』，並當孝敬父母，和睦親戚，憐恤孤兒，賑濟貧民，對人說善言，謹守『拜功（禮拜）』，完納『天課（宗教賦稅、慈善施捨、財產潔淨）』。」然後，你們除少數人外，都違背約言，你們是常常爽約的。

2:143. 我這樣以你們爲中正的民族，以便你們作證世人，而使者作證你們。我以你原來所對的方向爲朝向，只爲辨別誰是順從「使者（使徒）」的，誰是背叛的。這確是壹件難事，但在「眞主（上帝『耶和華』）」所引導的人，卻不難。「眞主（上帝『耶和華』）」不致使你們的信仰徒勞無酬。「眞主（上帝『耶和華』）」對於世人，確是「至愛」的，確是「至慈的」。

2:165. 有些人，在「眞主（上帝『耶和華』）」之外，別有崇拜，當做「眞主（上帝『耶和華』）」的匹敵；他們敬愛那些匹敵，象敬愛眞主壹樣——信道的人們，對於敬愛眞主，尤爲懇摯——當「不義（不信神）」的人，看見刑罰的時候，假若他們知道一切權力都是「眞主（上帝『耶和華』）」的，「眞主（上帝『耶和華』）」是刑罰嚴厲的……。

●**《古蘭經》第三章　儀姆蘭的家屬（阿黎儀）**：

奉至仁至慈的「眞主（上帝『耶和華』）」之名

3:1. 艾列弗，倆目，米目。

3:2. 「眞主（上帝『耶和華』）」，除他外，絕無應受崇拜的；他是永生不滅的，是維護萬物的。

3:3. 他降示你這部包含眞理的經典，以證實以前的一切《天經（舊約聖經）》；他曾降示《討拉特（希伯來聖經、塔納赫、舊約聖經）》和《引支勒（四福音書）》

3:4. 於此經之前，以作世人的嚮導；又降示證據。不信「眞主（上帝『耶和華』）」的「跡象」的人，必定要受嚴厲的刑罰。「眞主（上帝『耶和華』）」是萬能的，是懲惡的。

3:5. 「眞主（上帝『耶和華』）」確是天地間任何物所不能瞞的。

3:6. 你們在「子宮」裡的時候，他隨意地以形狀賦於你們。除他外，絕無應受崇拜的；他確是萬能的，確是至睿的。

3:7. 他降示你這部經典，其中有許多明確的節文，是全經的基本；還有別的許多隱微的節文。心存邪念的人，遵從隱微的節文，企圖淆惑人心，探求經義的究竟。只有「眞主（上帝『耶和華』）」和學問文精通的人才知道經義的究竟。他們說：「我們已確信它，明確的和隱微的，都是從我們的主那裡降示的。惟有理智的人，才會覺悟。」

● **《古蘭經》第四章　婦女（尼薩儀）**：

4:48. 「眞主（上帝『耶和華』）」必不赦宥「以物配主（崇拜偶像）」的罪惡，他爲自己所意欲的人而赦宥比這差一等的罪過。誰「以物配主（崇拜偶像）」，誰已犯大罪了。

4:116. 「眞主（上帝『耶和華』）」必不赦宥「以物配主（崇拜偶像）」的罪惡，他爲自己所意欲的人赦宥比這差一等的罪過，誰「以物配主（崇拜偶像）」，誰已深陷迷誤了。

4:117. 除「眞主（上帝『耶和華』）」外，他們只祈禱「女神」，只祈禱無善的「惡魔」。

● **《古蘭經》第九章　懺悔（討白）**：

9:17. 「以物配主（崇拜偶像）」者，在供認迷信情況下，不宜管理「眞主（上帝『耶和華』）」的「清眞寺」，這等人的「善功」已無效果，他們將來要永居「火獄」之中。

9:18. 只有篤信「眞主（上帝『耶和華』）」和「末日」，並謹守「拜功（禮拜）」，完納「天課（宗教賦稅、慈善施捨、財產潔淨）」，並畏懼「眞主（上帝『耶和華』）」者，才配管理

「眞主（上帝『耶和華』）」的「清眞寺」；這等人或許是遵循正道的。

二十五、「伊斯蘭教」的「天使」

《舊約聖經》裡的「天使」，在《古蘭經》裡稱爲「天神」，「阿拉伯語」爲「馬拉克」，意思是「使者」。「天神（天使）」是「眞主（上帝『耶和華』）」用「光」創造的「聖靈」，用以服務、崇拜「安拉（上帝『耶和華』）」和嚴格執行「眞主（上帝『耶和華』）」的命令。

《古蘭經》裡是這樣描述「天神（天使）」的屬性和樣貌：

● **《古蘭經》第二章　黃牛（巴格勒）：**

2:32. 他們（「天神（天使）」）說：「贊你超絕，除了你所教授我們的知識外，我們毫無知識，你確是全知的，確是至睿的。」

● **《古蘭經》第三十五章　創造者（法頹爾）：**

奉至仁至慈的眞主之名

35:1. 一切讚頌，全歸「眞主（上帝『耶和華』）」——天地的「創造者」！他使每個「天神（天使）」具有兩翼，或三翼，或四翼。他在創造中增加他所欲增加的。「眞主（上帝『耶和華』）」對於萬事確是全能的。

根據《古蘭經》所說，「天神（天使）」沒有「自由意志」，有別於人類，他們是完完全全追隨、服從「眞主（上帝『耶和華』）」的所有命令。「天神（天使）」的職責包括轉達「眞主（上帝『耶和華』）」的「啟示」、讚美「眞主（上帝『耶和華』）」、記下每個人的行爲，以及在人們去世時，取去他們的「魂魄」等等。

「天神（天使）」是完全服從「眞主（上帝『耶和華』）」的，他們不知道「眞主（上帝『耶和華』）」所知道的。他們數目繁多，被創造是爲執行「眞主（上帝『耶和華』）」的命令，守護、報喜或警告或傳達啟示，有守護在每個人左右，記錄善惡行爲的「天神（天使）」，有固守「地獄」的「天神（天使）」，有在「墓地」提問亡人的「天神（天使）」等等。

●《古蘭經》第七十七章　天使（姆爾賽拉特）：

奉至仁至慈的「眞主（上帝『耶和華』）」之名

77:1. 誓以奉派傳達佳音。

77:2. 遂猛烈吹動者。

77:3. 誓以傳播各物。

77:4. 而使之分散。

77:5. 乃傳授教訓者。

77:6. 誓以示原諒或警告者。

77:7. 警告你們的事，是必定發生的。

「穆斯林」相信「天神（天使）」的「本體」是不能被肉眼所看見，「穆罕默德」等先知，都是通過接觸「人形化」的「天神（天使）」那裡獲得「天啟」。他們不相信「天上的事物」能夠用「形像」來表示。

「易卜劣斯（撒但）」是「伊斯蘭教」中的「魔鬼」，最初是被「眞主（上帝『耶和華』）」

以「火」創造而成的「精靈（鬼）」，它在叛逆「眞主（上帝『耶和華』）」後被降格而成爲「魔鬼」。

「伊斯蘭教」從不承認「基督教」和「猶太教」中，說「易卜劣斯（撒但）」是「墮落天使」的這種說法。「伊斯蘭教」認爲「天神（天使）」是「眞主（上帝『耶和華』）」用「光」創造的，而「易卜劣斯（撒但）」是用「火」創造而成的「精靈（鬼）」，不是「天神（天使）」。

當「眞主（上帝『耶和華』）」用「泥土」創造了「阿丹（亞當）」，賦予他智慧，使他熟悉各種事物的名稱，並號召衆「天神（天使）」向他致敬時，而身爲「精靈」的「易卜劣斯（撒但）」卻拒絕承認「眞主（上帝『耶和華』）」給予「阿丹（亞當）」的地位，並自認爲被「眞主（上帝『耶和華』）」用「火」創造的自己，要比用「土」創造的「阿丹（亞當）」更優秀。

於是，「眞主（上帝『耶和華』）」放逐了「易卜劣斯（撒但）」。被逐之後的「易卜劣斯（撒但）」及其「追隨者（魔鬼）」照樣傲慢地無視「阿丹（亞當）」的後代，時刻尋找引誘「人類」犯罪的機會。

● **《古蘭經》第二章　黃牛（巴格勒）：**

2:34. 當時，我對衆「天神（天使）」說：「你們向『阿丹（亞當）』叩頭吧！」他們就叩頭，惟有「易卜劣斯（撒但）」不肯，他自大，他原是「不信道（不信神）」的。

● **《古蘭經》第七章　高處（艾耳拉弗）：**

7:11. 我確已創造你們，然後使你們成形，然後對衆「天神（天使）」說：「你們向『阿丹（亞當）』叩頭。」他們就向他叩頭，唯獨「易卜劣斯（撒但）」沒有叩頭。

7:12. 主說：「當我命令你叩頭的時候，你爲什麼不叩頭呢？」他說：「我比他優越，你用『火』造我，用『泥』造他。」

7:13. 主說：「你從這裡下去吧！你不該在這裡自大。你出去吧！你確是卑賤的！」

7:14. 他說：「求你寬待我，直到人類『復活之日（末日）』。」

7:15. 主說：「你必定是被寬待的。」

7:16. 他說：「由於你使我迷誤，我必定在你的正路上伺候他們。

7:17. 你不致於發現他們大半是感謝的。」

7:18. 主說：「你被貶責地，被棄絕地從這裡出去吧！他們中凡是順從你的，我必以你和他們一起充滿『火獄』。」

●《古蘭經》第十五章　石穀（希只爾）：

15:27. 以前，我曾用「烈火」創造了「精靈（鬼）」。

15:28. 當時，你的主曾對「天神（天使）」們說：「我必定要用『黑色的黏土』塑造『人像』而創造『人』。

15:29. 當我把它塑成，而且把『我的精神』吹入他的『塑像』的時候，你們應當對他俯伏叩頭。」

15:30. 隨後，「天神（天使）」們一同叩頭。

15:31. 唯獨「易卜劣斯（撒但）」不肯叩頭。

15:32. 主說：「『易卜劣斯（撒但）』啊！你怎麼不叩頭呢？」

15:33.他說：「你用『黑色黏土』塑成『人像』而創造的『人』，我不該向他叩頭。」
15:34.主說：「你從這裡出去吧。因爲你確是被放逐的。
15:35.你必遭詛咒，直到報應日。」
15:36.他說：「我的主啊！求你對我緩刑，直到人類『復活之日（末日）』。」
15:37.主說：「你確是被緩刑。」
15:39.他說：「我的主啊！你已判定我是迷誤的，所以我誓必在大地上以罪惡誘惑他們，我必定要使他們一同迷誤。
15:40.除非他們中『你所選拔的僕人』。」

●《古蘭經》第十八章　山洞（凱海府）：

18:50.當時我對衆「天神（天使）」說：「你們應當向『阿丹（亞當）』叩頭。」他們都叩了頭，但「易卜劣斯（撒但）」除外。他本是「精靈（鬼）」，所以違背他的主的命令。他和他的子孫，是你們的仇敵，你們卻舍我而以他們爲保護者嗎？不義者的倒行逆施眞惡劣！

●《古蘭經》第三十八章　薩德：

38:71.當時，你的主曾對衆「天神（天使）」說：「我必定要用『泥土』創造一個『人』。
38:72.當我把他造出來，並將『我的精神』吹入他的體內的時候，你們當爲他而倒身叩頭。」
38:73.衆「天神（天使）」全體一同叩頭，
38:74.惟「易卜劣斯（撒但）」自大，他原是「不通道者（不信神的人）」。

38:75. 主說：「『易卜劣斯（撒但）』啊！你怎麼不肯對我親手造的『人』叩頭呢？你自大呢？還是你本是高尚的呢？」

38:76. 他說：「我比他高貴；你用『火』造我，用『泥』造他。」

38:77. 主說：「你從『樂園（天堂）』中出去吧！你確是被放逐的。

38:78. 你必遭我的棄絕，直到『報應日』。」

38:79. 他說：「我的主啊！求你寬待我到人類『復活之日（末日）』。」

38:80. 主說：「你必定被寬待。

38:81. 直到『復活（末日）』時來臨之日。」

38:82. 他說：「以你的尊榮發誓，我必將他們全體加以誘惑，

38:83. 惟不誘惑你的『純潔的僕人』。」

在《古蘭經》裡，提到兩位犯罪的「天神（天使）」「哈魯特」和「馬魯特」。這個典故，來自於「猶太教」傳統的「穆斯林傳說」，發展成《古蘭經》的情節。

「哈魯特」和「馬魯特」兩位「天神（天使）」，他們在天上譴責凡間的罪惡行爲，但是面對凡間的美女，又不能自拔，犯了罪過。後來，他們被剝奪了翅膀，喪失了返回「天堂」的能力，被關在「巴比倫」的「地底黑獄」裡，遭受痛苦的折磨。傳說，由於他們教會了人們「魔術」，他們的名字在「穆斯林」眼中，就成了「魔法」和「巫術」的象徵。

● 《古蘭經》第二章　黃牛（巴格勒）：

2:102. 他們遵隨衆「惡魔」對於「素萊曼（所羅門）」的「國權」所宣讀的誣蔑言論——「素萊

曼（所羅門）」沒有叛道，衆「惡魔」卻叛道了——他們教人「魔術」，並將「巴比倫」的兩個「天神（天使）」「哈魯特」和「馬魯特」所得的「魔術」教人。他們倆在教授任何人之前，必說：「我們只是試驗，故你不可叛道。」他們就從他們倆學了可以離間夫妻的魔術，但不得「眞主（上帝『耶和華』）」的許可，他們絕不能用「魔術」傷害任何人。他們學了對自己有害而無益的東西。他們確已知道誰購取「魔術」，誰在「後世」絕無福分。他們只以此出賣自己，這代價眞惡劣！假若他們知道，（必不肯學）。

在「伊斯蘭教」中，沒有像「基督教神學家」制定的「天使等級」的制度，大多數「伊斯蘭學者」認爲，這並不是一個重要的話題，因爲它並未在《古蘭經》中被提及。但是，有一點很清楚，是有一定的「等級制度」來區分他們的職責，和神賦予他們的使命。

大天使「吉卜利勒（加百列）」是「伊斯蘭教」中地位最崇高的「大天使」，其專職使命是負責傳達「眞主（上帝『耶和華』）」的訊息。還有一位大天使「米卡勒（米迦勒）」，協助大天使「吉卜利勒（加百列）」辦事。

其他的「天神（天使）」有「負責觀察宇宙萬物」、「負責吹響末日號角」、「死亡天使」、「守護天使」、「審訊天使」、「天堂天使」和「地獄天使」。

下面是《古蘭經》裡，提到「天神（天使）」的經文。

● **《古蘭經》第二章　黃牛（巴格勒）：**

2:98. 凡仇視「眞主（上帝『耶和華』）」、衆「天神（天使）」、衆「使者（使徒）」，以及「吉卜利勒（加百列）」和「米卡勒（米迦勒）」的，須知「眞主（上帝『耶和華』）」是仇視「不信道（不信神）」的人們的。

2:161. 終身「不信道（不信神）」、臨死還「不信道（不信神）」的人，必受「眞主（上帝『耶和華』）」的棄絕，必受「天神（天使）」和「人類全體」的詛咒。

2:177. 你們把自己的臉轉向「東方」和「西方」，都不是「正義」。「正義」是信「眞主（上帝『耶和華』）」，信末日，信「天神（天使）」，信《天經（舊約聖經）》，信「先知」，並將所愛的財產施濟親戚、孤兒、貧民、旅客、乞丐和贖取奴隸，並謹守「拜功（禮拜）」，完納「天課（宗教賦稅、慈善施捨、財產潔淨）」，履行約言，忍受窮困、患難和戰爭。這等人，確是忠貞的；這等人，確是敬畏的。

2:210. 他們只等待「眞主（上帝『耶和華』）」在「雲蔭」中與衆「天神（天使）」同齊降臨，事情將被判決。一切事情，只歸「眞主（上帝『耶和華』）」安排。

2:248. 他們的「先知」對他們說：「他的『國權』的『跡象』，是『約櫃』降臨你們，『約櫃』裡有從主降下的寧靜，與『穆薩（摩西）』的『門徒』和『哈倫（亞倫）』的『門徒』的遺物，衆『天神（天使）』載負著它。對於你們，此中確有壹種『跡象』，如果你們是『信士』。」

2:285. 「使者（使徒）」確信主所降示他的「經典」，「信士」們也確信那部「經典」，他們人人都確信「眞主（上帝『耶和華』）」和他的衆「天神（天使）」，一切「經典」和衆「使者（使徒）」。（他們說）：「我們對於他的任何『使者（使徒）』，都不加以歧視。」他們說：「我們聽從了，我們懇求你赦宥；我們的主啊！你是最後的歸宿。」

●**《古蘭經》第三章 儀姆蘭的家屬（阿黎儀）**：

3:18.「眞主（上帝『耶和華』）」秉公作證：除他外，絕無應受崇拜的；衆「天神（天使）」和「一般學者」，也這樣作證：除他外，絕無應受崇拜的，他是萬能的，是至睿的。

3:39. 正當「宰凱裡雅〔葉哈雅（施洗約翰）之父〕」站在「內殿」祈禱的時候，「天神（天使）」喊叫他說：「『眞主（上帝「耶和華」）』以『葉哈雅（施洗約翰）』向你報喜，他要證實從『眞主（上帝「耶和華」）』發出的一句話，要長成尊貴的、克己的人，要變成一個善良的先知。」

3:40. 他說：「我的主啊！我確已老邁了，我的妻子是不會生育的，我怎麼會有兒子呢？」天神說：「『眞主（上帝「耶和華」）』如此爲所欲爲。」

3:41.「宰凱裡雅〔葉哈雅（施洗約翰）之父〕」說：「我的主啊！求你爲我預定一種『跡象』。」「天神（天使）」說：「你的『跡象』是你三日不說話，只做手勢。你當多多的紀念你的主，你當朝夕贊他超絕。」

3:42. 當時，「天神（天使）」說：「『麥爾彥（聖母馬利亞）』啊！『眞主（上帝「耶和華」）』確已揀選你，使你純潔，使你超越全世界的『婦女』。

3:43.『麥爾彥（聖母馬利亞）』啊！你當順服你的主，你當叩頭，你當與鞠躬的人一同鞠躬。」

3:44. 這是關於「幽玄（天機）」的消息，我把它「啓示」你；當他們用「拈鬮法」決定誰撫養「麥爾彥（聖母馬利亞）」的時候，你沒有在場，他們爭論的時候，你也沒有在場。

3:45. 當時，「天神（天使）」說：「『麥爾彥（聖母馬利亞）』啊！『眞主（上帝「耶和華」）』的確把從他發出的一句話向你報喜。他的名子是『麥爾彥（聖母馬利亞）』之子『麥西哈．爾撒（耶穌）』，在『今世』和『後世』都是有面子的，是『眞主（上帝「耶和華」）』所親近的。

3:46. 他在搖籃裡在壯年時都要對人說話，他將來是一個善人。」

3:47. 她說：「我的主啊！任何人都沒有和我接觸過，我怎麼會有『兒子』呢？」「天神（天使）」說：「『眞主（上帝「耶和華」）』要如此創造他的意欲的人。當他判決一件事情的時候，他只對那件事情說聲『有』，它就有了。」

3:124. 當時，你對「信士」們說：「你們的主降下『天神（天使）』三千來援助你們，還不夠嗎？

3:125. 不然，如果你們堅忍，並且敬畏，而敵人立刻來攻你們，那末，你們的主，將使襲擊的『天神（天使）』五千來援助你們。」

●《古蘭經》第六章　牲畜（艾奈阿姆）：

6:8. 他們說：「爲什麼沒有一個『天神（天使）』降臨他呢？」假若我降下一個「天神（天使）」，那末，他們的毀滅，必成定案，而他們不蒙寬待了。

6:9. 假若我降下一個「天神（天使）」，我必使他變成一個「人樣」，我必使他們陷於自己所作的蒙蔽之中。

6:10. 在你之前，有許多「使者（使徒）」，確已被人嘲笑，但嘲笑者所嘲笑的（刑罰），已降臨他們了。

6:61. 他是宰製眾僕的，他派遣許多「天神（天使）」來保護你們。待死亡降臨你們中的任何人的時候，我的「眾天使」，將使他死亡，他們毫不疏忽。

●《古蘭經》第八章　戰利品（安法勒）：

8:50. 眾「天神（天使）」將鞭撻「不通道者（不信神的人）」的臉部和脊背，而使他們死去，（並且說）：「你們嘗試『烈火的刑罰』吧！」當時，假若你看見他們的情狀，……。

●《古蘭經》第十三章　雷霆（賴爾得）：

13:11. 每個人的「前面」和「後面」，都有許多接踵而來的「天神（天使）」，他們奉「眞主（上帝『耶和華』）」的命令來監護他。「眞主（上帝『耶和華』）」必定不變更任何民眾的情況，直到他們變更自己的情況。當「眞主（上帝『耶和華』）」欲降「災害」於任何「民眾」的時候，那「災害」是不可抗拒的。除「眞主（上帝『耶和華』）」外，他們絕無「保佑者」。

13:12. 他是以「電光」昭示你們，以引起你們的「恐懼」和「希望」，並興起「密雲」。

13:13. 「雷霆」在讚頌「眞主（上帝『耶和華』）」超絕萬物，眾「天神（天使）」因爲畏懼他而讚頌他。他發出「霹靂」以擊殺他所「意欲者」。他們爲主而爭論，而他是有強大謀略的。

13:23. 他們的「祖先」、「妻子」和「後裔」中的「善良者」，都將進入「樂園（天堂）」。眾「天神（天使）」從每道門進去見他們，

13:24. （說）：「祝你們平安！這是你們因堅忍而得的報酬，『後世的善果』眞優美。」

● 《古蘭經》第三十五章　創造者（法頡爾）：

35:1. 一切讚頌，全歸「眞主（上帝『耶和華』）」——天地的「創造者」！他使每個「天神（天使）」具有「兩翼」，或「三翼」，或「四翼」。他在創造中增加他所欲增加的。「眞主（上帝『耶和華』）」對於萬事確是全能的。

● 《古蘭經》第三十八章　薩德：

38:69. 當「上界」的衆「天神（天使）」爭論的時候，我不知道他們的情形。

38:70. 我只奉到「啟示」說我是一個坦率的「警告者」。

38:71. 當時，你的主曾對衆「天神（天使）」說：「我必定要用『泥土』創造一個『人』。

38:72. 當我把他造出來，並將『我的精神』吹入他的體內的時候，你們當爲他而倒身叩頭。」

38:73. 衆「天神（天使）」全體一同叩頭。

● 《古蘭經》第三十九章　隊伍（助邁爾）：

39:71. 「不通道者（不信神的人）」，將一隊一隊地被趕入「火獄」，迨他們來到「火獄」前面的時候，「獄門」開了，管獄的「天神（天使）」要對他們說：「難道你們族中的『使者（使徒）』沒有來對你們宣讀你們的主的『跡象』，並警告你們將有今日的相會嗎？」他們說：「不然！『不通道（不信神）』的人們，應當受刑罰的判決。」

39:72. 或者對他們說「你們進『火獄門』去，並永居其中吧！『自大者』的住處眞惡劣！」

39:73. 敬畏主者將一隊一隊地被邀入「樂園（天堂）」，迨他們來到「樂園（天堂）」前面的時候，「園門」開了，管園的「天神（天使）」要對他們說：「祝你們平安！你們已經純潔了，所以請你們進去永居吧！」

39:74. 他們說：「一切讚頌，全歸『眞主（上帝「耶和華」）』！他對我們實踐了他的約言，他使我們繼承『樂土』，我們在『樂園（天堂）』中隨意居住。『工作者』的報酬眞優美！」

39:75. 你將見衆「天神（天使）」環繞在「寶座」的四周，頌揚他們的主，他們將被秉公裁判。或者說：「一切讚頌，全歸『眞主（上帝「耶和華」）』——全世界的主！」

●《古蘭經》第四十章　赦宥者（阿斐爾）：

40:47. 那時他們在「火獄」中互相爭論，「懦弱者」對「自大者」說：「我們確已做過你們的『順從者』，你們能替我們解除一部分『火刑』嗎？」

40:48.「自大者」說：「我們大家的確都在『火獄』中，『眞主（上帝「耶和華」）』確已替『衆僕』判決了。」

40:49. 在「火獄」裡的人對管理「火獄」的「天神（天使）」說：「請你們祈禱你們的主，求他給我們減輕『一日的刑罰』。」

40:50. 他們說：「難道你們族中的『使者（使徒）』，沒有昭示你們若干『明證』嗎？」他們說：「不然！」「天神（天使）」們說：「你們祈禱吧！但『不通道者（不信神的人）』的祈禱只在迷誤中。」

●《古蘭經》第四十三章　金飾（助赫魯弗）：

43:19. 衆「天神（天使）」本是「眞主（上帝『耶和華』）」的「奴僕」，他們卻以衆「天神

（天使）」爲「女性」。他們曾見證「眞主（上帝『耶和華』）」創造衆「天神（天使）」嗎？他們的「見證」將被記錄下來，他們也將被審問。

● **《古蘭經》第五十章　戛弗：**

50:17.當坐在「右邊」和「左邊」的兩個記錄的「天神（天使）」記錄各人的言行的時候。

50:18.他每說一句話，他面前都有「天神（天使）」當場監察。

50:19.這是你一向所逃避的。

50:20.「號角」將吹響，那是警告實現之日。

50:21.每個人都要到來，驅逐的「天神（天使）」和見證的「天神（天使）」，將與他同行。

● **《古蘭經》第六十七章　國權（姆勒克）：**

67:8.「火獄」幾乎爲憤怒而破碎，每有一群人被投入其中，管「火獄」的「天神（天使）」們就對他們說：「難道沒有任何『警告者』降臨你們嗎？」

二十六、《古蘭經》是「眞主」的啟示

《古蘭經》是「伊斯蘭教」唯一的根本經典。它是「伊斯蘭教」的先知「穆罕默德」在二十三年的傳教過程中，陸續宣布的「眞主啟示」的匯集。

「古蘭」一詞，是「阿拉伯語」的音譯，意爲「宣讀、誦讀、讀物」，《古蘭經》是一部被「誦讀」的經書，因此而得名，中國舊譯爲《可蘭經》、《寶命眞經》、《古爾阿尼》等。

「伊斯蘭教」信徒「穆斯林」認爲《古蘭經》的內容，是「穆罕默德」有一次去到「希拉山」山

洞靜修的時候，「眞主（上帝『耶和華』）」透過大天使「吉卜利勒（加百列）」口頭傳授給「穆罕默德」的「啟示」，開始自公元六〇九年，直至「穆罕默德」在公元六三二年逝世爲止，「啟示」才中止，歷時二十三年。

「穆斯林」相信，「眞主（上帝『耶和華』）」在以前把很多「啟示」給予之前的衆「先知」，集結成「經典」。其中，給「穆薩（摩西）」和「爾撒（耶穌）」的「啟示」，並且記錄在《討拉特（希伯來聖經、塔納赫、舊約聖經）》及《引支勒（四福音書）》的部分內容，已經遭到扭曲篡改，並且加入「作者」自己的言語思想。只有《古蘭經》是「眞主（上帝『耶和華』）」啟示的「原文」，並且是「眞主（上帝『耶和華』）」最後的「啟示」。

「穆斯林」認爲《古蘭經》是指導「穆罕默德」聖人，奉行使命的圭臬，證明他的「先知」身分，而他也是自「阿丹（亞當）」以來，最後一位接收「啟示」的「先知」。

《古蘭經》被廣泛認爲是最優秀的「阿拉伯語經典」及「文學作品」，《古蘭經》的「篇章」被稱爲「蘇拉」，「節句」則被稱爲「阿亞」。

《古蘭經》的全部內容，確立了「伊斯蘭教」的「基本教義」和「制度」，其主要內容有幾個方面：「信仰綱領和爭論」、「宗教義務」、「倫理道德」、「教法律例」和「傳說人物故事」。

「伊斯蘭教」認爲《古蘭經》是「神聖的語言」，是「伊斯蘭教」的「信仰」和「教義」的最高準則，是「伊斯蘭教法」的淵源和「立法」的首要依據，是「穆斯林」道德行爲的重要準繩，也是「伊斯蘭教」各學科和各派別學說賴以建立的理論基礎。

「穆罕默德」在「麥加」傳教時期，就有人記錄他宣布的「啟示」，而正式設置「啟示記錄人」

則是在遷到「麥地那」之後。「專司記錄者」將「啟示」記錄在皮革、石片、獸骨或椰棗葉肋上，同時，也有其他人記錄自己所聽到的「穆罕默德」宣布的「啟示」。

「穆罕默德」去世後，記錄「啟示」的皮革、石片等，散亂的保存在各「記錄者」的手中，尚未整理成「經書」。「哈里發」「艾布．伯克爾」等人，為了將《古蘭經》保存下來，決定蒐集、整理分散的「記錄」，並加以核對校正。

公元六四四年，「奧斯曼」擔任「哈里發」的時候，為了向人們闡述教義，以「艾布．伯克爾」時期，蒐集起來的「匯集本」為依據，重新進行訂正、整理，統一《古蘭經》的「內容」和「章次編排」，整理成書後，定為「奧斯曼定本」。

至今日，全世界「穆斯林」都通用這個版本。「奧斯曼定本」的《古蘭經》，包括一百四十四章，各章長短不一，最長的有二百八十六節，最短的只有三節。

《古蘭經》的內容，和「猶太教」的《舊約聖經》，以及「基督教」的《新約聖經》經典記載的主要故事有相同之處，但是有些只是概括論述，有些則加以引申詳述，有時會提供額外的資料及對事件加以評價和解釋。

《古蘭經》與《舊約聖經》和《新約聖經》的「撰寫方式」不同，《古蘭經》的「撰寫者」，把《古蘭經》定位為一部「指導性的經典」，因此很少詳盡的記載「神諭」的具體指示，還有相關的「歷史事件」，經常強調事件當中的「價值觀」，而不是本身的「故事性」。

《古蘭經》及《聖訓》都是制訂「伊斯蘭教法」的依據，在「禮拜期間」，只能以「阿拉伯語」誦讀《古蘭經》。

《古蘭經》的大部分內容，都採用一種叫「沙伊」的文體，特別是在較短的章節，這是一種沒有韻律的「駢文（文體名。對散文而言，字句駢儷，注重聲色藻繪）」，被古時的「阿拉伯詩人」所用。雖然「韻腳」可見於《古蘭經》全文當中，而且也採用「明喻、隱喻」等詩歌的修辭技巧，但是《古蘭經》本身否認它是詩歌。

《古蘭經》的內文，貌似沒有「起承轉合」的「散文」。有時候，它的「文章排列」被指沒有連續性又不依據「時間的先後順序」及「主題」來排列，並且有「嚴重重覆性」的問題。

但是，「伊斯蘭學家」指出，《古蘭經》這種「散亂的行文方式」，看似「毫無組織的表述方式」，其實是一種「文學手法」，可以表達出「深切的感覺」。許多人一直在討論《古蘭經》裡，那種「同樣的話說很多遍」的現象，「伊斯蘭學家」也視之為一種「文學技巧」，並指出這些技巧在很早期的「啟示」中，被大量的運用，讓人覺得很直率又很親切。

《古蘭經》的「排版」及「敍事」方式，同樣為人所詬病，大多數的學者認為，《古蘭經》是一些「冗長故事」及「散文式訓誡」的「大雜燴」，不能和《舊約聖經》相提並論。

尊重《古蘭經》是「穆斯林」履行「宗教信仰」的一個重要部分，《古蘭經》受到「穆斯林」的敬畏。根據對於《古蘭經》第五十六章七十九節的經文解讀，「穆斯林」認為他們在接觸《古蘭經》之前，必須進行淨禮（洗手）。

● **《古蘭經》第五十六章　大事（瓦格爾）：**

56:79. 只有「純潔者」才得撫摸那「經本」。

「穆斯林」通常把《古蘭經》存放在一個「特殊的盒子」裡，並把它放在「家裡」或「清真寺」

裡的特殊位置，以示高度重視。

「穆斯林」認爲，《古蘭經》有「不可模仿性」，意思是指《古蘭經》的內容及格式是「人類的言辭」無法比擬的，因此它是「穆罕默德」認證其「先知身分」的主要憑據。

《古蘭經》的內容，牽涉「伊斯蘭教」的「基本信仰」，包括「眞主（上帝『耶和華』）」的存在，以及「末世論」，也記述早期「先知」的故事、倫理及法律議題，「穆罕默德」在世時期的「歷史事件」及「行善」和「禮拜」的內容。《古蘭經》的經文，蘊含對「是非曲直」的告誡，它所描述的「歷史事件」是要帶出「道德觀」。

「諾亞方舟」的故事在《舊約聖經》和《古蘭經》中，有不同的解釋。然而，在「洪水」退去之後，根據《舊約聖經》的記載，這艘「方舟」被安置在「亞拉臘山」上，但是在《古蘭經》中的記載，這艘「方舟」被安置在「朱迭山」上。

●《舊約聖經》創世記：

8:4　七月十七日、「方舟」停在「亞拉臘山」上。

●《古蘭經》第十一章　呼德：

11:44.有人說：「地啊！汲乾你上面的水吧！雲啊！散開吧！」於是洪水退去了，事情就被判決了。船停舶在「朱迭山」上。有人說：「『不義（不信神）』的人們已遭毀滅了。」

嚴格的「一神論」，是《古蘭經》的主要議題。「眞主（上帝『耶和華』）」被描述爲是眞實存在、永恆、無所不知及無所不能。「眞主（上帝『耶和華』）」的「無所不能」，特別是指祂的「創世能力」，祂是天界、人間、火獄及所有事物的創造者。所有人類都同樣仰賴「眞主（上帝『耶和華』）」，他們的命運取決於他們自身的生活方式及他們對「眞主（上帝『耶和華』）」的認知。

「末世論」及「末日之說」被認爲是《古蘭經》的第二大議題，《古蘭經》的三分之一內容，都與末世」有關，探討「來生」及「最後的末日審判」。

下面是《古蘭經》裡，提到「古蘭經」的經文。

●《古蘭經》第二章　黃牛（巴格勒）：

2:136. 你們說：「我們信我們所受的啟示，與『易卜拉欣（亞伯拉罕）』、『易司馬儀（以實瑪利）』、『易司哈格（以撒）』、『葉爾孤白（雅各）』和各支派所受的啟示，與『穆薩（摩西）』和『爾撒（耶穌）』受賜的『經典』，與衆『先知』受主所賜的『經典』；我們對他們中任何一個，都不加以歧視，我們只順『眞主（上帝「耶和華」）』。」

2:137. 如果他們像你們一樣「信道（信神）」，那末，他們確已遵循「正道」了；如果他們背棄「正道」，那末，他們只陷於反對中；「眞主（上帝『耶和華』）」將替你們抵禦他們。他確是全聰的，確是全知的。

2:185. 「賴買丹月」中，開始降示《古蘭經》，指導世人，昭示明證，以便遵循正道，分別眞僞，故在此月中，你們應當「齋戒」；害病或旅行的人，當依所缺的日數補齋。「眞主（上帝『耶和華』）」要你們便利，不要你們困難，以便你們補足所缺的日數，以便你們贊頌「眞主（上帝『耶和華』）」引導你們的恩德，以便你們感謝他。

「賴買丹月」意爲「禁月」，是「伊斯蘭曆（回曆）」的「第九個月」，也是「伊斯蘭教」「穆斯林」的「齋戒月」。根據《古蘭經》記載，這個月是「眞主（上帝『耶和華』）」將《古蘭經》下降給先知「穆罕默德」的月份，所以也是全年十二個月中，最神聖者。

●《古蘭經》第四章　婦女（尼薩儀）：

4:82. 難道他們沒有研究《古蘭經》嗎？假如它不是「眞主（上帝『耶和華』）」所啟示的，他們必定發現其中有許多差別。

●《古蘭經》第五章　筵席（馬以代）：

5:101. 「通道（信神）」的人們啊！你們不要詢問若干事物；那些事物，若為你們而被顯示，會使你們煩惱。當《古蘭經》正在逐漸降示的時候，如果你們詢問，那末，那些事物會為你們而被顯示。「眞主（上帝『耶和華』）」已恕饒以往的詢問。「眞主（上帝『耶和華』）」是至赦的，是至容的。

●《古蘭經》第六章　牲畜（艾奈阿姆）：

6:19. 你說：「什麼事物是最大的『見證』？」你說：「『眞主（上帝「耶和華」）』是我與你們之間的『見證』。這部《古蘭經》，被啟示給我，以便我用它來警告你們，和它所達到的各民族。難道你們務必要『作證』還有別的許多『主宰』與『眞主（上帝「耶和華」）』同等嗎？」你說：「我不這樣『作證』。」你說：「『眞主（上帝「耶和華」）』是獨一的『主宰』。你們用來『配主』的（那些偶像），我與他們確是無關係的。」

6:70. 把自己的「宗教」當作「嬉戲」和「娛樂」，而且為「今世」生活所欺騙的人，你可以任他們自便。你應當以《古蘭經》勸戒世人，以免任何人因自己的罪行而遭毀滅；他除「眞主（上帝『耶和華』）」外沒有「保護者」，也沒有「說情者」，他無論怎樣「贖罪」，總無效果。這等人，將爲自己的罪行而遭毀滅。他們將爲「不通道（不信神）」而享受沸騰的飲料，和受痛苦的刑罰。

●《古蘭經》第七章　高處（艾耳拉弗）：

7:204. 當別人誦讀《古蘭經》的時候，你們當側耳細聽，嚴守緘默，以便你們蒙受「眞主（上帝『耶和華』）」的憐憫。

●《古蘭經》第九章　懺悔（討白）：

9:111.「眞主（上帝『耶和華』）」確已用「樂園（天堂）」換取「信士」們的「生命」和「財產」。他們爲「眞主（上帝『耶和華』）」而戰鬥；他們或殺敵致果，或殺身成仁。那是眞實的應許，記錄在《討拉特（希伯來聖經、塔納赫、舊約聖經）》、《引支勒（四福音書）》和《古蘭經》中。誰比「眞主（上帝『耶和華』）」更能踐約呢？你們要爲自己所締結的契約而高興。那正是偉大的成功。

●《古蘭經》第十章　優努斯：

10:15. 有人對他們宣讀我的明顯的「跡象」的時候，那些不希望會見我的人說：「請你另拿一部《古蘭經》來，或者請你修改這部《古蘭經》。」你說：「我不至於擅自修改它。我只能遵從我所受的『啟示』。如果我違抗我的主，我的確畏懼重大日的刑罰。」

10:37. 這部《古蘭經》不是可以捨「眞主（上帝『耶和華』）」而僞造的，卻是「眞主（上帝『耶和華』）」降示來證實以前的《天經（舊約聖經）》，並詳述「眞主（上帝『耶和華』）」所制定的律例的。其中毫無疑義，乃是從全世界的主所降示的。

10:38.難道他們說他僞造「經典」嗎？你說：「你們就試擬作一章吧！」如果你們是誠實的，你們就應當捨「眞主（上帝『耶和華』）」而籲請你們所能籲請的人。

10:61.無論你處理什麼事物，無論你誦讀《古蘭經》哪一章經文，無論你們做什麼工作，當你們「著手」的時候，我總是「見證」你們的。天地間「微塵」重的事物，都不能逃避「眞主（上帝『耶和華』）」的鑒察，無論比「微塵」小還是比「微塵」大，都記載在一本明顯的《天經（舊約聖經）》中。

●《古蘭經》第十二章　優素福：

奉至仁至慈的眞主之名

12:1.　艾列弗，倆目，拉儀。這些是明確的《天經（舊約聖經）》的節文。

12:2.　我確已把它降示成「阿拉伯文」的《古蘭經》，以便你們瞭解。

12:3.　我借著「啟示」你這部《古蘭經》而告訴你最美的故事，在這以前，你確是疏忽的。

12:104.你不爲傳授《古蘭經》而向他們要求任何報酬。《古蘭經》只是對世人的教誨。

●《古蘭經》第十三章　雷霆（賴爾得）：

13:31.假若有一部《古蘭經》，可用來移動「山嶽」，或破裂「大地」，或使「死人」說話，（他們必不信它）。不然，一切事情只歸「眞主（上帝『耶和華』）」，難道「通道（信神）」的人們不知道嗎？假若「眞主（上帝『耶和華』）」意欲，地必引導全人類。不通道的人們還要因自己的行爲而遭受災殃，或他們住宅的附近遭受災殃，直到「眞主（上帝『耶和華』）」的應許到來。「眞主（上帝『耶和華』）」確是不爽約的。

●《古蘭經》第十七章　夜行（伊斯拉）：

17:9. 這部《古蘭經》必引導人於至正之道，並預告「行善」的「信士」，他們將要享受最大的報酬。

17:45. 當你們誦讀《古蘭經》的時候，我在你們和不信「後世」者之間安置一道隱微的屏障。

17:46. 我在他們的心上加了許多「罩子」，以免他們瞭解《古蘭經》；又在他們的耳裡造「重聽」，當你在《古蘭經》裡只提到你的主的時候，他們憎惡地離去。

17:82. 我降示可以為「信士」們治療和給他們以恩惠的《古蘭經》，它只會使「不通道者（不信神的人）」更加虧折（損失虧耗的人）。

17:86. 如果我意欲，我誓必把我啟示你的（《古蘭經》）消滅淨盡，然後，你對我不能發現任何「監護者」。

17:87. 但我為從你的主發出的恩惠（才保存它），你的主所施于你的恩惠是重大的。

17:88. 你說：「如果『人類』和『精靈』聯合起來創造一部像這樣的《古蘭經》，那末，他們即使互相幫助，也必不能創造像這樣的妙文。」

17:89. 在這部《古蘭經》裡，我為眾人確已申述各種「比喻」，但眾人大半不信。

17:105. 我只本「眞理」而降示《古蘭經》，而《古蘭經》也只含「眞理」而降下。我只派遣你做「報喜信者」和「警告者」。

17:106. 這是一部《古蘭經》，我使它意義明白，以便你從容不迫地對眾人宣讀它；我逐漸地降示它。

17:109.他們痛哭著俯伏下去，《古蘭經》使他們更恭敬。（此處叩頭！）

●《古蘭經》第十八章　山洞（凱海府）：

18:54.在這《古蘭經》裡，我確已為衆人闡述了各種「比喻」，人是爭辯最多的。

●《古蘭經》第二十章　塔哈：

20:113.我這樣降示「阿拉伯文」的《古蘭經》，我在其中申述警告，以便他們敬畏，或使他們記憶。

20:114.「眞主（上帝『耶和華』）」是超絕萬物，宰製衆生，體用眞實的。對你啟示《古蘭經》還沒有完全的時候，你不要急忙誦讀。你說：「我的主啊！求你增加我的知識。」

●《古蘭經》第二十六章　衆詩人（抒爾拉）：

26:192.這《古蘭經》確是全世界的主所啟示的。

26:193.那忠實的精神把它降示在你的心上。

26:194.以便你警告衆人。

26:195.以明白的「阿拉伯語」。

26:196.它確是「古經」典中被提到過的。

26:197.「以色列後裔」中的「學者們」知道它，這難道還不可以做他們一個「跡象」嗎？

●《古蘭經》第二十七章　螞蟻（奈木勒）：

27:76.這部《古蘭經》，的確把「以色列的後裔」所爭論的大部分的事理告訴他們。

27:77.這部《古蘭經》對於「通道者（信神的人）」確是「嚮導」和「恩惠」。

● **《古蘭經》第二十八章　故事（改賽素）：**

28:85. 把《古蘭經》降示給你，必使你複返故鄉。你說：「我的主知道誰是昭示正道的，誰是在明顯的迷誤中的。」

● **《古蘭經》第三十九章　隊伍（助邁爾）：**

39:27. 我在這《古蘭經》中，確已爲人們設了「各種譬喻」，以便他們覺悟。

39:28. 這是一本「阿拉伯文」的無邪曲的《古蘭經》，以便他們敬畏。

● **《古蘭經》第四十一章　奉綏來特：**

41:44. 假若我降示一部「外國語」的《古蘭經》，他們必定會說：「怎麼不解釋其中的節文呢？一部『外國語』的『經典』和一個『阿拉伯』的『先知』嗎？」你說：「它是『通道者（信神的人）』的『嚮導』和『藥方』；『不通道者（不信神的人）』聽而不聞，視而不見，因爲這些人是從遠處被喊叫的。」

41:45. 我確已把《天經（舊約聖經）》授予「穆薩（摩西）」，但衆人爲那《天經（舊約聖經）》而分歧，假若沒有一句話從你的主預先發出，他們必受裁判。他們對於它，確是在疑慮之中。

● **《古蘭經》第四十六章　沙丘（艾哈嘎弗）：**

46:8. 他們甚至說：「他僞造《古蘭經》。」你說：「如果我僞造《古蘭經》，那末，你們不能爲我抵禦『眞主（上帝「耶和華」）』的一點刑罰。他全知你們對於《古蘭經》的誹謗，他足爲我和你們之間的見證。他確是至赦的，確是至慈的。」

46:9. 你說：「我不是破天荒的『天使』；我不知道我要遭遇什麼，也不知道你們要遭遇什麼，我只遵從我所受的『啟示』，我只是一個坦率的『警告者』。」

46:10. 你說：「你們告訴我吧！如果《古蘭經》是從『眞主（上帝「耶和華」）』那裡降示的，而你們不信它——『以色列後裔』中的一個『見證者』，已作證其相似而信奉之，你們卻不屑信奉——那末，誰比你們更迷誤呢？『眞主（上帝「耶和華」）』必定不引導『不義（不信神）』的民衆。」

46:29. 當時，我曾使一夥「精靈（鬼）」，走到你面前，來靜聽《古蘭經》。當他們來到了他面前的時候，他們說：「大家靜聽吧！」誦讀既畢，他們就回去警告他們的「宗族」。

46:30. 他們說：「我們的『宗族』啊！我們確已聽見一本在『穆薩（摩西）』之後降示的『經典』，它能證實以前的《天經（舊約聖經）》，能指引『眞理』和『正路』。」

● **《古蘭經》第五十九章　放逐（哈什爾）：**

59:2. 在初次放逐的時候，他曾將信奉《聖經》而不信《古蘭經》的人從他們的家中驅逐出境。你們沒有猜想到他們會退出去，他們猜想自己的「堡壘」能防禦「眞主（上帝『耶和華』）」的刑罰，竟從他們料不到的地方降臨他們。他將「恐怖」投在他們的心中，他們用自己的手和「信士」們的手拆毀自己的「房屋」。有眼光的人們啊！你們警惕吧！

59:11. 難道你沒有看見那些「僞信者」嗎？他們對自己的「朋友」——信奉《聖經》而不信《古蘭經》的人們說：「如果你們被放逐，我們必定與你們一同出境，我們永不服從任何人的命令而放棄你們；如果你們被攻擊，我們必援助你們。」眞主作證，他們確是說謊的。

二十七、「伊斯蘭教」的「先知」

在「宗教」中，「先知」是被視爲與「神靈」接觸的「凡人」，代表「神靈」說話，作爲「神靈」與「人類」的中介，將來自「超自然來源的訊息」或「教義」傳遞給其他人。「先知」傳達的「訊息」，則被稱爲「預言」。在不同的「宗教信仰」裡，「先知」的定義並非一樣。

歷史上的許多文化和宗教中，都存在「先知」身分的主張，包括「猶太教、基督教、伊斯蘭教、古希臘宗教、瑣羅亞斯德教、摩尼教」等。

「猶太教徒」以及後來的「基督徒」與「穆斯林」，都承認「易卜拉欣（亞伯拉罕）」和「穆薩（摩西）」，這兩位《舊約聖經》人物爲「先知」，這三種「宗教」也被稱爲「亞伯拉罕諸教」。

「穆斯林」認爲「先知」是「凡人」，是「眞主（上帝『耶和華』）」派遣的。每位「先知」都帶來了「伊斯蘭式」的「基本信息」，包括「獨一造物主的信仰」、「避免偶像崇拜」與「罪惡」。他們都向「大衆」傳播「伊斯蘭教」，並告知將出現「見證律法」的「最後先知」，他是「眞主（上帝『耶和華』）」所派遣的最後「使者（使徒）」「穆罕默德」。

每位「先知」都向不同人群傳播同一個訊息，並教導互有細微差異的「律法」。這些細微差異構成了「伊斯蘭教」。

「伊斯蘭」認爲「眞主（上帝『耶和華』）」向「萬國萬邦」派遣「使者」。在「伊斯蘭教」裡，惟獨「穆罕默德」是「眞主（上帝『耶和華』）」派來教化全世界的「使者」，其他「使者」只向「特定民族或國家」宣教。

「伊斯蘭教」和「猶太教」及「基督教」不同，還區分「使者」和「先知」。這兩種身分都是「眞主（上帝『耶和華』）」啟示的。不同的是，「使者」還帶來了「眞主（上帝『耶和華』）」啟示的「經典」。每位「使者」都是「先知」，但並不是每位「先知」都是「使者」。

「穆斯林」認爲「阿丹（亞當）」是第一位「先知」，而「穆罕默德」則是最後一位；因此，「穆罕默德」的頭銜是「衆先知的封印」。

●《古蘭經》第三十三章 同盟軍（艾哈薩布）：

33:40.「穆罕默德」不是你們中任何男人的「父親」，而是「眞主（上帝『耶和華』）」的「使者」，和「衆先知」的「封印」。「眞主（上帝『耶和華』）」是全知萬物的。

在「伊斯蘭教」裡，「爾撒（耶穌）」是「先知」也是「使者」，因爲他接受「眞主（上帝『耶和華』）」的「啟示」並帶來了《引支勒（四福音書）》。

「穆斯林」相信，「眞主（上帝『耶和華』）」派遣了超過十二萬四千位「先知」，這在《聖訓》中有提及。根據《聖訓》記載，其中有「五位使者」是最勞苦功高的，他們分別是「努哈（挪亞）」、「易卜拉欣（亞伯拉罕）」、「穆薩（摩西）」、「爾撒（耶穌）」以及「穆罕默德」。

另外，《古蘭經》認爲，「天上使者」和「人類使者」不同。在《古蘭經》裡，對於「天使」，「眞主（上帝『耶和華』）」只冊封他們爲「使者」，而非「先知」。

「人類使者」和「人類先知」有同樣的功能，雖然不是每位「先知」都是「使者」。「天使」經常將「眞主（上帝『耶和華』）」的「命令」傳達給「人類先知」或「人使者類」，告訴他們應該說什麼、做什麼等等。

「人類使者」會爲人們帶來「眞主（上帝『耶和華』）」的新命令，「先知」僅負責鞏固早期「使者」或「先知」的命令。不過，由於「天使」負責將「命令」傳達給「先知」，因此所有「傳諭的天使」都是「使者」。

下面列出《古蘭經》裡，提到的二十五位「衆先知」，輔以「先知們」在《聖經》裡對應的名字：

（一）阿丹（亞當）

「阿丹（亞當）」是「伊斯蘭教」的「首位先知」，在《古蘭經》裡，則是「哈娃（夏娃）」的丈夫。

《古蘭經》裡的經文，講述「阿丹（亞當）」在「樂園（天堂）」裡的生活、犯錯的經過及悔改，也提到「人類」比「天使」和「其他被造物」還要優越，「眞主（上帝『耶和華』）」命令「衆天使」必須向「人類」叩頭。此外，「眞主（上帝『耶和華』）」還賜予「阿丹（亞當）」命名「萬物」的特別權利。

● **《古蘭經》**第二章　**黃牛（巴格勒）**：

2:31. 他將萬物的名稱，都教授「阿丹（亞當）」，然後以萬物昭示衆「使者（使徒）」，說：

「你們把這些事物的名稱告訴我吧，如果你們是誠實的。」

（二）易德立斯（以諾）

「易德立斯（以諾）」是《古蘭經》中，提到的一名「先知」和「教首」。他是《古蘭經》裡出現的第二名「先知」。

《古蘭經》描寫他是「一個老實人」和「堅韌」，還說他被「提高到一個崇高的地位」。「伊斯蘭教傳統」一般認爲他屬於「亞當」的早期後人，並認爲他是《古蘭經》裡，提到的最早的「先知」，把他放在「阿丹（亞當）」和「努哈（挪亞）」之間。

在《聖訓》「穆罕默德」裡提到，「穆罕默德」在「夜行登霄」中，在「第四重天」遇到「易德立斯（以諾）」。

●**《古蘭經》第十九章　麥爾彥：**

19:56. 你應當在這部「經典」裡提及「易德立斯（以諾）」，他是一個「老實人」，又是一個「先知」。

19:57. 我把他提高到一個崇高的地位。

（三）努哈（挪亞）

「努哈（挪亞）」是《古蘭經》裡提到的「先知」。「努哈（挪亞）」的故事，散見於整部《古蘭經》中，書中還有一個專門講述「努哈（挪亞）」事蹟的篇章，第七十一章「努哈章」。

在「伊斯蘭教」裡，「努哈（挪亞）」是「眞主（上帝『耶和華』）」的五大「使者」之一，其他四人分別是「易卜拉欣（亞伯拉罕）」、「穆薩（摩西）」、「爾撒（耶穌）」以及「穆罕默德」。

《古蘭經》說「努哈（挪亞）」和其他的「先知」一樣，都是受「眞主（上帝『耶和華』）」啟示的，他是一個忠誠的「使者」。「努哈（挪亞）」又被稱作是「感恩的僕人」。「眞主（上帝『耶和華』）」以「預言」和《天經（舊約聖經）》賞賜「努哈（挪亞）」及「亞伯拉罕的後裔」。

● 《古蘭經》第四章　婦女（尼薩儀）：

4:163. 我確已啟示你，猶如我啟示「努哈（挪亞）」和在他之後的「衆先知」一樣，也猶如我啟示「易卜拉欣（亞伯拉罕）」、「易司馬儀（以實瑪利）」、「易司哈格（以撒）」、「葉爾孤白（雅各）」各支派，以及「爾撒（耶穌）」、「安優蔔（約伯）」、「優努斯（約拿）」、「哈倫（亞倫）」、「素萊曼（所羅門）」一樣。我以宰逋卜（《大衛詩篇》）賞賜「達五德（大衛）」。

「努哈（挪亞）」不斷警告他的「族人」將有痛苦的刑罰到來，因爲他們胡作非爲又悖逆「眞主（上帝『耶和華』）」。他號召人們服侍「眞主（上帝『耶和華』）」，又說除了「眞主（上帝『耶和華』）」，沒有其他人能夠拯救他們。他告訴人們「眞主（上帝『耶和華』）」已經預定「洪水的刑罰」，不再緩刑。他們若服從「眞主（上帝『耶和華』）」，即可獲得「眞主（上帝『耶和華』）」的赦免。

「族人的領袖們」不信「努哈（挪亞）」的警告，譏笑他只不過在迷誤之中。「努哈（挪亞）」反駁他們，他不僅沒有錯誤，而且還是「眞主（上帝『耶和華』）」派遣的「使者」，傳達「眞主（上帝『耶和華』）」的訊息。「眞主（上帝『耶和華』）」派遣「努哈（挪亞）」爲「警告者」，以便人們有機會悔改而獲得主的原諒、領會主的仁慈。

「眞主（上帝『耶和華』）」命令「努哈（挪亞）」建造一艘「方舟」。「努哈（挪亞）」在打造「方舟」的時候，遭到「族人的領袖們」訕笑一番。當他完成「方舟」時，他使「方舟」載滿了

各種動物，並使其家人安置其中。否認「努哈（挪亞）」警告的人們，遭「洪水」溺斃，「努哈（挪亞）」的兒子便是其中之一。

《古蘭經》與《舊約聖經》關於「努哈（挪亞）」的記載，有兩處差異。

《古蘭經》說「努哈（挪亞）」的兒子不被「眞主（上帝『耶和華』）」拯救，《舊約聖經》卻說「上主」要拯救「挪亞」的全家人。

●《古蘭經》第十一章　呼德：

11:42. 那只船載著他們航行于山嶽般的波濤之間。「努哈（挪亞）」喊叫他兒子——那時他遠在船外——說：「我的孩子啊！你來和我們一道乘船吧！你不要同『不通道（不信神）』的人們在一起。」

11:43. 他兒子說：「我要到一座山上去躲避洪水。」他說：「今天，除『眞主（上帝「耶和華」）』所憐憫的人外，絕沒有任何人能保護別人不受『眞主（上帝「耶和華」）』的懲罰。」波濤隔開了他們倆，他就被淹死了。

11:44. 有人說：「地啊！汲乾你上面的水吧！雲啊！散開吧！」於是洪水退去了，事情就被判決了。船停船在「朱迭山」上。有人說：「『不義（不信神）』的人們已遭毀滅了。」

11:45. 「努哈（挪亞）」祈禱他的主說：「我的主啊！我的兒子是我的親人，你的諾言是眞實的，你是最公正的判決者。」

11:46. 主說：「『努哈（挪亞）』啊！他的確不是你的『家屬』，他是作惡的，你不要向我祈求你所不知道的事情。我勸你不要自居於愚人之列。」

11:47.他說：「我的主啊！我求庇於你，以免我向你祈求我所不知道的事情，如果你不饒恕我，不憐憫我，我就變成爲虧折（損失虧耗的人）的人了。」

11:48.有人說：「『努哈（挪亞）』啊！你下船吧！從我發出的平安和幸福，將要降臨你和與你同船的人的部分後裔。他們的另一部分後裔，我將使他們享受，然後，他們將遭受從我發出的痛苦的懲罰。」

●《舊約聖經》創世記：

7:1 「耶和華」對「挪亞」說、你和「你的全家」都要進入「方舟」、因爲在這世代中、我見你在我面前是「義人（信神的人）」。

另外，《古蘭經》說「努哈（挪亞）」的方舟停在「朱迭山」，《舊約聖經》卻說停在「亞拉臘山」。「朱迭山」在今「土耳其」與「敘利亞」交界，而「亞拉臘山」在「土耳其」境內，在「朱迭山」的東北方三百公里處。

●《古蘭經》第十一章　呼德：

11:44.有人說：「地啊！汲乾你上面的水吧！雲啊！散開吧！」於是洪水退去了，事情就被判決了。船停舶在「朱迭山」上。有人說：「『不義（不信神）』的人們已遭毀滅了。」

●《舊約聖經》創世記：

8:4 七月十七日、「方舟」停在「亞拉臘山」上。

（四）呼德（先知）

「呼德」是「伊斯蘭教」的「先知」，《古蘭經》第十一章，卽名爲「呼德」，雖然「呼德」在此章中所說的話並不多，一些「穆斯林」相信「呼德」活了大約一百五十歲，大約在公元前二四〇〇年左右，領受「眞主（上帝『耶和華』）」的「啟示」，成爲一名「先知」，這是爲了懲罰遺忘「眞主（上帝『耶和華』）」的「阿德人（古代的阿拉伯部落）」。

《古蘭經》說「眞主（上帝『耶和華』）」派遣「呼德」，前往警告「阿德人」。因爲，「呼德時代」的人們全然忘記先人所遭遇的「大洪水」，還崇拜以石頭刻成的「偶像」。人們不理會「呼德」的警告與告誡，「眞主（上帝『耶和華』）」以「旱災」襲擊他們。儘管「旱災」後來結束，人們仍然不悔改，因此被「眞主（上帝『耶和華』）」以「強烈的風暴」摧毀。在此「風暴」中，只有「呼德」和少數服從「眞主（上帝『耶和華』）」的人生還。

雖然《古蘭經》並未提及「呼德」在「努哈（挪亞）」之後多久才誕生，但是根據歷史學家研究，「呼德」在「努哈（挪亞）」五代之後才出生，兩人大約相距五百年。

●《古蘭經》第七章　高處（艾耳拉弗）：

7:65.（我確已派遣）「阿德人（古代的阿拉伯部落）」人的弟兄「呼德（先知）」去教化他們，他說：「我的『宗族』啊！你們要崇拜『眞主（上帝「耶和華」）』，除他之外，絕無應受你們崇拜的。難道你們還不敬畏嗎？」

●《古蘭經》第十一章　呼德：

11:50.我確已派遣「阿德人（古代的阿拉伯部落）」的弟兄「呼德（先知）」去教化他們，他說：「我的『宗族』啊！你們應當崇拜『眞主（上帝「耶和華」）』，除他外，絕無應受你們崇拜的。你們只是『造謠者』。

11:51.我的『宗族』啊！我不爲傳達『使命』而向你們索取『報酬』，我的『報酬』只由造化我的『主宰』負擔。難道你們不理解嗎？

11:52.我的『宗族』啊！你們應當向你們的主求饒，然後歸依他，他就把充足的雨水降給你們，並使你們更加富強。你們不要背離（正道）而犯罪。」

11:53.他們說：「『呼德（先知）』啊！你沒有昭示我們任何『明證』，我們絕不爲你的言論而拋棄我們的『神靈』，我們並不歸信你。

11:54.我們只想說，我們的一部分『神靈』使你發狂。」他說：「我求『眞主（上帝「耶和華」）』『作證』，你們也應當『作證』，我對於你們所用以配『眞主（上帝「耶和華」）』的（偶像）確是無干的。

11:55.你們群起而謀害我吧！而且不要寬恕我。

11:56.我的確信託『眞主（上帝「耶和華」）』——我的主和你們的主，沒有一種動物不歸他管轄。我的主確是在正路上的。

11:57.如果你們違背『正道』，那末，我確已把我所奉的『使命』傳達給你們了，我的主將以『別的民衆』代替你們，你們一點也不能傷害他。我的主確是監護萬物的。」

11:58.當我的命令降臨的時候，我因爲從我發出的「慈恩」拯救了「呼德（先知）」和同他在一起「通道者（信神的人）」的人們，我使他們免遭嚴厲的懲罰。

11:59.這些「阿德人（古代的阿拉伯部落）」曾否認他們的主的「跡象」，並違抗他們族中的「使者（使徒）」，而且順從每個頑固的「暴虐者」的命令。

11:60. 他們在「今世」和「復活日（末日）」，永遭「詛咒」。眞的，「阿德人（古代的阿拉伯部落）」確已否認他們的主。眞的！「阿德人（古代的阿拉伯部落）」——「呼德（先知）」的「宗族」——願他們遭受毀滅！

（五）撒立哈（先知）

「撒立哈」是「伊斯蘭教」的「先知」，根據《古蘭經》的說法，「撒立哈」是「閃」的第九代子孫，是「大洪水」之後的世代。「撒立哈」出生在「賽莫德人」之中，並在那裡被撫養長大。「賽莫德人」居住在「巴勒斯坦」與「希賈茲」之間的「馬達因．撒立哈」。「賽莫德人」鑿山爲屋，並崇拜以石頭雕刻的「偶像」。

「撒立哈」勸他們放棄「偶像崇拜」，轉而一心認主。但是他們斷然拒絕，除非「撒立哈」向他們昭示一個「神蹟」。「眞主（上帝『耶和華』）」於是創造了一頭「母駝」。「眞主（上帝『耶和華』）」允許「賽莫德人」取牠的奶，但不允許傷害牠。「賽莫德人」把這個「戒命」當耳邊風，故意殺了「母駝」。於是「眞主（上帝『耶和華』）」命令「撒立哈」離開族人，並以「巨大的聲響」毀滅了他們。

● 《古蘭經》第七章　高處（艾耳拉弗）：

7:73. （我確已派遣）「賽莫德人（古代阿拉伯的民族）」的弟兄「撒立哈（先知）」去教化他們，他說：「我的『宗族』啊！你們要崇拜『眞主（上帝「耶和華」）』，除他之外，絕無應受你們崇拜的。從你們的主發出的『明證』確已降臨你們，這只『眞主（上帝「耶和華」）』的『母駝』可以作你們的『跡象』。故你們讓它在『眞主（上帝「耶和華」）』的大地上隨便吃草，不要傷害它，否則，痛苦的刑罰必襲擊你們。」

（六）易卜拉欣（亞伯拉罕）

「易卜拉欣（亞伯拉罕）」是「伊斯蘭教」的「先知」，是「阿宰爾（亞伯拉罕的父親）」的兒子，是先知「易司馬儀（以實瑪利）」的父親。「易司馬儀（以實瑪利）」是他的長子，「易司哈格（以撒）」為次子，「易卜拉欣（亞伯拉罕）」被視為「眾先知之父、眞主的朋友」。由於「伊斯蘭教」、「基督教」與「猶太教」都尊崇「易卜拉欣（亞伯拉罕）」，因此這三教被統稱為「亞伯拉罕諸教」。

●《古蘭經》第四章　婦女（尼薩儀）：

4:163. 我確已啟示你，猶如我啟示「努哈（挪亞）」和在他之後的「眾先知」一樣，也猶如我啟示「易卜拉欣（亞伯拉罕）」、「易司馬儀（以實瑪利）」、「易司哈格（以撒）」、「葉爾孤白（雅各）」各支派，以及「爾撒（耶穌）」、「安優蔔（約伯）」、「優努斯（約拿）」、「哈倫（亞倫）」、「素萊曼（所羅門）」一樣。我以《宰逋卜（《大衛詩篇》）賞賜「達五德（大衛）」。

「穆斯林」認為「易卜拉欣（亞伯拉罕）」是一位不同凡響的「先知」，因為他在「麥加」重建了「克爾白」。

「克爾白」意即「立方體」，又稱為「天堂禮拜寺」、「天房」等，是一座「立方體」的建築物，位於「伊斯蘭教」聖城「麥加」的「禁寺」內。相傳是第一個人類「阿丹（亞當）」興建的，並由「易卜拉欣（亞伯拉罕）」和「易司馬儀（以實瑪利）」父子共同修建的。

「伊斯蘭」傳統認爲，「克爾白」是「天堂的建築」，是「天使崇拜眞主之處」，在地上的翻版。而「克爾白」的位置，就直接在彼「天堂建築」之下。「克爾白」是「伊斯蘭教」最神聖的聖地，所有「穆斯林」在地球上的任何地方，都必須面對它的方向祈禱，而且「伊斯蘭教」的「五功」包括了「朝覲」，也就是到「麥加」去朝拜。

「易卜拉欣（亞伯拉罕）」的家人，包括「易司馬儀（以實瑪利）」在內，共同建立了「麥加」的文明，進而在日後產生了「伊斯蘭教」的「最後先知」「穆罕默德」。

在《舊約聖經》的「創世記」裡，有一段「獻祭兒子」的故事。

● **《舊約聖經》創世記：**

22:1 這些事以後、 神要試驗「亞伯拉罕」、就呼叫他說、「亞伯拉罕」、他說、我在這裡。

22:2 神說、你帶著你的兒子、就是你獨生的兒子、你所愛的「以撒」、往「摩利亞地」去、在我所要指示你的山上、把他獻爲「燔祭」。

22:3 「亞伯拉罕」清早起來、備上驢、帶著兩個僕人和他兒子「以撒」、也劈好了「燔祭」的柴、就起身往 神所指示他的地方去了。

22:4 到了第三日、「亞伯拉罕」舉目遠遠的看見那地方。

22:5 「亞伯拉罕」對他的僕人說、你們和驢在此等候、我與「童子」往那裡去拜一拜、就回到你們這裡來。

22:6 「亞伯拉罕」把「燔祭的柴」放在他兒子「以撒」身上、自己手裡拿著火與刀・於是二人同行。

22:7 「以撒」對他父親「亞伯拉罕」說、父親哪。「亞伯拉罕」說、我兒、我在這裡。「以撒」說、請看、火與柴都有了、但「燔祭的羊羔」在哪裡呢。

22:8 「亞伯拉罕」說、我兒、 神必自己預備作「燔祭的羊羔」‧於是二人同行。

22:9 他們到了 神所指示的地方、「亞伯拉罕」在那裡築壇、把柴擺好、捆綁他的兒子「以撒」、放在壇的柴上。

22:10 「亞伯拉罕」就伸手拿刀、要殺他的兒子。

22:11 「耶和華的使者」從天上呼叫他說、「亞伯拉罕、亞伯拉罕」、他說、我在這裡。

22:12 「天使」說、你不可在這「童子」身上下手、一點不可害他‧現在我知道你是敬畏 神的了、因爲你沒有將你的兒子、就是你獨生的兒子、留下不給我。

22:13 「亞伯拉罕」舉目觀看、不料、有一隻「公羊」、兩角扣在稠密的小樹中、「亞伯拉罕」就取了那隻「公羊」來、獻爲「燔祭」、代替他的「兒子」。

22:14 「亞伯拉罕」給那地方起名叫「耶和華以勒」、（意思就是「耶和華必預備」）直到今日人還說、在「耶和華的山上」必有「預備」。

22:15 「耶和華的使者」第二次從天上呼叫「亞伯拉罕」說。

22:16 「耶和華」說你既行了這事、不留下你的兒子、就是你獨生的兒子、我便指著自己起誓說。

22:17 論福、我必賜大福給你、論子孫、我必叫你的子孫多起來、如同天上的星、海邊的沙、你子孫必得著仇敵的城門。

22:18並且「地上萬國」都必因你的「後裔」得福、因爲你聽從了我的話．

奇怪的是，被「獻祭的兒子」，在《舊約聖經》裡，記載的是「亞伯拉罕」的次子「以撒」，也就是《古蘭經》裡的「易司哈格」。可是，「穆斯林」卻認爲，被「獻祭的兒子」是「易卜拉欣（亞伯拉罕）」的長子「易司馬儀（以實瑪利）」。

《舊約聖經》記載，「亞伯拉罕」聽從妻子「撒拉」的話，把她的妾「夏甲」和他的兒子「以實瑪利」，一起趕出家門之後，才發生「獻祭兒子」的事件。

《古蘭經》並沒有說「易卜拉欣（亞伯拉罕）」是獻祭了「易司馬儀（以實瑪利）」或是「易司哈格（以撒）」，不過許多「穆斯林」的學者，認爲是「易司馬儀（以實瑪利）」。

「易卜拉欣（亞伯拉罕）」要向「眞主（上帝『耶和華』）」獻祭自己的兒子「易司馬儀（以實瑪利）」，這件大事促成了「穆斯林」一年一度的「古爾邦節」。

「古爾邦節」意譯爲「宰牲節」，是「伊斯蘭教」的重要節日。在「伊斯蘭曆」每年的十二月十日，「麥加朝聖」過後。該節日是爲了紀念先知「易卜拉欣（亞伯拉罕）」忠實執行「眞主（上帝『耶和華』）」的命令，打算獻祭自己的兒子「易司馬儀（以實瑪利）」，在「眞主（上帝『耶和華』）」的寬免下，又用「羊羔」代替「易司馬儀（以實瑪利）」的這件事。

「穆斯林」對於「獻祭兒子」的事件，有另外一種說法。說「安拉（上帝『耶和華』）」爲了考驗「易卜拉欣（亞伯拉罕）」對祂的忠誠度，就讓「易卜拉欣（亞伯拉罕）」做一場夢。

在夢中，「安拉（上帝『耶和華』）」命令他把兒子「易司馬儀（以實瑪利）」殺死、獻祭。「易卜拉欣（亞伯拉罕）」完全服從，將兒子「易司馬儀（以實瑪利）」帶到「耶路撒冷」，在現在

「阿克薩清眞寺」內的一塊目前作爲聖物的石頭上，準備將兒子殺死燒化，以獻祭予「安拉（上帝『耶和華』）」。「安拉（上帝『耶和華』）」其實沒有眞的要殺他的孩子，只是想考驗他，隨卽命令「天使」及時地送來一隻黑色的「替罪羊」。

「穆斯林」對於「獻祭兒子」的事件，還有另外一種說法。「穆斯林」相信，「眞主（上帝『耶和華』）」在「易卜拉欣（亞伯拉罕）」的夢中，命令他獻祭自己的兒子「易司馬儀（以實瑪利）」。「易卜拉欣（亞伯拉罕）」把他所做的夢，告訴「易司馬儀（以實瑪利）」，「易司馬儀（以實瑪利）」則告訴父親不要遲疑，只管聽從「眞主（上帝『耶和華』）」的命令。

「獻祭兒子」這件事情，對父子兩人都是個「大考驗」。「易卜拉欣（亞伯拉罕）」長久以來一直想要有個兒子，而「易司馬儀（以實瑪利）」卻要被犧牲。這時候，魔鬼「易卜劣斯（撒但）」顯現在父子倆之前，試圖欺騙他們。

「易卜拉欣（亞伯拉罕）」和「易司馬儀（以實瑪利）」就對魔鬼「易卜劣斯（撒但）」丟擲石塊。這個「丟擲石塊」事件，演變成「穆斯林」前往「麥加」朝覲不可少的「擲石儀式」。

魔鬼「易卜劣斯（撒但）」的詭計沒有得逞，就轉而騷擾「易司馬儀（以實瑪利）」的母親「哈哲爾（夏甲）」。「哈哲爾（夏甲）」告訴魔鬼「易卜劣斯（撒但）」，如果這是「眞主（上帝『耶和華』）」的意志，那就貫徹「眞主（上帝『耶和華』）」的意志。

「易卜拉欣（亞伯拉罕）」等人的信心，使魔鬼「易卜劣斯（撒但）」無法得逞，最後「眞主（上帝『耶和華』）」阻止了「易卜拉欣（亞伯拉罕）」殺「易司馬儀（以實瑪利）」，並賜他一頭「羔羊」取代「兒子」獻祭。

另外，《古蘭經》與《聖經》記載「易卜拉欣（亞伯拉罕）」的父親，有不同的說法。《古蘭經》說「易卜拉欣（亞伯拉罕）」的父親是「阿宰爾」，而《聖經》卻說他的父親是「他拉」。

●《古蘭經》第六章　牲畜（艾奈阿姆）：

6:74.當時，「易卜拉欣（亞伯拉罕）」對他的父親「阿宰爾」說：「你把『偶像』當作『主宰』嗎？據我看來，你和你的『宗族』，的確在明顯的迷誤中。」

●《舊約聖經》創世記：

11:31「他拉」帶著他兒子「亞伯蘭（亞伯拉罕）」、和他孫子「哈蘭」的兒子「羅得」、並他兒婦「亞伯蘭」。

（七）魯特（羅得）

「魯特（羅得）」是「伊斯蘭教」的「先知」，《舊約聖經》中也有「羅得」的故事，但是「穆斯林」並不完全接受故事的部分細節。「伊斯蘭教」反對《舊約聖經》所說，「魯特（羅得）」酒後昏睡，兩個女兒乘機迷姦他，並且受孕生子的說法。

●《古蘭經》第七章　高處（艾耳拉弗）：

7:80.（我確已派遣）「魯特（羅得）」，當時他對他的「宗族」說：「你們怎麼做那種醜事呢？在你們之前，全世界的人沒有一個做過這種事的。

「魯特（羅得）」是「伊斯蘭教」裡，宣揚反對「所多瑪」與「蛾摩拉」，兩座城市的「同性戀風氣」，最出名的「先知」。此外，他還號召人們信仰獨一的「眞主（上帝『耶和華』）」，但是他卻被當地人嘲笑和忽視。

「穆斯林」經常引述「魯特（羅得）」的故事，用來強調禁止「同性戀的雞姦」。「眞主（上帝『耶和華』）」命令「魯特（羅得）」前往「所多瑪」與「蛾摩拉」，但是《古蘭經》並未指出地名，勸戒當地人信仰獨一的「眞主（上帝『耶和華』）」，並且停止淫蕩和暴力的行爲。結果，「魯特（羅得）」的「宗族」根本不理睬他。後來，「眞主（上帝『耶和華』）」毀滅「所多瑪」與「蛾摩拉」，連「魯特（羅得）」的妻子也一樣被殺。

《古蘭經》上說，三位「天使」喬裝成少年的樣子，顯現在「魯特（羅得）」前面。「魯特（羅得）」很了解「所多瑪居民」的惡行，深怕不能保護他們。「所多瑪居民」前去捉拿「三少年」，「魯特（羅得）」試著勸他們停止強迫對方發生性行爲，願把自己的女兒嫁給他們，但是被居民們拒絕。

「魯特（羅得）」無力保護少年們，「三少年」施展法術，讓「所多瑪居民」昏亂。此時，「三少年」向「魯特（羅得）」顯現他們的「天使身分」，表示他們是「眞主（上帝『耶和華』）」派來懲治「所多瑪居民」的。

他們要「魯特（羅得）」在夜間離開「所多瑪」，而且不可回頭觀看。他們告訴「魯特（羅得）」，他的「妻子」因爲罪行深重而不被允許離開。「魯特（羅得）」帶領家人，除了他的妻子以外，與信他的人，在夜間離開「所多瑪」。

「魯特（羅得）」的妻子和「努哈（挪亞）」的妻子一樣，將入「火獄」。早晨來臨時，「眞主（上帝『耶和華』）」毀滅了「所多瑪」與「蛾摩拉」兩座城市。

《古蘭經》與《舊約聖經》對「魯特（羅得）」的記載有一些差異。《古蘭經》說「魯特（羅得）」是「易卜拉欣（亞伯拉罕）」的「後裔」，《舊約聖經》卻說他是「亞伯拉罕」的「侄子」。

在《聖經》裡，「羅得」的妻子有一起逃出來，只是不聽「天使」的警告，回頭看被毀滅的「所多瑪」，因此變成「鹽柱」死亡；而《古蘭經》裡，「羅得」的妻子並沒有一起逃出來。

在《聖經》裡，「羅得」的「兩個女兒」，在「羅得」酒醉，意識不清楚的情況下，與他發生了亂倫關係，這件事情《古蘭經》並未提及。「穆斯林」認爲「魯特（羅得）」是一位「先知」，而「先知」必然擁有崇高的品德。在「伊斯蘭教」裡，「魯特（羅得）」的「亂倫故事」，被認爲是虛假的。

《舊約聖經》創世記：

19:30「羅得」因爲怕住在「瑣珥」、就同他「兩個女兒」從「瑣珥」上去住在山裡．他和兩個女兒住在一個洞裡。

19:31「大女兒」對「小女兒」說、我們的「父親」老了、地上又無人按著世上的常規、進到我們這裡。

19:32 來、我們可以叫「父親」喝酒、與他同寢．這樣、我們好從他存留「後裔」。

19:33 於是那夜他們叫「父親」喝酒、「大女兒」就進去和他「父親」同寢．他幾時躺下、幾時起來、「父親」都不知道。

19:34 第二天、「大女兒」對「小女兒」說、我昨夜與「父親」同寢、今夜我們再叫他喝酒、你可以進去與他同寢．這樣、我們好從「父親」存留「後裔」。

19:35 於是那夜他們又叫「父親」喝酒、「小女兒」起來與他「父親」同寢．他幾時躺下、幾時起來、「父親」都不知道。

19:36 這樣、「羅得」的兩個女兒、都從他「父親」懷了孕。

19:37 「大女兒」生了兒子、給他起名叫「摩押」、就是現今「摩押人」的始祖。

19:38 「小女兒」也生了兒子、給他起名叫「便亞米」、就是現今「亞捫人」的始祖。

（八）易司馬儀（以實瑪利）

「穆斯林」認爲「易司馬儀（以實瑪利）」是「易卜拉欣（亞伯拉罕）」的長子，他是「伊斯蘭教」的「先知」，因爲差點被父親「易卜拉欣（亞伯拉罕）」獻祭而出名。

● **《古蘭經》第四章　婦女（尼薩儀）：**

4:163. 我確已啟示你，猶如我啟示「努哈（挪亞）」和在他之後的「衆先知」一樣，也猶如我啟示「易卜拉欣（亞伯拉罕）」、「易司馬儀（以實瑪利）」、「易司哈格（以撒）」、「葉爾孤白（雅各）」各支派，以及「爾撒（耶穌）」、「安優蔔（約伯）」、「優努斯（約拿）」、「哈倫（亞倫）」、「素萊曼（所羅門）」一樣。我以《宰逋卜（《大衛詩篇）》賞賜「達五德（大衛）」。

在《舊約聖經》中，「以實瑪利」是「亞伯拉罕」的妾侍「夏甲」所生的兒子，上帝「耶和華」對他的預言如下面的經文。

● **《舊約聖經》創世記：**

16:12 他爲人必像野驢．他的手要攻打人、人的手也要攻打他、他必住在衆弟兄的東邊。

因爲「夏甲」在生下「以實瑪利」之後，輕視元配「撒拉」，「撒拉」一怒之下，就要求「亞伯拉罕」趕走「夏甲母子」。後來，「以實瑪利」住在曠野，成爲「弓箭手」，受上帝「耶和華」應許成爲大國的祖先。日後的「阿拉伯人」，就是「以實瑪利」的後代，「猶太人」則是「以撒」的後代。

●《舊約聖經》創世記：

21:20 神保佑童子、他就漸長、住在曠野、成了「弓箭手」。

「伊斯蘭教」的創教者「穆罕默德」，曾經以「阿拉伯人」爲「以實瑪利」後裔的理由，向當時的「猶太教」「拉比（學者，老師）」，證明自己的「先知」身分。

（九）易司哈格（以撒）

「易司哈格（以撒）」是「易卜拉欣（亞伯拉罕）」的嫡子，是原配「撒拉」所生的獨生子，是「以掃」和「雅各」的父親。

根據「伊斯蘭教」的傳統，「易卜拉欣（亞伯拉罕）」的次子「易司哈格（以撒）」在「迦南」成爲「先知」。他和他的哥哥「易司馬儀（以實瑪利）」，在「伊斯蘭教」裡都是以「先知」的身分，繼承了「易卜拉欣（亞伯拉罕）」的宗教遺產。

●《古蘭經》第四章　婦女（尼薩儀）：

4:163. 我確已啟示你，猶如我啟示「努哈（挪亞）」和在他之後的「衆先知」一樣，也猶如我啟示「易卜拉欣（亞伯拉罕）」、「易司馬儀（以實瑪利）」、「易司哈格（以撒）」、「葉爾孤白（雅各）」各支派，以及「爾撒（耶穌）」、「安優蔔（約伯）」、「優努斯（約拿）」、「哈倫（亞倫）」、「素萊曼（所羅門）」一樣。我以《宰逋卜（《大衛詩篇）》賞賜「達五德（大衛）」。

「基督教會」認爲，「亞伯拉罕」聽從上帝「耶和華」的命令，將「以撒」獻作祭物，是一種信心和順服的榜樣。

「以撒」四十歲的時候，他父親「亞伯拉罕」差遣僕人回到本地本族，爲他娶來妻子「利百加」。「以撒」六十歲的時候，「利百加」生下孿生兄弟「以掃」和「以色列人」的祖先「雅各」。

「亞伯拉罕」把所有家產歸「以撒」，把妾侍「夏甲」和所生的兒子「以實瑪利」打發出「迦南」。

（十）葉爾孤白（雅各）

「葉爾孤白（雅各）」是《古蘭經》中記載的古代「先知」之一，先知「易卜拉欣（亞伯拉罕）」之孫，「易司哈格（以撒）」之子，被尊爲「以色列人的第一代祖先」。

●**《古蘭經》第四章　婦女（尼薩儀）**：

4:163. 我確已啟示你，猶如我啟示「努哈（挪亞）」和在他之後的「衆先知」一樣，也猶如我啟示「易卜拉欣（亞伯拉罕）」、「易司馬儀（以實瑪利）」、「易司哈格（以撒）」、「葉爾孤白（雅各）」各支派，以及「爾撒（耶穌）」、「安優蔔（約伯）」、「優努斯（約拿）」、「哈倫（亞倫）」、「素萊曼（所羅門）」一樣。我以《宰逋卜（《大衛詩篇）》賞賜「達五德（大衛）」。

「葉爾孤白（雅各）」用「一碗紅豆湯」買了哥哥「以掃」的「長子名分」，爲舅舅「拉班」勞動超過二十年，以換取妻子「拉結」。在他與「天使」摔跤後，被改名爲「以色列」。

●**《舊約聖經》創世記**：

32:24 只剩下「雅各」一人，「有一個人」來和他「摔跤」，直到黎明。

32:25 那人見自己勝不過他，就將他的「大腿窩」摸了一把，「雅各」的「大腿窩」，正在「摔跤」的時候就扭了。

32:26 那人說，天黎明了，容我去罷。「雅各」說，你不給我祝福，我就不容你去。

32:27 那人說，你名叫甚麼，他說，我名叫「雅各」。

32:28 那人說，你的名不要再叫「雅各」，要叫「以色列」，因為你與「神」與人較力，都得了勝。

32:29 「雅各」問他說，請將你的名告訴我。那人說，何必問我的名。於是在那裡給「雅各」祝福。

（十一）優素福（約瑟）

「優素福（約瑟）」是「易卜拉欣（亞伯拉罕）」的曾孫，「易司哈格（以撒）」的孫子，「葉爾孤白（雅各）」的第十一個兒子。「優素福（約瑟）」有「解夢的能力」，「解夢」在古代是代表「預知未來的能力」或「隱含神的旨意」。

「優素福（約瑟）」之後，被同父異母的「哥哥們」，因為嫉恨父親「葉爾孤白（雅各）」比較寵愛他，合謀把他賣給「以實瑪利人」為奴，然後告訴父親「葉爾孤白（雅各）」他已經被野狼吃掉了。

後來，「優素福（約瑟）」在「法老」的守衛隊長「波提乏」手下做「管家」，「波提乏」十分欣賞「優素福（約瑟）」的能力，把全家的「家務事」都交給他。後來，由於「優素福（約瑟）」長相俊美，「波提乏的妻子」欲勾引「優素福（約瑟）」，「優素福（約瑟）」不從，反被「波提乏妻子」陷害，最後入獄。

在入獄期間，他曾爲「酒政」及「膳長」解夢，預言三天後，「酒政」被釋放，而「膳長」則被處死，最後都應驗。

隨後，「優素福（約瑟）」繼續被長期監禁，「酒政」推薦他協助「法老」解夢後，三十歲獲「法老」任命爲埃及的「宰相」。他的「解夢能力」使「埃及」能在「七年大豐收」期間，爲之後的「七年大饑荒」做好準備。

後來，「迦南」地區也發生「饑荒」，「優素福（約瑟）」的十名「兄長」便往「埃及」買糧，在第二次會面之時，「優素福（約瑟）」曾試探「兄長們」，後來見到「兄長們」已經改過向善，跟當初不同。「優素福（約瑟）」才與他們相認。之後，「優素福（約瑟）」就把家人接往「埃及」生活。

● **《古蘭經》第四十章　赦宥者（阿斐爾）**：

40:34. 以前，「優素福（約瑟）」確已將許多「明證」昭示你們，但你們對他所昭示你們的「明證」，依然在疑惑中，直到他死去的時候，你們還說：「在他之後，『眞主（上帝「耶和華」）』絕不會再派遣任何『使者（使徒）』了。」「眞主（上帝『耶和華』）」這樣使過分的懷疑者迷誤。

（十二）安優蔔（約伯）

在《舊約聖經》中，「約伯」是位正直良善的富人，在幾次巨大災難中，失去了人生最珍貴的事物，包括子女、財產和健康，他努力想理解遭受苦難的緣由是爲什麼。

在《古蘭經》中，「安優蔔（約伯）」被認爲是「伊斯蘭教」的「先知」，對他的記敘和《舊約聖經》類似。但是，「伊斯蘭教」強調「安優蔔（約伯）」對「安拉（上帝『耶和華』）」的忠貞，沒有記錄他的痛苦和牢騷，或是他與友人的長篇大論。

「安優蔔（約伯）」被「安拉（上帝『耶和華』）」選爲「先知」，每日祈禱謝恩，被稱爲「外邦人的先知」。但是，「惡魔」想要將他腐蝕策反。因此，「安拉（上帝『耶和華』）」准許「惡魔」折磨「安優蔔（約伯）」，讓他深受創傷痛苦許久，但是「安拉（上帝『耶和華』）」知道他不會背叛。

多年之後，「安拉（上帝『耶和華』）」命令「安優蔔（約伯）」用腳踩地，隨即大地泉涌，洗淨他的創傷。後來，「安優蔔（約伯）」，子孫滿堂、大富大貴。除此之外，《古蘭經》也兩次提到「安拉（上帝『耶和華』）」給予「安優蔔（約伯）」特別指導、智慧和啟迪，成爲獲得「權威」、「經文」和「先知」地位的人。

●《古蘭經》第四章　婦女（尼薩儀）：

4:163. 我確已啟示你，猶如我啟示「努哈（挪亞）」和在他之後的「衆先知」一樣，也猶如我啟示「易卜拉欣（亞伯拉罕）」、「易司馬儀（以實瑪利）」、「易司哈格（以撒）」、「葉爾孤白（雅各）」各支派，以及「爾撒（耶穌）」、「安優蔔（約伯）」、「優努斯（約拿）」、「哈倫（亞倫）」、「素萊曼（所羅門）」一樣。我以《宰逋卜（《大衛詩篇）》賞賜「達五德（大衛）」。

（十三）舒阿卜（先知）

「舒阿卜」是「易卜拉欣（亞伯拉罕）」的直系後裔，根據「伊斯蘭教」的說法，「真主（上帝『耶和華』）」派遣他去引導「米甸人」和「艾凱人」，他們居住在「西奈山」附近。但是，那裡的居民不聽從他的警告，於是「真主（上帝『耶和華』）」毀滅了他們的聚落。

● **《古蘭經》第七章　高處（艾耳拉弗）**：

7:85.（我確已派遣）「麥德彥人（古代阿拉伯部落）」的弟兄「舒阿卜（先知）」去教化他們說：「我的『宗族』啊！你們要崇拜『真主（上帝「耶和華」）』，除他之外，絕無應受你們崇拜的。從你們的主發出的『明證』，確已來臨你們了，你們當使用充足的鬥和秤，不要克扣別人所應得的貨物。在改善地方之後，你們不要在地方上作惡，這對你們是更好的，如果你們是『通道者（信神的人）』。」

（十四）穆薩（摩西）

「穆薩（摩西）」，是在《舊約聖經》的「出埃及記」裡，所記載的人物，是公元前十三世紀時，「猶太人」的民族領袖，「猶太教徒」認爲他是「猶太教」的創始者。

「穆薩（摩西）」在「亞伯拉罕諸教（猶太教、基督教、伊斯蘭教）」裡，都被認爲是極爲重要的「先知」。「以色列人」認爲，《摩西五經》是由他所書寫。在《古蘭經》裡，提起「穆薩（摩西）」的次數，比其他的「先知」還要多，他以將《討拉特（希伯來聖經、塔納赫、舊約聖經）》帶給「以色列人」而聞名。

《古蘭經》說到，「穆薩（摩西）」到「西奈山」上，領受「真主（上帝『耶和華』）」的誡命。在埃及「法老」否認「眞主（上帝『耶和華』）」之後，他即著手規劃解放被奴役的「以色列人」。

「穆薩（摩西）」隨後帶領「以色列人」在沙漠度過了四十年的光陰，因爲他們不僅不服從「眞主（上帝『耶和華』）」的誡命，還抗拒進入聖地。在漫長的旅途中，「穆薩（摩西）」上「西奈山」領受《討拉特（希伯來聖經、塔納赫、舊約聖經）》與「十誡」。

依照《舊約聖經》「出埃及記」的記載，「摩西」受上帝「耶和華」之命，率領受奴役的「以色列人」離開「古埃及」，前往一塊富饒的應許之地「迦南」。因爲「以色列人民」的頑梗、悖逆不信上帝「耶和華」會幫助他們到底，又不接受「摩西」的領導，在「西奈半島」上的逃亡生活遠不如「埃及」。

「摩西」在「加底斯巴尼亞」時，因爲「以色列人民」沒水喝，與「摩西」爭鬧，「摩西」沒有遵從上帝「耶和華」的命令，用杖打水，因此上帝「耶和華」不讓「摩西」過「約旦河」與「以色列人民」一同進入應許之地。後來，「以色列人民」歷經四十多年的艱難跋涉，才進入應許之地。

●《古蘭經》第七章　高處（艾耳拉弗）：

7:103. 後來，我派遣「穆薩（摩西）」帶著我的許多「跡象」，去見「法老」和他的「衆公卿」，但他們不肯信那些「跡象」，你看看作惡者的結局是怎樣的！

（十五）哈倫（亞倫）

「哈倫（亞倫）」是「穆薩（摩西）」的兄長，也是「穆薩（摩西）」的助手，屬於「利未支派」。「哈倫（亞倫）」是「古代以色列人」的第一位「大祭司」，也是「以色列祭司職位」的創始人。他也是「亞伯拉罕諸教（猶太教、基督宗教、伊斯蘭教）」共同承認的「先知」之一。

當「穆薩（摩西）」向「埃及法老」請求釋放「以色列人民」時，「哈倫（亞倫）」是代表「穆薩（摩西）」與「埃及法老」打交道的「發言人」。「以色列人民」出走「埃及」時，他與「穆薩（摩西）」爲伴。

「哈倫（亞倫）」曾經帶領「以色列人民」拜「金牛犢」，但是「穆薩（摩西）」幫他求情，才得到上帝「耶和華」的原諒。在建造「約櫃」和「聖所」之後，「哈倫（亞倫）」和他的兒子們被授予聖職爲「祭司」，並被稱爲「亞倫子孫」。

● **《古蘭經》**第四章　婦女**（尼薩儀）**：

4:163. 我確已啟示你，猶如我啟示「努哈（挪亞）」和在他之後的「衆先知」一樣，也猶如我啟示「易卜拉欣（亞伯拉罕）」、「易司馬儀（以實瑪利）」、「易司哈格（以撒）」、「葉爾孤白（雅各）」各支派，以及「爾撒（耶穌）」、「安優蔔（約伯）」、「優努斯（約拿）」、「哈倫（亞倫）」、「素萊曼（所羅門）」一樣。我以《宰逋卜（《大衛詩篇》）》賞賜「達五德（大衛）」。

（十六）助勒基福勒（先知）

「助勒基福勒」在「伊斯蘭教」裡，是個備受爭議的「先知」，雖然正反兩方都認爲他是個爲主道奮鬥的「義人（信神的人）」。

● **《古蘭經》**第三十八章　薩德：

38:47. 他們在我那裡，確是特選的，確是純善的。

38:48.你當記憶「易司馬儀（以實瑪利）」、「艾勒葉賽爾（以利沙）」、「助勒基福勒（先知）」，他們都是純善的。

《古蘭經》曾經將他的名字，同一些主要的「先知」並列，但是關於他的事蹟，《古蘭經》並沒有具體的記載。

有些學者研究說，「助勒基福勒」有可能是《舊約聖經》記載的「俄巴底」，《舊約聖經》說他保護了「一百位先知」。

●**《舊約聖經》列王記上：**

18:3「亞哈」將他的家宰「俄巴底」召了來。「俄巴底」甚是敬畏「耶和華」。

18:4「耶洗別」殺「耶和華眾先知」的時候、「俄巴底」將「一百個先知」藏了、每五十人藏在一個洞裡、拿餅和水供養他們。

另外，有人認爲他是《舊約聖經》中的「以賽亞」，也有人說他是《舊約聖經》中的「以西結」。

●**《舊約聖經》列王記下：**

19:2 使家宰「以利亞敬」、和書記「舍伯那」、並「祭司」中的長老、都披上麻布、去見「亞摩斯」的兒子先知「以賽亞」。

●**《舊約聖經》以西結書：**

1:3 在「迦勒底人」之地、「迦巴魯河」邊、「耶和華的話」特臨到「布西」的兒子祭司「以西結」．「耶和華的靈」（原文作「手」）降在他身上。

（十七）達五德（大衛）

在「伊斯蘭教」裡，「眞主（上帝『耶和華』）」將《宰逋卜（大衛詩篇）》啟示給「達五德（大衛）」。「達五德（大衛）」也因爲打敗非利士人「歌利亞」而出名。

關於「大衛」的記載，都出自《舊約聖經》中的《撒母耳記上》和《撒母耳記下》。「大衛」在「以色列」歷代的國王中，《舊約聖經》描述他是一位有爲的君主，並且是一位專心倚靠上帝「耶和華」的人，是優秀的戰士、音樂家和詩人，在《舊約聖經》中讚美上帝「耶和華」的《詩篇》，絕大部分是他的著作。根據《新約聖經》的記載，「耶穌」肉身的母親「馬利亞」，和作「馬利亞」丈夫的「約瑟」，都是「大衛」的「後裔」。

在《舊約聖經》中的記載，因爲「大衛」與「拔示巴」通姦，並謀害「拔示巴」的丈夫「烏利亞」，犯下罪行。因此上帝「耶和華」不讓「大衛」有建造「聖殿」的機會。

但是，關於「達五德（大衛）」和「拔示巴」的故事，在「伊斯蘭教」裡的版本是不同的。在《舊約聖經》裡，「大衛」喜歡「烏利亞」的妻子「拔示巴」，故意派遣「烏利亞」到前線作戰，設計讓他戰死後，娶走他的妻子，這個說法被「伊斯蘭教」所否認。

●《古蘭經》第四章　婦女（尼薩儀）：

4:163. 我確已啟示你，猶如我啟示「努哈（挪亞）」和在他之後的「衆先知」一樣，也猶如我啟示「易卜拉欣（亞伯拉罕）」、「易司馬儀（以實瑪利）」、「易司哈格（以撒）」、「葉爾孤白（雅各）」各支派，以及「爾撒（耶穌）」、「安優蔔（約伯）」、「優努斯（約拿）」、「哈倫（亞倫）」、「素萊曼（所羅門）」一樣。我以《宰逋卜（《大衛詩篇）》賞賜「達五德（大衛）」。

（十八）素萊曼（所羅門）

根據《舊約聖經》的記載，「所羅門王」是「大衛王」與「拔示巴」的兒子，是「以色列王國」的第三位國王，「大衛家族」的第二位國王，是北方「以色列王國」和南方「猶大王國」分裂前的最後一位君主。

「所羅門王」還是「耶路撒冷」「第一聖殿」的建造者，並有超人的智慧，大量的財富和無上的權力。但是，最後由於「所羅門王」晚年的罪過，導致在他的兒子「羅波安」執政時期，王國發生了分裂。

在《古蘭經》裡，「素萊曼（所羅門）」則被視爲「先知」。在「素萊曼（所羅門）」成爲「先知」之前他從他的父親「達五德（大衛）」學到了很多東西。

根據《古蘭經》的記載，「素萊曼（所羅門）」被「眞主（上帝『耶和華』）」賦予「操縱自然界」的力量，還可以差遣「精靈（鬼）」。他爲人誠實而公平，還使王國的勢力延伸到了「南阿拉伯」。

●《古蘭經》第四章 婦女（尼薩儀）：

4:163. 我確已啟示你，猶如我啟示「努哈（挪亞）」和在他之後的「衆先知」一樣，也猶如我啟示「易卜拉欣（亞伯拉罕）」、「易司馬儀（以實瑪利）」、「易司哈格（以撒）」、「葉爾孤白（雅各）」各支派，以及「爾撒（耶穌）」、「安優葡（約伯）」、「優努斯（約拿）」、「哈倫（亞倫）」、「素萊曼（所羅門）」一樣。我以《宰逋卜（《大衛詩篇）》賞賜「達五德（大衛）」。

（十九）易勒雅斯（以利雅）

「易勒雅斯（以利雅）」是「哈倫（亞倫）」的後代，在「素萊曼（所羅門）」的王國垮台之後，控制了「阿拉伯半島」的南部。「伊斯蘭傳統」認爲，他試圖說服當地人要信仰獨一的「眞主（上帝『耶和華』）」。但是，他們不予理會，於是被「眞主（上帝『耶和華』）」以「旱災」和「饑荒」毀滅。

「以利亞」是《舊約聖經》的人物，在《列王紀》裡，「以利亞」是一位「先知」，他名字的意義爲「耶和華是神」。「以利亞」生在公元前九世紀，當時正値「以色列王國」進入南北分裂時期，分裂爲北方「以色列王國」及南方「猶大王國」。《舊約聖經》記載，「以利亞」按照神的旨意，警告「亞哈王」，如果繼續崇拜「偶像」，神將審判「以色列」，讓「以色列」經歷「旱災」。

「以色列」經歷三年的「旱災」後，「以利亞」再度與「亞哈王」見面，並約好在「迦密山」，透過獻「燔祭」，確認哪邊敬拜的神才是「眞神」。結果「以利亞」的祭壇興起降火的神蹟，讓所有人不得不承認「耶和華」才是「眞神」，上帝「耶和華」也解除了三年「旱災」。

「以利亞」寄住「撒勒法」的「寡婦」家時，也施行了救活「寡婦兒子」的神蹟和「油與麵不短缺」的神蹟。

● **《古蘭經》第三十七章　列班者（薩法特）**：

37:123.「易勒雅斯（以利雅）」確是「使者（使徒）」。

（二十）艾勒・葉賽（以利沙）

「易勒雅斯（以利雅）」死後，他的學生「艾勒．葉賽（以利沙）」，奉神之命選召，隨卽接替他傳道的工作。他歷經北方「以色列王國」的「約蘭、耶戶、約哈斯」和「約阿施」四任國王，做了大約五十年的「先知」。

「艾勒．葉賽（以利沙）」試圖向北國「以色列王國」的國王和女王顯現「眞主（上帝『耶和華』）」的神威，但是他卻被視爲「魔術師」。後來，「亞述人」輕易的消滅了「以色列王國」，放火焚燒，並且大肆破壞。

●《古蘭經》第六章 牲畜（艾奈阿姆）：

6:86.（我曾引導）「易司馬儀（以實瑪利）」、「艾勒．葉賽（以利沙）」、「優努斯（約拿）」和「魯特（羅得）」，我曾使他們超越世人。

（二十一）優努斯（約拿）

「優努斯（約拿）」是一名「亞伯拉罕諸教」的「先知」，「眞主（上帝『耶和華』）」命令「優努斯（約拿）」引導「尼尼微居民」上正路。然而當地人卻不予理會，「優努斯（約拿）」甚爲憤慨。

在經歷一場九死一生的意外之後，「優努斯（約拿）」又重新投入主道，帶領「尼尼微居民」上正路。但是，他們後來又故態復萌，導致「西徐亞人」將他們給消滅了。

「優努斯（約拿）」是北方「以色列王國」的國王「耶羅波安二世」在位時候的「先知」，與他同時代的「先知」有「何西阿、阿摩司、彌迦」和「以賽亞」，他們都是奉神差遣，來向「以色列人」或「外邦人」傳講悔改的訊息。

●《古蘭經》第四章 婦女（尼薩儀）：

4:163. 我確已啟示你，猶如我啟示「努哈（挪亞）」和在他之後的「衆先知」一樣，也猶如我啟示「易卜拉欣（亞伯拉罕）」、「易司馬儀（以實瑪利）」、「易司哈格（以撒）」、「葉爾孤白（雅各）」各支派，以及「爾撒（耶穌）」、「安優蔔（約伯）」、「優努斯（約拿）」、「哈倫（亞倫）」、「素萊曼（所羅門）」一樣。我以《宰逋卜（《大衛詩篇》）》賞賜「達五德（大衛）」。

（二十二）宰凱裡雅〔葉哈雅（施洗約翰）之父〕

「宰凱裡雅〔葉哈雅（施洗約翰）之父〕」就是《舊約聖經》裡的「撒迦利亞」，是先知「葉爾孤白（雅各）」的「後裔」，是「素萊曼（所羅門）」的後代，是「爾撒（耶穌）」的母親「麥爾彥（聖母馬利亞）」的「保護人」，是南方「猶大王國」的「先知」，是《舊約聖經》裡《撒迦利亞書》的作者。

根據《古蘭經》的說法，他向「眞主（上帝『耶和華』）」祈求一個兒子，因爲他的妻子無法生育。「眞主（上帝『耶和華』）」同意他的請求，最後生下了「葉哈雅（施洗約翰）」。

「宰凱裡雅〔葉哈雅（施洗約翰）之父〕」出身於「祭司家庭」，他是「比利家」的兒子，「易多」的孫子。在「巴比倫囚虜時期」，生在「巴比倫」。

大約在公元前五二〇年，「波斯」國王「大流士一世」在位的第二年，在第一批「猶太人」歸回十六年之後，「所羅巴伯」和「約書亞」帶領「猶太人」回到「耶路撒冷」，重建「聖殿」，「宰凱裡雅〔葉哈雅（施洗約翰）之父〕」作爲「易多家族」的「族長」，也在歸回的「猶太人」之列。這時，他和「哈該」都是「先知」，鼓勵「以色列人」。

●《古蘭經》第六章　牲畜（艾奈阿姆）：

6:85.（我曾引導）「宰凱裡雅（葉哈雅（施洗約翰）之父）」、「葉哈雅（施洗約翰）」、「爾撒（耶穌）」和「易勒雅斯（以利雅）」，他們都是「善人」。

（二十三）葉哈雅（施洗約翰）

「葉哈雅（施洗約翰）」是「爾撒（耶穌）」的表哥，「伊斯蘭教」認爲，「葉哈雅（施洗約翰）」終其一生，都致力於向群衆發表頗具感染力的演說，傳播「易卜拉欣（亞伯拉罕）」的「一神論思想」。但是，在《古蘭經》裡，並沒有提到有關「受洗」的字眼。

根據《舊約聖經》的敍述，「施洗者約翰」在「約旦河」中爲人施洗禮、勸人悔改，後來他因爲公開抨擊當時的「加利利」及「比利亞」的分封王「希律．安提帕斯」被捕入獄，並遭到處決。

●《古蘭經》第六章　牲畜（艾奈阿姆）：

6:85.（我曾引導）「宰凱裡雅（葉哈雅（施洗約翰）之父）」、「葉哈雅（施洗約翰）」、「爾撒（耶穌）」和「易勒雅斯（以利雅）」，他們都是「善人」。

（二十四）爾撒（耶穌）

「爾撒（耶穌）」是「眞主（上帝『耶和華』）」派遣地位最高的「先知」之一，前往教化「以色列人」。《古蘭經》明確指出，「爾撒（耶穌）」不是「眞主（上帝『耶和華』）」的「兒子」，而是「眞主（上帝『耶和華』）」的「先知」和「使者（使徒）」。

「穆斯林」宣稱，「爾撒」卽是「基督教」中的「耶穌」。他是「眞主（上帝『耶和華』）」派遺給「猶太人」的「先知」，並且帶給「猶太人」一本新的經文《引支勒（四福音書）》。

後來，「穆斯林」認爲《引支勒（四福音書）》已經被「基督徒們」篡改失眞，所以「眞主（上帝『耶和華』）」另外降下了《古蘭經》，來做爲最後的「神諭」。

「穆斯林」認爲「爾撒（耶穌）」是由處女「麥爾彥（聖母馬利亞）」所生出，這是「眞主（上帝『耶和華』）」所行的神蹟。

「眞主（上帝『耶和華』）」爲了幫助「爾撒（耶穌）」執行使命，故給他行使「奇蹟」的能力，例如使死人復活、以泥土造鳥、在嬰兒時期說話等等，這些都是眞眞主（上帝「耶和華」）」所賜予的。

「穆斯林」認爲，「爾撒（耶穌）」並未被「釘十字架」，他已經被「眞主（上帝『耶和華』）」擢昇到祂那裡去了，「爾撒（耶穌）」是三個「白日飛昇」的先知之一。卽未死亡，肉身得道，以肉身軀殼直接飛上天國的先知。其他兩位是「易德立斯（以諾）」和「易勒雅斯（以利雅）」。

等到「馬赫迪（救世主）時代」來臨時，還會返回塵世。但是，在《古蘭經》裡，並未說「爾撒（耶穌）」會返回塵世。

「馬赫迪」意思是「導師」，是「伊斯蘭教」教典中記載的人物，將於「最後審判日」之前七年、九年或者十九年，降臨世間的「救世主」。

「馬赫迪」的概念，在《古蘭經》內沒有清晰的提到，但是「穆罕默德」在《聖訓》中，卻多次提及。根據《聖訓》的記載，「爾撒（耶穌）」會在「最後審判日」之前，再次降臨人世間，以「穆斯林」的身分，與「馬赫迪（救世主）」並肩作戰。

「伊斯蘭教」宣稱「撒爾」即是「耶穌」，但是反對他是「神的化身」或「聖子」，也反對「基督徒」說的「三位一體論」。

「穆斯林」指出「爾撒（耶穌）」就像其他「安拉（上帝『耶和華』）」的「使者（使徒）」一樣，只是一個普通的凡人，以「神聖的形式」傳播「天啟」。

所有「穆斯林」都不認爲「爾撒（耶穌）」是「神」，因爲「伊斯蘭教」信仰獨一的「一神論」，《古蘭經》禁止人類爲「眞主（上帝『耶和華』）」創造同伴，強調「眞主（上帝『耶和華』）」是神聖獨一性的。

和所有的「伊斯蘭教」的「先知」一樣，「爾撒（耶穌）」被認爲是一個有智慧、講正義的「穆斯林」，他教誨人們通過正道來履行「眞主（上帝『耶和華』）」所指示的「神諭」。

在《古蘭經》中，「爾撒（耶穌）」有「麥西哈（受膏者；基督）」的尊稱，但是「麥西哈（受膏者；基督）」與「基督教」中「基督」的概念，有所不同。

「爾撒（耶穌）」在「伊斯蘭教」中作爲「四大先知」之一，而備受尊敬。《聖訓》記載，「爾撒（耶穌）」將於「世界末日」時，回到人世間，以恢復人世間的正義，並且打倒「僞先知」。

「穆斯林」也相信，「爾撒（耶穌）」預言了「穆罕默德」的到來，同時認爲「穆罕默德」是繼「爾撒（耶穌）」之後，把中斷了六百多年的「伊斯蘭道統」恢復的「復興者」和「最後使者」。

●《古蘭經》第四章　婦女（尼薩儀）：

4:163. 我確已啟示你，猶如我啟示「努哈（挪亞）」和在他之後的「衆先知」一樣，也猶如我啟示「易卜拉欣（亞伯拉罕）」、「易司馬儀（以實瑪利）」、「易司哈格（以撒）」、「葉爾孤白（雅各）」各支派，以及「爾撒（耶穌）」、「安優蔔（約伯）」、「優努斯（約拿）」、「哈倫（亞倫）」、「素萊曼（所羅門）」一樣。我以《宰逋卜（《大衛詩篇）》賞賜「達五德（大衛）」。

（二十五）穆罕默德

「穆罕默德」是「伊斯蘭教」最後的「先知」，《古蘭經》稱爲「先知的封印」。

「穆罕默德」於公元五七一年，出生於「麥加」，早年做過「牧羊人」和「商人」。他會撥空前往「麥加」的山區進行靜思。他在四十歲那年，有一次在山洞裡靜思時，從「眞主（上帝『耶和華』）」那裡領受《古蘭經》的「啟示」，經過二十三年的完整啟示之後，所有的「啟示」，被編纂成完整的《古蘭經》。

「穆罕默德」開始傳播，他所領受來自「眞主（上帝『耶和華』）」的「啟示」，「麥加」開始有一些人追隨他，包括他的妻子在內。當他的「追隨者」，不堪「麥加權貴們」壓迫的時候，他便要求他們先遷徙到「麥地那」，隨後「穆罕默德」也跟去。

「穆罕默德」不只是一位「先知」，還是一位「軍事領袖」和「社會改革者」，於公元六二四年，在「白德爾一役」打敗了來侵犯的「麥加權貴們」，並且凱旋回歸到自己的家鄉。

「穆罕默德」成功的使「阿拉伯半島」的各部落，在「伊斯蘭一神教」之下統一。除了「阿赫邁底亞」的「穆斯林」以外，都認爲他是「眞主（上帝『耶和華』）」派遣到人類的「使者（使徒）」和「先知」，中國的「穆斯林」稱他爲「穆聖」。

「穆罕默德」於公元六二九年進行了生平第一次「朝覲」，「朝覲」的儀式到現在都還被「穆斯林們」所遵循。

公元六三二年，「穆罕默德」逝世，「追隨者」則延續了他的事功，成爲「穆罕默德」的繼承者，稱爲「哈里發」。「穆罕默德」逝世後，「伊斯蘭教」根據「眞主（上帝『耶和華』）」的啟示，和「穆罕默德」的言行記載，確立了「五功」。

●**《古蘭經》第三十三章　同盟軍（艾哈薩布）**：

33:40.「穆罕默德」不是你們中任何男人的「父親」，而是「眞主（上帝『耶和華』）」的「使者（使徒）」，和「衆先知的封印）」。「眞主（上帝『耶和華』）」是全知萬物的。

除了上面介紹二十五《古蘭經》裡，提到的先知外，「穆斯林」還相信有其他的「先知」。《古蘭經》中的許多章節卽提到這個概念。

●**《古蘭經》第四十章　赦宥者（阿斐爾）**：

40:78.在你之前，我確已派遣許多「使者（使徒）」，他們中有我已告訴你的，「有我未告訴你的」。任何「使者（使徒）」，不應昭示「跡象」，除非獲得「眞主（上帝『耶和華』）」的許可。當「眞主（上帝『耶和華』）」的「命令」來臨的時候，「衆生」將依「眞理」而被判決；那時，反對「眞理」的人將遭「虧折（損失虧耗）」。

●**《古蘭經》第十六章　蜜蜂（奈哈勒）**：

16:36.我在每個「民族」中，確已派遣「一個使者」，說：「你們當崇拜『眞主（上帝「耶和華」）』，當遠離『惡魔』。」但他們中有「眞主（上帝『耶和華』）」所引導的，有應

當迷誤的。故你們當在大地上旅行，應當觀察否認（「使者（使徒）」）的人們的結局是怎樣的。

下面是《古蘭經》裡，提到「先知」的經文。

●《古蘭經》第二章　黃牛（巴格勒）：

2:177. 你們把自己的臉轉向「東方」和「西方」，都不是「正義」。「正義」是信「眞主（上帝『耶和華』）」，信「末日」，信「天神（天使）」，信《天經（舊約聖經）》，信「先知」，並將所愛的「財產」施濟親戚、孤兒、貧民、旅客、乞丐和贖取奴隸，並謹守「拜功（禮拜）」，完納「天課（宗教賦稅、慈善施捨、財產潔淨）」，履行約言，忍受窮困、患難和戰爭。這等人，確是忠貞的；這等人，確是敬畏的。

2:213. 世人原是一個「民族」，嗣後，他們信仰分歧，故「眞主（上帝『耶和華』）」派「衆先知」作「報喜者」和「警告者」，且降示他們包含「眞理」的「經典」，以便他爲世人判決他們所爭論的是非。惟曾受《天經（舊約聖經）》的人，在「明證降」臨之後，爲互相嫉妒，而對《天經（舊約聖經）》意見分歧，故「眞主（上帝『耶和華』）」依自己的「意旨」而引導「信道（信神）」的人，俾得明了他們所爭論的「眞理」。「眞主（上帝『耶和華』）」引導他所意欲的人走上正路。

●《古蘭經》第三章　儀姆蘭的家屬（阿黎儀）：

3:21. 對於不信「眞主（上帝『耶和華』）」的「跡象」，而且枉殺「衆先知」，枉殺以「正義命人者」的人，你應當以痛苦的刑罰向他們報喜。

3:22. 這等人的「善功」，在「今世」和「後世」，完全無效，他們絕沒有「援助者」。

3:81. 當時，「眞主（上帝『耶和華』）」與「衆先知」締約說：「我已賞賜你們『經典』和『智慧』，以後有一個『使者（使徒）』來證實你們所有的『經典』，你們必須確信他，必須輔助他。」他說：「你們承認嗎？你們願意爲此事而與我『締約』嗎？」他們說：「我們承認了。」他說：「那末，你們『作證』吧；我也和你們一同『作證』。

3:82. 此後，凡背棄約言的，都是罪人。」

●《古蘭經》第五章　筵席（馬以代）：

5:20. 當時，「穆薩（摩西）」對他的「宗族」說：「我的『宗族』呀！你們當記憶『眞主（上帝「耶和華」）』所賜你們的恩典，當時，他在你們中派遣許多『先知』，並使你們人人自主，而且把沒有給過全世界任何人的（恩典）給了你們。」

5:44. 我確已降示《討拉特（希伯來聖經、塔納赫、舊約聖經）》，其中有「嚮導」和「光明」，歸順「眞主（上帝『耶和華』）」的「衆先知」，曾依照它替「猶太教徒」進行判決，一般「明哲（明智睿哲的人）」和「博士」，也依照他們所奉命護持的《天經（舊約聖經）》而判決，並爲其「見證」，故你們不要畏懼人，當畏懼我，不要以我的「跡象」去換取些微的代價。誰不依照「眞主（上帝『耶和華』）」所降示的「經典」而判決，誰是「不通道（不信神）」的人。

●《古蘭經》第七章　高處（艾耳拉弗）：

7:157. 他們順從「使者（使徒）」——「不識字的先知」，他們在自己所有的《討拉特（希伯來聖經、塔納赫、舊約聖經）》和《引支勒（四福音書）》中發現關於他的記載。他命令他們行善，禁止他們作惡，准許他們吃佳美的食物，禁戒他們吃汙穢的食物，卸脫他們的重擔，解除他們的桎梏，故凡信仰他，

●《古蘭經》第十九章　麥爾彥：

19:49. 他既退避他們，以及他們捨「眞主（上帝『耶和華』）」而祈禱的，我就賞賜他「易司哈格（以撒）」和「葉爾孤白（雅各）」，我使他倆成爲「先知」。

19:50. 我把我的恩惠賞賜他們，我使他們享有眞實的、崇高的聲望。

19:51. 你應當在這部「經典」裡提及「穆薩（摩西）」，他確是純潔的，確是「使者（使徒）」，確是「先知」。

19:52. 我從那座山的右邊召喚他，我叫他到我這裡來密談。

19:53. 我爲了慈愛而把他哥哥先知「哈倫（亞倫）」給他做助手。

19:54. 你應當在這部「經典」裡提及「易司馬儀（以實瑪利）」，他確是重然諾的，他是使者，又是「先知」。

19:55. 他以「拜功（禮拜）」和「天課（宗教賦稅、慈善施捨、財產潔淨）」命令他的家屬，他在他的主那裡是可喜的。

19:56. 你應當在這部「經典」裡提及「易德立斯（以諾）」他是一個「老實人」，又是一個「先知」。

19:57. 我把他提高到一個崇高的地位。

19:58.「眞主（上帝『耶和華』）」曾加以恩寵的這些「先知」，屬於「阿丹（亞當）」的後裔，屬於我使（他們）與「努哈（挪亞）」同舟共濟者的（後裔），屬於「易卜拉欣（亞伯拉罕）」和「易司馬儀（以實瑪利）」的後裔，屬於我所引導而且選拔的人，對他們宣讀至仁主的「啟示」的時候，他們俯伏下去叩頭和哭泣。（此處叩頭！）

19:59.在他們去世之後，有「不肖的後裔」繼承他們，那些「後裔」廢棄「拜功（禮拜）」，順從嗜欲，他們將遇迷誤的果報。

●**《古蘭經》第三十三章　同盟軍（艾哈薩布）：**

33:39.「先知們」是傳達「眞主（上帝『耶和華』）」的「使命」的，他們畏懼他，除「眞主（上帝『耶和華』）」外，他們不畏懼任何人。「眞主（上帝『耶和華』）」足為「監察者」。

33:40.「穆罕默德」不是你們中任何男人的「父親」，而是「眞主（上帝『耶和華』）」的「使者（使徒）」，和「眾先知」的「封印」。「眞主（上帝『耶和華』）」是全知萬物的。

●**《古蘭經》第四十章　赦宥者（阿斐爾）：**

40:78.在你之前，我確已派遣許多「使者（使徒）」，他們中有我已告訴你的，有我未告訴你的。任何「使者（使徒）」，不應昭示「跡象」，除非獲得「眞主（上帝『耶和華』）」的許可。當「眞主（上帝『耶和華』）」的命令來臨的時候，眾生將依「眞理」而被判決；那時，反對「眞理」的人將遭虧折。

二十八、「伊斯蘭教」的「末世論」

對於「穆斯林」來說，「審判日的信條」十分重要。他們認爲「眞主（上帝『耶和華』）」已經預定了「審判日」的時間，是「人類」不能預知的。「審判日」的「審判」及「大災難」，也在《古蘭經》及《聖訓》裡被描述出來。

《古蘭經》強調「死者復活」，說明「人類」被聚集起來之後，「亡者」便會「復活」，以「眞主（上帝『耶和華』）」的「審判」作終。「穆斯林」相信所有的人類，會在「審判日」被「復活」並接受「審判」，以決定他們的歸宿，「善功」重的進「天園（天堂）」，「罪惡」重的入「火獄」。

《古蘭經》有列出一些，會被打入「火獄」的罪行，如「至死不信神」、「高利盤剝」及「犯姦淫」等。不過，《古蘭經》明確的指出，眞誠悔過的人，可以獲得「眞主（上帝『耶和華』）」的赦免。「施捨、禮拜、愛護動物」等「善行」，可以得到進入「天園（天堂）」的回報。

《古蘭經》裡，有時會把「審判日」稱爲「報應日」、「復活時刻」、「大難」、「末日」及「復活日」。

下面是《古蘭經》裡，提到「報應日」的經文。

● **《古蘭經》**第二十六章　**衆詩人（抒爾拉）**：

26:82. 我希望他在「報應日」赦宥我的過失。

● **《古蘭經》**第三十八章　**薩德**：

38:78. 你必遭我的棄絕，直到「報應日」。

●《古蘭經》第五十一章　**播種者（達理雅特）**：

51:12. 他們問「報應日」在什麼時候。

51:13. 那是他們在「火刑」上受刑之日。

下面是《古蘭經》裡，提到「復活時刻」的經文。

●《古蘭經》第六章　**牲畜（艾奈阿姆）**：

6:31. 否認與「眞主（上帝『耶和華』）」相會的人，確已「虧折（損失虧耗）」了。等到「復活時刻」忽然降臨的時候，他們才說：「嗚呼痛哉！我們在『塵世』時疏忽了。」他們的背上，擔負著自己的罪惡。他們所擔負的，眞惡劣！

●《古蘭經》第十六章　**蜜蜂（奈哈勒）**：

16:77. 天地的「幽玄（天機）」只是「眞主（上帝『耶和華』）」的。「復活時刻」的到來，只在轉瞬間，或更爲迅速。「眞主（上帝『耶和華』）」對於萬事，確是全能的。

●《古蘭經》第十八章　**山洞（凱海府）**：

18:36. 我想「復活時刻」不會來臨。卽使我被召歸主，我也能發現比這「園圃」更好的歸宿。

●《古蘭經》第二十二章　**朝覲（哈只）**：

22:55. 「不通道者（不信神的人）」對於它仍然在猶豫之中，直到「復活時刻」忽然降臨他們，或「破壞日」的刑罰來臨他們。

下面是《古蘭經》裡，提到「大難」的經文。

●《古蘭經》第三十六章　**雅辛**：

36:76. 我拯救他和他的「信徒們」脫離「大難」。

●《古蘭經》第三十七章　列班者（薩法特）：

37:115. 我曾使他們倆及其「宗族」，得免於「大難」。

●《古蘭經》第六十八章　筆（改賴姆）：

68:42. 在那日，「大難」將臨頭，他們將被召去叩頭，而他們不能叩頭。

●《古蘭經》第六十九章　眞災（哈蓋）：

69:4. 「賽莫德人（古代阿拉伯的民族）」和「阿德人（古代的阿拉伯部落）」，曾否認「大難」。

●《古蘭經》第章　蓋被的人（孟蕩西爾）：

74:35. 「火獄」確是一個「大難」。

74:36. 可以警告「人類」。

下面是《古蘭經》裡，提到「末日」的經文。

●《古蘭經》第二章　黃牛（巴格勒）：

2:8. 有些人說：「我們已信『眞主（上帝「耶和華」）』和『末日』了。」其實，他們絕不是「信士」。

2:62. 「信道者（信神的人）」、「猶太教徒」、「基督教徒」、「拜星教徒」，凡信「眞主（上帝『耶和華』）」和「末日」，並且「行善的」，將來在主那裡必得享受自己的報酬，他們將來沒有恐懼，也不憂愁。

2:126. 當時，「易卜拉欣（亞伯拉罕）」說：「我的主啊！求你使這裡變成安寧的地方，求你以各種糧食供給這裡的居民——他們中信『眞主（上帝「耶和華」）』和『末日』的人。」他說：「『不信道者（不信神的人）』，我將使他暫時享受，然後強逼他去受『火刑』。那結果眞惡劣！」

2:177. 你們把自己的臉轉向「東方」和「西方」，都不是「正義」。「正義」是信「眞主（上帝『耶和華』）」，信「末日」，信「天神」，信「天經」，信「先知」，並將所愛的財產施濟親戚、孤兒、貧民、旅客、乞丐和贖取奴隸，並謹守「拜功（禮拜）」，完納「天課（宗教賦稅、慈善施捨、財產潔淨）」，履行約言，忍受窮困、患難和戰爭。這等人，確是忠貞的；這等人，確是敬畏的。

2:228. 「被休的婦人」，當期待「三次月經」；她們不得隱諱「眞主（上帝『耶和華』）」造化在她們的「子宮」裡的東西，如果她們確信「眞主（上帝『耶和華』）」和「末日」。在等待的期間，她們的「丈夫」是宜當挽留她們的，如果他們願意重修舊好。她們應享合理的權利，也應盡合理的義務；男人的權利，比她們高一級。「眞主（上帝『耶和華』）」是萬能的，是至睿的。

● **《古蘭經》第三章　儀姆蘭的家屬（阿黎儀）：**

3:114. 他們確信「眞主（上帝『耶和華』）」和「末日」，他們「勸善戒惡」，爭先行善；這等人是「善人」。

● **《古蘭經》第四章　婦女（尼薩儀）：**

4:38. 他們中有爲沽名而施捨財產的，他們不信「眞主（上帝『耶和華』）」，也不信「末日」。誰以「惡魔」爲「伴侶」，誰的「伴侶」眞惡劣！

4:39. 他們確信「眞主（上帝『耶和華』）」和「末日」，並分捨「眞主（上帝『耶和華』）」所賜予他們的財物，這對於他們有什麼妨害呢？「眞主（上帝『耶和華』）」是全知他們的。

4:59. 「通道（信神）」的人們啊！你們當服從「眞主（上帝『耶和華』）」，應當服從「使者（使徒）」和你們中的「主事人」，如果你們爲一件事而爭執，你們使那件事歸「眞主（上帝『耶和華』）」和「使者（使徒）」（判決），如果你們確信「眞主（上帝『耶和華』）」和「末日」的話。這對於你們是裨益更多的，是結果更美的。

4:162. 但他們中學問淵博的，確信「正道的稟」確信降示你的「經典」，和在你之前所降示的「經典稟」和謹守「拜功（禮拜）」的，完納「天課（宗教賦稅、慈善施捨、財產潔淨）」的，和確信「眞主（上帝『耶和華』）」與「末日」的人，這等人，我將賞賜他們重大的報酬。

●《古蘭經》第五章　筵席（馬以代）：

5:69. 「通道（信神）」的人、「猶太教徒」、「拜星教徒」、「基督教徒」，凡確信「眞主（上帝『耶和華』）」和「末日」，並且「行善」的人，將來必定沒有恐懼，也不憂愁。

●《古蘭經》第九章　懺悔（討白）：

9:18. 只有篤信「眞主（上帝『耶和華』）」和「末日」，並謹守「拜功（禮拜）」，完納「天課（宗教賦稅、慈善施捨、財產潔淨）」，並畏懼「眞主（上帝『耶和華』）」者，才配管理

「眞主（上帝『耶和華』）」的「清眞寺」；這等人或許是遵循「正道」的。

9:19. 供給「朝覲者」以飲料，並管理「禁寺」的人，與確信「眞主（上帝『耶和華』）」和「末日」，並爲「眞主（上帝『耶和華』）」而奮鬥的人，你們以爲他倆是一樣的嗎？在「眞主（上帝『耶和華』）」看來，彼此不是相等的。「眞主（上帝『耶和華』）」是不引導「不義（不信神）」的民衆的。

9:29. 當抵抗不信「眞主（上帝『耶和華』）」和「末日」，不遵「眞主（上帝『耶和華』）」及其「使者（使徒）」的「戒律」，不奉「眞教」的人，即曾受《天經（舊約聖經）》的人，你們要與他們戰鬥，直到他們依照自己的能力，規規矩矩地交納「丁稅」。

9:44. 信仰「眞主（上帝『耶和華』）」和「末日」者，不要求你准許他們不借他們的財產和生命而奮鬥。「眞主（上帝『耶和華』）」是全知自製者的。

9:45. 只有不信「眞主（上帝『耶和華』）」和「末日」，而且心中懷疑的人才向你請假，他們在自己的懷疑中猶豫不決。

● **《古蘭經》第二十四章　光明（努爾）**：

24:2. 「淫婦」和「姦夫」，你們應當各打一百鞭。你們不要爲憐憫他倆而減免「眞主（上帝『耶和華』）」的刑罰，如果你們確信「眞主（上帝『耶和華』）」和「末日」。叫一夥「信士」，監視他倆的受刑。

下面是《古蘭經》裡，提到「復活日」的經文。

● **《古蘭經》第一章　開端（法諦海哈）**：

1:85. 然後，你們自相殘殺，而且把一部分「同族的人」逐出境外，你們同惡相濟，狼狽爲奸地對付他們——如果他們被俘來歸，你們卻替他們贖身——驅逐他們，在你們是犯法的行爲。你們確信「經典」裡的一部分律例，而不信別一部分嗎？你們中作此事者，其報酬不外在今世生活中受辱，在「復活日」，被判受最嚴厲的刑罰。「眞主（上帝『耶和華』）」絕不忽視你們的行爲。

1:113. 「猶太教徒」和「基督教徒」，都是誦讀《天經（舊約聖經）》的，「猶太教徒」卻說：「『基督教徒』毫無憑據。」「基督教徒」也說：「『猶太教徒』毫無憑據。」無知識的人，他們也說這種話。故「復活日」「眞主（上帝『耶和華』）」將判決他們所爭論的是非。

1:174. 隱諱「眞主（上帝『耶和華』）」所降示的「經典」，而以廉價出賣它的人，只是把火吞到肚子裡去，在「復活日」，「眞主（上帝『耶和華』）」既不和他們說話，又不滌除他們的罪惡，他們將受痛苦的刑罰。

1:212. 「不信道（不信神）」的人，爲今世的生活所迷惑，他們嘲笑「信道者（信神的人）」，「復活日」，「敬畏者」將在他們之上；「眞主（上帝『耶和華』）」將無量地供給他所意欲者。

●**《古蘭經》第三章 儀姆蘭的家屬（阿黎儀）**：

3:55. 當時，「眞主（上帝『耶和華』）」對「爾撒（耶穌）」說：「我必定要使你壽終，要把你擢升到我那裡，要爲你滌清『不通道者（不信神的人）』的誣衊，要使信仰你的人，在不信仰你的人之上，直到『復活日』。然後你們只歸於我，我要爲你們判決你們所爭論的是非。」

3:77. 以「眞主（上帝『耶和華』）」的盟約和自已的盟誓換取些微代價的人，在「後世」不獲恩典，「復活日」，「眞主（上帝『耶和華』）」不和他們說話，不睬他們，不滌淸他們的罪惡，他們將受痛苦的刑罰。

3:161. 任何「先知」，都不致於侵蝕「公物」。誰侵蝕「公物」，在「復活日」，誰要把他所侵蝕的「公物」拿出來。然後，人人都得享受自己行爲的完全的報酬，他們不受虧枉。

3:180. 吝惜「眞主（上帝『耶和華』）」所賜的恩惠的人，絕不要認爲他們的吝惜，對於他們是有益的，其實，那對於他們是有害的；「復活日」，他們所吝惜的（財產），要像一個項圈一樣，套在他們的頸項上。天地間的遺產，只是「眞主（上帝『耶和華』）」的。「眞主（上帝『耶和華』）」是徹知你們的行爲的。

3:185. 人人都要嘗死的滋味。在「復活日」，你們才得享受你們的完全報酬。誰得遠離「火獄」，而入「樂園（天堂）」，誰已成功。今世的生活，只是虛幻的享受。

3:194. 我們的主啊！你曾借衆「使者（使徒）」的口而應許我們的恩惠，求你把它賞賜我們，求你在「復活日」不要淩辱我們。你確是不爽約的。

●**《古蘭經》第四章　婦女（尼薩儀）：**

4:109. 你們這些人啊！在今世生活中，你們替他們辯護，「復活日」，誰替他們辯護呢？誰做他們的「監護者」呢？

4:141. 他們是期待你們遭遇「災難」的。如果你們獲得從「眞主（上帝『耶和華』）」發出的勝利，他們就說：「難道我們沒有和你們在共同作戰嗎？」如果「不通道者（不信神的人）」幸而戰勝，他們就說：「難道我們沒有戰勝你們，並且使你們得免於『通道者（信神的人）』的征服嗎？」故「復活日」「眞主（上帝『耶和華』）」將替你們判決，「眞主（上帝『耶和華』）」絕不讓「不通道者（不信神的人）」對「通道（信神）」的人有任何途徑。

4:159. 信奉《天經（舊約聖經）》的人，在他未死之前，沒有一個信仰他的，在「復活日」他要作證他們。

●《古蘭經》第五章　筵席（馬以代）：

5:14. 自稱「基督教徒」的人，我曾與他們締約，但他們拋棄自己所受的一部分勸戒，故我使他們互相仇恨，至於「復活日」。那時，「眞主（上帝『耶和華』）」要把他們的行爲告訴他們。

5:64. 「猶太教徒」說：「『眞主（上帝「耶和華」）』的手是被拘束的。」但願他們的手被拘束，但願他們因爲自己所說的惡言而被棄絕！其實，他的兩隻手是展開的；他要怎樣費用，就怎樣費用。從你的主降示你的「經典」，必定要使他們多數的人更加橫暴，更加「不通道（不信神）」。我將仇視和怨恨，投在他們之間，直到「復活日」。每逢他們點燃戰火的時候，「眞主（上帝『耶和華』）」就撲滅它。他們在地方上肆意作惡。「眞主（上帝『耶和華』）」不喜愛作惡的人。

●《古蘭經》第六章　牲畜（艾奈阿姆）：

6:12. 你說：「天地萬物是誰的？」你說：「是『眞主（上帝「耶和華」）』的。」他曾以慈憫爲自己的責任。他必在無疑的『復活日』集合你們。」「虧折（損失虧耗）」自身的人，是「不通道（不信神）」的。

●《古蘭經》第七章　高處（艾耳拉弗）：

7:32. 你說：「『眞主（上帝「耶和華」）』爲他的「臣民」而創造的服飾和佳美的食物，誰能禁止他們去享受呢？」你說：「那些物品爲『通道者（信神的人）』在今世所共有，在「復活日」所獨享的。」我爲有知識的民衆這樣解釋一切「跡象」。

●《古蘭經》第十一章　呼德：

11:96. 我確已派遣「穆薩（摩西）」帶著我的許多「跡象」和「明證」去。

11:97. 教化「法老」及其「貴族」，但他們順從「法老」的命令，而「法老」的命令不是正確的。

11:98. 在「復活日」，「法老」將引導他的「百姓」，而將他們引入「火獄」，他們所進入的那個地方眞惡劣。

11:99. 他們在今世受「詛咒」，在「復活日」也遭受詛咒。他們所受的援助眞惡劣！

●《古蘭經》第章　夜行（伊斯拉）：

17:13. 我使每個人的行爲附著在他的脖子上。在「復活日」，我要爲每個人取出一個展開的本子。

17:58. 一切市鎮，在「復活日」之前，我都要加以毀滅，或加以嚴厲的懲罰，這是記錄在《天經（舊約聖經）》裡的。

17:62. 他說：「你告訴我吧，這就是你使他超越我的人嗎？如果你寬限我到『復活日』，我誓必根絕他的『後裔』，但少數人除外。」

●《古蘭經》第二十八章　故事（改賽素）：

28:41. 我以他們為召人於「火獄」的罪魁，「復活日」，他們將不獲援助。

28:42. 在今世我使詛罵追隨他們；「復活日」，他們的面目將變成醜惡的。

28:61. 得到我的美好的應許，而將獲得實惠的人，與在今世生活中獲得我的給養而在「復活日」被傳喚者，彼此相似嗎？

28:71. 你說：「你們告訴我吧！如果『眞主（上帝「耶和華」）』使『黑夜』為你們延長到『復活日』，那末，除『眞主（上帝「耶和華」）』外，哪一個『神靈』能把光明帶來給你們呢？難道你們不會聽話嗎？」

二十九、「伊斯蘭教」的「五功」

「五功」是「伊斯蘭教」的五項基本習俗，被認為是所有「穆斯林」都必須遵行的五項基本原則。

《古蘭經》指出「五功」是崇拜「眞主（上帝『耶和華』）」及履行宗教信仰的「準則」和「證明」，分別是「念、拜、齋、課、朝」五個項目，即「念證、禮拜、齋戒、天課、朝覲」，詳細說明如下：

⑴念：念證，即「念證詞」，爲信仰作證，「穆斯林」要至少要有一次公開作信仰表白，念「清眞言」。

⑵：禮拜，即「謹守拜功」，每日跪拜祈禱五次。

⑶齋：齋戒，即封齋節欲」，在「齋戒月」，從「日出」到「日落」禁食。

⑷課：天課，即「法定施捨」，捐獻作爲義務稅項。

⑸朝：朝覲，即「朝覲天房」，在身體及財政條件許可之下，於有生之年，至少有一次，到「麥加」朝聖。

●《布哈里聖訓實錄》第六十六篇：《古蘭經》注釋

66:4515.「伊斯蘭」築基於五件事項之上，它們是信仰「安拉（上帝『耶和華』）」和「安拉（上帝『耶和華』）」的「使者（使徒）」；一天禮五次拜；封「伊曆九月份」的齋；完納「天課（宗教賦稅、慈善施捨、財產潔淨）」和「朝覲（到麥加去朝拜）」。

「穆斯林」在有生之年能完成「五功」者，則可在其名前，冠以「哈芝」一詞，以表明身分。「哈芝」原意爲「巡禮人」或「朝覲者」，是「伊斯蘭文化」中，給予曾經前往「阿拉伯的天房」，即「伊斯蘭教」聖地「麥加」進行「朝覲」，並且按照規定完成「朝覲功課」之男女「穆斯林」的尊稱。

下面是《古蘭經》裡，提到「五功」的經文，並且詳細說明「念證、禮拜、齋戒、天課、朝覲」的內涵。

⑴念證：

「清眞言」又稱爲「念證、作證詞」，是「宣誓」的意思，是「伊斯蘭教」的信仰基石。「清眞言」代表的是「穆斯林」的認主獨一信念，並且接受「穆罕默德」爲「眞主（上帝『耶和華』）」的「使者（使徒）」。

「清眞言」的讀法如下：「La illaha ill Allah, Muhammadur Rasul Allah」，意爲「萬物非主，唯有眞主穆罕默德是眞主的使者」。

念「萬物非主，唯有眞主」時，必須右手伸出「食指」比出「一」的手勢，代表「認主獨一」；在念「穆罕默德，是主使者。」時，「食指」收回，改「握拳」。

前半部分表示，聲明者承認「眞主（上帝『耶和華』）」是唯一敬拜的神，這也意味著，「聲明者」跟從「眞主（上帝『耶和華』）」，在《古蘭經》所作的「啟示」和「律例」。後半部分表示，他們崇拜的「眞主（上帝『耶和華』）」是通過先知「穆罕默德」接觸他們。

「穆斯林」在奉行「五功」的禮拜時，都會誦讀「清眞言」，以表示他們追隨「眞主（上帝『耶和華』）」的意志。一些「非穆斯林」要改信「伊斯蘭教」，也要吟誦「清眞言」，之後才被正式視爲「穆斯林」。

「清眞言」經常出現在「書法作品」、「清眞寺的牆上」、「公衆場所」及「穆斯林的家裡」，用以提醒「穆斯林」，要崇拜獨一的「眞主（上帝『耶和華』）」。

●**《古蘭經》第二十三章　信士（慕米農）**：

23:68. 他們沒有熟思「眞言」呢？還是沒有降臨他們的「祖先」的「經典」已降臨他們呢？

●《古蘭經》第二十八章　故事（改賽素）：

28:51. 我確已續示「眞言」，以便他們紀念。

28:52. 在啟示這「眞言」之前，曾蒙我賞賜《天經（舊約聖經）》的人，是確信這「眞言」的。

28:53. 當有人對他們宣讀這「眞言」的時候，他們說：「我們確信這「眞言」，它確是從我們的主降示的，在降示它之前，我們確是歸順的。」

(2)禮拜：

「伊斯蘭教」的「禮拜」，又稱「薩拉特」或「薩拉赫」，意思是要專心致志予「眞主（上帝『耶和華』）」，被視爲與「眞主（上帝『耶和華』）」的私人溝通，以表達感謝及崇拜之意。

每次「禮拜」都要面向「麥加」的「克爾白」方向進行，「禮拜」是「伊斯蘭教」信仰的實踐之一。許多人一天只禮拜兩次，分別在「淸晨」與「黃昏」，因爲《古蘭經》只提到這兩次「禮拜」的名稱。「遜尼派」「穆斯林」的「禮拜」，一天必須行五次，分別爲「晨禮、晌禮、晡禮、昏禮、宵禮」；但是，「什葉派」「穆斯林」的「禮拜」，大多一天只禮拜三次。

「禮拜」是必須履行的，但是可視情況而彈性處理，例如老人、病人、軍人、旅宿者、孕婦、殘障人士等，可以減免「禮拜」次數。在許多「穆斯林」國家，當地的「淸眞寺」會在適時，公開播音通知提醒。「禱告文」以「阿拉伯語」誦讀。

●《古蘭經》第二章　黃牛（巴格勒）：

2:45. 你們當借「堅忍」和「禮拜」而求佑助。「禮拜」確是一件難事，但對「恭敬的人」卻不難。

●**《古蘭經》第四章　婦女（尼薩儀）：**

4:43.「通道（信神）」的人們啊！你們在「酒醉的時候」不要「禮拜」，直到你們知道自己所說的是什麼話；除了「過路的人」以外，在「不潔的時候」不要入「禮拜殿」，直到你們「沐浴」。如果你們有病，或旅行，或入廁，或性交，而不能得到水，那末，你們可趨向「潔淨的地面」，而摩你們的臉和手。「眞主（上帝『耶和華』）」確是至恕的，確是至赦的。

●**《古蘭經》第五章　筵席（馬以代）：**

5:6.「通道（信神）」的人們啊！當你們起身去「禮拜」的時候，你們當「洗臉和手」，洗至於「兩肘」，當「摩頭」，當「洗腳」，洗至「兩踝」。如果你們是「不潔的」，你們就當「洗周身」。如果你們害病或旅行，或從廁所來，或與婦女交接，而得不到水，你們就當趨向「清潔的地面」，而用一部分土「摩臉和手」。「眞主（上帝『耶和華』）」不欲使你們「煩」難，但他欲使你們「清潔」，並完成他所賜你們的恩典，以便你們感謝。

●**《古蘭經》第九章　懺悔（討白）：**

9:108. 你永遠不要在那座「清眞寺」裡做「禮拜」。從第一天起就以敬畏爲地基的「清眞寺」，確是更值得你在裡面做「禮拜」的。那裡面有許多愛好「清潔者」；「眞主（上帝『耶和華』）」是喜愛「清潔者」的。

●**《古蘭經》第二十章　塔哈：**

20:132. 你應當命令你的「信徒們」「禮拜」，你對於「拜功（禮拜）」，也應當有恆，我不以「給養（供養）」「責成（要求他人完成任務）」你，我供給你。「善果」只歸於「敬畏者」。

(3)齋戒：

「伊斯蘭教」的「齋戒」，又稱爲「伊斯蘭齋月」，是「伊斯蘭教」的「五功」之一。完成「齋戒」的條件是，在「賴買丹月」，即「伊斯蘭曆」的「九月」，在黎明至黃昏期間，也就是太陽出現的時段（白天）內，禁止飲食與行房。「穆斯林」會在這段時期，前往「淸眞寺」進行「額外的禮拜」。在「賴買丹月」結束的當晚，「穆斯林」會舉辦盛大的慶典。

「齋戒」的用意是，追求靠近「眞主（上帝『耶和華』）」的感覺，「穆斯林」在「賴買丹月」必須對「眞主（上帝耶和華」）」懷著感恩及依靠之心，以彌補他們過去所犯的過失，關注有需要的人。

「伊斯蘭教」認爲「齋戒」可以磨練「穆斯林」的「道德品格」，抵抗及遠離任何形式的罪惡。對於一些會造成過度負擔的人，如病人或孕婦來說，齋戒不是必須的，也容許根據情況作彈性的處理，未能在「賴買丹月」恪守齋戒的人須盡快彌補。

除了「賴買丹月」必須恪守的「齋戒」，「穆斯林」也可在其他時間進行「齋戒」，以調整心態及銘記對「眞主（上帝耶和華」）」的信仰。

●**《古蘭經》第二章　黃牛（巴格勒）**：

2:183. 「信道（信神）」的人們啊！「齋戒」已成爲你們的「定制」，猶如它曾爲前人的「定制」一樣，以便你們敬畏。

2:184. 故你們當「齋戒」有數的若干日。你們中有害病或旅行的人，當依所缺的日數補齋。難以

「齋戒者」，當納「罰贖」，即以一餐飯，施給一個貧民。自願行善者」，必獲更多的「善報」。「齋戒」對於你們是更好的，如果你們知道。

2:185. 「賴買丹月」中，開始降示《古蘭經》，指導世人，昭示「明證」，以便遵循正道，分別眞僞，故在此月中，你們應當「齋戒」；害病或旅行的人，當依所缺的日數「補齋」。「眞主（上帝『耶和華』）」要你們便利，不要你們困難，以便你們補足所缺的日數，以便你們贊頌「眞主（上帝『耶和華』）」引導你們的恩德，以便你們感謝他。

2:186. 如果我的僕人詢問我的情狀，你就告訴他們：我確是臨近的，確是答應「祈禱者」的祈禱的。當他祈禱我的時候，教他們答應我，信仰我，以便他們遵循正道。

2:187. 「齋戒」的夜間，准你們和妻室交接。她們是你們的衣服，你們是她們的衣服。「眞主（上帝『耶和華』）」已知道你們自欺，而恕饒你們，赦免你們；現在，你們可以和她們交接，可以求「眞主（上帝『耶和華』）」爲你們註定的（子女），可以吃，可以飲，至「黎明」時天邊的黑線和白線對你們截然劃分。然後「整日齋戒」，至於「夜間」。你們在「清眞寺」幽居的時候，不要和她們交接。這是「眞主（上帝『耶和華』）」的「法度（法律和制度）」，你們不要臨近它。「眞主（上帝『耶和華』）」這樣爲「世人」闡明他的「跡象」，以便他們敬畏。

2:196. 你們當爲「眞主（上帝『耶和華』）」而完成「大朝」和「小朝」。如果你們被困於中途，那末，應當獻一只易得的「犧牲」。你們不要剃髮，直到「犧牲」到達其定所。你們當中誰爲生病或頭部有疾而剃髮，誰當以「齋戒」，或「施捨」，或「獻牲」，作爲「罰贖」。當你們平安的時候，凡在「小朝」後享受到「大朝」的人，都應當獻一只易得的「犧牲」。凡不能獻牲的，都應當在「大朝期間」「齋戒三日」，歸家後「齋戒七日」，共計十日。這是「家眷」不在「禁寺區域」內的人所應盡的義務。你們當敬畏「眞主（上帝『耶和華』）」，你們當知道「眞主（上帝『耶和華』）」的刑罰是嚴厲的。

(4)天課：

「天課」是伊斯蘭教的宗教術語，含有「潔淨」、「純淨」的意思，是一種「宗教賦稅、慈善施捨」，也就是說通過交付「天課」使自己的財產更加潔淨，是「念、拜、齋、課、朝」五功的第四功。

根據「伊斯蘭教」的「教法」規定，當「穆斯林」的「個人資產」超過了一定的限額，就應該按照一定的比率「繳納課稅」，用於施捨貧困者，只有如此，他所持有的財產，才算是「合法純潔的」。「天課」的制度，是在伊斯蘭曆二年（公元六二三年）規定的。

「穆斯林」認爲，「天課」是「眞主（上帝『耶和華』）」對那些豐衣足食的「穆斯林」人民的「主命」，指令他們把每年盈餘財富的一部分，用作幫助貧民和有需要的人。

《古蘭經》指明這些「捐獻」僅給予「貧窮者、赤貧者、管理賑款者、心被團結者、無力贖身者、不能還債者、爲主道工作者、途中窮困者」。這是一種「宗教義務」，不是「自願性質」的善舉，「富人」被認爲是虧欠有需要者，因爲他們的財富被視爲是「眞主託付的贈款」。

●《古蘭經》第七十三章　披衣的人（孟贊密魯）：

73:20.你們應當謹守「拜功（禮拜）」，完納「天課（宗教賦稅、慈善施捨、財產潔淨）」，並以「善債」借給「眞主（上帝『耶和華』）」。你們爲自己做什麼「善事」，都將在「眞主（上帝『耶和華』）」那裡得到更好更大的報酬。你們應當向「眞主（上帝『耶和華』）」求饒，「眞主（上帝『耶和華』）」是至赦的，是至慈的。

●《古蘭經》第五章　筵席（馬以代）：

5:12. 「眞主（上帝『耶和華』）」與「以色列的後裔」確已締約，並從他們中派出十二個首領。「眞主（上帝『耶和華』）」說：「我確與你們同在。如果你們謹守『拜功（禮拜）』，完納『天課（宗教賦稅、慈善施捨、財產潔淨）』，確信我的衆『使者（使徒）』，並協助他們，並以『善債』借給『眞主（上帝「耶和華」）』，我必勾銷你們的罪惡，我必讓你們進入下臨諸河的『樂園（天堂）』。此後，誰『不通道（不信神）』，誰已迷失了正路。」

●《古蘭經》第二章　黃牛（巴格勒）：

2:43. 你們當謹守「拜功（禮拜）」，完納「天課（宗教賦稅、慈善施捨、財產潔淨）」，與「鞠躬者」一同鞠躬。

2:83. 當時，我與「以色列的後裔」締約，說：「你們應當只崇拜『眞主（上帝「耶和華」）』，並當孝敬父母，和睦親戚，憐恤孤兒，賑濟貧民，對人說善言，謹守『拜功（禮拜）』，完納『天課（宗教賦稅、慈善施捨、財產潔淨）』。」然後，你們除少數人外，都違背約言，你們是常常爽約的。

2:110. 你們應當謹守「拜功（禮拜）」，完納「天課（宗教賦稅、慈善施捨、財產潔淨）」。凡你們爲自己而行的善，你們將在「眞主（上帝『耶和華』）」那裡發見其報酬。「眞主

（上帝『耶和華』確是明察你們的行爲的。

2:177. 你們把自己的臉轉向「東方」和「西方」，都不是「正義」。「正義」是信「眞主（上帝『耶和華』）」，信「末日」，信「天神（天使）」，信《天經（舊約聖經）》，信「先知」，並將「所愛的財產」施濟親戚、孤兒、貧民、旅客、乞丐和贖取奴隸，並謹守「拜功（禮拜）」，完納「天課（宗教賦稅、慈善施捨、財產潔淨）」，履行約言，忍受窮困、患難和戰爭。這等人，確是忠貞的；這等人，確是敬畏的。

2:277.「信道（信神）」而且「行善」，並謹守「拜功（禮拜）」，完納「天課（宗教賦稅、慈善施捨、財產潔淨）」的人，將在他們的主那裡享受報酬，他們將來沒有恐懼，也不會憂愁。

● 《古蘭經》第四章　婦女（尼薩儀）：

4:77. 難道你沒有看見嗎？有人曾對他們說：「你們當制止自己的武力，當謹守『拜功（禮拜）』，當完納『天課（宗教賦稅、慈善施捨、財產潔淨）』。」當「眞主（上帝『耶和華』）」以抗戰爲他們的定制的時候，他們中有一部分人畏懼敵人，猶如畏懼「眞主（上帝『耶和華』）」，乃至更加畏懼。他們說：「我們的主啊！你爲什麼以抗戰爲我們的『定制』呢？你爲什麼不讓我們延遲到一個臨近的日期呢？」你說：「『今世』的享受，是些微的；『後世』的報酬，對於『敬畏者』，是更好的。你們不受一絲毫的虧枉。」

4:162. 但他們中學問淵博的，確信「正道的東」確信降示你的「經典」，和在你之前所降示的「經典東」和謹守「拜功（禮拜）」的，完納「天課（宗教賦稅、慈善施捨、財產潔淨）」的，和確信「眞主（上帝『耶和華』）」與「末日」的人，這等人，我將賞賜他們重大的報酬。

● 《古蘭經》第七章　高處（艾耳拉弗）：

7:156. 求你在「今世」和「後世」爲我們註定幸福，我們確已對你悔過了。主說：「我的刑罰，是用去懲治我欲懲治的人的，我的慈恩是包羅萬物的。我將註定以我的慈恩歸於敬畏『眞主（上帝「耶和華」）』，完納『天課（宗教賦稅、慈善施捨、財產潔淨）』，而且信仰我的『跡象』者。」

● 《古蘭經》第九章　懺悔（討白）：

9:5. 當「禁月」逝去的時候，你們在哪裡發現「以物配主（崇拜偶像）」者，就在那裡殺戮他們，俘虜他們，圍攻他們，在各個要隘偵候他們。如果他們悔過自新，謹守「拜功（禮拜）」，完納「天課（宗教賦稅、慈善施捨、財產潔淨）」，你們就放走他們。「眞主（上帝『耶和華』）」確是至赦的，確是至慈的。

(5)朝覲：

「覲（ㄐㄧㄣˋ）」是「拜會、訪謁」或「下級人員進見君主或上級長官」哦意思，「朝覲」是在「伊斯蘭曆」的「都爾黑哲月（第十二個月）」，「伊斯蘭教徒」到「麥加」進行「朝拜」的宗教活動，這是每年全世界「穆斯林」最大規模的聚會，也是「伊斯蘭教」的「五功」之一。

依據「朝覲規範」，每一個身體健康，經濟良好的「穆斯林」，一生當中至少必「須朝覲一次」。「朝覲」是「穆斯林」團結及順服「眞主（上帝『耶和華』）」的一種展示。

每年「朝覲」的日期是「伊斯蘭曆」十二月的第八日到第十二日。由於「伊斯蘭曆法」是「陰曆」，每年比「公曆」少十一天，因此「朝覲日期」在「公曆」中，年年都不同。

「朝覲」分爲「大朝（又稱正朝）」和「小朝（又稱副朝）」。每年的「朝覲季節」，新聞媒體所說的「朝覲」，都是指的「大朝（正朝）」。「大朝（正朝）」的時間，又稱爲「朝覲的季節」，是「伊斯蘭教」歷的十二月八日到十三日。「小朝（副朝）」是任何時間都可以。「大朝（正朝）」比較複雜，要「幾天」時間完成；「小（副朝）朝」比較簡單，大約「半小時」左右就可以完成。

「朝覲」與「穆罕默德」的一生息息相關，但是「穆斯林」認爲，到「麥加」朝覲的儀式，可上溯到數千年前的「易卜拉欣（亞伯拉罕）」的年代。

「朝覲」那一週，上百萬的「朝覲者」，同時在「麥加」聚集，並且進行一系列的儀式。「朝覲儀式」包括：

①當「朝覲者」進入「麥加」十公里範圍內時，「朝覲者」必須穿著「受戒服裝」。

②在「米納」及「阿拉法特」夜宿，準備進行「禮拜」。

③「朝覲者」到「麥加」圍繞「克爾白（卡巴天房）」，每個人以「逆時針方向」繞行七圈，「穆斯林」相信「克爾白（卡巴天房）」是「易卜拉欣（亞伯拉罕）」建造的禮拜場所。這個「立方形的建築」也是世上所有「穆斯林」祈禱時的方向。

④接著，再去「阿拉法特平原」守夜，轉至「賈馬拉特」，在「投石儀式」中向「魔鬼」擲石塊。象徵式地向「魔鬼」投石，重演「易卜拉欣（亞伯拉罕）」做過的動作。

⑤「朝覲者」要在「薩法山」與「麥爾沃山」，兩個小丘之間，來回奔走七次，飲用「滲滲泉」的「井水」，體驗「易卜拉欣（亞伯拉罕）」的妻子「夏甲」，爲她的兒子「易司馬儀（以實

瑪利）」尋找食物和水源的考驗。

⑥然後，「朝覲者」剃髮，進行動物獻祭的儀式。

⑦最後，全體慶祝全球性的「宰牲節」。

曾經去過「朝覲」的「男穆斯林」稱爲「哈吉」，「女穆斯林」稱爲「哈佳」，在「穆斯林世界」裡倍受尊重。

● **《古蘭經》第二章　黃牛（巴格勒）：**

2:128. 我們的主啊！求你使我們變成你的兩個「順民」，並從我們的「後裔」中造成歸順你的民族，求你昭示我們「朝覲的儀式」，求你恕宥我們，你確是至宥的，確是至慈的。

2:197. 「朝覲」的月份，是幾個可知的月份。凡在這幾個月內決計「朝覲」的人，在「朝覲」中當戒除淫辭、惡言和爭辯。凡你們所行的「善功」，「眞主（上帝『耶和華』）」都是知道的。你們當以「敬畏」做「旅費」，因爲最好的「旅費」是「敬畏」。有理智的人啊！你們當敬畏我。

2:200. 你們在舉行「朝覲」的典禮之後，當記念「眞主（上帝『耶和華』）」，猶如記念你們的祖先一樣，或記念得更多些。有人說：「我們的主啊！求你在『今世』賞賜我們。」他在「後世」，絕無「福分」。

● **《古蘭經》第三章　儀姆蘭的家屬（阿黎儀）：**

3:97. 其中有許多「明證」，如「易卜拉欣（亞伯拉罕）」的「立足地」；凡入其中的人都得安寧。凡能旅行到「天房（克爾白，天堂禮拜寺）」的，人人都有爲「眞主（上帝『耶和華』）」而「朝覲」「天房（克爾白，天堂禮拜寺）」的義務。「不通道（不信神）」的人（無損于「眞主（上帝『耶和華』）」），因爲「眞主（上帝『耶和華』）」）確是無求於全世界的。

●《古蘭經》第五章　筵席（馬以代）：

5:2.「通道（信神）」的人們啊！你們不要褻瀆「眞主（上帝『耶和華』）」的標識和「禁月」，不要侵犯作「犧牲」用的「牲畜」，不要破壞那些「牲畜」的項圈，不要傷害「朝覲禁寺」以求主的恩惠和喜悅的人。當你們「開戒」的時候，可以打獵。有人曾阻止你們進「禁寺」，你們絕不要爲怨恨他們而過分。你們當爲正義和敬畏而互助，不要爲罪惡和橫暴而互助。你們當敬畏「眞主（上帝『耶和華』）」，因爲「眞主（上帝『耶和華』）」的刑罰確是嚴厲的。

●《古蘭經》第九章　懺悔（討白）：

9:19.供給「朝覲者」以飲料，並管理「禁寺」的人，與確信「眞主（上帝『耶和華』）」和「末日」，並爲「眞主（上帝『耶和華』）」而奮鬥的人，你們以爲他倆是一樣的嗎？在「眞主（上帝『耶和華』）」看來，彼此不是相等的。「眞主（上帝『耶和華』）」是不引導「不義（不信神）」的民衆的。

●《古蘭經》第二十二章　朝覲（哈只）：

22:27.你應當在衆人中宣告「朝覲」，他們就從「遠道」或「徒步」或「乘著瘦駝」，到你這裡來。

三十、「穆斯林」是什麼？

「穆斯林」即「伊斯蘭教」信徒的自稱，信奉的「經典」是《古蘭經》。「伊斯蘭教」舊稱「回教」，所以又稱為「回教徒」。

「穆斯林」一詞音譯自阿拉伯語，其原意為「順從（信仰）者」、「擁護者」、「服從者」、「實現和平者」。用以指稱，「伊斯蘭教」的「信徒」或所有服從「造物主」的事、物，因為「信徒」實踐信仰方式包括：「行善」、「禮拜」和「遵從眞主的指示」。

● **《古蘭經》第二十二章　朝覲（哈只）：**

22:78. 你們應當為「眞主（上帝『耶和華』）」而眞實地奮鬥。他揀選你們，關於「宗教」的事，他未曾以任何煩難為你們的「義務」，你們應當遵循你們的祖先「易卜拉欣（亞伯拉罕）」的「宗教」，以前「眞主（上帝『耶和華』）」稱你們為「穆斯林」，在這部「經典」裡他也稱你們為「穆斯林」，以便「使者（使徒）」為你們作證，而你們為世人作證。你們當謹守「拜功（禮拜）」，完納「天課（宗教賦稅、慈善施捨、財產潔淨）」，信託「眞主（上帝『耶和華』）」；他是你們的「主宰」，「主宰」眞好！「助者」眞好！

● **《古蘭經》第四十一章　奉綏來特：**

41:33. 召人信仰「眞主（上帝『耶和華』）」，力行「善功」，並且說：「我確是『穆斯林』的人，在『言辭方面』，有誰比他更優美呢？」

「伊斯蘭教」有一項很特殊的律法，就是允許「穆斯林」可以娶四個「妻子」，但是都要公平對待每一個「妻子」。

●《古蘭經》第四章　婦女（尼薩儀）：

4:1. 衆人啊！你們當敬畏你們的主，他從「一個人」創造你們，他把那個人的「配偶」造成與他同類的，並且從他們倆創造許多「男人」和「女人」。你們當敬畏「眞主（上帝『耶和華』）」衷你們常假借他的名義，而要求相互的權利的主衷當尊重「血親」。「眞主（上帝『耶和華』）」確是監視你們的。

4:2. 你們應當把「孤兒的財產」交還他們，不要以（你們的）惡劣的（財產），換取（他們的）佳美的（財產），也不要把他們的財產併入你們的財產，而加以吞蝕。這確是大罪。

4:3. 如果你們恐怕不能公平對待「孤兒」，那末，你們可以擇你們愛悅的「女人」，各娶兩妻、三妻、四妻；如果你們恐怕不能公平地待遇她們，那末，你們只可以各娶一妻，或以你們的「女奴」爲滿足。這是更近於公平的。

4:4. 你們應當把「婦女」的「聘儀」，當做一份「贈品」，交給她們。如果她們心甘願情地把一部分「聘儀」讓給你們，那末，你們可以樂意地加以接受和享用。

4:15. 你們的「婦女」，若作「醜事」，你們當在你們的「男人」中尋求「四個人」作「見證」；如果他們已作證，你們就應當把她們拘留在家裡，直到她們死亡，或「眞主（上帝『耶和華』）」爲她們開闢一條出路。

4:16. 你們的「男人」，若作「醜事」，你們應當責備他們倆；如果他們倆悔罪自新，你們就應當原諒他們倆。「眞主（上帝『耶和華』）」確是至宥的，確是至慈的。

4:22. 你們不要娶你們的「父親」娶過的「婦女」，但已往的不受懲罰。這確是一件「醜事」，確是一件可恨的行爲，這種「習俗」眞惡劣！

4:23. 「眞主（上帝『耶和華』）」嚴禁你們娶你們的「母親、女兒、姐妹、姑母、姨母、侄女、外甥女、乳母、同乳姐妹、岳母」、以及「你們所撫育的繼女」，卽你們曾與她們的「母親」同房的，如果你們與她們的「母親」沒有同房，那末，你們無妨娶她們。「眞主（上帝『耶和華』）」還嚴禁你們娶你們「親生兒子的媳婦」，和「同時娶兩姐妹」，但已往的不受懲罰。「眞主（上帝『耶和華』）」確是至赦的，確是至慈的。

三十一、「天房」是什麼？

「伊斯蘭教」的「天房」，意思是「立方體房屋」，專指「眞主的房屋」。「天房」是「阿拉伯語」的中文翻譯，音譯爲「卡巴」或「克爾白」。所以，一般稱爲「卡巴天房」、「克爾白天房」、「天堂禮拜寺」，或簡稱「卡巴」、「克爾白」、「天房」。

「卡巴天房」是「伊斯蘭教」神聖的地方，位於「沙特阿拉伯」的「伊斯蘭教」聖城「麥加大清眞寺（禁寺）」的正中間，是拜「眞主（上帝『耶和華』）」的地方，也是世界「穆斯林」禮拜的「朝向」和「朝覲中心」。

「卡巴天房」相傳是第一個人類「阿丹（亞當）」，依照「天上原型的天堂建築」而建造興建的，後來「麥加」山洪氾濫，「卡巴天房」遭毀，由「易卜拉欣（亞伯拉罕）」和「易司馬儀（以實瑪利）」父子共同重建，並由「易司馬儀（以實瑪利）」擔任掌管「卡巴天房」的聖職。

「伊斯蘭教」認爲，「卡巴天房」是「天堂的建築」，是「天使崇拜眞主之處」在地上的翻版，而「卡巴天房」的位置就直接在那個「天堂建築」之下。

「卡巴天房」是「伊斯蘭教」最神聖的聖地，所有「穆斯林」在地球上任何的地方，必須面對它的方向祈禱，而且「伊斯蘭教」的「五功」包括了「朝覲」，也就是到「麥加」去朝拜「卡巴天房」。

公元三世紀時，由「也門胡扎爾部落」奪取了「卡巴天房」的掌管權。到「阿慕爾．本．魯哈伊」時，放棄了「易卜拉欣（亞伯拉罕）」的宗教信仰，在「卡巴天房」殿內豎立起多座「偶像」，「卡巴天房」就成爲「多神信仰」的中心，長達三個世紀之久。

「卡巴天房」做爲伊「斯蘭教」正式的「朝覲聖地」，則是「伊斯蘭教」先知「穆罕默德」，依照《古蘭經》的記載宣布的。

●**《古蘭經》第3章　儀姆蘭的家屬（阿黎儀）：**

3:96. 爲世人而創設的「最古的清眞寺」，確是在「麥加」的那所吉祥的「天房」、全世界的嚮導。

3:97. 其中有許多「明」證，如「易卜拉欣（亞伯拉罕）」的「立足地」；凡入其中的人都得安寧。凡能旅行到「天房」的，人人都有爲「眞主（上帝『耶和華』）」而朝覲「天房」的義務。「不通道（不信神）」的人（無損于「眞主（上帝『耶和華』）」），因爲「眞主（上帝『耶和華』）」確是無求於全世界的。

公元六二三年，「穆罕默德」奉「眞主（上帝『耶和華』）」的「啟示」，確定「卡巴天房」爲

「禮拜」的「朝向」。公元六二八年，宣布朝覲「卡巴天房」是「穆斯林」必須遵守的「主命」。公元六三〇年，「穆罕默德」重返「麥加」後，清除了「卡巴天房」殿內的三百六十尊「偶像」，「卡巴天房」就正式成爲「穆斯林」朝拜的中心。

「卡巴天房」是一座南北長十二公尺，東西寬十點十公尺，高十五公尺，用「灰褐色硬石」砌成的「立方體建築」。殿內用三根「沉香大木柱」支撐，頂上有許多「小方格」，書寫著「安拉至大」的經文。殿內四壁掛著「玫瑰色絲綢帷幕」，地面全部用「大理石」鋪成。整個建築，終年罩著「黑色錦緞帷幔」，上面繡著金色的《古蘭經》文，每年更換一次。

●**《古蘭經》第二章　黃牛（巴格勒）：**

2:125. 當時，我以天房爲衆人的歸宿地和安寧地。你們當以「易卜拉欣（亞伯拉罕）」的立足地爲「禮拜處」。我命「易卜拉欣（亞伯拉罕）」和「易司馬儀（以實瑪利）」說：「你們倆應當爲旋繞致敬者、虔誠住守者、鞠躬叩頭者，清潔我的房屋。」

2:126. 當時，「易卜拉欣（亞伯拉罕）」說：「我的主啊！求你使這裡變成安寧的地方，求你以各種糧食供給這裡的居民——他們中信『眞主（上帝「耶和華」）』和『末日』的人。」他說：「『不信道者（不信神的人）』，我將使他暫時享受，然後強逼他去受火刑。那結果眞惡劣！」

2:127. 當時，「易卜拉欣（亞伯拉罕）」和「易司馬儀（以實瑪利）」樹起「天房（克爾白，天堂禮拜寺）」的基礎，他們倆祈禱說：「我們的主啊！求你接受我們的敬意，你確是全聰的，確是全知的。

2:128. 我們的主啊！求你使我們變成你的兩個『順民』，並從我們的後裔中造成歸順你的民族，求你昭示我們『朝覲（到麥加去朝拜）』的儀式，求你恕宥我們，你確是至宥的，確是至慈的。

2:129. 我們的主啊！求你在他們中間派遣一個同族的『使者（使徒）』，對他們宣讀你的啟示，教授他們《天經（舊約聖經）》和智慧，並且薰陶他們。你確是萬能的，確是至睿的。」

2:130. 除「妄自菲薄者」外，誰願鄙棄「易卜拉欣（亞伯拉罕）」的宗教呢？在今世，我確已揀選了他；在後世，他必居於善人之列。

2:131. 當時，他的主對他說：「你歸順吧。」他說：「我已歸順全世界的主了。」

● **《古蘭經》第二十二章　朝覲（哈只）：**

22:26. 當時我曾為「易卜拉欣（亞伯拉罕）」指定「天房」的地址，我說：「你不要以任何物配我，你應當為『環行者、立正者、鞠躬者』和『叩頭者』，打掃我的房屋。

22:27. 你應當在眾人中宣告『朝覲』，他們就從『遠道』或『徒步』或『乘著瘦駝』，到你這裡來。

22:28. 以便他們見證他們所有的許多利益，並且在規定的若干日內，紀念『眞主（上帝「耶和華」）』之名而屠宰他賜給他們的『牲畜』，你們可以吃那些『牲畜』的肉，並且應當用來款待困苦的和貧窮的人。」

● **《古蘭經》第五十二章　山嶽（突爾）：**

52:4. 以眾人「朝覲」的「天房」盟誓。

●**《古蘭經》第一百零六章　古來氏：**

奉至仁至慈的「眞主（上帝『耶和華』）」之名

106:1. 因爲保護「古來氏」。

106:2. 因爲在「冬季」和「夏季」的旅行中保護他們。

106:3. 故教他們崇敬這「天房」的主。

三十二、「穆斯林」不可以吃「豬肉」

「伊斯蘭教」禁食「豬肉」，其實是有深遠的民族和宗教根源。「不吃豬肉」是古代「閃米特人」的一項「古老宗教禁忌」。他們視「死動物和豬」是「穢物」，不能吃也不能用手觸摸，也不可以用於祭神。「猶太人」、「阿拉伯人」和「部分埃及人」都是古代「閃米特人」的後裔，所以有這種觀念。

「伊斯蘭教」的飲食禁忌，包括幾個方面：「自死物」、「溢流的血」、「豬肉」、「誦非安拉之名而宰的動物」等。

當時，「穆罕默德」在傳播「伊斯蘭教」的時候，繼承了這一個古老的宗教傳統，將「豬肉」視爲「禁品」。《古蘭經》更是三令五申的強調，「不可吃豬肉」。

●**《古蘭經》第二章　黃牛（巴格勒）：**

2:172. 「信道（信神）」的人們啊！你們可以吃我所供給你們的佳美的食物，你們當感謝「眞主（上帝『耶和華』）」，如果你們只崇拜他。

2:173. 他只禁戒你們吃「自死物」、「血液」、「豬肉」、以及「誦非眞主之名而宰的動物」；凡爲勢所迫，非出自願，且不過分的人，（雖吃禁物），毫無罪過。因爲「眞主（上帝『耶和華』）」確是至赦的，確是至慈的。

在下面這些章節裡，明確提到「死亡的動物」、「血液」、「豬肉」是被「眞主（上帝『耶和華』）」給禁止的，除非是在艱苦的環境之下，食用是被原諒的。

除了「死肉」、「血液」和「豬肉」是被嚴厲禁止食用的以外，《古蘭經》也針對「死肉」的細節作說明，那些「生前就已經因宰殺、勒死、跌死」或「被其他動物吃剩的肉品」，是不被允許所食用的。

● **《古蘭經》第五章　筵席（馬以代）：**

5:3. 禁止你們吃「自死物」、「血液」、「豬肉」、以及「誦非眞主之名而宰殺的」、「勒死的」、「捶死的」、「跌死的」、「觝死的」、「野獸吃剩的動物」，但「宰後才死的」，仍然可吃；禁止你們吃在「神石」上宰殺的；禁止你們「求籤」，那是罪惡。今天，「不通道（不信神）」的人，對於（消滅）你們的「宗教」已經絕望了，故你們不要畏懼他們，你們當畏懼我。今天，我已爲你們成全你們的「宗教」，我已完成我所賜你們的恩典，我已選擇「伊斯蘭」做你們的「宗教」。凡爲「饑荒」所迫，而無意犯罪的，（雖吃禁物，毫無罪過），因爲眞主確是至赦的，確是至慈的。

● **《古蘭經》第六章　牲畜（艾奈阿姆）：**

6:145. 你說：「在我所受的『啟示』裡，我不能發現任何人所不得吃的食物；除非是自『死物』，或『流出的血液』，或『豬肉』——因爲它們確是『不潔的』——或是『誦非眞主之名而宰的犯罪物』。」凡爲勢所迫，非出自願，且不過分的人，（雖吃禁物，毫無罪過），因爲你的主確是至赦的，確是至慈的。

●《古蘭經》第十六章　蜜蜂（奈哈勒）：

16:114.你們可以吃「眞主（上帝『耶和華』）」賞賜你們的合法而佳美的食物，你們應當感謝「眞主（上帝『耶和華』）」的恩惠，如果你們只崇拜他。

16:115.他只禁止你們吃自「死物」、「血液」、「豬肉」，以及「誦非眞主之名而屠宰者」。但爲勢所迫，非出自願，且不過分者，那末，「眞主（上帝『耶和華』）」確是至赦的，確是至慈的。

16:116.你們對於自己所敘述的事，不要妄言：「這是合法的，那是違法的。」以致你們假借「眞主（上帝『耶和華』）」的名義而造謠。假借「眞主（上帝『耶和華』）」的名義而「造謠者」必不成功。

根據以上的經文，可以了解「穆斯林」不吃「豬肉」的原因。其實，大部分的人都不知道一件事情，除了「豬肉」之外，「穆斯林」也禁食「性情凶殘、不反芻、食肉」的動物，例如虎、豹、狼、狗、貓、鷹、鴞等等，這些動物以「利爪」和「犬齒」獵捕動物，具有「侵略性」和「攻擊性」，食用的話，被認爲有害於「穆斯林」的「身心靈」，因此也是被禁止的。

此外，「兩棲類」和「爬蟲類」，同樣被視爲生存在「骯髒的環境」，也是被禁止吃的。

很多人都會問，爲什麼「伊斯蘭教」的「穆斯林」不吃豬肉呢？除了「不吃豬肉」是古代「閃米特人」的一項「古老宗教禁忌」這個原因之外，「穆斯林」不吃「豬肉」，還有一個原因，就是服從「眞主（上帝『耶和華』）」的指令，實踐宗教的責任，達到心靈上的滿足。就像「佛教徒吃素」一樣，不吃衆生肉，是爲了長養慈悲心，斷業力，脫輪迴。

本文一開始有提到，「不吃豬肉」是古代「閃米特人」的一項「古老宗教禁忌」。除了「阿拉伯人」以外，「猶太人」也是古代「閃米特人」的後裔，所以「猶太人」也有「不吃豬肉」這種觀念。因此，產生於「閃米特族」中的「猶太教」和「基督教」，也是有過「禁食死物和豬肉」的戒律。而且這一條「戒律」，還記載在《舊約聖經》之中。

●《舊約聖經》利未記：

11:7 「豬」、因爲「蹄分兩瓣」、卻不「倒嚼」、就與你們不潔淨。

11:8 這些獸的肉、你們不可喫、死的你們不可摸、都與你們不潔淨。

●《舊約聖經》申命記：

14:8 「豬」因爲是「分蹄」卻「不倒嚼」、就與你們「不潔淨」．「這些獸的肉」你們不可喫、死的也不可摸。

可是，放眼今日的「基督徒」，沒有人遵守這條戒律，這是爲什麼呢？對於這個問題，對《舊約聖經》和《新約聖經》了解程度不同的「基督徒」，答案就會不一樣。

對於沒有看過《舊約聖經》和《新約聖經》的「基督徒」來說，他們會很訝異在《聖經》裡怎麼會有這樣的律法？因爲，在他們的認知裡，「不能吃豬肉」不是「伊斯蘭教」的教義嗎？

因此，對於有看過《舊約聖經》和《新約聖經》的「基督徒」來說，一般都會認爲，對於《舊約聖經》莫名奇妙的「律法」，有了《新約聖經》就不用遵守《舊約聖經》了。

有學問一點的「基督徒」會辯解說，《舊約聖經》的「律法」，有當時代的背景，需要知道其背後的意思，不只是固守傳統，而要明白上帝「耶和華」透過這個吩咐所要傳遞的涵義。

在《舊約聖經》的「律法」裡，上帝「耶和華」吩咐「以色列人」不吃「豬肉」，祂不僅顧念「以色列人」身體的健康，更期待他們能夠像「牛、羊」一般緊跟著「牧人」。時至今日，「禁吃豬肉」的「律法」，已經不適用於「現代基督徒」。

「基督徒」這樣的回應其實是直接否定了《聖經》的絕對眞理，也就是說，上帝「耶和華」說過的話，是有時間限制的，並非是永恆的絕對。

如果《舊約聖經》的「律法」是有時間限制的，那「律法」作廢或修改的準則是什麼？難道「基督徒」都可以隨自己的喜好，去挑選喜歡的「律法」嗎？例如：當不喜歡「同性戀」時，就以《舊約聖經》的「律法」爲依據，說是有罪的，去攻擊「同性戀者」；當自己喜歡吃「豬肉」時，又說《舊約聖經》是有時代背景的，今日可以不用遵守的；當自己不想「割包皮」時，又說這「割禮」不用遵守了。

其實，「基督徒」要是認眞的研讀《舊約聖經》和《新約聖經》，吃「豬肉」這個問題，是有解的。

《舊約聖經》裡，確實有說「豬是不潔淨的」，因爲「豬」是「分蹄」，而且沒有「反芻」的動物，而被《舊約聖經》認爲是「不潔淨的動物」，所以「豬肉」是「不潔淨的」。

但是，在《新約聖經》裡，也有說各種動物（包括「豬」）的肉，都是可以吃的。

《新約聖經》裡說可以吃「豬肉」，是在《使徒行傳》裡，上帝「耶和華」向使徒「彼得」啟示的。上帝「耶和華」一連三次，要使徒「彼得」吃那些「彼得」認爲是「不潔淨」的各種動物，有聲音告訴使徒「彼得」說：「上帝所潔淨的，你不可當作俗物。」

●《新約聖經》使徒行傳：

10:9 第二天、他們行路將近那城、「彼得」約在「午正」、上房頂去禱告。

10:10 覺得餓了、想要喫・那家的人正預備飯的時候、「彼得」魂遊象外。

10:11 看見天開了、有一物降下、好像一塊「大布」・繫著四角、縋在地上。

10:12 裡面有地上各樣「四足的走獸」、和「昆蟲」、並天上的「飛鳥」。

10:13 又有聲音向他說、「彼得」、起來、宰了喫。

10:14 「彼得」卻說、主阿、這是不可的、凡「俗物」、和「不潔淨的物」、我從來沒有喫過。

10:15 第二次有聲音向他說、 「神所潔淨的、你不可當作俗物」。

10:16 這樣一連三次、那物隨即收回天上去了。

在《新約聖經》的《保羅書信》裡面，「保羅」也說，各樣食物都是「上帝所造、叫那信而明白眞道的人感謝著領受的。凡上帝所造的物都是好的，若感謝著領受，就沒有一樣可棄的。」

●《新約聖經》提摩太前書：

4:3 他們禁止嫁娶、又「禁戒食物」、（或作「又叫人戒葷」）就是 神所造叫那信而明白眞道的人、感謝著領受的。

4:4 凡 神所造的物、都是好的・若感謝著領受、就沒有一樣可棄的。

有人會問一個問題，《舊約聖經》和《新約聖經》都是《聖經》，「基督徒」相信《舊約聖經》和《新約聖經》都是上帝「耶和華」的「啟示」。這樣的話，上帝「耶和華」是否說話不算話，前後矛盾呢？

當然不是。從《舊約聖經》到《新約聖經》，上帝「耶和華」的「律法」並沒有完全改變，而是有「漸進式的修改」。

所以，《新約聖經》的《希伯來書》才會說。

● **《新約聖經》希伯來書：**

10:1 「律法」既是將來美事的「影兒」、不是「本物的眞像」、總不能藉著每年常獻一樣的「祭物」、叫那近前來的人得以完全。

對於《新約聖經》以後的「基督徒」來說，關於「道德的律法」，我們是必須按照字面遵守的，比如「十誡」說「不可以偷盜、不可以姦淫。」這些我們都必須要照做。但是，很多「宗教儀式」方面的「律法」，我們今天就不用再按照字面上去遵守，就像今天的「基督徒」去「教會」，不需要牽著牛羊去獻祭一樣。

《舊約聖經》到《新約聖經》，是有「漸進式的修改」，因爲「耶穌基督」來了，「耶穌基督」已經成全了《舊約聖經》的「律法」。但是，這並不是說，《新約聖經》否定了《舊約聖經》的「律法」。

「耶穌基督」自己說下面這段話：

● **《新約聖經》馬太福音：**

5:17 莫想我來要廢掉「律法」和「先知」．我來不是要「廢掉」、乃是要「成全」。

5:18 我實在告訴你們、就是到「天地都廢去」了、「律法」的一點一畫也不能廢去、都要「成全」。

「耶穌基督」講的「成全」，可以說是在「律法」的更高的層次上來「成全」。所以，「耶穌基督」的「代贖」和「救恩」，已經成就了、完全了《舊約聖經》的「律法」，應驗了《舊約聖經》裡面的「預表」。

在這樣的情況下，今天的「基督徒」，就要以《新約聖經》的指示，來做爲遵循的要點。所以，今天的「基督徒」，是可以吃豬肉的。

三十三、《討拉特（舊約聖經）》和《引支勒（四福音書）》

《討拉特》是「伊斯蘭教」所承認的「啟示經典」之一，同《古蘭經》、《引支勒》和《則逋爾》並稱爲「四部天啟的經典」。

在《古蘭經》中，多次提及《討拉特》，說它是「安拉（上帝『耶和華』）」啟示給「穆薩（摩西）」的經典，把奉行《討拉特》的「猶太教徒」稱爲「有經典的人」。

「基督徒」認爲，《討拉特》即「猶太教」的《摩西律法》，也稱爲《摩西五經》，也就是指《舊約聖經》。

「基督徒」認爲，一些「穆斯林」對《古蘭經》的曲解，都認定《天經（舊約聖經）》被篡改。但是，「穆斯林」學者認爲，這些典籍在流傳過程中，內容有被篡改之處，已經不是《討拉特》的本來內容。所以，不能將《舊約聖經》跟《討拉特》等同看待。

另外，「穆斯林」認爲《引支勒》是「爾撒（耶穌）」的《四福音書》的「阿拉伯語名」。根據《古蘭經》的記載，《引支勒》是「四部天啟」的「伊斯蘭」聖書之一。

「穆斯林」認爲《引支勒》的原本內容，已經被更改，「爾撒（耶穌）」的教訓已經丟失，被錯誤的教導所取代，通常認爲是在使徒「保羅」的教唆下更改的。

「穆斯林」認爲《馬太福音》、《馬可福音》、《路加福音》及《約翰福音》這四部福音和已丟失的《彼得福音》包含了很少的「爾撒（耶穌）」的原信息，他的大部分教導已被篡改或者已經丟失。

「穆斯林」認爲，《引支勒》是「眞主（上帝『耶和華』）」降示給「爾撒（耶穌）」的經典，所以《引支勒》眞正的作者是「眞主（上帝『耶和華』）」，和降示《古蘭經》給「穆罕默德」的方式一樣，「眞主（上帝『耶和華』）」逐字逐句將文字啟示「爾撒（耶穌）」，然後由「爾撒（耶穌）」寫下。「穆斯林」相信，「爾撒（耶穌）」默記了「啟示」，然後教給了自己的「門徒」。

「穆斯林」認爲，根據「眞主（上帝『耶和華』）」神性的「獨一性」原則，「爾撒（耶穌）」不可能是「眞主（上帝『耶和華』）」兒子的化身，「基督徒」敬拜「爾撒（耶穌）」是源自於後來使徒「保羅」增添的內容。

●《古蘭經》第三章　儀姆蘭的家屬（阿黎儀）：

3:2.　「眞主（上帝『耶和華』）」，除他外，絕無應受崇拜的；他是永生不滅的，是維護萬物的。

3:3. 他降示你這部包含「眞理」的「經典」，以證實以前的一切《天經（舊約聖經）》；他曾降示《討拉特（希伯來聖經、塔納赫、舊約聖經）》和《引支勒（四福音書）》。

3:48. 他要教他書法和智慧，《討拉特（希伯來聖經、塔納赫、舊約聖經）》和《引支勒（四福音書）》。

3:65. 信奉《天經（舊約聖經）》的人啊！你們爲什麼和我們辯論「易卜拉欣（亞伯拉罕）」（的宗教）呢？《討拉特（希伯來聖經、塔納赫、舊約聖經）》和《引支勒（四福音書）》是在他棄世之後才降示的。難道你們不瞭解嗎？

●《古蘭經》第五章　筵席（馬以代）：

5:46. 我在衆「使者（使徒）」之後續派「麥爾彥（聖母馬利亞）」之子「爾撒（耶穌）」以證實在他之前的《討拉特（希伯來聖經、塔納赫、舊約聖經）》，並賞賜他《引支勒（四福音書）》，其中有「嚮導」和「光明」，能證實在他之前的《討拉特（希伯來聖經、塔納赫、舊約聖經）》，並作「敬畏者」的「嚮導」和「勸諫」。

5:65. 假若信奉《天經（舊約聖經）》的人「通道（信神）」而且敬畏，我必勾銷他們的罪惡，我必使他們入恩澤的「樂園（天堂）」。

5:66. 假若他們遵守《討拉特（希伯來聖經、塔納赫、舊約聖經）》和《引支勒（四福音書）》和他們的主所降示他們的其他「經典」，那末，他們必得「仰食頭上的」，「俯食腳下的」。他們中有一夥中和的人；他們中有許多行爲惡劣的人。

5:67. 「使者（使徒）」啊！你當傳達你的主所降示你的全部「經典」。如果你不這樣做，那末，你就是沒有傳達他的「使命」。「眞主（上帝『耶和華』）」將保佑你免遭衆人的殺害。「眞主（上帝『耶和華』）」必定不引導「不傳道的民衆」。

5:68. 你說：「信奉《天經（舊約聖經）》的人啊！你們沒有什麼信仰，直到你們遵守《討拉特（希伯來聖經、塔納赫、舊約聖經）》和《引支勒（四福音書）》，以及你們的主所降示你們的『經典』。」你的主降示你的「經典」，必使他們中多數的人更加橫暴，更加「不通道（不信神）」；故你不要哀悼「不通道（不信神）」的民衆。

5:110. 那時，「眞主（上帝『耶和華』）」將說「麥爾彥（聖母馬利亞）」之子「爾撒（耶穌）」啊！你當記憶我所賜你和你「母親」的恩典。當時，我曾以「玄靈（聖靈）」扶助你，你在搖籃裡，在壯年時，對人說話。當時，我曾教你書法、智慧、《討拉特（希伯來聖經、塔納赫、舊約聖經）》和《引支勒（四福音書）》。當時，你奉我的命令，用泥捏一隻像鳥樣的東西，你吹氣在裡面，它就奉我的命令而飛動。你曾奉我的命令而治療「天然盲」和「大痲瘋」。你又奉我的命令而使「死人復活」。當時，我曾阻止「以色列的後裔」傷害你。當時，你曾昭示他們許多「跡象」，他們中「不通道（不信神）」的人說：「這只是明顯的『魔術』。」

●《古蘭經》第七章　高處（艾耳拉弗）：

7:157. 他們順從「使者（使徒）」——「不識字的先知」，他們在自己所有的《討拉特（希伯來聖經、塔納赫、舊約聖經）》和《引支勒（四福音書）》中發現關於他的記載。他命令他們「行善」，禁止他們「作惡」，准許他們吃佳美的食物，禁戒他們吃「汙穢的食物」，卸脫他們的重擔，解除他們的桎梏，故凡信仰他，尊重他，援助他，而且遵循與他一起降臨的光明的人，都是成功者。

●《古蘭經》第九章　懺悔（討白）：

9:111.「眞主（上帝『耶和華』）」確已用「樂園（天堂）」換取「信士」們的生命和財產。他們爲「眞主（上帝『耶和華』）」而戰鬥；他們或殺敵致果，或殺身成仁。那是眞實的應許，記錄在《討拉特（希伯來聖經、塔納赫、舊約聖經）》、《引支勒（四福音書）》和《古蘭經》中。誰比「眞主（上帝『耶和華』）」更能踐約呢？你們要爲自己所締結的契約而高興。那正是偉大的成功。

●《古蘭經》第四十八章　勝利（費特哈）：

48:29.「穆罕默德」是「眞主（上帝『耶和華』）」的「使者（使徒）」，在他左右的人，對外道是莊嚴的，對「教胞」是慈祥的。你看他們鞠躬叩頭，要求「眞主（上帝『耶和華』）」的恩惠和喜悅，他們的「標記」就在他們的臉上，那是叩頭的效果。那是他們在《討拉特（希伯來聖經、塔納赫、舊約聖經）》中的「譬喻」。他們在《引支勒（四福音書）》中的「譬喻」，是他們像一棵「莊稼（農作物的總稱）」，發出「枝條」，而他助它長大，而那「枝條」漸漸茁壯，終於固定在「苗本」上，使「農夫」欣賞。他將他們造成那樣，以便他借他們激怒「外道」。「眞主（上帝『耶和華』）」應許他們這等「通道（信神）」而且「行善者」，將蒙赦宥和重大的報酬。

三十四、「伊斯蘭教」的「聖戰」

「聖戰」是一個「伊斯蘭教」的術語，「阿拉伯語」叫做「吉哈德」，字面上的意思是「奮鬥」、「努力」，引伸成爲「爲主道而奮鬥」。「吉哈德」字面的意思，並不是「神聖的戰爭」，較準確的翻譯，應該是「鬥爭、爭鬥」。

由於有許多「極端組織」，嚴重歪曲和濫用「吉哈德」一詞，所以西方學者將「吉哈德」誤譯爲「聖戰」。

「伊斯蘭教」宣稱，「穆斯林」爲「眞主（上帝『耶和華』）」而戰犧牲後，「靈魂」可以進入「天園（天堂）」，這種「精神激勵」，成爲「伊斯蘭教」迅速擴張的重要原因。

根據「伊斯蘭教義」，「聖戰」是「爲主道而戰」，卽「穆斯林」的「護教戰爭」，是所有「伊斯蘭」教徒「穆斯林」，最重要的「宗教義務」之一。

《古蘭經》關於爲「主道」而戰的訓令，主要是集中在講「麥地那時期」的經文，規定每個「穆斯林」都要盡義務。之後，這個概念又成爲「阿拉伯人」對外征戰時，以「伊斯蘭教」旗號而打的戰爭。

雖然，對現代的「穆斯林」而言，「聖戰」的觀念對於「伊斯蘭教」來講已經過時了。不過，仍然有許多極端的「伊斯蘭教」教派，鼓吹「聖戰」，爲「眞主（上帝『耶和華』）」而戰。

例如：埃及的「穆斯林兄弟會」，出版一本小冊子《路標》，就極力鼓吹「聖戰觀念」，不過他們講的「聖戰」，意思和《古蘭經》的原意不一樣。《路標》的作者宣稱「伊斯蘭本身就是個聖戰，直到伊斯蘭傳遍全世界爲止」。

不過，因爲這本《路標小冊子》，在六〇到七〇年代，被「埃及」和許多「阿拉伯國家」列爲「禁書」，所以這種「錯誤的聖戰觀念」，在當時沒有多少人知道。

但是，在「埃及」還是有人受到《路標》的影響，祕密搞個「伊斯蘭聖戰士」組織，還祕密發佈一本叫做《聖戰：被遺忘的義務》小冊子，內容聲稱「聖戰」是每一個「穆斯林」都要盡的義務，只要是「反伊斯蘭教」的人，都是敵人，鼓吹對所有「反伊斯蘭教」的敵人，展開「聖戰」。

「伊斯蘭聖戰士」就是在這個理念之下，發動好多暴力的恐怖攻擊行動，例如：「埃及」的民選總統「沙特」，就因爲不肯全面恢復傳統「伊斯蘭教法」而被當衆殺死。

這種「錯誤的聖戰觀念」，曲解原來《古蘭經》的教義，被「極端派組織」，利用來發動各種暴力的恐怖襲擊，他們認爲，爲了「聖戰」，可以不擇手段，就算是用「自殺式攻擊」，也在所不惜，因爲死後靈魂可以到「安拉（上帝『耶和華』）」的「天園（天堂）」享樂。

其實，大多數的「穆斯林」，都是「有禮貌」和「愛好和平」的人。但是，在世界上，不僅是「恐怖分子」在打「聖戰」，也有由「伊斯蘭政府」領導的「聖戰」。所以，「穆斯林」分爲兩派，對「聖戰」有不同的解釋。我們稱之爲「恐怖分子」的「極端穆斯林組織」，他們以「聖戰」的概念，來做爲殺害任何「非穆斯林」的理由。

而大多數的「穆斯林」倡導和平，不同意這些「極端穆斯林組織」的立場。這些倡導和平的「穆斯林」，認爲「聖戰」是一種「比喻」，意思是指「在靈性上，向邪惡鬥爭」。他們認爲「聖戰」，只應該在「自衛」或者「反對暴政和壓迫的情形之下」才會發生，不應該作爲一種發展「伊斯蘭教」的工具。

「歷史專家們」說，古代的「伊斯蘭帝國」，是以「武力」建立起來的。古代的「穆斯林」，是一手拿刀，一手拿《古蘭經》，順我者生，逆我者亡。

「伊斯蘭教」的創始人「穆罕默德」，是使用「武力」來統一「阿拉伯半島」的「游牧民族」。接替「穆罕默德」的「阿拉伯世界」的領袖「哈里發（宗教領袖）」，也是以「武力」，成功的在「埃及」和「麥加聖地」，反對「基督教」的「拜占庭帝國」。到了九世紀末，「阿拉伯軍隊」已經將「伊斯蘭勢力」，從「西班牙」擴大到「印度」的邊界。

「歷史專家們」指出：假如「伊斯蘭教」的「穆斯林」眞的完全實踐《古蘭經》，「伊斯蘭教」的世界，是不可能與「基督教文明」和平相處的，「伊斯蘭教」的終極目標，是要「降服其它宗教」。

對於「伊斯蘭教」的終極目標，是要「降服其它宗教」這個論點，大多數倡導和平的「穆斯林」不認同，他們還引用《古蘭經》的經文來證明，《古蘭經》是教導「不要在宗教上強迫」。所以，絕對沒有鼓勵「穆斯林」發動「聖戰」，來傳播「伊斯蘭教」信仰，迫使人們接受「伊斯蘭教」。

●**《古蘭經》第二章　黃牛（巴格勒）：**

2:256.「對於宗教，絕無強迫」；因爲正邪確已分明了。誰不信「惡魔」而信「眞主（上帝『耶和華』）」，誰確已把握住堅實的、絕不斷折的把柄。「眞主（上帝『耶和華』）」是全聽的，是全知的。

但是，引用上面這段經文，是「斷章取義」的，因爲緊接著下一節，有更進一步的解釋。

●**《古蘭經》第二章　黃牛（巴格勒）：**

2:257. 「眞主（上帝『耶和華』）」是「信道（信神）」的人的「保佑者」，使他們從重重黑暗走入光明；「不信道（不信神）」的人的「保佑者」是「惡魔」，使他們從光明走入重重黑暗。這等人，是「火獄」的居民」，他們將「永居其中」。

所以，信仰「伊斯蘭教」的「穆斯林」，可以到「天園（天堂）」；不信仰「伊斯蘭教」的人，是「惡魔」。這等人是「火獄的居民」，他們將「永居其中」。

倡導和平的「穆斯林」認爲，《古蘭經》指出，「實體聖戰」只是爲了「防禦目的」，而不是恐嚇其他國家，和「不同宗教信仰」的無辜公民。《古蘭經》沒有主張「穆斯林」應該對「其他國家的公民」發動戰爭，或者強行將他們「原有的信仰」轉變爲「伊斯蘭教」。

《古蘭經》中，沒有任何經文，以任何藉口，授權或鼓勵「自殺式爆炸」。《古蘭經》教導說，強迫人們「用武力皈依伊斯蘭教」是一種「罪行」，應該受到法律的懲罰。

「聖戰」這個詞，是鼓勵「穆斯林」在尋求「眞主（上帝『耶和華』）」時，努力服從「更高的道德價值觀」，並在與來自「其他宗教信仰的人」交往時，以「寬恕」和「憐憫」的方式運作。

「聖戰」的眞正意義，是盡力克服「自身的局限」，以發現和認識「眞正的自我」。「聖戰」是指每位「穆斯林」都要實踐的個人「內心作業」和「內心旅程」，以便能夠逐步上升接近「眞主（上帝『耶和華』）」。

「聖戰」的目的，是征服和潔淨「內心的靈魂、基本的直覺」，這是「較低層次的自我」，它會將人拉向「壞的習性」和產生「私欲」，並且妨礙了解「眞正的自我」。

所謂「朝向認識自我的內心旅程」，就是持續地和「自己的靈魂」作鬥爭。《古蘭經》是這樣告訴「穆斯林」的。

●《古蘭經》第七十九章　急掣的（那寂阿特）：

79:34.「大難」來臨的時候。

79:35.「火獄」將為能見的人顯露出來的日子。

79:37.悖逆。

79:38.而且選擇「今世生活」的人。

79:39.「火獄」必為他的「歸宿」。

79:40.至於怕站在主的御前受審問，並「戒除私欲的人」。

79:41.「樂園（天堂）」必為他的歸宿。

●《古蘭經》第二十九章　蜘蛛（安凱逋特）：

29:69.為我而奮鬥的人，我必定指引他們我的道路，「真主（上帝『耶和華』）」確是與「善人」同在一起的。

所謂「較低層次的自我」，是指貪婪、慾望、自我、自私自利及其他缺點等。所以，要意識到「自己靈魂」的存在，並且隨時控制它。在和自己「較低層次的自我」作鬥爭和淨化的過程，就是先知「穆罕默德」所說的偉大的「聖戰」。「穆罕默德」還在《聖訓》裡說：「要知道你的最大的敵人（靈魂）就在你的內心。」沒有先知「穆罕默德」這位「精神導師」的幫助，就無法完成偉大的「聖戰」和「淨化自我」。

《古蘭經》上有明文記載，只要這個世界上存在有不公平、壓迫、凶殘的野心、以及專制的暴政，則不管我們是否想要「戰爭」，「戰爭」乃是爲求生存之所必需，是生活中的一項事實。

●《古蘭經》第二章　黃牛（巴格勒）：

2:216.「戰爭」已成爲你們的「定制」，而「戰爭」是你們所厭惡的。也許你們厭惡某件事，而那件事對你們是有益的；或許你們喜愛某件事，而那件事對於你們是有害的。「眞主（上帝『耶和華』）」知道，你們確不知道。

所以，身爲「穆斯林」，都奉了「眞主（上帝『耶和華』）」之命，不得先對旁人產生敵意，也不得進行侵略、也不得侵害旁人的權利。

「戰爭」並不是「伊斯蘭教」的一項目標，它也不是「穆斯林」弟兄們正常的行爲模式。「戰爭」只是一種最終的手段，只有在其它一切辦法，都告失敗之後的情況下，才使用它。卽使是在宣揚「伊斯蘭教」的時候，「穆斯林」非但被禁止使用武力，而且還奉命要使用最「和平」的方法。

「伊斯蘭教」是一個「和平」的宗教，「穆斯林」弟兄和「衆天仙」們日常的問候語，就是「和平」。「和平」事實上就是「伊斯蘭教」的本質。世界上的每個人，只要不對「伊斯蘭教」與「穆斯林」弟兄懷有侵略之意，他就有資格享受到「伊斯蘭教」的「和平」，以及「愛好和平」的「穆斯林」弟兄們的善待。

以上是大多數倡導和平的「穆斯林」，所認知的「聖戰」定義。

但是，難道我們稱之爲「恐怖分子」的「極端穆斯林組織」，他們眞的就曲解「聖戰」的定義嗎？答案是「不見得」。

「穆罕默德」在《布哈里聖訓實錄》裡，教導「穆斯林」說，「聖戰」是一件「可以接受的好事」。他甚至說，「穆斯林」如果為「眞主（上帝『耶和華』）」的事業戰鬥，死於戰場，他有保證上「天園（天堂）」。

當年的「劫機者」，並沒有扭曲《古蘭經》的經文，而且是忠誠的《古蘭經》信仰者。有人會說：「其中一些劫機者在行事的前一晚，光顧脫衣舞酒吧，他們又怎會是眞正的『穆斯林』呢？」其實，這是有原因的。會讓「劫機者」願意駕駛飛機撞擊「世界貿易大樓」，願意犧牲自己的生命，是因為有很大的利益誘因。

「極端穆斯林組織」的領袖，為了推動「穆斯林為聖戰殉道」，所採取的鼓勵方法有二種，第一是給予「為聖戰殉道者」的家屬優渥的金錢，以作為獎賞。第二是形容「天園（天堂）」裡面，會有「七十二個處女」為「殉道者」提供無限的「性樂」，還有如河流般的美酒。劫機者在行事的前一晚，光顧脫衣舞酒吧，只是預先品嚐「天園（天堂）」的滋味。

「天園（天堂）美女」是「伊斯蘭教」中，虔誠的「穆斯林」，進入「天園（天堂）」後，「眞主（上帝『耶和華』）」賜予，與「虔誠穆斯林」相伴的「美女」，她們有著美貌，白皙皮膚。在《古蘭經》中，有多處經文提及，稱之「大眼睛、身體白皙的仙女」。

● **《古蘭經》第四十四章　煙霧（睹罕）：**

44:51.「敬畏者必定要住在「安全的地方」——

44:52. 住在「樂園（天堂）」之中，住在「泉源之濱」。

44:53. 穿著「綾羅綢緞」，相向而坐。

44:54. 結局是這樣的：我將以「白皙的、美目的女子」，做他們的「伴侶」。

44:55.他們在「樂園（天堂）」中，將安全地索取「各種水果」。

●《古蘭經》第五十二章　山嶽（突爾）：

52:17.「敬畏的人們」，必定在「樂園（天堂）」和恩澤中。

52:18.他們因主的賞賜而快樂，他們的主使他們得免於「烈火的刑罰」。

52:19.你們因自己的行爲而愉快地吃喝吧！

52:20.他們靠在「分列成行的床上」，我將以「白皙的、美目的女子」做他們的「伴侶」。

●《古蘭經》第五十五章　至仁主（安賴哈曼）：

55:70.在那些「樂園（天堂）」裡，有許多「賢淑佳麗的女子」。

55:71.你們究竟否認你們的主的哪一件恩典呢？

55:72.他們是「白皙的」，是「蟄居於帳幕中」的。

55:73.你們究竟否認你們的主的哪一件恩典呢？

●《古蘭經》第五十六章　大事（瓦格爾）：

56:22.還有「白皙的、美目的妻子」。

56:23.好像藏在「蚌殼」裡的「珍珠」一樣。

56:24.那是爲了報酬他們的善行。

被廣泛宣傳提及，在「樂園（天堂）」的人，可以享用「七十二個處女」，「七十二」這個數字，源自於「遜尼派」六大《聖訓》集的《提爾密濟聖訓集》第二十一章「給天堂中的人們的最小獎賞，是一座有八萬名奴隸和七十二位妻子的住所……」，不過這本《聖訓》，被絕大多數的「聖訓學家」認爲是僞造的。

「讀者們」可能會有個疑惑，《古蘭經》是怎樣提及「聖戰」的呢？《古蘭經》有教導「聖戰」嗎？答案是「絕對有」。

下面整理出《古蘭經》的經文，這些都是教導和鼓勵「聖戰」的經文。

●《古蘭經》第二章　黃牛（巴格勒）：

2:190. 你們當爲「主道」而「抵抗進攻你們的人」，你們不要過分，因爲「眞主（上帝『耶和華』）」必定不喜愛「過分者」。

2:191. 你們在那裡發現他們，就在那裡「殺戮他們」；並「將他們逐出境」外，猶如他們從前驅逐你們壹樣，「迫害」是比「殺戮」更殘酷的。你們不要在「禁寺」附近和他們戰鬥，直到他們在那裡進攻你們；如果他們進攻你們，「你們就應當殺戮他們」。「不信道者（不信神的人）」的報酬是這樣的。

2:192. 如果他們「停戰」，那末，「眞主（上帝『耶和華』）」確是至赦的，確是至慈的。

2:193. 你們當反抗他們，直到迫害消除，而「宗教」專爲「眞主（上帝『耶和華』）」；如果他們停戰，那末，除「不義者（不信神的人）」外，你們絕不要侵犯任何人。

244.你們當爲「主道」而戰鬥，當知道「眞主（上帝『耶和華』）」是全聰的，是全知的。

●《古蘭經》第三章　儀姆蘭的家屬（阿黎儀）：

3:146. 有許多先知，曾有些「明哲（明智、深明事理）」和他們一同「作戰（卽聖戰）」，那些「明哲（明智、深明事理）」沒有爲在「主道」上所遭遇的艱難而灰心，懈怠，屈服。

「眞主（上帝『耶和華』）」是喜愛「堅忍者（卽聖戰士）」的。

3:152. 你們奉「眞主（上帝『耶和華』）」的命令而「殲滅敵軍」之初，「眞主（上帝『耶和華』）」確已對你們實踐他的約言；直到了在他使你們看見你們所喜愛的「戰利品」之後，你們竟示弱、內爭、違抗（「使者（使徒）」的）命令。你們中有貪戀「今世」的，有企圖「後世」的。嗣後，他使你們離開敵人，以便他試驗你們。他確已饒恕你們。「眞主（上帝『耶和華』）」對於「信士（誠實不欺的人）」是有恩惠的。

3:157. 如果你們「爲主道而陣亡，或病故」，那麼，從「眞主（上帝『耶和華』）」發出的「赦宥（赦免、寬恕）」和慈恩，必定比他們所聚集的（財產）還要寶貴些。

3:158. 如果「你們病故，或陣亡」，那末，你們必定被集合到「眞主（上帝『耶和華』）」那裡。

3:165. 你們所遭受的損失，只有你們所加給敵人的損失的一半，你們怎麼還說：「這是從哪裡來的呢？」你說：「這是你們自作自受的。」「眞主（上帝『耶和華』）」對於萬事確是全能的。

3:166. 兩軍交戰之日，你們所遭受的損失，是依據「眞主（上帝『耶和華』）」的意旨的，他要認識「確信的人」。

3:167. 也要認識「僞信的人」。有人對他們說：「你們來吧，來爲『主道』而作戰，或來自衛吧！」他們說：「假若我們會打仗，我們必定追隨你們。」在那日，與其說他們是「通道（信神）」的人，不如說他們是「不通道（不信神）」的人。他們口裡所說的，並不是他們心裡所想的。「眞主（上帝『耶和華』）」是知道他們所隱諱者的。

3:169. 爲「主道」而「陣亡的人」，你絕不要認爲他們是死的，其實，他們是活著的，他們在「眞主（上帝『耶和華』）」那裡享受「給養（供養）」。（指他們會在天園裡享用七十二個處女）

3:195. 他們的主應答了他們：「我絕不使你們中任何一個『行善者』徒勞無酬，無論他是男的，還是女的——男女是相生的——『遷居異鄉者』、『被人驅逐者』、『爲主道而受害者』、『參加戰鬥者』、『被敵殺傷者』，我必消除他們的『過失』，我必使他們進那下臨諸河的『樂園（天堂）』。」這是從「眞主（上帝『耶和華』）」發出的「報酬」。「眞主（上帝『耶和華』）」那裡，有「優美的報酬」。

● 《古蘭經》第四章　婦女（尼薩儀）：

4:74. 以「後世生活」出賣「今世生活」的人，教他們爲「主道」而戰吧！誰爲「主道」而戰，以致「殺身成仁，或殺敵致果」，我將「賞賜誰重大的報酬」。

4:75. 你們怎麼不爲（保護）「主道」和（解救）「老弱婦孺」而抗戰呢？他們常說：「我們的主啊！求你從這個『虐民所居的城市』裡把我們救出去。求你從你那裡爲我們委任一個『保護者』，求你從你們那裡爲我們委任一個『援助者』。」

4:76. 「通道者（信神的人）」，爲「主道」而戰；「不通道者（不信神的人）」，爲「魔道」而戰；故你們當對「惡魔的黨羽」作戰；「惡魔的計策」，確是脆弱的。

4:77. 難道你沒有看見嗎？有人曾對他們說：「你們當制止自己的武力，當謹守『拜功（禮拜）』，當完納『天課（宗教賦稅、慈善施捨、財產潔淨）』。」當「眞主（上帝『耶和華』）」以「抗戰」爲他們的「定制」的時候，他們中有一部分人畏懼敵人，猶如畏懼「眞主（上帝『耶和華』）」，乃至更加畏懼。他們說：「我們的主啊！你爲什麼以『抗戰』爲我們的『定制』呢？你爲什麼不讓我們延遲到一個臨近的日期呢？」你說：「『今世的享受』，是些微的；『後世的報酬』，對於『敬畏者』，是更好的。你們不受一絲毫的虧枉。」

4:84. 你當爲「主道」而抗戰，你只負你自己的行爲的責任，你當鼓勵「信士（誠實不欺的人）」們努力抗戰，也許「眞主（上帝『耶和華』）」阻止「不通道者（不信神的人）」的戰鬥。「眞主（上帝『耶和華』）」的權力是更強大的，他的刑罰是更嚴厲的。

4:89. 他們希望你們像他們那樣「不通道（不信神）」，而你們與他們同爲一黨。故你們不可以他們爲盟友，直到他們爲「主道」而遷移。如果他們違背正道，那末，「你們在那裡發現他們，就在那裡捕殺他們」；你們不要以他們爲「盟友」，也不要以他們爲「援助者」。

4:90. 除非他們逃到曾與你們締約的「民衆」那裡，或來歸順你們，既不願對你們作戰，又不願對他們的「宗族」作戰。假若「眞主（上帝『耶和華』）」意欲，他必使他們占優勢，而他們必進攻你們。如果他們退避你們，而不進攻你們，並且投降你們，那末，「眞主（上帝『耶和華』）」絕不許你們進攻他們。

4:91. 你們將發現別的許多人，想從你們獲得安全，也想從他們的「宗族」獲得安全；他們每逢被召於迫害，他們都冒昧地參加。如果他們不退避你們，不投降你們，不停止作戰，那末，

「你們在那裡發現他們，就當在那裡捕殺他們」。這等人，對於制裁他們，我已經把一個「明證」授予你們了。

●《古蘭經》第五章　筵席（馬以代）：

5:35.「通道（信神）」的人們啊！你們當敬畏「眞主（上帝『耶和華』）」，當尋求親近「眞主（上帝『耶和華』）」的媒介，當爲「主道」而奮鬥，以便你們成功。

●《古蘭經》第八章　戰利品（安法勒）：

8:12.當時，你的主啟示衆「天神（天使）」：「我是與你們同在的，故你們當使『通道者（信神的人）』堅定。我要把『恐怖』投在『不通道（不信神）』的人的心中。」故「你們當斬他們的首級，斷他們的指頭」。

8:13.這是因爲他們違抗「眞主（上帝『耶和華』）」及其「使者（使徒）」。誰違抗「眞主（上帝『耶和華』）」及其「使者（使徒）」，「眞主（上帝『耶和華』）」就嚴懲誰。

8:15.「通道（信神）」的人們啊！當你們遇著「不通道（不信神）」的人向你們進攻的時候，你們不要「以背向敵」。

8:16.除非因爲「轉移陣地」，或「加入友軍」，在那日，誰「以背向敵」，誰要受「眞主（上帝『耶和華』）」的譴怒，他們的「歸宿」是「火獄」，那「歸宿」眞惡劣。

8:17.你們沒有殺戮他們，而是「眞主（上帝『耶和華』）」殺戮了他們；當你射擊的時候，其實你並沒有射擊，而是「眞主（上帝『耶和華』）」射擊了。（他這樣做）原爲要把從自己發出的嘉惠賞賜「通道（信神）」的人們。「眞主（上帝『耶和華』）」確是全聰的，確是全知的。

● 《古蘭經》第九章 懺悔（討白）：

9:5. 當「禁月」逝去的時候，你們在哪裡發現「以物配主（崇拜偶像）」者，「就在那裡殺戮他們」，俘虜他們，圍攻他們，在各個要隘偵候他們。如果他們悔過自新，謹守「拜功（禮拜）」，完納「天課（宗教賦稅、慈善施捨、財產潔淨）」，你們就放走他們。「眞主（上帝『耶和華』）」確是至赦的，確是至慈的。

9:12. 如果他們在締約之後違反盟約，而且誹謗你們的「宗教」，你們就應當討伐迷信的頭子們——其實，他們並無所謂盟約——以便他們停止罪行。

9:13. 有一族人已經違反盟約，要想驅逐「先知」，而且首先進攻你們。你們怎麼還不討伐他們呢？難道你們畏懼他們嗎？「眞主（上帝『耶和華』）」是你們更應當畏懼的，如果你們確是「信士（誠實不欺的人）」。

9:14. 你們應當討伐他們，「眞主（上帝『耶和華』）」要借你們的手來懲治他們，淩辱他們，並相助你們制服他們，以安慰「通道（信神）」的民衆。

9:29. 當抵抗不信「眞主（上帝『耶和華』）」和「末日」，不遵「眞主（上帝『耶和華』）」及其「使者（使徒）」的「戒律」，不奉「眞教」的人，卽曾受《天經（舊約聖經）》的人，你們要與他們戰鬥，直到他們依照自己的能力，規規矩矩地交納丁稅。

9:38. 「通道（信神）」的人們啊！教你們爲「眞主（上帝『耶和華』）」而出征的時候，你們怎麼依戀「故鄉」，懶得出發呢？難道你們願以「後世的幸福」換取「今世的生活」嗎？「今世的享受」比起「後世的幸福」來是微不足道的。

9:39. 如果你們不出征，「眞主（上帝『耶和華』）」就要痛懲你們，並以「別的民衆」代替你們，你們一點也不能傷害他。「眞主（上帝『耶和華』）」對於萬事是全能的。

9:111. 「眞主（上帝『耶和華』）」確已用「樂園（天堂）」換取「信士（誠實不欺的人）」們的生命和財產。他們爲「眞主（上帝『耶和華』）」而戰鬥；他們或「殺敵致果」，或「殺身成仁」。那是眞實的應許，記錄在《討拉特》《討拉特（希伯來聖經、塔納赫、舊約聖經）》、《引支勒（四福音書）》和《古蘭經》中。誰比「眞主（上帝『耶和華』）」更能踐約呢？你們要爲自己所締結的契約而高興。那正是偉大的成功。

● 《古蘭經》第二十二章　朝覲（哈只）：

22:58. 爲「眞主（上帝『耶和華』）」而「遷居」，然後「被殺害或病故者」，「眞主（上帝耶和華」必賞賜他們佳美的「給養（供養）」；「眞主（上帝『耶和華』）」確是最善於「給養（供養）」的。

22:59. 他必使他們進入他們所喜悅的地方；「眞主（上帝『耶和華』）」確是全知的，確是容忍的。

22:60. 事情就是這樣的。凡「以怨報怨」，然後被人虐待者，「眞主（上帝『耶和華』）」必援助他。「眞主（上帝『耶和華』）」確是至恕的，確是至赦的。

● 《古蘭經》第三十三章　同盟軍（艾哈薩布）：

33:25. 「眞主（上帝『耶和華』）」使「不通道者（不信神的人）」未能獲勝，忿忿而歸；「眞主（上帝『耶和華』）」使「信士（誠實不欺的人）」不戰而勝。「眞主（上帝『耶和華』）」是至剛的，是萬能的。

33:26. 他曾使幫助他們的那些信奉《天經（舊約聖經）》者，從自己的堡壘上下來，並且把「恐怖」投在他們心裡，「你們殺戮一部分，俘虜一部分」。

33:27. 他使你們繼承他們的土地、房屋、財產和你們尚未踏過的土地。「眞主（上帝『耶和華』）」對於萬事是全能的。

●《古蘭經》第四十七章　穆罕默德：

47:4. 你們在戰場上遇到「不通道者（不信神的人）」的時候，「應當斬殺他們」，你們既戰勝他們，就應當俘虜他們；以後或釋放他們，或准許他們贖身，直到戰爭放下他的重擔。事情就是這樣的，假若「眞主（上帝『耶和華』）」意欲，他必懲治他們；但他命你們抗戰，以便他以你們互相考驗。爲「主道」而「陣亡者」，「眞主（上帝『耶和華』）」絕不枉費他們的「善功」。

●《古蘭經》古蘭經 第五十六章　大事（瓦格爾）：

奉至仁至慈的眞主之名

56:1. 當那件「大事（末日審判）」發生的時候。

56:2. 沒有任何人否認其發生。

56:3. 那件「大事」將是能使人「降級」，能使人「升級」的。

56:4. 當大地震盪。

56:5. 山巒粉碎。
56:6. 化爲散漫的塵埃。
56:7. 而你們分爲「三等」的時候。
56:8. 「幸福者」，「幸福者」是何等的人？
56:9. 「薄命者」，「薄命者」是何等的人？
56:10. 最先「行善者」，是最先入「樂園（天堂）」的人。
56:11. 這等人，確是蒙主眷顧的。
56:12. 他們將在恩澤的「樂園（天堂）」中。
56:13. 許多「前人」。
56:14. 和少數「後人」。
56:15. 在「珠寶」鑲成的「床榻」上。
56:16. 彼此相對地靠在上面。
56:17. 長生不老的「僮僕」，輪流著服侍他們。
56:18. 捧著盞「和壺（阿拉伯式酒壺）」，與滿杯的「醴泉（甘泉）」。
56:19. 他們不因那「醴泉（甘泉）」而頭痛，也不酩酊。
56:20. 他們有自己所選擇的「水果」。
56:21. 和自己所愛好的「鳥肉」。
56:22. 還有「白皙的、美目的妻子」。

56:23. 好像藏在「蚌殼」裡的「珍珠」一樣。
56:24. 那是爲了報酬他們的「善行」。
56:25. 他們在「樂園（天堂）」裡，聽不到「惡言」和「謊話」。
56:26. 但聽到說：「祝你們『平安』！祝你們『平安』！」
56:27. 「幸福者」，「幸福者」是何等的人？
56:28. 他們享受「無刺的酸棗樹」。
56:29. 結實累累的（香蕉）樹。
56:30. 漫漫的樹蔭。
56:31. 泛泛的流水。
56:32. 四時不絕，可以隨意摘食。
56:34. 與被升起的「床榻」。
56:35. 我使她們重新生長。
56:36. 我使她們常爲「處女」。
56:37. 依戀「丈夫」，彼此同歲。
56:38. 這些都是「幸福者」所享受的。
56:39. 他們是許多「前人」。
56:40. 和許多「後人」。

●《古蘭經》第六十一章　列陣（蒜弗）：

61:4.「眞主（上帝『耶和華』）」的確喜愛那等人；「他們爲他而列陣作戰」，好像堅實的牆壁一樣。

61:10.「通道（信神）」的人們啊！我將指示你們一種「生意」，它能拯救你們脫離痛苦的刑罰，好嗎？

61:11.你們信仰「眞主（上帝『耶和華』）」和「使者（使徒）」，你們以「自己的財產和生命」，爲「眞主（上帝『耶和華』）」而奮鬥，那對於你們是更好的，如果你們知道。

61:12.他將「赦宥（赦免、寬恕）」你們的罪過，並且使你們入下臨諸河的「樂園（天堂）」和常住的「樂園（天堂）」中的許多優美的住宅，那確是偉大的成功。

三十五、「伊斯蘭教」的「樂園（天堂）」

「伊斯蘭教」的「樂園（天堂）」，又稱爲「天園」，在「阿拉伯語」原文，字面上的意思是「花園」。

根據「伊斯蘭教」的「末世論」，人在死後會在「墳墓」裡，停留到「復活日」。「穆斯林」相信「死者」生前的行爲，將決定他在「復活日」之後的待遇。根據「穆斯林」的信仰「信道者（信神的人）」又行善，將可以上升進入「樂園（天堂）」，人們今生渴望的事物，在「樂園（天堂）」裡，都可以得到，「樂園（天堂）」裡應有盡有。

《古蘭經》對「樂園（天堂）」有詳盡的描述。「樂園（天堂）」共有七層，最高層的「樂園（天堂）」，是「先知」、「殉教者」與「最誠實的虔敬者」的歸宿，與「樂園（天堂）」相對的是

「火獄（地獄）」。

《古蘭經》、《聖訓》以及傳統的「《古蘭經》經注學」，「樂園（天堂）」都有詳盡的描述。「樂園（天堂）」有七個大門，每層「樂園（天堂）」又細分成一百個等級。「天神（天使）」們會以「平安」或「祝你們平安」的問候語，向進入「樂園（天堂）」的人問好。

●《古蘭經》第十三章　雷霆（賴爾得）：

13:23. 他們的「祖先、妻子」和「後裔中的善良者」，都將進入「樂園（天堂）」。衆「天神（天使）」從「每道門」進去見他們。

13:24.（說）：「祝你們平安！這是你們因堅忍而得的報酬，後世的善果眞優美。」

「伊斯蘭教」經典的「經文注釋」，是這樣描述「樂園（天堂）」居民的生活情狀。「樂園（天堂）」居民是永生，快樂沒有悲傷、恐懼或恥辱，在那裡凡事有求必應。「樂園（天堂）」的居民，都是同年齡的三十三歲，而且不分階級地位。

他們的福利有：穿著貴重的長袍、穿戴貴重的手鐲、享用精緻筵席時擦上名貴的香水。居民們靠在鑲著黃金或寶石的墊褥上，不老的「年輕僕人」端著無價的容器，服侍著他們。飲食方面有：肉類、不醉人且不令人起勃谿的香醇的美酒，與純淨的飲料。

●《古蘭經》第七十六章　人（印薩尼）：

76:5. 「善人們」必得飲含有「樟腦」的「醴泉（甘泉）」。

76:6. 即「眞主（上帝『耶和華』）」的「衆僕」所飲的一道「泉水」，他們將使它大量湧出。

76:7. 他們履行誓願，並畏懼「災難」普降日。

76:8. 他們爲喜愛「眞主（上帝『耶和華』）」而賑濟貧民、孤兒、俘虜。
76:9. 「我們只爲愛戴「眞主（上帝『耶和華』）」而賑濟你們，我們不望你們的報酬和感謝。
76:10. 我們的確畏懼從我們的主發出的嚴酷的一日。
76:11. 故「眞主（上帝『耶和華』）」將爲他們防禦「那日的災難」，並賞賜他們光華和快樂。
76:12. 他將因他們的堅忍而以「樂園（天堂）」和「絲綢」報酬他們。
76:13. 他們在「樂園（天堂）」中，靠在床上，不覺炎熱，也不覺嚴寒。
76:14. 「樂園（天堂）」的蔭影覆庇著他們，「樂園（天堂）」的果實，他們容易採摘。
76:15. 將有人在他們之間傳遞「銀盤」和「玻璃杯」。
76:16. 晶瑩如玻璃的「銀盃」，他們預定每杯的容量。
76:17. 他們得用那些杯飲「含有薑汁的醴泉（甘泉）」。
76:18. 卽樂園（天堂）」中有名的「清快泉」。
76:19. 許多「長生不老的少年」，輪流著服侍他們。當你看見那些「少年」的時候，你以爲他們是些「散漫的珍珠」。
76:20. 當你觀看那裡的時候，你會看見「恩澤」和「大國」。
76:21. 他們將穿著「綾羅錦緞的綠袍」，他們將享受「銀鐲的裝飾」，他們的主，將以「純潔的飲料」賞賜他們。
76:22. （將對他們說：）「這確是你們的報酬，你們的勞績是有報酬的。」
76:23. 我確已將《古蘭經》零星地降示你。

「樂園（天堂）」居民的「住所」宜人，有黑眼睛的「白皙天堂處女」、高聳的花園、林蔭的山谷、有「樟腦味」或「生薑味」的「甘泉」；有水河、乳河、蜜河與酒河；一年四季的「美味水果」一應俱全。

●《古蘭經》第四十七章　穆罕默德：

47:15.「敬畏的人們」所蒙應許的「樂園（天堂）」，其情狀是這樣的：其中有「水河」，水質不腐；有「乳河」，乳味不變；有「酒河」，飲者稱快；有「蜜河」，蜜質純潔；他們在「樂園（天堂）」中，有「各種水果」，可以享受；還有從他們的主發出的「赦宥（赦免、寬恕）」。永居「樂園（天堂）」者，難道與那永居「火獄」，常飲「沸水」，「腸寸寸斷」的人是一樣的嗎？

「樂園（天堂）的一日」，等於「人間的一千日」。「樂園（天堂）」有用「金銀珠寶」，以及各種「名貴的建材」打造的「宮殿」，還有「雪白眩目」的馬與駱駝等生物，另外還有「其他生物」生活其中。「樂園（天堂）」中，有巨大的「樹木、麝香」形成的「山巒」，其中有「河水」流過以「珍珠」與「紅寶石」砌成的「谷地」。

「樂園（天堂）」中的四條河流，分別是「錫爾河、阿姆河、幼發拉底河」及「尼羅河」。「極界樹」是一棵「巨大的棗蓮樹」，標記著「七層天」的邊界，沒有任何「受造物」能跨過那個邊界。

根據《古蘭經》的記載，要想進入「樂園（天堂）」的人，必須先信仰獨一的「眞主（上帝『耶和華』）」、「末日審判」、「歷代使者」以及最後的先知「穆罕默德」。除了「信仰」之外，還必須有「善行」，這兩項是獲得「救贖」的必要條件，最後還要通過「眞主（上帝『耶和華』）」的末日審判後，才可以進入「樂園（天堂）」。

《古蘭經》指出，要想進入「樂園（天堂）」的必要條件如下。

●《古蘭經》第三章　儀姆蘭的家屬（阿黎儀）：

3:134. 「敬畏的人」，在康樂時施捨，在艱難時也施捨，且能「抑怒」、又能「恕人」。「眞主（上帝『耶和華』）」是喜愛「行善者」的。

3:135. 「敬畏者」，當做了「醜事」或「自欺」的時候，紀念「眞主（上帝『耶和華』）」，且爲自己的「罪惡」而求饒——除「眞主（上帝『耶和華』）」外，誰能「赦宥（赦免、寬恕）」罪惡呢？——他們沒有「明知故犯」地「怙惡不悛（有過惡卻不肯悔改）」。

3:136. 這等人的報酬，是從他們的主發出的「赦宥（赦免、寬恕）」，和下臨諸河的「樂園（天堂）」，他們得永居其中。「遵行者」的報酬眞優美！

●《古蘭經》第五章　筵席（馬以代）：

5:12. 「眞主（上帝『耶和華』）」與「以色列的後裔」確已締約，並從他們中派出「十二個首領」。「眞主（上帝『耶和華』）」說：「我確與你們同在。如果你們謹守『拜功（禮拜）』，完納『天課（宗教賦稅、慈善施捨、財產潔淨）』，確信我的衆『使者（使徒）』，並協助他們，並以『善債』借給『眞主（上帝「耶和華」）』，我必勾銷你們的『罪惡』，我必讓你們進入下臨諸河的『樂園（天堂）』。此後，誰『不通道（不信神）』，誰已迷失了正路。」

《古蘭經》指出，要想進入「樂園（天堂）」也是要先通過考驗的：

●《古蘭經》第二章　黃牛（巴格勒）：

2:124. 當時，「易卜拉欣（亞伯拉罕）」的主用若干「誡命」試驗他，他就實踐了那些「誡命」。他說：「我必定任命你為『眾僕人的師表』。」「易卜拉欣（亞伯拉罕）」說：「我的一部分『後裔』，也得『為人師表』嗎？」他說：「我的任命，不包括『不義（不信神）』的人們。」

●《古蘭經》第三章　儀姆蘭的家屬（阿黎儀）：

3:142. 「真主（上帝『耶和華』）」還沒有甄別你們中「奮鬥的人」和「堅忍的人」，難道你們就以為自己得入「樂園（天堂）」嗎？

「樂園（天堂）」有七座大門，每座門都向著一生善舉顯著者召喚，歡迎他們從此進入「樂園（天堂）」。每座門外有兩位「天使」站立，向「入門者」道以成功之喜，並致敬意。

●《古蘭經》第三十九章　隊伍（助邁爾）：

39:73. 「敬畏主者」將一隊一隊地被邀入「樂園（天堂）」，迨他們來到「樂園（天堂）」前面的時候，園門開了，管園的要對他們說：「祝你們平安！你們已經純潔了，所以請你們進去永居吧！」

39:74. 他們說：「一切讚頌，全歸『真主（上帝「耶和華」）』！他對我們實踐了他的約言，他使我們繼承樂土，我們在『樂園（天堂）』中隨意居住。『工作者』的報酬真優美！」

39:75. 你將見眾「天神（天使）」環繞在「寶座」的四周，頌揚他們的主，他們將被秉公裁判。或者說：「一切讚頌，全歸『真主（上帝「耶和華」）』——全世界的主！」

凡是能進入「樂園（天堂）」者，都能與他們的「祖先」、「妻子」和「後裔中的善良者」歡樂團聚。

●《古蘭經》第十三章　雷霆（賴爾得）：

13:22.他們是為求得主的喜悅而堅忍的，是謹守「拜功（禮拜）」的，是「祕密地」和「公開地」分捨我所賜給他們的財物的，是「以德報怨」的。這等人得「吃後世的善果」——

13:23.他們的「祖先」、「妻子」和「後裔中的善良者」，都將進入「樂園（天堂）」。眾「天神（天使）」從每道門進去見他們，

13:24.（說）：「祝你們平安！這是你們因堅忍而得的報酬，『後世的善果』眞優美。」

下面是《古蘭經》裡，提到「樂園（天堂）」的經文。

●《古蘭經》第二章　黃牛（巴格勒）：

2:25.妳當向「信道」而「行善」的人報喜；他們將享有許多下臨諸河的「樂園（天堂）」，每當他們得以園裡的一種水果為「給養（供養）」的時候，他們都說：「這是我們以前所受賜的。」其實，他們所受賜的是類似的。他們在「樂園（天堂）」裡將享有純潔的「配偶」，他們將永居其中。

●《古蘭經》第四章　婦女（尼薩儀）：

4:124.「信士」和「信女」，誰行善誰得入「樂園（天堂）」，他們不受絲毫的虧枉。

●《古蘭經》第七章　高處（艾耳拉弗）：

7:42.「通道（信神）」而且「行善」者——我只按各人的能力而加以責成——他們是「樂園（天堂）」的居民，他們將永居其中。

7:43.我將拔除他們心中的「怨恨」，他們將住在下臨諸河的「樂園（天堂）」，他們將說：「一切讚頌，全歸『眞主（上帝「耶和華」）』！他引導我們獲此善報，假如『眞主（上帝「耶和華」）』沒有引導我們，我們不致于遵循正道。我們的主的衆『使者（使徒）』，確已昭示了『眞理』。」或者將大聲地對他們說：「這就是你們因自己的行爲而得繼承的『樂園（天堂）』。」

●《古蘭經》第十九章　麥爾彥：

19:61.那是常住的「樂園（天堂）」，「至仁主」在「幽玄（天機）」中應許其「衆僕」的，他的「諾言」確是要履行的。

19:62.他們在那裡面，聽不到閒談，只聽到「祝願平安」；他們在那裡面，朝夕獲得「給養（供養）」。

●《古蘭經》第三十七章　列班者（薩法特）：

37:40.惟「眞主（上帝『耶和華』）」的「虔誠的衆僕」。

37:41.將享受一種可知的「給養（供養）」——

37:42.「各種水果」，同時他們是受優待的。

37:43.他們在恩澤的「樂園（天堂）」中。

37:44.他們坐在床上，彼此相對。

37:45.有人以「杯子」在他們之間挨次傳遞，杯中滿盛「醴泉（甘泉）」。

37:46.顏色潔白，飲者無不稱爲美味。

37:47.「醴泉（甘泉）」中無「麻醉物」，他們也不因它而酩酊。

37:48.他們將有不視非禮的、美目的「伴侶」。

37:49.她們仿佛被珍藏的「鴕卵樣」。

●《古蘭經》第三十九章　隊伍（助邁爾）：

39:20.但敬畏「眞主（上帝『耶和華』）」者，將來得「享受樓房」，樓上建樓，下臨諸河，那是「眞主（上帝『耶和華』）」的應許，「眞主（上帝『耶和華』）」將不爽約。

●《古蘭經》第四十四章　煙霧（睹罕）：

44:52.住在「樂園（天堂）」之中，住在「泉源之濱」。

44:53.穿著「綾羅綢緞」，相向而坐。

44:54.結局是這樣的：我將以「白皙的、美目的女子」，做他們的「伴侶」。

44:55.他們在「樂園（天堂）」中，將安全地索取「各種水果」。

44:56.他們在「樂園（天堂）」中，除「初次死亡」外不再嘗死的滋味。「眞主（上帝『耶和華』）」將使他們得免於「火獄」的刑罰。

44:57.那是由於你的主的恩典，那確是偉大的成功。

44:58.我以你的「語言」，使《古蘭經》成爲易解的，只爲希望他們能覺悟。

44:59.你等待吧，他們確是等待著的！

●《古蘭經》第四十七章　穆罕默德：

47:15.「敬畏的人們」所蒙應許的「樂園（天堂）」，其情狀是這樣的：其中有「水河」，水質不腐；有「乳河」，乳味不變；有「酒河」，飲者稱快；有「蜜河」，蜜質純潔；他們在

「樂園（天堂）」中，有各種「水果」，可以享受；還有從他們的主發出的「赦宥（赦免、寬恕）」。永居「樂園（天堂）」者，難道與那永居「火獄」，常飲「沸水」，「腸寸寸斷」的人是一樣的嗎？

●《古蘭經》第五十章 戛弗：

50:31.「樂園（天堂）」將被移到「敬畏者」的附近，離得不遠。

50:32.這是你們所被應許的，這是賞賜每個「歸依的守禮者」的。

50:33.祕密敬畏「至仁主」，且帶「歸依的心」而來者。

50:34.你們平安地進入「樂園（天堂）」吧！這是「永居」開始之日。

50:35.他們在「樂園（天堂）」裡，將有他們意欲的；而且我在那裡還有加賜。

●《古蘭經》第五十二章 山嶽（突爾）：

52:17.「敬畏的人們」，必定在「樂園（天堂）」和「恩澤」中。

52:18.他們因主的賞賜而快樂，他們的主使他們得免於「烈火的刑罰」。

52:19.你們因自己的行爲而愉快地吃喝吧！

52:20.他們靠在「分列成行的床上」，我將以「白皙的、美目的女子」做他們的「伴侶」。

52:21.自己「通道（信神）」，「子孫」也跟著「通道（信神）」者，我將使他們的「子孫」與他們同級，我不減少他們的「善功」一絲毫。每人應對自己的行爲負責。

52:22.我將以他們所嗜好的「水果」和「肉食」供給他們。

52:23.他們在「樂園（天堂）」中互遞（酒）杯，他們不因而出惡言，也不因而犯罪惡。

52:24. 他們的「僮僕」輪流著服侍他們，那些「僮僕」，好像藏在「蚌殼」裡的「珍珠」一樣。

●《古蘭經》第五十六章　大事（瓦格爾）：

56:8.　「幸福者」，「幸福者」是何等的人？
56:9.　「薄命者」，「薄命者」是何等的人？
56:10. 最先「行善者」，是最先入「樂園（天堂）」的人。
56:11. 這等人，確是「蒙主眷顧」的。
56:12. 他們將在恩澤的「樂園（天堂）」中。
56:13. 許多「前人」。
56:14. 和少數「後人」。
56:15. 在「珠寶」鑲成的「床榻」上。
56:16. 彼此相對地靠在上面。
56:17. 「長生不老」的「僮僕」，輪流著服侍他們。
56:18. 捧著盞「和壺（阿拉伯式的酒壺）」，與滿杯的「醴泉（甘泉）」。
56:19. 他們不因那「醴泉（甘泉）」而頭痛，也不酩酊。
56:20. 他們有自己所選擇的「水果」。
56:21. 和自己所愛好的「鳥肉」。
56:22. 還有「白皙的、美目的妻子」。
56:23. 好像藏在「蚌殼」裡的「珍珠」一樣。

56:24. 那是爲了報酬他們的「善行」。

56:25. 他們在「樂園（天堂）」裡，聽不到「惡言」和「謊話」。

56:26. 但聽到說：「祝你們平安！祝你們平安！」

56:27.「幸福者」，「幸福者」是何等的人？

56:28. 他們享受無刺的「酸棗樹」。

56:29. 結實累累的（香蕉）樹。

56:30. 漫漫的樹蔭。

56:31. 泛泛的流水。

56:32. 四時不絕，可以隨意摘食。

56:34. 與被升起的「床榻」。

56:35. 我使她們重新生長。

56:36. 我使她們常爲「處女」。

56:37. 依戀「丈夫」，彼此同歲。

56:38. 這些都是「幸福者」所享受的。

56:39. 他們是許多「前人」。

56:40. 和許多「後人」。

●**《古蘭經》第七十八章　消息（奈白易）：**

78:29. 我曾將萬事記錄在一本《天經（舊約聖經）》裡。

78:30.（將對他們說：）「你們嘗試吧！我只增加你們所受的刑罰。」
78:31.「敬畏的人們」必有一種收穫。
78:32.許多「園圃」和「葡萄」。
78:33.和「兩乳圓潤」，「年齡劃一的少女」。
78:34.和滿杯的「醴泉（甘泉）」。
78:35.他們在那裡面聽不到「惡言」和「謊話」。
78:36.那是從你的主發出的報酬，充足的賞賜。

●《古蘭經》第八十三章　稱量不公（太頹斐弗）：

83:18.眞的，「善人們」的「記錄」，確在「善行簿」中。
83:19.你怎能知道「善行簿」是什麼？
83:20.是一本封存的簿子。
83:21.「眞主（上帝『耶和華』）」所親近的「天神（天使）」們將作證它。
83:22.「善人們」必在「恩澤」中。
83:23.靠在床上注視著。
83:24.你能在他們的面目上認識「恩澤的光華」。
83:25.他們將飲「封存的天醇」。
83:26.封瓶口的，是「麝香」。教貪愛這種幸福的人們，爭先爲善吧！
83:27.「天醇」的「混合物」，是由「太斯尼姆」來的。

83:28. 那是一「洞泉水」，「眞主（上帝『耶和華』）」所「親近的人」將飲它。

●《古蘭經》第八十八章　大災（阿史葉）：

88:8. 在那日，將有許多人，是享福的。

88:9. 是爲其勞績而愉快的。

88:10. 他們將在崇高的「樂園（天堂）」中。

88:11. 聽不到「惡言」。

88:12. 裡面有「流泉」。

88:13. 裡面有「高榻」。

88:14. 有陳設著的「杯盞」。

88:15. 有排列著的「靠枕」。

88:16. 有鋪展開的「絨毯」。

●《古蘭經》第八十九章　黎明（史智爾）：

89:27. 安定的「靈魂」啊！

89:28. 你應當喜悅地，被喜悅地歸於你的主。

89:29. 你應當入在我的衆僕裡。

89:30. 你應當入在我的「樂園（天堂）」裡。

三十六、「伊斯蘭教」的「火獄」

「伊斯蘭教」中的「地獄」，稱爲「火獄」。《布哈里聖訓實錄》描述「火獄」的外型，是由寬逐漸變窄的「漏斗形」空間，裡面充滿永遠不會熄滅的「火焰」。人類所用的火，只是「火獄」中的火焰熱力的七十分之一。

「火獄」是「伊斯蘭信仰」中「後世罪孽靈魂」遭受懲罰的處所，是那些拒不信仰「眞主（上帝『耶和華』）」或「作惡多端者」，復生後的永久性歸宿。被罰「下火獄者」將永世遭受刑罰，其狀慘不忍睹、令人恐懼。

《古蘭經》說，「不信道者（不信神的人）」是「火獄的燃料」，「火獄」是用「人和石」做「燃料的」。

●《古蘭經》第二章　黃牛（巴格勒）：

2:24. 如果你們不能作——你們絕不能作——那末，你們當防備「火獄」，那是「用人和石做燃料的」，已爲「不信道（不信神）」的人們預備好了。

●《古蘭經》第三章　儀姆蘭的家屬（阿黎儀）：

3:10. 「不通道者（不信神的人）」所有的「財產」和「子嗣」，對「眞主（上帝『耶和華』）」的刑罰，不能裨益他們一絲毫。「這等人是火獄的燃料」。

●《古蘭經》第二十一章　衆先知（安比雅）：

21:98. 你們和你們捨「眞主（上帝『耶和華』）」而崇拜的，確是「火獄的燃料」，你們將進入「火獄」。

●《古蘭經》第七十二章　精靈（精尼）：

72:14. 我們中有「順服」的，有「乖張（性情執拗，不講情理）」的。凡「順服」的，都是有志於「正道」的。

72:15. 至於「乖張（性情執拗，不講情理）」的，將作「火獄的燃料」。

《布哈里聖訓實錄》描述「火獄」共有七層：

⑴第一層：「說謊者」所在。

⑵第二層：「輕忽拜功者」所在。

⑶第三層：「詆毀者」、「毀謗者」所在。

⑷第四層：「執著於今生利益者」所在。

⑸第五層：崇拜「易卜劣斯（撒但）」者所在。

⑹第六層：「不公正者」、「崇拜偶像者」所在。

⑺第七層：「僞信者」所在。

●《古蘭經》第章　婦女（尼薩儀）：

4:145. 「僞信者」必入「火獄」的「最下層」，你絕不能爲他們發現任何「援助者」。

●《古蘭經》第十五章　石穀（希只爾）：

15:44. 「火獄」有「七道門」，「每道門」將收容他們中被派定的一部分人。

管理「火獄」的「天神（天使）」共有十九名，主持「火刑」的，是許多「殘忍而嚴厲」的「天神（天使）」。

●**《古蘭經》第七十四章　蓋被的人（孟蕩西爾）：**

74:27. 你怎能知道「火獄」是什麼？

74:28. 它不讓「任何物」存在，不許「任何物」留下。

74:29. 它燒灼肌膚。

74:30. 管理它的，共計十九名。

74:31. 我只將管理「火獄」的成「天神（天使）」，我只以他們的數目，考驗「不通道（不信神）」的人們，以便曾受《天經（舊約聖經）》的人們認清，而「通道（信神）」的人們更加篤信；以免曾受《天經（舊約聖經）》的人們和「通道（信神）」的人們懷疑；以便心中有病者和「不通道者（不信神的人）」說：「『眞主（上帝「耶和華」）』設這個『譬喻』做什麼？」「眞主（上帝『耶和華』）」這樣使他「所意欲的人」誤入迷途，使他「所意欲的人」遵循正路。只有你的主，能知道他的「軍隊」，這只是「人類的教訓」。

●**《古蘭經》第六十六章　禁戒（台哈列姆）：**

66:6. 「通道（信神）」的人們啊！你們當爲「自身」和「家屬」而預防那以「人和石爲燃料」的「火刑」，主持「火刑」的，是許多「殘忍而嚴厲」的「天神（天使）」，他們不違抗「眞主（上帝『耶和華』）」的命令，他們執行自己所奉的「訓令」。

在「伊斯蘭教義」中，以令人恐懼的「火獄」，來作爲一種對世人的警告，無疑在「穆斯林」心理上會產生一種「無形的壓力」，從而起到「維繫信仰」和「約束行爲」的作用，目的在勸誡人們堅定信仰，恪守教規，從善戒惡，死後可以去到令人神往和追求的「樂園（天堂）」。

什麼人將會墮入「火獄」呢？《古蘭經》明確指出，以下幾種人將墮入「火獄」，並永居其中：

⑴不信仰「眞主（上帝『耶和華』）」及其「使者（使徒）」的人。

⑵多神崇拜者。

⑶貪戀今生享受的人。

⑷犯罪作惡的人。

⑸僞信者。

在《古蘭經》裡，描述「火獄的刑罰」包括：

⑴「皮膚」被燒焦，然後又被換上「新的皮膚」，「周而復始」被燒。

●《古蘭經》第四章　婦女（尼薩儀）：

4:55. 他們中有確信他的，有拒絕他的。「火獄」是足以懲治的。

4:56. 不信我的「跡象」的人，我必定使他們入「火獄」，每當他們的「皮膚燒焦的時候」，我另「換一套皮膚」給他們，以便他們嘗試刑罰。「眞主（上帝『耶和華』）」確是萬能的，確是至睿的。

⑵臉被「火焰」燒灼。

●《古蘭經》第二十三章　信士（慕米農）：

23:103. 凡「善功的分量輕的」，都是「虧損」的，他們將「永居火獄」之中。

23:104.「火焰燒灼他們的臉」，他們在「火獄」中痛得咧著嘴。

(3)燒灼肌膚。

●**《古蘭經》第七十四章　蓋被的人（孟蕩西爾）：**

74:26. 我將使他墮入「火獄」。

74:27. 你怎能知道「火獄」是什麼?

74:28. 它不讓「任何物」存在，不許「任何物」留下。

74:29. 它「燒灼肌膚」。

(4)墊火褥，蓋火被（《古蘭經》。

●**《古蘭經》第七章　高處（艾耳拉弗）：**

7:40. 否認我的「跡象」而加以藐視者，所有的「天門」必不爲他們而開放，他們不得入「樂園（天堂）」，直到「纜繩能穿過針眼」。我要這樣報酬「犯罪者」。

7:41. 他們在「火獄」裡要「墊火褥」，要「蓋火被」，我要這樣報酬「不義者（不信神的人）」。

(5)「犯罪者」以「沸水解渴」。

●**《古蘭經》第十九章　麥爾彥：**

19:85. 那日，我要把「敬畏者」集合到「至仁主」的那裡，享受恩榮。

19:86. 我要把「犯罪者」驅逐到「火獄」去，「以沸水解渴」。

(6)「不信道者」有爲他們而製的「火衣」，「沸水」將傾注在他們的頭上，「內臟和皮膚」將被「沸水」所溶化，他們將被「鐵鞭」抽打。

●《古蘭經》第二十二章　朝覲（哈只）：

22:19.這「兩派」是相爭的，他們進行他們關於他們的「主的爭論」。「不信者」已經有爲他們而「裁制的火衣」了，「沸水」將傾注在他們的頭上。

22:20.他們的「內臟和皮膚」將被「沸水」所溶化。

22:21.他們將享受「鐵鞭的抽打」。

22:22.他們每因「愁悶」而逃出「火獄」，都被攔回去。你們嘗試「燒灼的刑罰」吧！

(7)「火獄底」有一棵「欑楛樹」，「它的『花篦』，彷彿『魔頭』」，「不義者（不信神的人）」必定要吃那些「果實」，以它充實肚腹，然後他們必定要在那些果實上加飲「沸水的混湯」。

●《古蘭經》第三十七章　列班者（薩法特）：

37:62.那是更善的款待呢？還是「欑楛樹」？

37:63.我以它爲「不義者（不信神的人）」的折磨。

37:64.它是「火獄底」生長的棵樹。

37:65.它的「花篦」，彷彿「魔頭」。

37:66.他們必定要吃那些「果實」，而以它充實肚腹。

(8)「欑楛木的果實」是「罪人的食品」。

●《古蘭經》第四十四章　煙霧（睹罕）：

44:43.「欑楛木」的「果實」。

44:44. 確是「罪人的食品」。

44:45. 像「油腳（是一款油脂精煉過程中，水化脫膠的副產品。）」一樣在他們的腹中沸騰。

44:46. 像「開水」一樣地沸騰。

44:47.（主說）「你們捉住他，然後，把他拖入「火獄」中。

(9)「不信道者（不信神的人）」必定食「欑楛木的果實」，以它充饑。

●《古蘭經》第五十六章　大事（瓦格爾）：

56:52. 你們必定食「欑楛木的果實」。

56:53. 而以它充饑。

56:54. 像害「消渴病（糖尿病）」的「駱駝」飲涼水一樣。

56:56. 這是他們在報應之日所受的款待。

(10)「放蕩者」的刑罰是「很熱的飲料」，和「很冷的飲料」，還有別的「同樣惡劣的各種飲料」。

●《古蘭經》第三十八章　薩德：

38:55. 這是事實。「放蕩者」必定要得一個「最惡的歸宿」——

38:56. 那就是「火獄」，他們將入其中。那「臥褥」真惡劣！

38:57. 這是事實。他們嘗試刑罰，那刑罰是「很熱的飲料」，和「很冷的飲料」。

38:58. 還有別的「同樣惡劣的各種飲料」。

38:59. 這些是與你們一齊突進的隊伍，他們不受歡迎，他們必入「火獄」。

⑾對於爭論「眞主（上帝『耶和華』）」的「跡象」者，「鐵圈和鐵鏈」將在他們的頸上，他們將被拖入沸水中，然後他們將在火中被燒的。

●《古蘭經》第四十章　赦宥者（阿斐爾）：

40:69. 你未見爭論「眞主（上帝『耶和華』）」的「跡象」者怎樣「悖謬（不合情理，自相矛盾）」嗎？

40:70. 他們否認《天經（舊約聖經）》，否認我降示衆「使者（使徒）」的「跡象」，他們不久會知道（後果的）。

40:71. 那時，鐵圈和鐵鍊，將在他們的頸上。

40:72. 他們將被拖入「沸水」中，然後他們將在「火中」被燒灼。

⑿常飲「沸水」，腸寸寸斷。

●《古蘭經》第四十七章　穆罕默德：

47:15. 「敬畏的人們」所蒙應許的「樂園（天堂）」，其情狀是這樣的：其中有「水河」，水質不腐；有「乳河」，乳味不變；有「酒河」，飲者稱快；有「蜜河」，蜜質純潔；他們在「樂園（天堂）」中，有「各種水果」，可以享受；還有從他們的主發出的「赦宥（赦免、寬恕）」。永居「樂園（天堂）」者，難道與那永居「火獄」，常飲「沸水」，「腸寸寸斷」的人是一樣的嗎？

⒀入「烈火」，飲「沸泉」。沒有「食物」，但有「荊棘」，既不能肥人，又不能充饑。

●《古蘭經》第八十八章　大災（阿史葉）：

88:1. 「大災」的消息，確已降臨你了。
88:2. 在那日，將有許多人，是恭敬的。
88:3. 勞動的、辛苦的。
88:4. 他們將入「烈火」。
88:5. 將「飲沸泉」。
88:6. 他們「沒有食物」，但有「荊棘」。
88:7. 既不能肥人，又不能充饑。

(14)在「火獄」中，不能睡眠，不得飲料，只飲「沸水和膿汁」。

●**《古蘭經》第七十八章　消息（奈白易）：**

78:17. 「判決之日」，確是指定的日期。
78:18. 在那日，「號角」將被吹向，你們就成群而來。
78:19. 天將被開闢，有許多「門戶」。
78:20. 「山巒」將被移動，而變成「幻影」。
78:21. 「火獄」確是伺候著。
78:22. 它是「悖逆者的歸宿」。
78:23. 他們將在其中逗留長久的時期。
78:24. 他們在其中「不能睡眠」，「不得飲料」。
78:25. 只飲「沸水和膿汁」。

78:26.那是一個很適當的報酬。

⒂對於「用詐術侵蝕別人財產者」、「自殺者」，如果「爲過分和不義而犯此嚴禁」，會被投入「火獄」。

● **《古蘭經》第四章　婦女（尼薩儀）**：

4:29.「通道（信神）」的人們啊！你們不要「借詐術而侵蝕別人的財產」，惟「借雙方同意的交易」而獲得的除外。你們「不要自殺」，「眞主（上帝『耶和華』）」確是憐恤你們的。

4:30.誰爲「過分」和「不義（不信神）」而犯此嚴禁，我要把誰「投入火獄」，這對於「眞主（上帝『耶和華』）」是容易的。

⒃違抗「眞主（上帝『耶和華』）」及其「使者（使徒）」的人，將受「火獄」的刑罰，並永居其中，故意殺害「信士（誠實不欺的人）」的人也是。

● **《古蘭經》第四章　婦女（尼薩儀）**：

4:14.誰違抗「眞主（上帝『耶和華』）」和「使者（使徒）」，並超越他的「法度（法律和制）」，「眞主（上帝『耶和華』）」將使誰入「火獄」，而永居其中，他將受淩辱的刑罰。

4:93.誰故意殺害一個「信士（誠實不欺的人）」，誰要受「火獄」的報酬，而永居其中，且受「眞主（上帝『耶和華』）」的譴怒和棄絕，「眞主（上帝『耶和華』）」已爲他預備重大的刑罰。

● **《古蘭經》第九章　懺悔（討白）**：

9:63.難道他們不知道嗎？誰違抗「眞主（上帝『耶和華』）」及其「使者（使徒）」，誰將受「火獄」的刑罰，並永居其中。那是重大的淩辱。

⒄凡「善功」的分量輕的，都是「虧損的」，他們將永居「火獄」之中。

●《古蘭經》第二十三章　信士（慕米農）：

23:103.凡「善功的分量輕的」，都是「虧損的」，他們將永居「火獄」之中。

⒅進「火獄」的人，就是「不信道的人」，他們是「火獄的居民」，將永居其中。還有其他進「火獄」的條件，也一起列出在下面。

●《古蘭經》第二章　黃牛（巴格勒）：

2:39.「不信道（不信神）」而且否認我的「跡象」的人，是「火獄的居民」，他們將永居其中。

2:81.不然，凡「作惡」而爲其「罪孽」所包羅者，都是「火獄的居民」，他們將永居其中。

2:161.終身「不信道（不信神）」、臨死還「不信道（不信神）」的人，必受「眞主（上帝『耶和華』）」的棄絕，必受「天神（天使）」和「人類全體」的詛咒。

2:162.他們將「永居火獄」，不蒙減刑，不獲寬限。

2:217.他們問你「禁月內」可以「作戰」嗎？你說：「『禁月內』作戰是大罪；妨礙『主道』，不信『眞主（上帝「耶和華」）』，妨礙（朝覲）禁寺，驅逐『禁寺區的居民』出境，這些行爲，在『眞主（上帝「耶和華」）』看來，其罪更大。『迫害』是比『殺戮』還殘酷的。」如果他們能力充足，勢必繼續進攻你們，務使你們叛教。你們中誰背叛「正教」，至死還「不信道」，誰的「善功」在「今世」和「後世」完全無效。這等人，是「火獄的居民」，他們將永居其中。

2:257.「眞主（上帝『耶和華』）」是「信道（信神）」的人的「保佑者」，使他們從重重黑暗走入光明；「不信道（不信神）」的人的「保佑者」是惡「魔」，使他們從光明走入重重黑暗。這等人，是「火獄的居民」，他們將永居其中。

2:275.「吃利息的人」，要像「中了魔的人」一樣，瘋瘋癲癲地站起來。這是因爲他們說：「買賣恰像利息。」「眞主（上帝『耶和華』）」準許買賣，而禁止利息。奉到「主的教訓」後，就遵守禁令的，得已往不咎，他的事歸「眞主（上帝『耶和華』）」判決。再犯的人，是「火獄的居民」，他們將永居其中。

●《古蘭經》第三章　儀姆蘭的家屬（阿黎儀）：

3:116.「不通道（不信神）」的人，他們的「財產」和「子嗣」，對「眞主（上帝『耶和華』）」的刑罰，絕不能裨益他們一絲毫；這等人是「火獄的居民」，將永居其中。

●《古蘭經》第五章　筵席（馬以代）：

5:10.「不通道（不信神）」而且否認我的「跡象」的人，是「火獄的居民」。

5:86.「不通道（不信神）」，而且否認我的「跡象」的人，都是「火獄的居民」。

●《古蘭經》第九章　懺悔（討白）：

9:68.「眞主（上帝『耶和華』）」應許「僞信的男女」和「不通道者（不信神的人）」，他們將入「火獄」，並永居其中，「火獄」是足以懲治他們的。「眞主（上帝『耶和華』）」已詛咒他們，他們將受永恆的刑罰。

9:113.「先知」和「信士」們，既知道「多神教徒」是「火獄的居民」，就不該為他們求饒，即使他們是自己的親戚。

三十七、背叛「上帝」的「猶太人」

在《舊約聖經》裡說，上帝「耶和華」雖然創造「人類」，但是祂的「分別心」和「自尊心」極強。當上帝「耶和華」發現「亞當」的後代，除了「猶太人」的「亞伯拉罕」和少數人還敬拜祂之外，其他的種族，不再相信祂，反而敬拜祂所創造出來的「神明」，並且製造成「神明偶像」來敬拜的時候，非常憤怒。從此，只認同「猶太人」，聲稱「猶太人」是上帝「耶和華」的「選民」。

● **《舊約聖經》詩篇：**

105:42 這都因他記念他的「聖言」、和他的僕人「亞伯拉罕」。

105:43 他帶領「百姓」歡樂而出、帶領「選民」歡呼前往。

後來，上帝「耶和華」把「猶太人」，改名為「以色列人」，並且經常自稱是「以色列的神」。

● **《舊約聖經》以賽亞書：**

37:21「亞摩斯」的兒子「以賽亞」、就打發人去見「希西家」說、「耶和華以色列的　神」如此說、你既然求我攻擊亞述王「西拿基立」。

41:17「困苦窮乏人」尋求水卻沒有、他們因口渴、舌頭乾燥・我「耶和華」必應允他們、「我以色列的　神」必不離棄他們。

43:15 我是「耶和華」你們的「聖者」、是創造「以色列的」、是你們的「君王」。

44:6　「耶和華以色列的君」、「以色列的救贖主」萬軍之「耶和華」如此說、我是首先的、我是末後的、「除我以外、再沒有眞神」。

45:3　我要將暗中的寶物、和隱密的財寶賜給你、使你知道提名召你的、就是「我耶和華以色列的　神」。

45:4　因我僕人「雅各」、我所揀選「以色列」的緣故、我就提名召你・你雖不認識我、我也加給你名號。

45:5　「我是耶和華」、「在我以外並沒有別神」、「除了我以外再沒有　神」・你雖不認識我、我必給你束腰。

45:14　「耶和華」如此說、「埃及」勞碌得來的、和「古實的貨物」必歸你、身量高大的「西巴人」、必投降你、也要屬你、他們必帶著鎖鍊過來隨從你・又向你下拜祈求你說、　神眞在你們中間、「此外再沒有別神、再沒有別的　神」。

45:15　「救主以色列的　神」阿、你實在是「自隱的　神」。

45:16　凡「製造偶像的」、都必抱愧蒙羞、都要一同歸於慚愧。

45:17　惟有必蒙「耶和華」的拯救、得「永遠的救恩」・你們必不蒙羞、也不抱愧、直到永世無盡。

45:18　創造諸天的「耶和華」、製造成全大地的　神、他創造堅定大地、並非使地荒涼、是要給人居住・他如此說、「我是耶和華、再沒有別神」。

奇怪的是，萬能的上帝「耶和華」，能知「未來之事」，卻偏偏選擇經常背叛祂的「以色列人」，來作爲祂的「選民」，讓上帝「耶和華」經常在埋怨「以色列人」對祂的「不忠心」。

●**《舊約聖經》出埃及記：**

14:11「耶和華」對「摩西」說、這「百姓」藐視我要到幾時呢、我在他們中間行了這一切「神蹟」、他們還不信我要到幾時呢。

14:12 我要用「瘟疫」擊殺他們、使他們不得承受那地、叫你的「後裔」成爲大國、比他們強勝。

●**《舊約聖經》以賽亞書：**

31:6 「以色列人」哪、你們「深深的悖逆耶和華」、現今要歸向他。

「以色列人」反覆的背叛上帝「耶和華」，長達好幾代，已經數不清多少次了。

最後，上帝「耶和華」終於忍無可忍到了使徒「保羅」的時代，上帝「耶和華」透過使徒「保羅」告知世人，祂開放「以色列人」以外的「外邦人」也可以信仰祂。

也就是說，在使徒「保羅」以前，上帝「耶和華」是「以色列人」獨占的神，「外邦人」是沒有資格信仰上帝「耶和華」的，因爲只有「以色列人」是上帝「耶和華」的「選民」。

「基督教」把上帝「耶和華」的「無奈」，美化成是上帝「耶和華」的「救贖計畫」，就是先救「以色列人」，再救「外邦人」。

●**《新約聖經》使徒行傳：**

14:27 到了那裡、聚集了會眾、就述說　神藉他們所行的一切事、並　神怎樣爲「外邦人」開了「信道的門」。

28:27 因爲這百姓、油蒙了心、耳朵發沉、眼睛閉著・恐怕眼睛看見、耳朵聽見、心裡明白、
「回轉」過來、我就醫治他們。
28:28 所以你們當知道、　神這救恩、如今傳給「外邦人」、他們也必聽受。（有古卷在此
「有」）
28:29（「保羅」說了這話「猶太人」議論紛紛的就走了）
13:45 但「猶太人」看見人這樣多、就滿心嫉妒、硬駁保羅所說的話、並且毀謗。
13:46「保羅」和「巴拿巴」放膽說、「神的道」先講給你們、原是應當的、只因「你們棄絕
這道」、斷定自己不配得永生、「我們就轉向外邦人去」。
13:47 因爲主曾這樣吩咐我們說、「我已經立你作外邦人的光、叫你施行救恩直到地極。」
13:48「外邦人」聽見這話、就歡喜了、讚美　神的道・凡預定得「永生的人」都信了。
13:49 於是「主的道」、傳遍了那一帶地方。

●**《新約聖經》羅馬書：**

3:28 所以（有古卷作「因爲」）我們看定了、人稱「義」是因著「信」、不在乎遵行「律法」。
3:29 難道　神只作「猶太人」的　神麼・不也是作「外邦人」的　神麼・是的、也作「外邦人」
的　神。

可是，各位「讀者」可別以爲上帝「耶和華」已經放棄「以色列人」，對全人類不分人種一視同仁。原來，上帝「耶和華」的心裡，還是眷戀著「以色列人」，這讓我不禁懷疑，上帝「耶和華」的眞正身分，是不是「以色列人」的「家神」？

我爲什麼會這樣推測呢？因爲，《啟示錄》寫的很清楚，到了「末日審判」的時候，只有「以色列人」才有資格「額頭受印」。

●《新約聖經》啟示錄：

7:1 此後我看見「四位天使」站在「地的四角」、執掌「地上四方的風」、叫風不吹在地上、海上、和樹上。

7:2 我又看見另有一位「天使」、從「日出之地」上來、拿著「永生 神的印」·他就向那得著「權柄」能傷害「地和海」的「四位天使」、大聲喊著說。

7:3 「地與海並樹木」、你們不可傷害、等「我們印了我們 神衆僕人的額」。

7:4 我聽見「以色列人」、各支派中「受印」的數目、有十四萬四千。

7:5 「猶大支派」中「受印」的有一萬二千·「流便支派」中有一萬二千·「迦得支派」中有一萬二千。

7:6 「亞設支派」中有一萬二千·「拿弗他利支派」中有一萬二千·「瑪拿西支派」中有一萬二千。

7:7 「西緬支派」中有一萬二千·「利未支派」中有一萬二千·「以薩迦支派」中有一萬二千。

7:8 「西布倫支派」中有一萬二千·「約瑟支派」中有一萬二千·「便雅憫支派」中「受印」的有一萬二千。

《啟示錄》的經文，清楚的聲明，只有「以色列人」，只有「以色列十二支派」的人，才有資格「受印」，「外邦基督徒」是沒有資格「受印」的，他們只能穿「白衣」。

因爲，「以色列人」還是上帝「耶和華」的「最愛」，是上帝「耶和華」的「選民」。而「外邦基督徒」，是上帝「耶和華」的「次愛」，所以不能「受印」，只能穿「白衣」。

●《新約聖經》啟示錄：

7:9 此後、我觀看、見有許多的人、沒有人能數過來、是從各國各族各民各方來的、站在「寶座」和「羔羊」面前、身穿「白衣」、手拿棕樹枝。

7:10大聲喊著說、願救恩歸與坐在「寶座」上我們的 神、也歸與「羔羊」。

7:11「衆天使」都站在「寶座」和「衆長老」並「四活物」的周圍、在「寶座」前、面伏於地、敬拜 神。

7:12說、阿們・頌讚、榮耀、智慧、感謝、尊貴、權柄、大力、都歸與我們的 神、直到永永遠。阿們。

7:13「長老」中有一位問我說、這些穿「白衣」的是誰、是從那裡來的。

7:14我對他說、我主、你知道・他向我說、這些人是從「大患難」中出來的、曾用「羔羊的血」、把衣裳洗白淨了。

7:15所以他們在 「神寶座」前、晝夜在他殿中事奉他・坐「寶座」的要用「帳幕」覆庇他們。

7:16他們不再飢、不再渴・日頭和炎熱、也必不傷害他們。

7:17因爲「寶座」中的「羔羊」必牧養他們、領他們到生命水的泉源・ 神也必擦去他們一切的眼淚。

這些「穿白衣」的是誰呢？他們就是「外邦基督徒」，從大患難中出來，忠心的見證人；他們經過嚴厲的試煉，曾用「羔羊的血」把衣裳洗白淨。當我們領受了救恩，被「耶穌的寶血」洗淨，重生得救，就如同穿上一件「白衣」，一件潔白的衣袍一樣。

而在《古蘭經》裡，仍然見到「眞主（上帝『耶和華』）」對「以色列人」的埋怨和憤怒。

● **《古蘭經》第二章　黃牛（巴格勒）**：

2:27. 他們（以色列人）與「眞主（上帝『耶和華』）」締約之後，並斷絕「眞主（上帝『耶和華』）」命人聯絡的，且在地方上作惡；這等人，確是虧折的。

2:83. 當時，我與「以色列的後裔」締約，說：「你們應當只崇拜『眞主（上帝「耶和華」）』，並當孝敬父母，和睦親戚，憐恤孤兒，賑濟貧民，對人說善言，謹守『拜功（禮拜）』，完納『天課（宗教賦稅、慈善施捨、財產潔淨）』。」然後，「你們除少數人外，都違背約言，你們是常常爽約的」。

2:884. 當時，我與你們締約，說：「你們不要自相殘殺，不要把同族的人逐出境外。」你們已經承諾，而且證實了。

2:885. 然後，你們自相殘殺，而且把一部分同族的人逐出境外，你們同惡相濟，狼狽爲奸地對付他們——如果他們被俘來歸，你們卻替他們贖身——驅逐他們，在你們是犯法的行爲。你們確信「經典」裡的一部分律例，而不信別一部分嗎？你們中作此事者，其報酬不外在「今世」生活中受辱，在「復活日（末日）」，被判受最嚴厲的刑罰。「眞主（上帝『耶和華』）」絕不忽視你們的行爲。

2:886. 這等人，是以「後世」換取「今世」生活的，故他們所受的刑罰，不被減輕，他們也不被援助。

2:887. 我確已把「經典」賞賜「穆薩（摩西）」，並在他之後繼續派遣許多「使者（使徒）」，我把許多「明證」賞賜給「麥爾彥（聖母馬利亞）」之子「爾撒（耶穌）」，並以「玄靈（聖靈）」扶助他。難道每逢「使者（使徒）」把你們的私心所不喜愛的東西帶來給你們的時候，你們總是妄自尊大嗎？一部分「使者（使徒）」，被你們加以否認；一部分「使者（使徒）」，被你們加以殺害。

● 《古蘭經》第五章　筵席（馬以代）：

5:12. 「眞主（上帝『耶和華』）」與「以色列的後裔」確已締約，並從他們中派出「十二個首領」。「眞主（上帝『耶和華』）」說：「我確與你們同在。如果你們謹守『拜功（禮拜）』，完納『天課（宗教賦稅、慈善施捨、財產潔淨）』，確信我的衆『使者（使徒）』，並協助他們，並以『善債』借給『眞主（上帝「耶和華」）』，我必勾銷你們的罪惡，我必讓你們進入下臨諸河的『樂園（天堂）』。此後，誰『不通道（不信神）』，誰已迷失了正路。」

5:13. 只爲他們破壞盟約，我棄絕了他們，並使他們的心變成堅硬的；「他們篡改經文」，並拋棄自己所受的一部分「勸戒（勸勉告戒）」。除他們中的少數人外，你常常發見他們奸詐，故你當饒恕他們，原諒他們。「眞主（上帝『耶和華』）」確是喜愛「行善者」的。

5:14. 自稱「基督教徒」的人，我曾與他們締約，但他們拋棄自己所受的一部分「勸戒（勸勉告戒）」，故我使他們互相仇恨，至於「復活日（末日）」。那時，「眞主（上帝『耶和華』）」要把他們的行爲告訴他們。

5:69. 「通道（信神）」的人、「猶太教徒」、「拜星教徒」、「基督教徒」，凡確信「眞主（上帝『耶和華』）」（上帝「耶和華」）和「末日」，並且「行善」的人，將來必定沒有恐懼，也不憂愁。

5:70. 我與「以色列的後裔」確已訂約，並派遣許多「使者（使徒）」去教化他們，每逢「使者（使徒）」帶來他們不喜愛的東西的時候，他們就否認一部分，殺害一部分。

5:71. 他們猜想沒有禍害，故他們變成瞎的、聾的。嗣後，「眞主（上帝『耶和華』）」「赦宥（赦免、寬恕）」了他們。嗣後，他們中許多人又變成了瞎的、聾的。「眞主（上帝『耶和華』）」（上帝「耶和華」）是明察他們的行爲的。

● 《古蘭經》第六章　牲畜（艾奈阿姆）：

6:1. 一切讚頌，全歸「眞主（上帝『耶和華』）」！他創造天和地，造化重重黑暗和光明；「不通道（不信神）」的人，卻「以物配主（崇拜偶像）」。

6:2. 他用泥創造你們，然後判定一個「期限」，還有一個「預定的期限」；你們對於這點卻是懷疑的。

6:3. 在天上地下，唯有「眞主（上帝『耶和華』）」應受崇拜，他知道你們所隱諱的，和你們所表白的，也知道你們所做的善惡。

6:4. 他們的主的「跡象」不降臨他們則已；次降臨總是遭到他們的拒絕。

6:5. 當「眞理」已降臨他們的時候，他們則加以否認。他們嘲笑的事物的消息，將降臨他們。

6:6. 難道他們不知道嗎？在他們之前，「我曾毀滅了許多世代」，並且把沒有賞賜你們的地位賞賜了他們，給他們以充足的雨水，使諸河流行在他們的下面。嗣後，我因他們的罪過而毀滅他們。在他們（滅亡）之後，我創造了別的世代。

6:7. 假若我把一部寫在紙上的「經典」降示你，而他們用手撫摩它，那末，「不通道（不信神）」的人必定說：「這只是明顯的『魔術』。」

6:8. 他們說：「爲什麼沒有一個『天神（天使）』降臨他呢？」假若我降下一個「天神（天使）」，那末，他們的毀滅，必成定案，而他們不蒙寬待了。

6:9. 假若我降下一個「天神（天使）」，我必使他變成一個「人樣」，我必使他們陷於自己所作的蒙蔽之中。

6:10. 在你之前，有許多「使者（使徒）」，確已被人嘲笑，但嘲笑者所嘲笑的（刑罰），已降臨他們了。

●《古蘭經》第十四章　易卜拉欣（亞伯拉罕）：

14:5. 我確已派遣「穆薩（摩西）」帶著我的許多「跡象」去，（我說）：「你把你的『宗族』從重重黑暗中引入光明吧。你應當以『眞主（上帝「耶和華」）』的一些『紀念日』提醒他們。」對於每個「堅忍者」和「感恩者」，此中確有許多「跡象」。

14:6. 當時，「穆薩（摩西）」曾對他的「宗族」說：「你們應當銘記『眞主（上帝「耶和華」）』賜給你們的恩典，他曾使你們脫離『法老』的臣民。他們使你們遭受酷刑，屠殺你們的男子，留下你們的女子，此中有從你們的主降下的大難。」

14:7. 當時，你們的主曾宣佈說：「如果你們感謝，我誓必對你們恩上加恩；如果你們忘恩負義，那末，我的刑罰確是嚴厲的。」

14:8. 「穆薩（摩西）」說：「如果你們和大地上的人統統都忘恩負義，〔也無損于『眞主（上帝「耶和華」）』〕，因爲『眞主（上帝「耶和華」）』確是無求的，確是可頌的。」

14:9. 你們以前的民族——「努哈（挪亞）」的宗族、「阿德人（古代的阿拉伯部落）」、「賽莫德人（古代阿拉伯的民族）」和他們「以後的人」，只有「眞主（上帝『耶和華』）」能知道他們——難道這等人的消息沒有來臨你們嗎？他們族中的「使者（使徒）」昭示他們許多「明證」，但他們把自己的手指插入口內，說：「我們必定不信你們所奉的『使命』，我們對於你們所宣傳的事情，確是在使人不安的疑惑之中。」

14:10. 他們族中的「使者（使徒）」說：「難道對於『眞主（上帝「耶和華」）』——天地的創造者——還有懷疑嗎？他號召你們『行善』，以便他饒恕你們的罪過，並對你們緩刑到一個『定期』。」他們說：「你們只是像我們一樣的『凡人』，你們欲阻止我們崇拜我們的祖先所崇拜的（偶像），你們昭示我們一個『明證』吧！」

14:11. 他們族中的一個「使者（使徒）」對他們說：「我們只是像你們一樣的「凡人」，但「眞主（上帝『耶和華』）」施恩于他所意欲的僕人。我們不該昭示你們任何「明證」，除非奉「眞主（上帝『耶和華』）」的命令，「通道者（信神的人）」只信託「眞主（上帝『耶和華』）」。

14:12. 我們怎能不信託「眞主（上帝『耶和華』）」呢？他確已引導我們走上正道。我們誓必忍受你們的折磨，讓信託者只信託「眞主（上帝『耶和華』）」。

14:13.「不通道者（不信神的人）」對他們族中的「使者（使徒）」說：「我們誓必把你們驅逐出境，或者你們誓必改信我們的宗教！」「他們的主」就啟示他們說：「我誓必毀滅『不義者（不信神的人）』。

14:14. 我誓必使你們在他們毀滅之後居住他們的地方。這是畏懼站在我面前（受審訊），而且畏懼我的『恫嚇者』所得享受的。」

三十八、「上帝」批判「猶太教徒」和「基督教徒」

世界上的三大宗教「猶太教」、「基督教」和「伊斯蘭教」所信奉的「上帝」，其實是同一個「上帝」，並非三尊不同的「上帝」。這三大宗教創立的先後順序，先有「猶太教」，再有「基督教」，最後是「伊斯蘭教」。

這三大宗教的共同祖先是「易卜拉欣（亞伯拉罕）」，「易卜拉欣（亞伯拉罕）」有二個兒子，妾侍「夏甲」生下大兒子「易司馬儀（以實瑪利）」，元配妻子「撒拉」生下小兒子「易司哈格（以撒）」。最後，妾侍「夏甲」和兒子「易司馬儀（以實瑪利）」，被「撒拉」要求「易卜拉欣（亞伯拉罕）」趕出家門。

「易卜拉欣（亞伯拉罕）」的大兒子「易司馬儀（以實瑪利）」，後來成爲「伊斯蘭教」的始祖，而小兒子「易司哈格（以撒）」成爲「基督教」的始祖。

這三大宗教的簡單差別如下：

(1)猶太教徒：主要先知是「摩西」，相信上帝「耶和華」只和「猶太人」立約，「猶太人」是上帝「耶和華」唯一的選民，未來會有「彌賽亞（救世主）」來拯救「猶太人」。

(2)基督徒：主要先知是「耶穌」，相信「耶穌」就是「基督（救世主）」會來拯救「基督徒」，相信「三位一體論（聖父、聖子、聖靈）」。

(3)穆斯林：主要先知是「穆罕默德」，相信「眞主（上帝『耶和華』）」是唯一眞神，相信未來會有「彌賽亞（救世主）」來拯救「穆斯林」。

在《古蘭經》裡，「眞主（上帝『耶和華』）」批判「猶太教徒」和「基督教徒」是褒多於貶。

《古蘭經》只有極少數經文，是讚許「猶太教徒」和「基督教徒」。

●《古蘭經》第二章　黃牛（巴格勒）：

2:62.「信道者（信神的人）」、「猶太教徒」、「基督教徒」、「拜星教徒」，凡信「眞主（上帝『耶和華』）」和「末日」，並且「行善的」，將來在主那裡必得享受自己的酬，他們將來沒有恐懼，也不憂愁。

●《古蘭經》第四十五章　屈膝（查西葉）：

45:16.我確已把《天經（舊約聖經）》、智慧、預言，賞賜「以色列的後裔」，並以佳美的食品供給他們，且使他們超軼各民族。

其他的《古蘭經》經文，都是在批判「猶太教徒」和「基督教徒」。

●《古蘭經》第二章　黃牛（巴格勒）：

2:111. 他們說：「除『猶太教徒』和『基督教徒』外，別的人絕不得入『樂園（天堂）』。」這是他們的『妄想』」。你說：「如果你們是誠實的，那末，你們拿出證據來吧！」

2:112. 不然，凡全體歸順「眞主（上帝『耶和華』）」，而且「行善者」，將在主那裡享受報酬，他們將來沒有恐懼，也沒有愁。

2:113. 「猶太教徒」和「基督教徒」，都是誦讀《天經（舊約聖經）》的，「猶太教徒」卻說：「『基督教徒』毫無憑據。」「基督教徒」也說：「『猶太教徒』毫無憑據。」無知識的人，他們也說這種話。故「復活日（末日）」「眞主（上帝『耶和華』）」將判決他們所爭論的是非。

2:114. 阻止人入「清眞寺」去念誦「眞主（上帝『耶和華』）」的尊名，且圖謀拆毀「清眞寺」者，有誰比他們還「不義（不信神）」呢？這等人，除非在惶恐之中，不宜進「清眞寺」去。他們在「今世」將受辱，在「後世」將受重大的刑罰。

2:115. 「東方」和「西方」都是「眞主（上帝『耶和華』）」的；無論你們轉向哪方，那裡就是「眞主（上帝『耶和華』）」的方向。「眞主（上帝『耶和華』）」確是寬大的，確是全知的。

2:120. 「猶太教徒」和「基督教徒」絕不喜歡你，直到你「順從他們的宗教」。你說：「『眞主（上帝「耶和華」）』的指導，確是指導。」在「知識」降臨你之後，如果你順從他們的「私欲」，那末，你絕無任何「保護者」或「援助者」，以反抗「眞主（上帝『耶和華』）」。

2:135. 他們說：「你們應當變成『猶太教徒』和『基督教徒』，你們才能獲得『正道』。」你說：「不然，我們遵循崇奉『正教』的『易卜拉欣（亞伯拉罕）』的宗教，他不是『以物配主（崇拜偶像）』者。」

●《古蘭經》第三章 儀姆蘭的家屬（阿黎儀）：

3:67.「易卜拉欣（亞伯拉罕）」既不是「猶太教徒」，也不是「基督教徒」。他是一個崇信「正教」、歸順「眞主（上帝『耶和華』）」的人，他不是「以物配主（崇拜偶像）」的人。

3:68.與「易卜拉欣（亞伯拉罕）」最親密的，確是順從他的人，和這個「先知」，和「通道（信神）」的人。「眞主（上帝『耶和華』）」是「信士」們的「保佑者」。

●《古蘭經》第四章 婦女（尼薩儀）：

4:46.「猶太教徒」中「有一群人篡改經文」，他們說：「我們聽而不從，『願你聽而不聞』，『拉儀那（粗魯的罵人猶太語言）』」這是因爲巧方謾罵，誹謗正教。假若他們說：「我們既聽且從，『你聽吧』，『溫助爾那（文雅的罵人猶太語言）』，這對他們是更好的，是更正的。但『眞主（上帝「耶和華」）』因他們『不通道（不信神）』而棄絕他們，故他們除少數人外都『不通道（不信神）』。」

4:47.曾受《天經（舊約聖經）》的人啊！我將使許多面目改變，而轉向「後方」，或棄絕他們如棄絕犯「安息日」的人那樣，在這件事實現之前，你們應當信我所降示的「新經（《古蘭經》）」，這部「新經（《古蘭經》）」能證實你們所有的「古經」。「眞主（上帝『耶和華』）」的判決是要被執行的。

4:160.我禁止猶太教徒享受原來准許他們享受的許多佳美的食物，因爲他們多行不義，常常阻止人遵循「主道」。

4:161.且「違禁而取利息」，並借「詐術」而侵蝕別人的錢財，我已爲他們中「不通道（不信神）」的人而預備痛苦的刑罰。

4:162.但他們中「學問淵博的」，確信「正道」的衷確信降示你的「經典」，和在你之前所降示的「經典」衷和謹守「拜功（禮拜）」的，完納「天課（宗教賦稅、慈善施捨、財產潔淨）」的，和確信「眞主（上帝『耶和華』）」與「末日」的人，這等人，我將賞賜他們重大的報酬。

●《古蘭經》第五章　筵席（馬以代）：

5:18.「猶太教徒」和「基督教徒」都說：「我們是『眞主（上帝「耶和華」）』的兒子，是他心愛的人。」你說：「他爲什麼要因你們的罪過而懲治你們呢？」其實，你們是他所創造的人。他要「赦宥（赦免、寬恕）」誰，就「赦宥（赦免、寬恕）」誰，要懲罰誰；就懲罰誰。天地萬物的「國權」，只是「眞主（上帝『耶和華』）」的；他是最後的歸宿。

5:51.「通道（信神）」的人們啊！你們不要以「猶太教徒」和「基督教徒」爲「盟友」。他們各爲其「同教的盟友」。你們中誰以他們爲「盟友」，誰是他們的「同教」。「眞主（上帝『耶和華』）」必定不引導「不義（不信神）」的民眾。

5:52.你將看見「有心病的人」，將爭先地去與他們親善，還要託辭說：「我們恐怕遭遇厄運。」「眞主（上帝『耶和華』）」也許降下勝利，或發出命令，而他們因爲自己心中隱藏的陰謀，而變成「悔恨的人」。

5:82. 你必定發現，對於「通道者（信神）」仇恨最深的是「猶太教徒」和「以物配主（崇拜偶像）」的人；你必定發現，對於「通道者（信神的人）」最親近的是自稱「基督教徒」的人；因爲他們當中有許多「牧師」和「僧侶」，還因爲他們不自大。

5:83. 當他們聽見誦讀降示「使者（使徒）」的「經典」的時候，你看他們爲自己所認識的「眞理」而眼淚汪汪，他們說：「我們的主啊！我們已『通道（信神）』了，求你把我們同『作證眞理的人』記錄在一處。」

●**《古蘭經》第四十二章　協商（舒拉）**：

42:13. 他已爲你們制定「正教」，就是他所命令「努哈（挪亞）」的、他所啟示你的、他命令「易卜拉欣（亞伯拉罕）」、「穆薩（摩西）」和「爾撒（耶穌）」的「宗教」。你們應當謹守「正教」，不要爲「正教」而「分門別戶」。「以物配主（崇拜偶像）」的人們，以爲你所教導他們的事是難堪的。「眞主（上帝『耶和華』）」將他所意欲者招致於「正教」，將歸依他者引導於「眞理」。

●**《古蘭經》第六十二章　聚禮（主麻）**：

62:6. 你說：「信奉『猶太教』的人們啊！如果你們自稱是『眞主（上帝「耶和華」）』的『選民』，而排斥衆人，那你們就希望早死吧，如果你們是『誠實者』。」

62:7. 他們因爲曾經犯過罪，所以永遠不希望早死。「眞主（上帝『耶和華』）」是全知「不義者（不信神的人）」的。

●**《古蘭經》第二十二章　朝覲（哈只）**：

22:17.「通道者（信神的人）」、「猶太教徒」、「拜星教徒」、「基督教徒」、「拜火教徒」，以及「以物配主（崇拜偶像）」者，「復活日（末日）」「眞主（上帝『耶和華』）」必定要爲他們判決，「眞主（上帝『耶和華』）」確是萬物的見證。

三十九、篡改「經文」

「猶太教」、「基督教」和「伊斯蘭教」都是眞主（上帝「耶和華」）」派遣「使者（使徒）」傳播的信仰，信仰的基本精神是「認主獨一」。

「穆斯林」認爲，在三教之中，唯獨「伊斯蘭教」的《古蘭經》保持至今，沒有受到「篡改」和「人爲的修正」。所以，「穆斯林」認爲「伊斯蘭教」是唯一繼承「眞主（上帝『耶和華』）」正道的宗教。

由於「基督教」篡改《引支勒（四福音書）》，「基督教」的《四福音書》已經失眞，故「安拉（上帝『耶和華』）」降下了《古蘭經》做爲最後的「神諭」。

「穆斯林」認爲，所有「經典」的作者，都出自於「眞主（上帝『耶和華』）」，再啟示給祂的「使者（使徒）」去宣導，而不是人爲的創作。「眞主（上帝『耶和華』）」降下的《古蘭經》，會被「眞主（上帝『耶和華』）」所保護。

傳統上，「穆斯林」相信，「穆罕默德」是「眞主（上帝『耶和華』）」派遣的最後一位「使者（使徒）」，他本人是位「文盲」，不認爲「穆罕默德」有抄襲或吸收過「基督教」或「猶太教」的「教義」和「內容」，而是重申多年來被「基督教」和「猶太教」竄改的「一神教」內容。

「穆斯林」的觀點是，「爾撒（耶穌）」從「眞主（上帝『耶和華』）」獲得了《引支勒（四福音書）》，「穆斯林」相信現在「猶太教」的《希伯來聖經（舊約聖經）》與「基督教」的《新約聖經》，已經遺失或被曲解了它原有的教導，「穆斯林」稱呼「猶太教徒」和「基督教徒」爲「有經人」。

「穆斯林」認爲，「猶太教」是大約在三千多年前，先知「穆薩（摩西）」做爲「眞主（上帝『耶和華』））」的「使者（使徒）」時，把《希伯來聖經（舊約聖經）》傳播給「以色列後裔（猶太人）」的正道。但是，後來「猶太人」背叛了他們的先知「穆薩（摩西）」，宣稱他們是「上帝的選民」，期待救世主「彌賽亞」來拯救受苦受難的「猶太民族」。他們把先知「穆薩（摩西）」傳達的《希伯來聖經（舊約聖經）》做了修改，編入許多神化「猶太祖先」的故事，和修改許多「眞主（上帝『耶和華』）」的「啟示」，編寫了「猶太人」的《律法書》。

「穆斯林」認爲公元一世紀，「眞主（上帝『耶和華』）」派遣先知「爾撒（耶穌）」出世，要來糾正「猶太人」對「穆薩（摩西）」宗教的篡改。當時，還沒有「基督教」，因爲「基督」這個名稱，是「猶太人」被「羅馬人」統治之後，所使用的「希臘詞」，意思是「救世主」，替代了「猶太人」的「彌賽亞」稱呼。

在歷史上，公元三九二年，經過「羅馬帝國」御用教士的改造，「君士坦丁大帝」宣布「基督教」正式成爲「羅馬帝國」的「國教」，各地「總督」奉旨在全「羅馬帝國」推行「基督教」。「基督教」成爲「羅馬帝國」的「國教」之後，與「猶太教」的裂痕加深，把「猶太人」視爲不共戴天的仇敵。

「基督教」的「使徒們」，爲了淡化「猶太教」對「基督教」的影響，首先把「猶太教」的《希伯來聖經》改稱爲《舊約聖經》，再把「基督教」添加的部分經文，稱爲《新約聖經》。

「基督教」的用意是說，上帝「耶和華」與「猶太人」訂約的事情，已經成爲過去，稱爲「舊約」，現在上帝「耶和華」和「基督教徒」訂立了「新約」。

但是，「基督教」的「使徒們」，在肯定「猶太人」《律法書》的同時，又否定了它；在應用它的時候，又取代了它。「基督教」的「使徒們」，通過宣揚「舊的契約」，已經被「新的契約」所取代，並且宣稱上帝「耶和華」已經唾棄了過去認定的選民「猶太人」，而把他對人類的「愛」，轉向了「基督徒」。

《新約聖經》是「耶穌」死後百年，由「基督教」的「使徒們」所編寫的經典，記載了「基督教」對「猶太教」的種種詆毀與攻擊。在《新約聖經》的《四福音書》中，多處指責「猶太人」是與「魔鬼」有聯繫的人，是背叛上帝「耶和華」的人，是殺害先知「耶穌」的人。因此，原本的「上帝選民」「猶太人」，已被上帝「耶和華」拋棄。

「穆斯林」根據以上的「歷史論述」，認爲在人類最近的歷史上，「眞主（上帝『耶和華』）」派遣的兩位先知「穆薩（摩西）」和「爾撒（耶穌）」，所傳播的「啟示」，都已經被篡改了。

由於「以色列的後裔」背叛了他們的先知「穆薩（摩西）」，《討拉特》經過篡改，成爲後人所見到的《舊約聖經》；而先知「爾撒（耶穌）」的弟子們，在「爾撒（耶穌）」受害後，也根據「羅馬帝國」的政治需要，篡改了《引支勒》，成爲今日所見到的《新約聖經》。

所以，「眞主（上帝『耶和華』）」當時降下的「兩部經典」，都被永遠銷毀了。唯有《古蘭經》是「眞主（上帝『耶和華』）」通過祂最後一位的「使者（使徒）」「穆罕默德」，用準確的「阿拉伯文」頒降的，最完整啟示的「經典」。「眞主（上帝『耶和華』）」並且許諾，永遠保護這部尊貴的「眞經」。

當《古蘭經》降下世間的時候，「猶太教」和「基督教」的信仰都早已被歪曲和腐敗，「眞主（上帝『耶和華』）」在新降下的《古蘭經》中，嚴厲的告誡「穆斯林」，要正確認識過去「被篡改的經典」，必須和「猶太教徒」和「基督教徒」劃清界限，分辨是非。

下面是《古蘭經》裡，提到「篡改經文」的經文。

●**《古蘭經》第二章　黃牛（巴格勒）**：

2:75. 你們還企圖他們會爲你們的勸化而信道嗎？他們當中有一派人，曾聽到「眞主（上帝『耶和華』）」的言語，他們既了解之後，便明知故犯地加以「篡改」。

●**《古蘭經》第三章　儀姆蘭的家屬（阿黎儀）**：

3:78. 他們中確有一部分人，「篡改」《天經（舊約聖經）》，以便你們把曾經「篡改」的當做《天經（舊約聖經）》，其實，那不是《天經（舊約聖經）》。他們說：「這是從「眞主（上帝『耶和華』）」那裡降示的。」其實那不是從「眞主（上帝『耶和華』）」那裡降示的，他們明知故犯地假借「眞主（上帝『耶和華』）」的名義而造謠。

●**《古蘭經》第四章　婦女（尼薩儀）**：

4:46. 「猶太教徒」中有一群人「篡改經文」，他們說：「我們聽而不從，『願你聽而不聞』，『拉儀那（粗魯的罵人猶太語言）』。」這是因爲巧方謾罵，誹謗正教。假若他們說：「我們既聽且從，『你聽吧』，『溫助爾那（文雅的罵人猶太語言）』。」這對他們是更好的，是更正的。但眞主因他們「不通道（不信神）」而棄絕他們，故他們除少數人外都「不通道（不信神）」。

●《古蘭經》第五章　筵席（馬以代）：

5:12. 「眞主（上帝『耶和華』）」與「以色列的後裔」確已締約，並從他們中派出「十二個首領」。「眞主（上帝『耶和華』）」說：「我確與你們同在。如果你們謹守『拜功（禮拜）』，完納『天課（宗教賦稅、慈善施捨、財產潔淨）』，確信我的衆『使者（使徒）』，並協助他們，並以『善債』借給『眞主（上帝「耶和華」）』，我必勾銷你們的罪惡，我必讓你們進入下臨諸河的『樂園（天堂）』。此後，誰『不通道（不信神）』，誰已迷失了正路。」

5:13. 只爲他們破壞盟約，我棄絕了他們，並使他們的心變成堅硬的；他們「篡改經文」，並拋棄自己所受的一部分「勸戒」。除他們中的少數人外，你常常發見他們奸詐，故你當饒恕他們，原諒他們。「眞主（上帝『耶和華』）」確是喜愛「行善者」的。

5:14. 自稱「基督教徒」的人，我曾與他們締約，但他們拋棄自己所受的一部分「勸戒」，故我使他們互相仇恨，至於「復活日（末日）」。那時，「眞主（上帝『耶和華』）」要把他們的行爲告訴他們。

5:15. 信奉《天經（舊約聖經）》的人啊！我的「使者（使徒）」確已來臨你們，他要爲你們闡明你們「所隱諱的許多經，並放棄許多經文，不加以揭發」。有一道光明，和一部明確的「經典」，確已從「眞主（上帝『耶和華』）」降臨你們。

5:16. 「眞主（上帝『耶和華』）」要借這部「經典」指引追求其喜悅的人走上平安的道路，依自己的意志把他們從重重黑暗引入光明，並將他們引入正路。

5:41. 「使者（使徒）」啊！那些口稱「通道（信神）」，而內心不信的人，和原奉「猶太教」的人，他們中都有爭先「叛道的人」，你不要爲他們的「叛道」而憂愁。（他們）是爲造謠而傾聽（你的言論）的，是替別的民衆而探聽（消息）的，那些民衆，沒有來看你，他們「篡改經」文，他們說：「如果給你們這個（判決），你們就可以接受；如果不給你們這個，就愼勿接受。」「眞主（上帝『耶和華』）」要懲罰誰，你絕不能爲誰干涉「眞主（上帝『耶和華』）」一絲毫。這等人，「眞主（上帝『耶和華』）」不欲洗滌他們的心；他們在「今世」要受淩辱，在「後世」要受重大的刑罰。

5:42. （他們）是爲「造謠」而傾聽（你的言論）的，是吞食賄賂的。當他們來訪問你的時候，你可以給他們判決，或拒絕他們。如果你拒絕他們，他們絕不能傷害你一絲毫。如果你給他們判決，你當秉公判決。「眞主（上帝『耶和華』）」確是喜愛公道者的。

5:43. 他們有《討拉特（希伯來聖經、塔納赫、舊約聖經）》，其中有「眞主（上帝『耶和華』）」的律例，怎麼還要請你判決，而後又違背你的判決呢？這等人，絕不是「信士（誠實不欺的人）」。

5:44. 我確已降示《討拉特（希伯來聖經、塔納赫、舊約聖經）》，其中有嚮導和光明，歸順「眞主（上帝『耶和華』）」的衆先知，曾依照它替「猶太教徒」進行判決，一般「明哲（明智、深明事理）」和「博士」，也依照他們所奉命護持的《天經（舊約聖經）》而判決，並爲其見證，故你們不要畏懼人，當畏懼我，不要以我的「跡象」去換取些微的代價。誰不依照「眞主（上帝『耶和華』）」所降示的「經典」而判決，誰是「不通道（不信神）」的人。

5:45. 我在《討拉特（希伯來聖經、塔納赫、舊約聖經）》中對他們制定「以命償命」，「以眼償眼」，「以鼻償鼻」，「以耳償耳」，「以牙償牙」；一切創傷，都要抵償。自願不究的人，得以「抵償權」自贖其「罪愆」。凡不依「眞主（上帝『耶和華』）」所降示的「經典」而判決的人，都是「不義（不信神）」的。

5:46. 我在衆「使者（使徒）」之後續派「麥爾彥（聖母瑪利亞）」之子「爾撒（耶穌）」以證實在他之前的《討拉特（希伯來聖經、塔納赫、舊約聖經）》，並賞賜他《引支勒（四福音書）》，其中有嚮導和光明，能證實在他之前的《討拉特（希伯來聖經、塔納赫、舊約聖經）》，並作「敬畏者」的嚮導和勸諫。

5:47. 信奉《引支勒（四福音書）》的人，當依眞主（上帝「耶和華」）在《引支勒（四福音書）》中所降示的「律例」而判決。凡不依「眞主（上帝『耶和華』）」所降示的「經典」而判決的人，都是犯罪的。

5:48. 我降示你這部包含眞理的「經典」，以證實以前的一切《天經（舊約聖經）》，而監護之。故你當依「眞主（上帝『耶和華』）」所降示的「經典」而爲他們判決，你不要捨棄降臨你的「眞理」而順從他們的「私欲」。我已爲你們中每一個「民族」制定一種「教律」和「法程」。如果「眞主（上帝『耶和華』）」意欲，他必使你們變成一個「民族」。但他把你們分成許多「民族」，以便他考驗你們能不能遵守他所賜予你們的「教律」和「法程」。故你們當爭先爲善。你們全體都要歸於「眞主（上帝『耶和華』）」，他要把你們所爭論的是非告訴你們。

5:49. 你當依「眞主（上帝『耶和華』）」所降示的「經典」而替他們判決，你不要順從他們的「私欲」，你當謹防他們引誘你違背「眞主（上帝『耶和華』）」所降示你的一部分經典。如果他們違背正道，那麼，你須知「眞主（上帝『耶和華』）」欲因他們的一部分罪過，而懲罰他們。有許多人，確是犯罪的。

四十、《古蘭經》的殘忍「刑罰」

在《古蘭經》裡，「穆罕默德」一直讚美「眞主（上帝『耶和華』）」是「至慈的」，甚至連「眞主（上帝『耶和華』）」自己，也說自己是「至慈的」，在《古蘭經》總共出現二百二十五次的「至慈」。

●《古蘭經》第一章　開端（法諦海哈）：

1:1. 奉「至仁至慈」的「眞主（上帝『耶和華』）」之名。

1:2. 一切讚頌全歸「眞主（上帝『耶和華』）」，衆世界的主。

1:3. 至仁「至慈的主」。

●《古蘭經》第二章　黃牛（巴格勒）：

2:160. 惟悔罪自新，闡明「眞理」的人，我將「赦宥（赦免、寬恕）」他們。我是「至宥（寬恕、赦免）」的，是「至慈的」。

2:163. 你們所當崇拜的，是「唯一的主宰」；除他外，絕無應受崇拜的；他是「至仁的」，是「至慈的」。

●《古蘭經》第三章　儀姆蘭的家屬（阿黎儀）：

3:129. 天地萬物，都是「眞主（上帝『耶和華』）」的。他要恕饒誰，就恕饒誰；要懲罰誰，就懲罰誰。「眞主（上帝『耶和華』）」是「至赦的」，是「至慈的」。

但是，所謂「至慈的」，是針對「穆斯林」而言。針對「非穆斯林」，「眞主（上帝『耶和華』）」是「至殘忍的」。誰敵對和違抗「眞主（上帝「耶和華」）」及其「使者（使徒）」，「眞主（上帝『耶和華』）」就嚴懲誰。

「眞主（上帝『耶和華』）」嚴懲「非穆斯林」的手段五花八門，例如：

(1)處以「死刑」

(2)釘死在「十字架」上。

(3)把「手腳」交互著割去。

(4)割去他們倆的手。

(5)斬他們的「首級」，斷他們的「指頭」。

(6)「殺戮」他們。

(7)在那日，要把那些「金銀」放在「火獄」的火裡燒紅，然後用來烙他們的「前額」、「肋下」

和「背脊」。

(8)「溺殺」了其餘的人。

(9)「不通道（信神）」的人們將受「火刑」。

(10)你們在戰場上遇到「不通道（不信神）」者的時候，應當「斬殺他們」。

(11)「永居火獄」，不蒙減刑，不獲寬限。

下面是《古蘭經》裡，提到「殘忍刑罰」的經文。

●《古蘭經》第二章　黃牛（巴格勒）：

2:50. 我爲你們分開海水，拯救了你們，並「溺殺了法老的百姓」，這是你們看著的。

2:161. 終身「不信道（不信神）」、臨死還不信道的人，必受「眞主（上帝『耶和華』）」的棄絕，必受「天神（天使）」和「人類全體」的詛咒。

2:162. 他們將「永居火獄，不蒙減刑，不獲寬限」。

2:191. 你們在那裡發現他們，就在那裡「殺戮他們」；並將他們「逐出境外」，猶如他們從前驅逐你們一樣，「迫害」是比「殺戮」更殘酷的。你們不要在「禁寺」附近和他們戰鬥，直到他們在那裡進攻你們；如果他們進攻你們，你們就應當「殺戮他們」。「不信道者（不信神的人）」的報酬是這樣的。

●《古蘭經》第五章　筵席（馬以代）：

5:33. 敵對「眞主（上帝『耶和華』）」和「使者」，而且擾亂地方的人，他們的報酬，只是「處以死刑」，或釘死在「十字架」上，或「把手腳交互著割去」，或「驅逐出境」。這是他們在「今世」所受的淩辱；他們在「後世」，將受重大的刑罰。

5:38. 偷盜的男女，你們當「割去他們倆的手」，以報他們倆的罪行，以示「眞主（上帝『耶和華』）」的懲戒。「眞主（上帝『耶和華』）」是萬能的，是至睿的。

●《古蘭經》第八章　戰利品（安法勒）：

8:12. 當時，你的主啟示衆「天神（天使）」：「我是與你們同在的，故你們當使『通道者（信神的人）』堅定。我要把『恐怖』投在『不通道（不信神）』的人的心中。」故你們當「斬他們的首級，斷他們的指頭」。

8:13. 這是因爲他們違抗「眞主（上帝『耶和華』）」及其「使者（使徒）」。誰違抗「眞主（上帝『耶和華』）」及其「使者（使徒）」，「眞主（上帝『耶和華』）」就嚴懲誰。

8:14. 這種（刑罰）你們嘗試一下吧。「不通道（不信神）」的人，將來必受「火刑」。

8:15. 「通道（信神）」的人們啊！當你們遇著「不通道（不信神）」的人向你們進攻的時候，你們不要「以背向敵」。

8:16. 除非因爲「轉移陣地」，或加入「友軍」，在那日，誰「以背向敵」，誰要受「眞主（上帝『耶和華』）」的譴怒，他們的「歸宿」是「火獄」，那「歸宿」眞惡劣。

8:17. 你們沒有「殺戮他們」，而是「眞主（上帝『耶和華』）」「殺戮」了他們；當你「射擊」的時候，其實你並沒有「射擊」，而是「眞主（上帝『耶和華』）」「射擊」了。（他這樣做）原爲要把從自己發出的嘉惠賞賜「通道（信神）」的人們。「眞主（上帝『耶和華』）」確是全聰的，確是全知的。

●《古蘭經》第九章　懺悔（討白）：

9:13. 有一「族人」已經違反「盟約」，要想驅逐「先知」，而且首先進攻你們。你們怎麼還不討伐他們呢？難道你們畏懼他們嗎？「眞主（上帝『耶和華』）」是你們更應當畏懼的，如果你們確是「信士（誠實不欺的人）」。

9:14. 你們應當討伐他們，「眞主（上帝『耶和華』）」要借你們的手來懲治他們，淩辱他們，並相助你們制服他們，以安慰「通道（信神）」的民衆。

9:15. 而消除他們心中的「義憤」。「眞主（上帝『耶和華』）」將准許他所意欲的人悔過自新。「眞主（上帝『耶和華』）」是全知的，是至睿的。

9:29. 當抵抗不信「眞主（上帝『耶和華』）」和「末日」，不遵「眞主（上帝『耶和華』）」及其「使者（使徒）」的「戒律」，不奉「眞教」的人，卽曾受《天經（舊約聖經）》的人，你們要與他們戰鬥，直到他們依照自己的能力，規規矩矩地「交納丁稅」。

9:34. 「通道（信神）」的人們啊！有許多「博士」和「僧侶」，的確借「詐術」而侵吞別人的財產，並且阻止別人走「眞主（上帝『耶和華』）」的大道。窖藏金銀，而不用於「主道」者，你應當以「痛苦的刑罰」向他們報喜。

9:35. 在那日，要把那些「金銀」放在「火獄」的火裡燒紅，然後用來烙他們的前額、肋下和背脊。這是你們爲自己而窖藏的金銀。你們嘗嘗藏在窖裡的東西的滋味吧！

●《古蘭經》第二十六章　衆詩人（抒爾拉）：

26:119. 我就拯救了他，以及在滿載的船中與他共濟的人。

26:120. 隨後我「溺殺了其餘的人」。

26:121. 此中確有一個「跡象」，但他們大半「不通道（不信神）」。

26:122. 你的主，確是萬能的，確是「至慈的」。

●《古蘭經》第三十八章　薩德：

38:27. 我沒有徒然地創造天地萬物，那是「不通道（信神）」者的猜測。悲哉！「不通道（信神）」的人們將受「火刑」。

●《古蘭經》第四十七章　穆罕默德：

47:4. 你們在戰場上遇到「不通道（不信神）」者的時候，應當「斬殺他們」，你們既戰勝他們，就應當「俘虜他們」；以後或釋放他們，或准許他們贖身，直到戰爭放下他的重擔。事情就是這樣的，假若「眞主（上帝『耶和華』）」意欲，他必懲治他們；但他命你們抗戰，以便他以你們互相考驗。爲「主道」而陣亡者，「眞主（上帝『耶和華』）」絕不枉費他們的「善功」，

第三單元 「伊斯蘭教」的歷史

一、「阿拉伯人」的起源

在「伊斯蘭教」中，所謂的「蒙昧時代」，通常是以「阿拉伯半島」的遊牧民族「貝都因人」，做爲早期的「阿拉伯人」代表。「貝都因人」屬於「閃含語系民族」，是以「氏族」爲基本單位，分成許多「氏族部落」，各「氏族部落」各據一方，逐水草而居，彼此之間經常爲爭奪牧場、水源、土地而發生戰爭。在「沙漠曠野」，過著「遊牧生活」的「阿拉伯人」，主要分佈在「西亞」和「北非」，廣闊的「沙漠」和「荒原」地帶。

在「基督教時代」的最初幾個世紀，當時的「阿拉伯人」，沒有較高的文化。「阿拉伯人」的民族性凶猛，但是缺少團結，雖然在「基督教時代」初期的幾個世紀中，曾經好幾次入侵「羅馬帝國」的好幾個「行省」，「羅馬行省」的軍隊，也時常殲滅「阿拉伯人」的軍隊。

但是，到了七世紀時，在「伊斯蘭教」出現之後，「阿拉伯人」就因爲「伊斯蘭教的信仰」而團結，同時也是「武力」的團結。「阿拉伯人」不僅侵略與搶劫「羅馬帝國」，並且占領了「羅馬帝國」的一大片土地，建立了一個半政治半宗教的「阿拉伯國家」。

在「伊斯蘭教」之前，曾經有「埃及、波斯、馬其頓、羅馬、敍利亞、君士坦丁堡」在名義上作爲「阿拉伯人」的上國，甚至最後成爲「波斯」的藩屬國。「阿拉伯人」不曾建立自己的國家，指是

「部落」分居的社會型態。各「部落」都有他們各自的「宗教信仰」，信仰「不同的神」。

三百多族的「阿拉伯人」，是「多神教」的崇拜者，各族都有自己信奉的「保護神」。「穆罕默德」信奉的「安拉（上帝『耶和華』）」，自稱是宇宙唯一的神，是「易卜拉欣（亞伯拉罕）」所信奉的神，其實只是「阿拉伯人」所信奉多神之中的一位神而已。就像上帝「耶和華」，雖然被「猶太人」尊奉爲唯一的「保護神」，實際上則是「衆猶太部落」所信仰多神之中的一位神而已。

「阿拉伯人」的「多神教信仰」，到了「穆罕默德」，就極力主張「安拉（上帝『耶和華』）」的信仰，是「阿拉伯」各部落共同的「唯一眞神」。這個「唯一眞神」的觀念，則來自於「猶太教」和「基督教」。

因爲，「穆罕默德」在少年時代，就往返於「阿拉伯」鄰近的「基督教」及「猶太教」盛行的國家。他頗留心於「基督教」及「猶太教」的宗教，因爲「基督教」及「猶太教」的信仰，都有一套「神學理論」，不像「阿拉伯」的原始宗教，沒有理論根據。

但是，「穆罕默德」又不便把他原來所奉的「阿拉神」放棄，所以，他就用「阿拉」之名，銜接上「基督教」及「猶太教」的上帝「耶和華」信仰，便成了「伊斯蘭教」。

二、七世紀初的「阿拉伯世界」

位於「阿拉伯半島」西部，沿著「紅海」海岸的「漢志（希賈茲）地區」，自古就是東、西方貿易的重要商業要道。「漢志（希賈茲）地區」也是「伊斯蘭教」的發源地，境內有「麥加」和「麥地那」兩座「伊斯蘭教聖城」。坐落在古商道南北交通中心的「麥加」，因爲受到過境貿易之利，發展爲繁榮的商業城鎮。

「麥加」的「古萊什部落」的「貴族」，擁有著當時「阿拉伯人」的崇拜中心「克爾白神殿」的管理權，每年從「克爾白」祭祀廟會的「集市貿易」中，謀取巨額收入，壟斷了「麥加」的「商業貿易」。

「麥加」的「城鎮貴族」，夥同「游牧部落貴族」，通過經營商隊、販賣奴隸、放高利貸等手段，牟取暴利，對「城鎮的貧民」和「農牧民」進行「高利貸盤剝」，造成大批「中小商人」破產，淪爲「貴族」的「債務人」，造成階級對立加劇，社會的經濟危機四起。

再加上「拜占廷帝國」和「波斯帝國」，爲了爭奪和控制「阿拉伯商道」，對「阿拉伯半島」進行了長期的掠奪戰爭，加劇了「阿拉伯半島」的經濟危機和社會矛盾。

頻繁的戰爭和掠奪，使得「阿拉伯」南部的「社會經濟」遭到嚴重的破壞，土地荒蕪，灌溉工程被毀，道路淹沒，商旅改道，人口銳減，使富庶的「葉門」地區迅速衰落。

同時，「波斯帝國」爲了壟斷東西方貿易，廢止由「葉門」經「阿拉伯半島」西部「紅海」岸邊，到達「敍利亞」的商路，另闢一條經「波斯灣」和「兩河流域」到達「地中海」的「商道」。

由於「商路的改變」，造成了「阿拉伯半島」南部和西部經濟的衰退，「麥加」、「麥地那」等城鎮的「過境貿易」急劇衰敗，「貴族們」的收入驟減，許多靠「商隊」謀生的「貝都因人」和「城市居民」的生路斷絕，社會危機不斷加深。

「阿拉伯地區」日益加劇的社會危機，外族的不斷入侵，促使了「阿拉伯人」的覺醒，社會各階級都在尋求出路。「阿拉伯貴族」爲了維護他們的統治，希望打破「氏族壁壘」，奪取「新的土地」

和重新「控製商道」。衆多的下層「人民」和「奴隸」，則要求「和平」與「安寧」，渴望擺脫「經濟剝削」和「政治壓迫」，改善自己的貧困生活。

「伊斯蘭教」的興起，是「阿拉伯半島」各部落，要求改變「社會經濟狀況」和實現「政治統一」的反映。「穆罕默德」順應了歷史發展的需要，創立了「伊斯蘭教」，在「宗教革命」的旗幟下，領導了「阿拉伯」的「社會變革運動」，統一了「阿拉伯半島」。

三、「穆罕默德」時期

「穆罕默德」生於「麥加城」的「古萊什部落」的「哈希姆家族」。他自幼父母雙亡，由「祖父」和「伯父」撫養。早年失學替人放牧。

「穆罕默德」十二歲時跟隨「伯父」及「商隊」，曾到過「敍利亞」、「巴勒斯坦」和「地中海東岸」一帶經商，廣泛接觸和目睹了「阿拉伯半島」和「敍利亞地區」的社會狀況，了解到「阿拉伯半島」的「原始多神宗教」、「猶太教」和「基督教」的情況，爲他後來的「傳教活動」，提供了大量「社會知識」和「宗教素材」。

「穆罕默德」二十五歲時，他和「麥加」的富孀「赫蒂徹」結婚，婚後生活富裕安定，社會地位日益提高。

「穆罕默德」受到「猶太教」和「基督教」的「獨一神思想」的影響，經常到「麥加」的「希拉山洞」裡靜坐冥想。

公元六一〇年，在「萊麥丹月（伊斯蘭教曆九月）的一個夜晚，當時四十歲的「穆罕默德」在潛修「冥想」時，大天使「吉卜利勒（加百列）」顯現，帶來「眞主（上帝『耶和華』）」的第一個「啟示」傳達給他，要他向世人「傳警告」和「報喜訊」，教導人們信奉「伊斯蘭教」，並且宣稱「眞主（上帝『耶和華』）」揀選了「穆罕默德」爲「眞主（上帝『耶和華』）」的最後一位「先知」和「使者（使徒）」，不識字的「穆罕默德」就在大天使「吉卜利勒（加百列）」的帶領下，將《古蘭經》讀誦出來。

公元六一三年，「穆罕默德」開始了他漫長歷時二十三年的「傳教歲月」，雖然他的妻子「赫蒂徹」相信他並皈依「伊斯蘭教」。但是，整個「古萊什族」聽了他的話後，大多譏笑他，認爲他瘋了。但是，也有一些人成爲他的追隨者。

「穆罕默德」在宣教中，告誡人們放棄「多神信仰」和「偶像崇拜」，宣稱「眞主（上帝『耶和華』）」是宇宙萬物的創造者，是唯一的主宰，要求人們信奉獨一無二的「眞主（上帝『耶和華』）」。

「穆罕默德」宣導「多神信仰」給「阿拉伯人」帶來的愚昧和社會道德的墮落，宣講「末日審判」和「死後復活」的觀念，警告「多神教徒」如不歸順「眞主（上帝『耶和華』）」，將在「末日審判」時遭到懲罰，墮入「火獄」，歸順「眞主（上帝『耶和華』）」者，將在「後世」得到獎賞，進入「樂園（天堂）」。

「穆罕默德」還提出，凡「穆斯林」不分「氏族部落」，皆爲「兄弟」，應該聯合起來，消滅仇敵。並且提出「禁止高利貸盤剝」，行善施捨，賑濟「貧弱孤寡」和善待、釋放「奴隸」等，一系列「社會改革」的主張，受到衆多「下層群衆」的擁護，許多人紛紛歸信「伊斯蘭教」。

由於「穆罕默德」所傳的教義，從根本上動搖了部落傳統「多神信仰」的地位，也觸犯了「麥加」的「貴族」和「富商」的「宗教特權」和「經濟利益」，因此遭到他們的強烈反對和迫害，使「穆罕默德」和「穆斯林」在「麥加」難以立足。

公元六二二年九月，「穆罕默德」隨同「麥加穆斯林」遷徙到「麥地那」，這時期是「伊斯蘭教」進入新的歷史發展階段。

「穆罕默德」領導「穆斯林」，在「麥地那」進行了政治、經濟、宗教等一系列的改革。他首先以「伊斯蘭教」作爲統一和團結的「思想旗幟」，派弟子到「麥地那」周圍，各「阿拉伯部落」傳教，當地絕大多數居民很快就歸信了「伊斯蘭教」。

「穆罕默德」制定了「麥地那」處理「內部民事」和對外關係中遵守的《麥地那憲章》，在「信仰自由」和「結盟」的基礎上，和「猶太人」等其他部落達成協議，實行和平共處。

「穆罕默德」統一「麥地那」之後，他以「伊斯蘭教的共同信仰」，代替「部落的血緣關係」，建立了以「烏瑪（意爲民族、社群）」爲形式的「政教合一」政權，「穆罕默德」成爲「麥地那」宗教、政治、軍事和司法的最高領袖。

「穆罕默德」身邊的四大弟「巴克爾」、「歐瑪爾」、「奧斯曼」、「阿里」和部分著名的「聖門弟子」組成一個「領導集團」。他以「眞主（上帝『耶和華』）」的「啟示」名義，創建了「伊斯蘭教」的「教義體系」和「法律制度」。

「穆罕默德」爲了鞏固「麥地那政權」，他組織了「穆斯林武裝軍隊」，打著「爲眞主而戰」的口號，於公元六二四年到六二七年間，他領導「穆斯林武裝軍隊」和「麥加貴族」進行了著名的「白德爾之戰」、「吳侯德之戰」和「壕溝之戰」等三大戰役，重重的打擊了「麥加貴族」。

公元六二八年，「穆罕默德」以「朝覲麥加」爲名，率軍到「麥加」近郊，「麥加貴族」被迫妥協，和「穆罕默德」簽訂《侯代比亞和約》，決定雙方休戰十年。「穆罕默德」利用休戰的十年，向「鄰國」和「阿拉伯半島」上的「阿拉伯部落」派出「使節」，向他們傳播「伊斯蘭教義」。

公元六三〇年，「穆罕默德」以「麥加貴族」違背協議爲由，率領「穆斯林武裝軍隊」，進逼「麥加」城下，「麥加貴族」被迫投降，接受「伊斯蘭教」，承認「穆罕默德」的「先知地位」，「麥加」全城居民宣布歸信「伊斯蘭教」。進入「麥加」後，「穆罕默德」下令搗毀「克爾白」殿內全部的神像，只保留「黑石」，並改「克爾白」爲「清眞寺」。

公元六三一年末，「阿拉伯半島」的「各部落」，相繼歸信「伊斯蘭教」，承認「穆罕默德」的領袖地位，「穆罕默德」實現了「阿拉伯半島」的政治統一。

公元六三二年，「穆罕默德」率領十萬個「穆斯林」，在「麥加」進行了第一次「伊斯蘭朝聖」，史稱「告別朝覲」。「穆罕默德」確立了一系列的「朝覲儀典」，成爲往後「穆斯林朝覲」所遵循的範例。

在「告別朝覲」幾個月後，「穆罕默德」便開始持續好幾天的高燒，最終在公元六三二年六月七日，病逝在他的妻子「阿伊莎」的家中，享年六十三歲。

「穆罕默德」逝世後，根據他的遺囑，安葬於「麥地那」的「先知清眞寺」內。「穆罕默德」的「言行錄」，稱爲《聖訓》，成爲「穆斯林」信仰、行教、立法和社會生活的準則。至此，「伊斯蘭教」成爲「阿拉伯半島」唯一的宗教。

四、「四大哈里發」時期

「伊斯蘭教」由「阿拉伯半島」地區性「單一民族的宗教」，發展成爲「世界性信仰的宗教」，是「阿拉伯」的「伊斯蘭國家」，透過不斷的對外擴張、經商交往、文化交流、向世界各地派出「傳教士」等多種方法，而得到廣泛傳播的結果。

「穆罕默德」逝世後，「伊斯蘭教」進入「四大哈里發時期」，隨著統一的「阿拉伯國家」的對外征服，「伊斯蘭教」向「阿拉伯半島」以外的地區廣泛傳播，史稱「伊斯蘭教的開拓時期」。

所謂「四大哈里發」，是指「伊斯蘭教」創始人「穆罕默德」逝世後，自公元六三二年至六六一年相繼執掌「阿拉伯伊斯蘭國家」政教大權的四位繼承人（稱爲「哈里發」，意思是「安拉使者的繼承人」。），他們是「穆罕默德」身邊的四大弟，依次爲「巴克爾」、「歐瑪爾」、「奧斯曼」和「阿里」。

由於「四大哈里發」都是通過「民主選舉」或「推舉」而產生的，他們的繼位獲得了大多「穆斯林」的認可，故稱這一時期爲「哈里發國家」的「神權共和時期」。

「四大哈里發」前後執政二十九年，原本以「麥地那」爲首都，「阿里」執政時，遷都到「伊拉克」南部的「庫法」。這個時期隨著大規模的對外軍事擴張，「伊斯蘭教」開始向「阿拉伯半島」以外的廣大地區傳播，史稱「阿拉伯的開拓時代」。

（一）第一任「巴克爾」（公元六三二年到六三四年在位）

「巴克爾」是「伊斯蘭教」歷史上的第一任「哈里發」，他生於「麥加」，是當地的一名富商。

當「穆罕默德」開始傳播「伊斯蘭教」時，「巴克爾」是最早的支持者之一，並且以他的財產支持

「穆罕默德」傳教。

當「穆罕默德」遭到「麥加貴族」的威脅而前往「麥地那」時，忠實的「巴克爾」也追隨「穆罕默德」的遷徙。

公元六一九年，「穆罕默德」在其第一個妻子「赫蒂徹」去世後，娶了「巴克爾」的女兒「阿伊莎」，「巴克爾」因此成了「穆罕默德」的「岳父」。

「穆罕默德」去世後，「巴克爾」於公元六三二年六月八日，被「麥地那」的「宗教領袖們」選爲「穆罕默德」的繼任者「哈里發」，意思是「眞主的使者的繼任者」）。

在「巴克爾」的領導下，叛教的部落，重返「伊斯蘭教」的行列，「阿拉伯人」也開始了對外發動「征服的戰爭」。「巴克爾」在與「波斯薩珊王朝」和「拜占庭帝國」的戰爭中，都取得了勝利。在他去世後，「歐瑪爾」繼承了「哈里發」的職責。

（二）第二任「歐瑪爾」（公元六三四年到六四四在位）

「歐瑪爾」是「伊斯蘭教」歷史上的第二任「哈里發」，他出生於「麥加」，早年當過「牧羊人」和「商販」，他受過良好教育、尚武，並且體格強壯。他是「穆罕默德」最著名的「擁護者」和「戰友」之一。

有趣的是，當「穆罕默德」開始宣講「伊斯蘭道義」時，「歐瑪爾」致力於保護「阿拉伯」傳統的「多神教信仰」。他堅決反對「穆罕默德」，並積極迫害「穆斯林」，甚至行刺過「穆罕默德」。

當時，「歐瑪爾」的妹妹和妹夫，都已經皈依「伊斯蘭教」。有一天，當「歐瑪爾」到他妹妹的住所時，他發現她和她丈夫正在誦讀《古蘭經》上的詩篇。這激怒了他，他與妹夫發生鬥毆。他妹妹為了保護丈夫，而被「歐瑪爾」誤傷，當看見她流血時，「歐瑪爾」深感悔悟。為了表示和解，「歐瑪爾」讀了一段他妹妹剛剛唸誦的《古蘭經》經文。結果，他被經文感動，「歐瑪爾」當天就皈依了「伊斯蘭教」。

「歐瑪爾」於公元六二二年遷居「麥地那」，他是最早遷居「麥地那」的移民者之一。在「麥地那」，他和「巴克爾」成為「穆罕默德」的兩大主要顧問。

「歐瑪爾」參與了許多戰役，成為「穆罕默德」的親密戰友。公元六二五年，「歐瑪爾」的女兒「哈芙莎」嫁給了「穆罕默德」，「歐瑪爾」也因此成了「穆罕默德」的「岳父」。

當「巴克爾」被推舉為新一任領導人「哈里發」時，「麥地那」的「穆斯林」準備推舉他們自己的領導人。為了避免「伊斯蘭國」分裂，「巴克爾」與「歐瑪爾」兩人參加了會議，經過一天的商討之後，「歐瑪爾」主動宣誓效忠於「巴克爾」。「伊斯蘭選民」跟著也向「巴克爾」效忠，讓「巴克爾」成為新一任領導人「哈里發」。

「巴克爾」在位的時間很短，他行使職權的大部分時間，都在處理「叛教戰爭」，因為一些「部落」，企圖脫離「穆斯林聯盟」。「歐瑪爾」當時是「巴克爾」的「主要顧問」。在「巴克爾」於公元六三四年去世後，「歐瑪爾」被指定為「哈里發」繼承人。

在「歐瑪爾」擔任「哈里發」的時期，「伊斯蘭帝國」以空前的速度進行擴張，征服了「美索不達米亞」和「波斯的部分領土」，最終滅亡「波斯」的「薩珊王朝」，並從「拜占庭帝國」手中，奪取了「埃及」、「巴勒斯坦」、「北非」和「亞美尼亞」。

公元六三六年，在「大馬士革」附近進行的「耶爾穆克戰役」中，「歐瑪爾」以少勝多，結束了「拜占庭帝國」在「敍利亞」的統治。同年在「幼發拉底河畔」的「卡迪西亞戰役」中，「阿拉伯人」以少勝多，大敗「波斯人」。

公元六三七年，在漫長的「耶路撒冷圍城」之後，「阿拉伯軍隊」得以和平進城，並且簽定「歐瑪爾條約」。占領「耶路撒冷」之後，「歐瑪爾」讓信仰「猶太教」的信徒，可以居住於「耶路撒冷」城中，並且給予極度的尊敬。這是自從「猶太人」從「耶路撒冷」聖地被逐出後，五百年來的第一次，他們被允許實踐他們的「猶太教」信仰，並且居住在「耶路撒冷」附近。

另外，「歐瑪爾」還許可了一些協定，被稱爲「歐瑪爾盟約」，與「基督教徒」一起確立了他們在「穆斯林」統治之下的權利與義務。

「歐瑪爾」還主導了多項改革，並且全面檢視了「國家政策」。他在新征服的土地上，發展了「行政部門」，包括一些新的「政府部門」和「官僚機構」，並主持了「穆斯林」統治區域的「人口普查」。

公元六三八年，「歐瑪爾」主持擴展和修復了「麥加」的「大淸眞寺」和「麥地那」的「先知淸眞寺」，同時開始組織編撰《伊斯蘭法典》。

公元六三九年，「歐瑪爾」制定了「伊斯蘭曆法」，以「希吉拉」爲紀元。「希吉拉」原意爲「出走、離開」，後來變爲公元六二二年，「穆罕默德」帶領信衆離開「麥加」，遷移到「麥地那」這個事件的簡稱。由於這是「伊斯蘭」歷史上非常重要的事件，「歐瑪爾」將公元六二二年定爲「伊斯蘭曆的元年」，因此「伊斯蘭曆」又被稱爲「希吉拉曆」。

公元六四四年，「歐瑪爾」被一名信仰「基督教」的「波斯奴隸」刺殺。

（三）第三任「奧斯曼」（公元六四四年到六五六在位）

「奧斯曼」爲「伊斯蘭教」歷史上的第三任「哈里發」，「遜尼派」認爲他是四位「正統哈里發」中的一位；而「什葉派」則認爲他與前兩位「哈里發」一樣，是「篡權者」。

「奧斯曼」出身於「麥加」「古來氏族」中的「倭馬亞家族」，年紀比「穆罕默德」略小。在大部分「倭馬亞家族」成員激烈反對「穆罕默德」傳佈「伊斯蘭教」時，「奧斯曼」卻是「穆罕默德」最初的信徒和最親密的戰友之一。

「奧斯曼」與「穆罕默德」的女兒結婚，當「穆罕默德」被迫離開「麥加」後，「奧斯曼」和妻子參加了「穆斯林」向「埃塞俄比亞」的移民，當時移民的「穆斯林家庭」共有十五個，後來又移民到「麥地那」。

公元六四四年十一月三日，第二任「哈里發」「歐瑪爾」遇刺身亡之後，「奧斯曼」被推舉爲第三代「哈里發」。在「奧斯曼」統治時期，最後編定了「伊斯蘭教」的聖典《古蘭經》。然而，「什葉派」否認「奧斯曼」對《古蘭經》定型的功績。

在「奧斯曼」執政時代，「伊朗」的「薩珊王朝」被消滅了，挫敗了「拜占庭帝國」奪回「埃及」的計劃，「高加索地區」和「塞浦路斯」也成爲「伊斯蘭教」世界的一部分。

雖然，「奧斯曼」在任內，將「阿拉伯帝國」的版圖大爲擴大，並且編纂《古蘭經》而有貢獻，但是「奧斯曼」也因爲「用人唯親」，而引發周遭人士的不滿。

公元六五六年，來自「伊拉克」和「埃及」的「反對者」，在「麥地那」包圍了「奧斯曼」的住所。六月十七日，「奧斯曼」被破門而入的「反對者」刺殺。

在「奧斯曼」遇刺後，他的侄兒「穆阿維葉」，反對「穆罕默德」的堂弟「阿里」成爲「哈里發」。他公開展示「奧斯曼」的血衣，暗示「奧斯曼」爲「阿里」所害，「奧斯曼」的遺體被安放在「麥地那」。

（四）第四任「阿里」（公元六五六年到六六一年在位）

「阿里」是伊斯蘭教創始人「穆罕默德」的堂弟及女婿，是第四任的「哈里發」。

「遜尼派」的「穆斯林」，視「阿里」爲第四位，也是最後一位的「正統哈里發」；「什葉派」的「穆斯林」則視「阿里」爲第一代的「伊瑪目（領袖『哈里發』）」，又視「阿里」及其後裔爲「穆罕默德」的正統繼承者。

「阿里」及其「後裔」，都是「穆罕默德」祖系聖裔的成員。「穆斯林」社會，因爲對「阿里」繼承人身分的問題發生分歧，因而分成「遜尼」及「什葉」兩個派別。

在「穆罕默德」在世時，「阿里」是唯一一個出生在「麥加」聖域「克爾白」的人，「克爾白」是「伊斯蘭教」最神聖的地方。當「穆罕默德」受到「眞主（上帝『耶和華』）」默示時，「阿里」是首批接受神示的其中一人。

「穆罕默德」起程前往「麥地那」後不久，「阿里」也追隨而去。「穆罕默德」告訴「阿里」，他已經接受了「眞主（上帝『耶和華』）」的指示，要將女兒「法蒂瑪」嫁給「阿里」。「穆罕默德」在「麥地那」領導群衆的十年裡，「阿里」表現活躍，他領導戰士作戰，又傳送命令及信息，他幾乎參與了所有保衛「穆斯林」社會的戰事。

在「伊斯蘭文化」裡，「阿里」因他的勇氣、知識、信念、正直、對「伊斯蘭教」的奉獻、對

「穆罕默德」的忠誠、平等對待所有「穆斯林」及對敵人的寬容而受人尊敬。「阿里」是《古蘭經注釋》、「伊斯蘭法學」及「宗教思想」上的權威人士，「阿里」的影響力貫通整個「伊斯蘭教史」。

第三任「哈里發」「奧斯曼」被刺殺後，「阿里」被「穆罕默德」的同行者推選為「哈里發」。他在任內，遇到反抗及內戰。公元六六一年，他在「庫法」的「清真寺」進行禮拜時被襲擊，數天後逝世。

五、「哈里發」時代結束

「阿里」逝世後，他的長子「哈桑」，也是「穆罕默德」的「外長孫」，接受「伊拉克」「庫法」地區的「穆斯林」的擁戴，就任第五任「哈里發」，他也是「什葉派」所尊崇的第二位「伊瑪目（領袖『哈里發』）」。

但是不久，「哈桑」就在和「敘利亞」總督「穆阿維亞」，也是「倭馬亞王朝」的建立者和談之後，放棄了對「伊拉克地區」，為期七個月的統治，同時也放棄「哈里發」稱號，引退到「麥地那」，最終被毒死。

「哈桑」死後，「什葉派」轉而支持「阿里」的次子，「哈桑」的弟弟「海珊」繼承「伊瑪目（領袖『哈里發』）」之位。

在公元六八〇年，「海珊」率領自己的支持者，在「巴格達」西南的「卡爾巴拉」，對抗前來鎮壓的「倭馬亞王朝」「葉齊德」的大軍，史稱「卡爾巴拉戰役」。最終「海珊」全軍覆沒，「阿里」之子「海珊」陣亡，「哈里發時代」到此結束。

從公元六六一年起，「伊斯蘭教」進入「阿拉伯帝國時期」，歷經「倭馬亞王朝」和「阿拔斯王朝」，地跨亞、非、歐三大洲，「伊斯蘭教」成爲帝國統治的宗教。

六、「倭瑪亞王朝」時期（公元六六一年到七五〇年）

「倭瑪亞王朝」是由「倭瑪亞家族」統治的「哈里發國」，是「阿拉伯帝國」的第一個世襲王朝。在「伊斯蘭教」，最初的四位「哈里發」的執政結束之後，由「阿拉伯帝國」的「敍利亞」總督「穆阿維亞」所建立。在公元六六一年至七五〇年期間，該「倭瑪亞王朝」是「穆斯林」世界的主要統治者。

公元六六一年，「倭瑪亞家族」的「敍利亞」總督「穆阿維亞」即位「哈里發」，以「大馬士革」爲首都，建立了「倭瑪亞王朝」。

公元六七九年，「穆阿維亞」宣布其子「葉齊德」爲「哈里發」繼承人，從而破壞了「哈里發」的選舉制度。「阿拉伯帝國」從此成爲一個由「世襲王朝」統治的軍事帝國。

「倭瑪亞王朝」破壞了「哈里發」的選舉制度，結果讓它最大的反對者，「伊斯蘭教什葉派」興起。「什葉派」不承認「倭瑪亞王朝」的「哈里發」地位的合法性，堅持「哈里發」這個職位，只能從先知「穆罕默德」的女婿「阿里」的後代中產生。

在哈里發「阿卜杜勒．馬利克」時代，「倭瑪亞王朝」才消滅了「麥加」的「什葉派政權」。在整個「倭瑪亞王朝」時期，政府與「什葉派」一直發生戰鬥。雖然政府一度宣稱消滅了「麥加」的「什葉派」，但是「什葉派」從未被徹底剪除。而且「什葉派」最後協助「阿拔斯王朝」，終結了

「倭瑪亞王朝」的統治。

「穆阿維亞」將「哈里發」改爲「世襲」，實際上成爲了帝國的君主。在他的統治期間，「阿拉伯世界」開始進入鼎盛時代，「阿拉伯語」成爲帝國的官方語言，政府文件都必須用「阿拉伯語」書寫。

「倭瑪亞王朝」時代，是「阿拉伯人」軍事擴張的第二個高峰期。在八世紀初，「倭瑪亞王朝」開始發動大規模的對外戰爭。「倭瑪亞王朝」的疆域，最廣闊之時，東至「中亞」和「印度半島」、西至「伊比利半島」，領有整個「南地中海」沿岸。在「蒙古帝國」崛起之前，沒有一個帝國的疆域，比「倭瑪亞王朝」廣闊。

在東方，「阿拉伯軍隊」侵入「中亞」，占領「喀布爾」、「布哈拉」、「撒馬爾罕」和「花拉子模」等地區，直至「帕米爾高原」，與「唐朝」相對峙。

另一支東方軍隊，向南攻入「南亞」大陸的北端，占領「巴基斯坦」的「信德省」一帶。

北方的軍事規模最爲浩大，「倭瑪亞王朝」甚至曾三次發兵，圍攻「東羅馬帝國」的首都「君士坦丁堡」。直到公元七一七年，「君士坦丁堡戰役」慘敗才終止。

西方的進攻最爲猛烈，不僅占領從「突尼西亞」、「阿爾及利亞」直到「摩洛哥」的「馬格里布地區」。還以新皈信「伊斯蘭教」的「北非」土著「柏柏爾人」爲主力，於公元七一一年，跨過「直布羅陀海峽」，攻入「西歐」的「伊比利半島」。

消滅「西哥特王國」後，「阿拉伯人」翻越「庇里牛斯山脈」，攻入西歐「法蘭克王國」。公元七三二年，「阿拉伯人」在「圖爾戰役」中失利，停止向「西歐內陸」的進攻。

到了八世紀中葉的「倭瑪亞王朝」後期，「阿拉伯帝國」的版圖西臨「大西洋」，東至「印度河」，成爲地跨亞、非、歐三大洲的龐大「軍事帝國」，統治的人口達到約三千四百萬。

「倭瑪亞王朝」的統治者，殘暴地統治其征服領地，導致衆多被征服民族的怨恨。同時，本身「遜尼派」、「什葉派」及其他派別的「教派鬥爭」日趨激烈，「倭瑪亞王朝」不僅未能徹底把「什葉派」消滅，反而又出現了一個「阿拔斯派」的反對力量，自稱是先知「穆罕默德」的叔父「阿拔斯」的後裔。

由於「倭瑪亞王朝」與「什葉派」和「哈瓦利吉派」的持續衝突，使得「倭瑪亞王朝」的統治長年陷於不穩定的情況之中。各派別都採取暴力手段，來抵抗「倭瑪亞王朝」的鎮壓行動，導致數位「倭瑪亞王朝」的「哈里發」，死於刺客之手，而且幾乎所有「倭瑪亞王朝」的「哈里發」，在位的時間都極短。

「穆罕默德」的叔父「阿拔斯」的後代「阿布」，利用「什葉派」與「哈瓦利吉派」暴動的機會，藉助「波斯人」的軍事力量，最終推翻了「倭瑪亞王朝」。

在「阿布」對「倭瑪亞王朝」的屠殺中，有一名倖存者「阿卜杜勒」逃至「西班牙」，並在那裡建立了「後倭瑪亞王朝」，長期以「哥多華」爲中心，統治「伊比利半島」，成爲歐洲最重要的「伊斯蘭教」政權。

七、「阿拔斯王朝」時期（公元七五〇年到一二五八年）

「阿拔斯王朝」是「哈里發帝國」的一個王朝，也是「阿拉伯帝國」的第二個世襲王朝。於公元七五〇年取代「倭瑪亞王朝」，定都「巴格達」，直至公元一二五八年，被成「蒙古」的「成吉思汗」之孫「旭烈兀」西征時所滅亡。

公元七四七年，「阿拔斯」的後裔「阿布」，利用「波斯人」力量，聯合「什葉派穆斯林」，於公元七五〇年推翻了「倭瑪亞王朝」的統治，建立了「阿拔斯王朝」。「阿拔斯王朝」旗幟多爲黑色，故中國的《舊唐書》和《新唐書》，稱「阿拔斯王朝」爲「黑衣大食」。

「阿拔斯王朝」在「阿布」死後，發生內戰，最後由「穆罕默德」的叔父「阿拔斯」的第五世孫「曼蘇爾」獲得勝利，擔任「哈里發」。

哈里發「曼蘇爾」執政時，以「伊拉克」爲中心，在「底格里斯河」畔營建了新都「巴格達」，於公元七六二年遷都至此。「巴格達」城宏偉壯觀，人口衆多，商貿繁盛，是與當時「唐朝」的「長安」和「君士坦丁堡」齊名的國際型大都市。

「阿拔斯王朝」建立後的最初的近一百年，政治較爲穩定，生產力發展較快，經濟和貿易繁榮，科學文化獲得許多重要成就，積極的推動「東西方文化交流」，是「阿拉伯帝國」的極盛時代。

但是，爲了維持國家的運轉，「阿拔斯王朝」不斷的加強對農民、工人和奴隸的殘酷剝削，致使人民在「階級、民族、宗教」三方面，處於不斷的矛盾和激化之中，人民起義、教派鬥爭此起彼落。

在「阿拔斯王朝」創建之初，「倭瑪亞王朝」的後裔就逃往「伊比利半島」，建立「後倭瑪亞王朝」。由於軍隊的服裝都是「白色」，中國的《舊唐書》和《新唐書》，稱爲「白衣大食」，與「阿拔斯王朝」的「黑衣大食」分庭抗禮。

進入九世紀之後，人民的起義遍及帝國全境，「阿拔斯王朝」因此國勢日衰。到了九世紀中葉以後，從「中亞」來的「突厥人」，逐漸取得權勢。「突厥將領」掌握軍權，任意廢立甚至殺害「哈里發」，「哈里發」成爲他們手中的傀儡。

另外，各地的「總督」和「軍事統帥」，因爲「阿拔斯王朝」推行「封土制度」，逐漸獲得強大的「經濟基礎」和「軍事力量」，造成強大的「地方勢力」，促使「割據局面」的形成，對「阿拔斯王朝」的統治，造成了最嚴重的威脅。

全國各地，幾十位「總督」和「軍事統帥」都乘機自立爲王，相互攻伐征戰，並且意圖推翻中央政權。大小的王國，在這個時期，忽生忽滅。例如：

公元八〇〇年，大將軍「伊本．艾格萊卜」在獲得「突尼西亞」封土之後，當年便建立「艾格萊卜王朝」。

⑵公元八六八年，「埃及」總督「阿哈默德．圖倫」宣布獨立，建立「圖倫王朝」。

⑶公元八六七年，東方各省繼「塔希爾王朝」之後，又相繼出現了「薩法爾王朝」和「薩曼王朝」。

⑷公元九〇九年，「什葉派穆斯林」在「突尼西亞」建立「法蒂瑪王朝」，先後征服「阿爾及利亞、敍利亞、埃及、薩丁尼亞島」。公元九七三年遷都「開羅」，由於軍隊的服裝都是「綠色」，中國的《舊唐書》和《新唐書》，稱爲「綠衣大食」。

⑸公元八九〇年，由「阿布．阿杜拉」創立的「卡爾馬特教派」在「哈馬丹．卡爾馬特」的領導之下，於「伊拉克」南部的「庫法地區」舉行起義，勢力迅速擴及「波斯、中亞」一帶。並於公元八九九年，在「波斯灣」西岸的「巴林」，建立了「卡爾馬特王朝」，先後延續了二百多

年。

⑹「阿拉伯人」在「北非」西部建立了「伊德里斯王朝」。

⑺「摩蘇爾」和「阿勒頗」建立了「哈姆丹尼王朝」。

⑻「波斯人」和「突厥人」在「波斯、中亞」和「小亞細亞」等地建立了「薩曼王朝」、「白益王朝」、「加茲尼王朝」、「塞爾柱王朝」。

⑼「埃及」、「敍利亞」和「葉門」建立了「阿尤布王朝」。

進入十世紀之後，「阿拔斯王朝」四分五裂，實際的統治區域，僅限於「巴格達」及其周圍地區。

由「裡海」南岸的「德萊木人」「白益家族」的「阿里」，於公元九三四年占領「瓦爾斯」的都城「設拉子」。公元九四五年，他的弟弟「艾哈邁德」，進入「巴格達」，哈里發「穆斯台克非」成爲「白益家族」的傀儡。

此時，各地的「封建主」擁兵割據，獨霸一方。公元一〇五五年，另一支「塞爾柱突厥人」攻陷「巴格達」，解除了「哈里發」的政治權力，僅保有「宗教首領」的地位。

八、「阿拉伯帝國」的滅亡

十一世紀開始，歐洲「基督教」的「十字軍東征」，曾經多次侵蝕「阿拉伯帝國」的疆域，聖城「耶路撒冷」更是多次被血洗。「阿拔斯王朝」的「阿拉伯帝國」被迫相繼引進「塞爾柱突厥人」等外來勢力，來對付各種內憂外患。

「塞爾柱突厥人」的到來相助，使得「阿拔斯王朝」的「阿拉伯帝國」，一度出現中興的局面。

公元一〇七一年，「阿拔斯王朝」的「阿拉伯帝國」，在「曼奇克特戰役」中，成功的暫時重創「東羅馬帝國」，暫時解除「東羅馬帝國」威脅。當時，雖然「阿拔斯王朝」的「阿拉伯帝國」，在名義上的統治者，還是「哈里發」，但是實權已經旁落到了「塞爾柱突厥」的「蘇丹」手中。

由於「蘇丹」當權者，十分尊重「阿拉伯帝國」的傳統，基本上承襲了「阿拉伯帝國」以往的各種封建典章制度，使得「阿拔斯王朝」的「阿拉伯帝國」，又暫時恢復了統一的局面。但是，各種「社會矛盾」仍然存在，人民繼續反抗，各種「教派紛爭」愈發殘酷。

到了十一世紀末，「阿拔斯王朝」的「阿拉伯帝國」，又被那些「手握重兵」，擁有「大片土地」和「稅收大權」的「突厥封疆大吏」分裂成十餘個「封建小國」。

十二世紀末年，在「中亞」新興的「花剌子模王朝」，取代「塞爾柱人」，控制了「哈里發」，但是「突厥諸邦」分立的局面，並沒有很大的改變。

十三世紀初，強大的「蒙古帝國」崛起。「第一次蒙古西征」就消滅了「花剌子模王朝」。

十三世紀中葉，「蒙古鐵騎」衝入「西亞」各國。公元一二五二年，「成吉思汗」之孫「旭烈兀」，奉其兄「蒙哥汗」之命，發動「第三次蒙古西征」。他率領「蒙古軍隊」洗劫了「波斯、小亞細亞、美索不達米亞」和「敍利亞」。

公元一二五八年，「旭烈兀」西征時，率領的一萬二千名大軍，攻陷「阿拔斯王朝」的「阿拉伯帝國」首都「巴格達」，「巴格達」全城的居民幾乎被屠殺殆盡，被屠殺的人數，約爲九萬人。哈里發「穆斯台綏木」投降後被殺，「阿拔斯王朝」滅亡結束。

「阿拔斯王朝」的「阿拉伯帝國」滅亡之後，以「哈里發」的頭銜作爲「伊斯蘭教」宗教領袖的稱號，仍然一直被繼承下去。新的「哈里發國」由位於「埃及」「開羅」的「馬穆魯克王朝」控制，奠定了「開羅」在「阿拉伯」的地位。

公元一五一七年，「鄂圖曼帝國」的「土耳其人」征服了「埃及」，時任「哈里發」的「穆台瓦基勒」被俘。公元一五四三年，「穆台瓦基勒」死亡，「鄂圖曼帝國」的「蘇萊曼一世」，宣布自己繼承「哈里發」的職位。

十八世紀中葉以後，「西方殖民主義」者，如英國、法國和荷蘭，相繼侵入「伊斯蘭世界」，許多國家逐步淪爲「殖民地」和「半殖民地」。「伊斯蘭世界」的各國人民，多次掀起反抗殖民壓迫的民族鬥爭，給「殖民主義者」沉重的打擊。

直到公元一九二四年，「哈里發制度」才由「土耳其共和國」的「凱末爾」完全廢除。但是，「土耳其人」不是「阿拉伯人」，加上「凱末爾」的「世俗主義政策」，所以並不被「穆斯林」所承認。所謂「世俗主義」，認爲人們的活動和作出的決定，尤其是在「政治方面」，應該根據「證據」和「事實」進行，而不應該受到「宗教信仰」偏見的影響。

公元一九三二年，「伊本·沙烏地」統一「阿拉伯半島」，並且建立「沙烏地阿拉伯」，「阿拉伯地區」才重新建立一個統一的政權。

第二次世界大戰之後，各「伊斯蘭國家」相繼獨立，「伊斯蘭國家」已將「伊斯蘭教」作爲國家和憲法的「意識形態基礎」，例如：伊朗、沙烏地阿拉伯、蘇丹、葉門、阿曼、阿富汗等。

或者，「穆斯林」占多數的「民族國家」，認可「伊斯蘭教」爲其國教，例如：阿爾及利亞、巴林、孟加拉、汶萊、埃及、伊拉克、約旦、科威特、利比亞、馬爾地夫、馬來西亞、摩洛哥、巴基斯坦、巴勒斯坦、卡達、索馬利亞、突尼西亞等。

當今，「伊斯蘭世界」的「穆斯林」人數，超過十六億人，大約占世界人口的四分之一，分布在許多不同的國家和民族群體。

一、「伊斯蘭教」爲什麼有這麼多「教派」？

「伊斯蘭教派」是從「伊斯蘭教」分出來的各種不同的派系，在「穆罕默德」最初建立「伊斯蘭教」時，原意是以「伊斯蘭思想」爲中心，統一「阿拉伯半島」，他曾經說過要統一，不要分裂，《古蘭經》上說：「你們當全體堅持眞主的繩索，不要分裂。」

● **《古蘭經》第三章　儀姆蘭的家屬（阿黎儀）：**

3:103. 你們當全體堅持「眞主（上帝『耶和華』）」的繩索，「不要自己分裂」。你們當銘記「眞主（上帝『耶和華』）」所賜你們的恩典，當時，你們原是「仇敵」，而「眞主（上帝『耶和華』）」聯合你們的心，你們借他的恩典才變成「教胞」；你們原是在一個「火坑」的邊緣上的，是「眞主（上帝『耶和華』）」使你們脫離那個「火坑」。「眞主（上帝『耶和華』）」如此爲你們闡明他的「跡象」，以便你們遵循正道。

「穆罕默德」死後，由於沒有「指定的繼承人」，結果不同的「政治勢力」都想爭做「哈里發（領導人）」。再加上，不同「穆斯林」的群體，對「伊斯蘭教義」的理解有分歧，導致後來在發展期間，一直分裂出不同的教派。

爲了使「伊斯蘭教」這種分裂現象，有一個信仰上合理的解釋，就傳出了「穆罕默德」說過一條《聖訓》：「猶太人分七十一派，基督徒分七十二派，所以我們要分七十三派。」不過這條《聖訓》，一直受到質疑，因爲「伊斯蘭教」分裂出來的教派，根本沒有七十三派那麼多。

在「伊斯蘭教派」中，比較主流的兩大教派是「遜尼派」與「什葉派」。其他有「蘇非派」、「阿赫邁底亞派」、「哈瓦利吉派」、「伊巴德派」、「唯經派」、「馬赫達維耶派」和「無教派穆斯林」等。

二、「遜尼派」和「什葉派」有什麼區分？

「遜尼派」和「什葉派」的主要分別，在於他們認爲誰才有「繼承權」，繼任先知「穆罕默德」的領導權。

所有「穆斯林」的「信仰宣言」都包括：「除了眞主（安拉）之外，再無其它的主，而穆罕默德是安拉的使者。」可是，「什葉派」在這句話後邊加添一短句：「阿里是上帝的朋友。」

「阿里」是「伊斯蘭教」創始人「穆罕默德」的堂弟及女婿，是第四任的「哈里發」。

「遜尼派」的「穆斯林」，視「阿里」爲第四位，也是最後一位的「正統哈里發」；「什葉派」的「穆斯林」則視「阿里」爲第一代的「伊瑪目（領袖「哈里發」）」，又視「阿里」及其後裔爲「穆罕默德」的正統繼承者。

「阿里」及其「後裔」，都是「穆罕默德」祖系聖裔的成員。「穆斯林」社會，因爲對「阿里」繼承人身分的問題發生分歧，因而分成「遜尼」及「什葉」兩個派別，而且引起「伊斯蘭世界」中，很多的爭鬥和分裂。

「穆罕默德」的女婿「阿里」，是在他親近的「跟隨者」之中，最熟悉他的教導的人。可是，當「穆罕默德」去世之後，他的「跟隨者」繞過「什葉派」所認爲是「穆罕默德」繼承人的「阿里」，而推選「穆罕默德」的「岳父」「巴克爾」，做爲「伊斯蘭教」歷史上的第一任「哈里發」。

「巴克爾」在位的時間很短，他去世後，「穆罕默德」的另一位「岳父」「歐瑪爾」被指定爲第二任「哈里發」繼承人。

而第三個「哈里發」繼承人「奧斯曼」，是「穆罕默德」的女婿。在第二任「哈里發」「歐瑪爾」遇刺身亡之後，「奧斯曼」被推舉爲第三代「哈里發」。「遜尼派」認爲他是四位「正統哈里發」中的一位；而「什葉派」則認爲他與前兩位「哈里發」一樣，是「篡權者」。

「奧斯曼」去世之後，「阿里」被「穆罕默德」的同行者推選爲「哈里發」。他在任內，遇到反抗及內戰。公元六六一年，他在「庫法」的「清眞寺」進行禮拜時被襲擊，數天後逝世。

「阿里」逝世後他的長子「哈桑」，也是「穆罕默德」的「外長孫」，接受「伊拉克」「庫法」地區的「穆斯林」的擁戴，就任第五任「哈里發」，他也是「什葉派」所尊崇的第二位「伊瑪目（領袖「哈里發」）」。

但是不久，「哈桑」就在和「敍利亞」總督「穆阿維亞」，也是「倭馬亞王朝」的建立者和談之後，放棄了對「伊拉克地區」，爲期七個月的統治，同時也放棄「哈里發」稱號，引退到「麥地那」，最終被毒死。

「哈桑」死後，「什葉派」轉而支持「阿里」的次子，「哈桑」的弟弟「海珊」繼承「伊瑪目（領袖「哈里發」）」之位。

公元六六一年，「倭瑪亞家族」的「敍利亞」總督「穆阿維亞」卽位「哈里發」，以「大馬士革」爲首都，建立了「倭瑪亞王朝」。

公元六七九年，「穆阿維亞」宣布其子「葉齊德」爲「哈里發」繼承人，從而破壞了「哈里發」的選舉制度。「阿拉伯帝國」從此成爲一個由「世襲王朝」統治的軍事帝國，「遜尼派」就是從「倭瑪亞王朝」而來。

在公元六八〇年，「海珊」率領自己的支持者，在「巴格達」西南的「卡爾巴拉」，對抗前來鎮壓的「倭馬亞王朝」「葉齊德」的大軍，史稱「卡爾巴拉戰役」。最終「海珊」全軍覆沒，「阿里」之子「海珊」陣亡，「哈里發時代」到此結束。

對於「伊斯蘭教」的信仰，「什葉派」和「遜尼派」都接受「伊斯蘭教五大支柱」，又稱爲「五功」，指信仰「伊斯蘭」的所需遵守的五項基本原則，卽：「念證、禮拜、齋戒、天課」和「朝覲」。

「遜尼派」的「穆斯林」，每日進行社區祈禱，並相信他們能與神有直接的關係；而「什葉派」的「穆斯林」有強烈的「殉道願望」，並認爲「受苦」是淨化心靈之道。

在「祈禱」方面，「遜尼派」的「穆斯林」，每天祈禱禮拜五次（黎明、中午、下午、日落和最後的晚禱）；而「什葉派」的「穆斯林」每天只祈禱三次（早晨，中午和日落）。

簡單區分「什葉派」和「遜尼派」如下：

(1)「什葉派」

①「什葉派」占全世界「伊斯蘭教徒」大約百分之十五。

②「什葉派」相信「穆罕默德」的傳人，是「阿里」的「追隨者」。「阿里」是「穆罕默德」的「堂弟」及「女婿」

③「什葉派」覺得自己是「伊斯蘭教」裡，血統純正的菁英。

(2)「遜尼派」

①「遜尼派」占全世界「伊斯蘭教徒」大約百分之八十五。

②「遜尼派」相信「穆罕默德」的傳人是「巴克爾」，「巴克爾」是「穆罕默德」的岳父。

③「遜尼派」覺得自己是「伊斯蘭教」的正統派。

「什葉派」占「伊朗」人口的百分之八十九；在「葉門」和「阿塞拜疆巴林」，「什葉派」的「穆斯林」也占大多數；「伊拉克」人口的百分之六十，也都是「什葉派」；沿「沙特阿拉伯」的東海岸和在「黎巴嫩」，也有相當數量的「什葉派」社區。

迫使「以色列」在公元二〇〇〇年撤出「黎巴嫩」南部的著名游擊隊組織「眞主黨」，也是「什葉派」。全球而言，「什葉派」占整體「穆斯林」人口的百分之十五，但是他們構成大多數「伊斯蘭」激進、暴力的因素。

近代所謂的「極端伊斯蘭恐怖主義」，動機多是以《古蘭經》的「經文」或源自《聖訓》的教誨爲名目。「伊斯蘭恐怖主義分子」借用《古蘭經》的經文和《聖訓》，把「政治性質」的「暴力行爲」合理化。

在「伊斯蘭恐怖主義」的團體中，比較著名的團體有「賓拉登」的「蓋達組織」及「巴格達迪」的「伊斯蘭國」，他們都屬於「遜尼派」。其他還有「塔利班」、「哈馬斯」和「索馬利亞青年黨」；而屬於「什葉派」的著名「伊斯蘭恐怖主義」團體，就是「黎巴嫩」的「眞主黨」和「葉門」的「胡塞運動」。

三、「台灣」的「伊斯蘭教」簡介

「伊斯蘭教」是「台灣」的少數宗教，在「台灣」又稱爲「回教」，「台灣穆斯林」大約有六萬人左右，大部分分布於「台北、桃園、台中、高雄」四處。其中大多數是公元一九四九年前後，「國共內戰」時，來「台灣」避禍的軍、公、教人員。另外，在「台灣」的「印尼穆斯林」超過二十萬人，大多是「外籍勞工」。

「回教」的名稱，源自於公元七五五年到七六三年間，「唐朝」的「安史之亂」。當時西北方的「回紇族」興起，援助「唐朝」，「回紇族」信仰的「伊斯蘭教」，便藉由此途徑，傳入「中國」。因此，「唐朝」便以「回教」來稱呼「伊斯蘭教」。

「伊斯蘭教」的專有名詞，在「台灣」，稱呼「伊斯蘭教」的「眞主」爲「阿拉」或「安拉」；稱呼「麥斯智德」爲「清眞寺」；稱呼「以瑪目」爲「教長」；稱呼「阿訇（ㄏㄨㄥ）」爲「宣教師」；把「來買丹」稱爲「齋戒月」；而「哈智」，則稱爲「朝覲者」。

公元一三五〇年代，福建省的「泉州」開埠，成爲當時「中國」對外的主要港口之一。當時的「元朝」，是「伊斯蘭教」在「中國」巨大發展的時代。「元朝」信仰「伊斯蘭教」，並且鼓勵「阿拉伯」、「波斯」和「突厥」的「穆斯林」，移民到「中國」，他們被稱爲「色目人」。

「元朝」將「伊斯蘭教」傳入「泉州市」，更有遠道來自「阿拉伯」的商人，藉由「航運」將

「伊斯蘭教」引進「泉州」。因此，當時「泉州」有不少「漢人」皈依「伊斯蘭教」，成爲「穆斯林」。

公元一三六八年，「元朝」的勢力，在「泉州」境內逐漸消退。但是，「泉州」仍有不少的「穆斯林」。例如：福建「惠安」的「白奇鄉」，就是全鄉爲「穆斯林」的鄉鎮。

「伊斯蘭教」在「台灣」的歷史，可以追溯到「明朝」的「鄭成功」時期。公元一六六一年，「鄭成功」攻下當時由「荷蘭」統治的「台灣」，隨同登陸「台灣」的「閩南裔」軍民中，有不少來自福建「泉州府」的「穆斯林」。

來到「台灣」之後，這些「穆斯林」軍民，大多落腳於現今的「鹿港」，以「丁氏」和「郭氏」爲主的家族，長期融入當地「閩南裔」的社會文化中，與「台灣」各族群通婚通俗，在外貌、宗教、生活習慣上已與一般「閩南裔族群」無異，現今的「鹿港」也沒有「清眞寺」。

到了「清朝」，投降「清朝」的「明鄭」將領「施琅」，於公元一六八三年攻打「台灣」時，也帶進了不少「閩南裔」的「穆斯林」。這些爲數不少的漢化「穆斯林」，大部分是來自「泉州府」的「晉江縣」的「丁氏」與「郭氏」族人。「丁氏」、「郭氏」族人的後代，大多世居於「台灣」西部的海岸鄉鎮，現代的「彰化縣鹿港鎮丁氏」與「雲林縣台西鄉丁氏」，爲「閩南化穆斯林」的後代。

以「郭姓家族」爲主的「穆斯林」，據說是「唐朝」名將「郭子儀」的後人，不但於「鹿港」定居，並於公元一七二五年，興建全「台灣」首座的「清眞寺」及供禮拜沐浴的一口「水井」。

根據史料統計，當時「穆斯林」的戶數，約有六百多戶。不過，之後因爲缺乏宣揚「伊斯蘭教」的「伊瑪目（教長）」人才，當地的「穆斯林」人數逐漸減少。而「台灣」首座的「清眞寺」，也在之後成爲祭祀「郭子儀」的「鹿港保安宮」。但是，「鹿港郭姓宗親」之間，仍然保留祭祖時，「不拜肉豬」，服喪期間「不食豬肉」的習俗，這是唯一遺留下來的「伊斯蘭文化」習俗。

「伊斯蘭教」於「台灣」眞正大有進展，是在公元一九四九年，「國共內戰」之後，隨著當時「國民政府」的「國防部」部長「白崇禧」與軍事將領「馬步芳」等，知名的「伊斯蘭教徒」人士來「台灣」定居的二萬名「穆斯林」教衆，主要來自「雲南、寧夏、新疆、甘肅」等，「穆斯林」分布的省分。這些大都是軍人、公務員、教員的「穆斯林」，主要居住地點分爲「台北市」與「高雄市」。

另外，公元一九五四年也有一批自「滇緬邊區游擊部隊」撤退來「台灣」或自行移民的「雲南穆斯林」，聚居在「台北市」的「中和、永和」及「中壢」的「龍岡」等地，以「眷村型態」維持本身信仰。現在建有「台北清眞寺」和「龍岡清眞寺」。

公元一九五八年，「中國回教協會」在「台灣」復會，總理「國際穆斯林」事務。並於同年，由「中華民國伊斯蘭教協會」，選定在「台北市新生南路」現址，建仿造「伊斯蘭」建築式樣的「禮拜堂」。

公元一九八二年，成立「中國回教教育文化基金會」，宣揚「伊斯蘭文化和教義」的活動，爲貧困學生提供獎學金，贊助「伊斯蘭」經文的翻譯、提升「全球穆斯林」的通信與合作。

公元一九九〇年代之後，信奉「伊斯蘭教」的的數萬名「印尼穆斯林」，以「外籍配偶」或「外籍勞工」身分，陸續進入「台灣」。他們並沒有改變其信仰，但是因爲受到「台灣環境」的影響，大多數未能參加傳統「伊斯蘭教」禮拜。目前台灣既有及新建的「清眞寺」，以提供「印尼」爲主的

「外籍穆斯林」禮拜爲主。

目前在「台灣」建立的「清眞寺」有：

(1)台北清眞寺（台北市大安區）
(2)台北文化清眞寺（台北市中正區）
(3)龍岡清眞寺（桃園市中壢區）
(4)大園清眞寺（桃園市大園區）
(5)台中清眞寺（台中市南屯區）
(6)台南清眞寺（台南市東區）
(7)高雄清眞寺（高雄市苓雅區）
(8)東港清眞寺（屏東縣東港鎭）
(9)花蓮清眞寺（花蓮縣花蓮市）

目前，「台灣穆斯林」正遭遇「信仰危機」，因爲年輕一代對「伊斯蘭教」缺乏認識，中國的傳統文化，在「台灣」比「伊斯蘭文化」盛行，導致「伊斯蘭習俗」和民衆漸行漸遠。

國家圖書館出版品預行編目資料

看懂伊斯蘭教／呂冬倪著. --初版.--臺中市：白象文化事業有限公司，2024.2
面； 公分
ISBN 978-626-364-183-9（平裝）
1.CST: 伊斯蘭教
250 112018252

看懂伊斯蘭教

作　　者　呂冬倪
校　　對　呂冬倪
發 行 人　張輝潭
出版發行　白象文化事業有限公司
412台中市大里區科技路1號8樓之2（台中軟體園區）
出版專線：（04）2496-5995　　傳真：（04）2496-9901
401台中市東區和平街228巷44號（經銷部）
購書專線：（04）2220-8589　　傳真：（04）2220-8505
專案主編　陳逸儒
出版編印　林榮威、陳逸儒、黃麗穎、陳媁婷、李婕、林金郎
設計創意　張禮南、何佳諠
經紀企劃　張輝潭、徐錦淳、林尉儒
經銷推廣　李莉吟、莊博亞、劉育姍、林政泓
行銷宣傳　黃姿虹、沈若瑜
營運管理　曾千熏、羅禎琳
印　　刷　基盛印刷工場
初版一刷　2024年2月
定　　價　700元